环境法之树文丛
吕忠梅 主编

梦想与行动

中国环境法典之证成

吕忠梅 田时雨 著

法律出版社
LAW PRESS·CHINA
北京

图书在版编目(CIP)数据

梦想与行动：中国环境法典之证成 / 吕忠梅，田时雨著. -- 北京：法律出版社，2024

ISBN 978-7-5197-8872-8

Ⅰ. ①梦… Ⅱ. ①吕… ②田… Ⅲ. ①环境保护法-法典-研究-中国 Ⅳ. ①D922.680.4

中国国家版本馆 CIP 数据核字(2024)第037820号

梦想与行动:中国环境法典之证成
MENGXIANG YU XINGDONG:
ZHONGGUO HUANJING FADIAN ZHI ZHENGCHENG

吕忠梅　田时雨 著

责任编辑 宋丽娜
装帧设计 贾丹丹

出版发行 法律出版社
编辑统筹 法律教育出版分社
责任校对 王　丰　郭艳萍
责任印制 刘晓伟
经　　销 新华书店

开本 A5
印张 10.625　**字数** 302千
版本 2024年3月第1版
印次 2024年3月第1次印刷
印刷 三河市兴达印务有限公司

地址:北京市丰台区莲花池西里7号(100073)
网址:www.lawpress.com.cn
投稿邮箱:info@lawpress.com.cn
举报盗版邮箱:jbwq@lawpress.com.cn
销售电话:010-83938349
客服电话:010-83938350
咨询电话:010-63939796

书号:ISBN 978-7-5197-8872-8
定价:45.00元
凡购买本社图书,如有印装错误,我社负责退换。电话:010-83938349

独木不成林

（增补代总序）

时间在生命的迁徙中留下足迹。2015 年，调令到达时，拎着随身行李踏上单程火车，不回头地投入另一种忙碌中去。失去，还是获得？是个问题。

50 岁开始的“北漂”生活，被学术活动填充了几乎所有的空余，不曾感受到孤独。

北京的环境法学人，以连续举办专题讲座的格调，表达了对一个新来者的接纳。一场又一场畅所欲言的学术讨论、其乐融融的师生交流，一度多一度的温暖对流在每个人心间。

北京的法学圈，以邀请参加学术交流的方式，传递着对一个“业余”学者的关注。为中国法学会三大论坛发言或主持，一次又一次的观点碰撞、不同法域的思维纷呈，一刻深一刻的启迪激荡着每个人的脑海。

还有，在国家环境与健康论坛上与环境医学学者一起访谈；在排污许可证制度改革国际研讨会上与环境执法者探讨；在全国环境保护工业协会“治霾在行动”年会上呼吁环境保护须强化法治思维与法治方法、主持学生模拟环保法庭大赛、参加环境立法修改论证会、主持环境司法研究中心会议……一处又一处的跨学科对话、多种方法的全景观察，一分宽一分的视野提升着每个人的境界。

这就是曾经向往的氛围吧！有来自不同学校的学术联盟，有多方发起的理论研讨，有多种观点也多了关爱，有争论交锋也多了同舟共济。学术观点一直都可能不同，当质疑、辩论、分歧在催化着学者之间的感情时,一切都不再是问题。也许,不是每个人都可以对环境法学科做出巨大的贡献,但每个人都始终是别人思想的扩音器和放大器,正如别人——这个学术共同体中的每个人——也始终是这个人思想的扩音器和放大器一样。

只是,在北京的夜晚,环境法树会时常浮现在眼前,挥之不去。那棵慢慢成长着的小树,秋风落叶,雪雨冰霜,真的是在不经意间得到,在恋恋不舍中失去吗?也许,我欠下的不仅是一个告别。

离开武汉后,向中南财经政法大学提出了辞去学术职务的申请,将湖北省环境资源法学会的职务做了交接,也不再担任湖北经济学院的学科带头人。一心想做一个名副其实的"业余学者",保持一份真正的学术兴趣,做自己有能力做的事情。也是为了告别,我将七年前为"环境法之树文丛"写的总序——"小树慢慢长"放到微信上,请大家和我一起,重温一棵环境法小树的成长。

春节时,有学生在微信朋友圈内放了一张他们种下的"环境法树"照片:白梅盛开、春意盎然。在"俏也不争春,只把春来报"的悠然中,惊觉"独木不成林,一花难成春"的落寂,心底涌起的潮湿阻滞了"点赞"的手指。

伟大的思想不如伟大的行为,无须吹擂;若是无法成就伟大的事,就用伟大的方法,去做微小的事!我能做的,是带上"环境法之树文丛"继续前行,让这棵树上的枝叶与果实融入环境法森林;让"风景这边独好"的淡然与环境法花园的锦绣相互依偎,灿烂环境保护的春天。

于是,有了现在变脸但不变心的"环境法之树文丛"。希望从今以后,能够有更宽的选稿范围,发现更多的优秀作者,培养更多的学科团队,成为更多环境法研习者的选择。

感谢这半年的收获,这是学者之交当之无愧的奖赏;感谢这半年的活动,这是学问之路不可或缺的阅历;感谢这半年的尚不如愿,这是学术之岸必须奋力前行的理由。

吕忠梅

2016 年 2 月 26 日于北京

小树慢慢长

（代总序）

时间是一把筛子，漏走的是岁月，留下的是回忆。

二十多年前，还不知道目标总是在不确定的未来时，埋下了一粒环境法的种子，在期待着环境法树生根、发芽、开花、结果的日子里，拨开重重阻碍与琐碎，一直朝着目标前行。回望时才知道：时间曾经以各种方式来过又走了，一切看上去都平静如水，波澜不惊。

水是千年的风，风是千年的水。

环境法树在昼夜了无痕迹的交替中渐渐生长，静坐在时光的怀里，感觉着根须前行时不屈的努力，觊觎着新枝抽出时专注的神情，触摸着树干伸展时细微的叹息。风吹过，留下一片絮语；雨打来，带走一点落寂。每当我走进课堂，站在讲台上，望着眼前一张张充满着朝气的脸，骄傲与自豪油然而起：因为有你们，环境法才长成了一棵树，一棵有枝枝蔓蔓、有生生不息的活力与动力的树，而不是一根无本之木的电线杆，一根没有枝叶、没有生长的活力与动力的电线杆。于是，总在讲述环境法树的故事，告诉大家，在我的心中，每一个人、每一点进步、每一份成绩都可能成为这棵树上的一片叶子、一朵小花、一颗果实。其实，自从有了环境法，从来不缺少快乐、喜悦和欣慰，也少了烦恼、皱纹和白发。

从 1985 年两个人的环境法教研室，到现在的环境资源法研究所，有了自己的硕士点、博士点；从四处找人、找钱编一本简明环境法辞典，到目前承担多项国家级、省部级科研项目，地方立法研究项目，有了自己的网站、刊物；从四处寻找合作伙伴，到当下国际与国内的邀请不断、交流与合作日益广泛,有了自己的特点、成就。环境法树的年轮清晰可见:1989年,第一个环境法教授受聘;1993年,增加了一名环境法副教授;1997年,在经济法专业内开始招收环境法方向硕士研究生;2000年,环境法硕士点成立;2001年,独立招生;2004年,开始在民商法专业招收环境民法方向博士研究生;2005年,环境法博士点成立;2006年,独立招生。一批又一批的学生,一项又一项的课题,一年又一年的辛勤,环境法树根深了、枝繁了、叶茂了,伸展的枝干有力了,垂下的绿荫成片了,吸收的养分充足了。

小树慢慢在长大,成长的日子充满着不确定。

一些曾经的环境法人如今已经远离,一些满怀梦想的淘金者来了又失望而去,一些拔苗助长者成了环境法园地里经常的游客,一些坚守者从来不曾放弃。当今世界,到处充满着诱惑、机遇随时出现在左右、信息以秒为速度在更新,生活在这样的时代里,实在是既万幸也不幸。瞬息万变的机遇、铺天盖地的信息使地球变得越来越小,我们可以站在寂寞的前人肩头而不必忍受前人的寂寞,却也遭遇了前人绝对不可能想象的喧闹与浮躁,可能成为在信息的汪洋大海中到处碰壁的无头苍蝇,在被误导、被蒙蔽、被扭曲、被抛弃的犹豫、恐惧与彷徨中迷失,与目标渐行渐远甚至背道而驰。这个时代,面对经常的南辕北辙,要找准目标并且不停前行,必须有坚定的信念、坚强的神经与坚韧的毅力。

历史一直都掩藏在现实之中,从事环境法研究和做任何一件事情一样,最需要的是定位。学术研究领域,是一个典型的由认知控制的世界,认知决定着我们的行为。定位的价值不在于完成了多少环境法论著,而在于决定是做学问还是写文章,或者说是为什么写文章。学者与写手的最根本区别与其说是性格,不如说是抱负,毕竟人各有志。在中国目前的情形下,环境问题备受关注,环境保护已经成为从政治家到黎民百姓最经常谈论的话题,写一些应景的文章、做一点庸医开药方的事情、出一两部人云亦云的书十分容易。但是,如果要做学问,就必须扪心自问:你的文章是写给谁看的,它的寿命应该有多长?五十年甚至一百年以后是否还会有人参读,文章中的思想是否还能给后人带来启迪?只有想清楚并回答了这些问题,才会有不计得失的勇气,突破思想、情绪、身体的层层包围,让大脑始终保持与真我的联系,不被浮尘、面具所蒙蔽。环境法内功的修炼,就是学术品质、素养、能力、精神的凝聚,选择学界喧闹中的沉静,一心只为环境法的发展,就必须经受住诱惑。

做暂时的还是永久的胜者,是一个选择。

每一个进入或者准备进入环境法研究领域的人都面临这种选择,选择本身即是一种态度。做暂时的事情,只要善于抓住一时一事便可,是机会主义者;做阶段性的事情,只要能够看到眼前就行,是实用主义者;做永久的事情,却需要在舍弃中获取,执着于某一件事情,是理想主义者。其实,暂时性的胜利是有限的,因为机会永远公平,你在得到一个机会的同时也失去了另一个机会。阶段性的成功是不可靠的,因为实用的功能总会被时间淘汰。因此,你应该做永久的事情,成为永久的胜利者。学术的辞典中不应该有泡沫,研究的领地里当然要拒绝炒作。

我知道,自己远不足以成为战略领袖,也不可能任何事情都做得完美。但我明白,可以专注地做一件事情——培养人才,通过自己的言传身教,让他们养成领袖之风、成为栋梁之材。毕竟,人生无轮回,事业有轮回。一个学科的发展、一种学术理论从产生到完善,绝非一个人或几个人、一年或者几年就能完成的事情,尤其是像环境法这样的充满革命性、交叉性、互动性的新兴学科,有许多理论需要探索,有许多途径需要开辟,有许多方法需要践行,更需要多人的努力、合作与传承。

一个人在黑暗中行走是孤独的,手拉着手一起走才会快乐。

有些事情似乎不容选择,而是宿命,只有时间担当着主角,而命运中的当事者却浑然无知。环境法树上的枝条与叶子连在一起,成就了勇往直前的力量。在这里,无论先后、不管大小,大家都在同一起跑线上,集中奋发向上的精神,朝着共同的目标前进。虽然并不是每一步都那么美好,也许并不是每个人都那么合适,但其中的成员都有着一样的热情与信念,愿意参与这份坚持,对自己所做的事情充满热爱,都在努力地学习、认真地思考、踏实地工作、积极地争取。我不断地在提醒自己,所做的一切都是过程而不是结果,是经历而不是成绩。

每一次课题申报,每一次学术会议,每一次论文答辩,同事和学生的投入与热情,时常让我感动。但我却总是不动声色地将表扬藏在心里,毫不留情地把批评告诉他们。只有不断发现问题,才能进步,不致被暂时的、阶段性的成果而冲昏头脑,沉湎于自己的兴奋与成就感不能自拔。课题成果完成、毕业论文答辩通过都只是一小步,离目标还有从地球到月球的距离。

环境法树挂果了,等待收获的喜悦掩藏不了也无须掩藏。也许这些果实还有点青涩,尚待成熟;也许它的养分还不够充足,还须汲取。我只想采撷一部分来请大家品评,其中有近年来环境资源法研究所承担的课题成果,有博士学位论文和优秀的硕士学位论文。一个人或一群人的思想试验的结果只有经过众人的评判才可能被认同或被唾弃。环境法树只有在与相关学科和法学各学科不断的交流与相互启迪中,才能获得更丰富的营养,生长得更加茂盛。

推开初冬的窗户,环境法树在夜空里熠熠生辉,我举起心中的希望,邀明月,共皎洁!

吕忠梅

2007 年 11 月 22 日于宜昌

念兹在兹　躬而行之

（代序）

编纂环境法典，是几代环境法人矢志不渝的追求。回想中国环境法学从20世纪70年代起步，一路前行，曾在无人欣赏时芬芳，也曾在冰风雪雨里成长，但总有不期而遇的温暖与生生不息的希望，让环境法人心怀梦想，不惧远方！

2023年，十四届全国人大常委会将环境法典编纂纳入立法规划一类项目，意味着中国环境法典编纂工作正式启动，这个具有里程碑意义的决定，必将对我国立法史、环境法治史乃至世界环境法治史产生重大影响。作为与中国环境法同成长、共命运的学者，有幸见证并参与其中，与有荣焉！

法典编纂从来都是学术与实践的结合，没有法学理论就没有法典。在我国生态文明建设已发生历史性、转折性、全局性变化，但生态文明建设仍处于压力叠加、负重前行关键期背景下启动的环境法典编纂工作，是环境法学者凝练、提升绿色法律制度体系化的理论，回应新时代制度建设之现实需求的最佳机会。通过扎实的理论研究，在基础层面确认绿色发展的法律价值观，形成能够统一体现绿色发展精神的法律体系，将“人与自然和谐共生”的要求转化为执法、司法的价值取向，解决目前环境立法数量多但因时间跨度大、修订频繁而形成的理念不一致、价值取向不统一、制度设计不协同问题，弥补环境立法范围不断扩大但因行政主导立法多、部门职责局限而导致的整体性不强、协调性不够、权威性不足等缺陷，大力推动环境治理体系与治理能力现代化，是环境法学者理应承担的时代使命。

2017 年,中国法学会环境资源法学研究会正式启动“中国环境法典编纂研究”大型项目,下设“外国环境法典翻译”“环境法典编纂基础理论研究”“环境法典专家建议稿”三个子课题,准备用 5 至 10 年,为中国环境法典编纂提供系列研究成果。全国有近 200 名学者以不同方式参与该项目的研究,项目组还委托北大法宝开发了智慧立法系统。到 2022 年第一阶段结束时,项目组完成了 11 个国家和地区的环境法典翻译,出版了“绿典之路”系列丛书——各国环境法典译丛、中国环境法典研究文丛、生态环境法典编纂辑丛,已提出《生态环境法典专家建议稿(草案)》并发表了 50 多篇论证文章。目前,该项目已进入研究的第二阶段,将根据全国人大常委会立法规划和相关工作要求,对《生态环境法典专家建议稿(草案)》进行深入论证和进一步完善。

我作为“中国环境法典编纂研究”项目总主持人,在第一阶段,先后发表 20 多篇论文,对中国环境法典的价值体系、理论体系、逻辑结构、编纂方法等进行论证,提出了中国环境法典编纂价值论、方法论、本体论、法治论的学术主张。2020 年,田时雨进入清华大学博士后流动站,以环境法典编纂为研究方向,与我开展合作研究。本书是对近三年研究成果的系统总结,旨在从哲理、法理、学理等多个维度,全面阐述中国环境法典编纂的理论问题,为立法工作提供理论支撑。

我以为,环境法典编纂研究应立足于“以高水平保护促进高质量发展”的绿色目标构建制度体系,准确把握“人与自然和谐共生的现代化”绿色内涵创新法学理论,充分回应“人与自然生命共同体”的需求设计绿色制度,为全面推进美丽中国建设、实现环境治理体系与治理能力现代化提供法治轨道,为世界环境法典编纂和全球环境治理体系贡献中国智慧。

明确法典目标　推进经济社会的全面绿色转型

环境问题根源于人与自然之间因人类发展而产生的矛盾,凸显了环境保护与经济发展之间的紧张关系,需要吸收全人类的生态智慧、继承和发扬中华民族的传统法律智慧和生态智慧寻求全面的解决方案。生态价值、环境内在价值等思想为缓解人与自然的紧张关系指明了方向,可持续发展是人类回应环境问题的新思路;中华民族的"天人合一,道法自然"生态文化、"诸法合体、寓道于术"法律文化,也提供了人与自然关系和谐发展的文化土壤。吸纳了可持续发展思想、植根于中华优秀传统文化的习近平生态文明思想为全面协调环境保护与经济发展之间的关系提供了最高指引,是实现"高水平保护与高质量发展"的根本保证。

以习近平生态文明思想为指引、明确推进绿色发展、推进经济社会发展全面绿色转型的目标,是环境法典编纂的基本立场。环境法以应对环境问题为直接目标,但是环境问题是人与自然系统、社会系统运行中出现的问题,需要在人与自然和谐共生的整体目标下进行审视和应对,绝非直观、单向度的污染防治和自然生态保护就可以解决。因此,作为应对环境问题的法律制度的集大成者,环境法典进行制度构造的视野就不能仅仅局限于污染防治和自然生态保护,而应当将环境问题置于人类社会整体发展的框架下进行考察,全面协调环境保护目标与社会经济发展目标之间的关系,推进高水平保护与高质量发展同时实现。基于此,一方面,环境法典的制度设计应当以污染防治和自然生态保护为直接目标,寻找控制污染、防止生态破坏、修复生态环境的可行制度,建立有效的预防、救济环境污染和生态破坏的基本制度,储备充足的应对环境污染和生态破坏的直接制度工具;另一方面,要认识到环境污染和生态破坏的根本原因是对经济发展的过度、不当追求,确定合理的社会经济发展目标、寻找适当的经济发展新路径,才是解决环境问题的根本,环境法典的制度设计还要涵盖社会经济发展目标和过程的规范和约束,构建资源节约、环境友好的生产制度与消费制度,为从根本上防止环境污染、生态破坏提供全方位的制度支持。保障高水平保护的制度与促进高质量发展的制度在目标、性质、机制上有所区分,但本质上应当相互统一、相互衔接、相互配合,作为两个基本支撑共同形成绿色法律制度的体系架构。

立足绿色定位　创新法学理论　奠定法典编纂基础

"人与自然和谐共生的现代化"是中国式现代化的基本内涵,代表了中国式现代化的绿色定位、绿色基调,其实现需要创建绿色法律制度体系的新法理。环境法典要实现高水平保护与高质量发展的双重目标,需要拓展乃至创建法律制度设计的理论基础。传统法律集中关注人与人之间社会关系的调整,虽有涉及人与物的关系但并非其关注重点,而且有意将人与物的关系转化为人与人的关系进行制度规范。而环境法需要在更直接的意义上处理人与自然的关系,以实现“人与自然和谐共生的现代化”,在这一过程中,不排除特定的人与自然关系仍可以转化为人与人的关系进行法律上的规范,但“人与自然”的关系不再是次要的、可以附带考虑和解决的,环境法典将“人与自然和谐共生”作为制度构造的核心、直接目标,需要新的法理支撑。

具体来说,将人与自然关系纳入制度设计的考量范围,需要创新发展法律主体、法律关系、法律责任等概念,以新的内涵、新的形式超越法律对社会关系进行规范的架构,构建“人—人”“人—自然”双重和谐的法律制度体系。首先,对法律主体的理解要超越主客体对立的观念,仍然区分主体、客体,但要确立法律主体承认、尊重和保护客体的基本立场,并内化到对法律主体制度的设计之中,赋予法律主体概念以新内涵。其次,在重新认识法律主体的基础上重构法律关系的概念,特别是要改变客体可以随意处置的观念,不仅承认主体对主体的义务,更要承认主体对客体的保护、尊重等义务,扩展、充实法律关系的内容,从实质上将人与自然关系纳入法律关系的规范范围。最后,要在人与自然关系的视野下创新发展法律责任理论,不仅将法律责任理解为对人的责任,更要包括对自然环境的相对直接的责任,特别是生态环境修复等新的责任方式需要在人与自然关系的视野下进行审视、确认和规范,并在环境法典中进行整合、提升,创新发展法律责任方式和法律责任基本理论。当然,环境法典的制度设计仍然要遵循基本的法律制度结构,新理论的创建要立足于传统法律概念的基本内涵进行扩展和超越,而不是脱离法学历史积淀的随意创新。

锚定“生命共同体”规则　实现法典规范体系绿色化

“人与自然生命共同体”理念极大拓宽了法律的视野,决定了法律规则革新的方向和定位,环境法典的规则设计要充分反映“人与自然生命共同体”的要求,将绿色要求落实到条文层次。回应“人与自然和谐共生”目标的环境法律理论创新,要贯穿到规则设计中推动和实现法律制度的绿色化变革,不仅要创制、发展环境保护的新型法律制度,更要将“绿色理念”“绿色价值”“绿色原则”注入传统法律体系之中,推动传统法律制度的绿色化转型。

在规则层次,环境法典要以绿色法律制度体系化为导向,统筹协调私益与公益、私法与公法、规制与自治的法律制度,完善中国特色社会主义法律体系。一方面,要发展绿色化的行政管理制度、民事制度,即运用传统法律制度的基本结构,注入绿色要素、绿色要求形成绿色化的行政法律制度、民事法律制度,并通过衔接条款将绿色要求引入刑事法律制度,这是环境法典制度设计的主要方面,需要在追求绿色创新的同时注重与传统法律制度的衔接,包括与《民法典》以及行政处罚、行政许可等基本行政法律的衔接;另一方面,要创建和完善环境法上特有或者至少特别的实体制度与程序制度,包括但不限于生态环境修复制度、生态环境损害赔偿制度、环境承载力预警制度等。

环境法典为绿而生、向绿而长、因绿而荣、聚绿而成,编纂这样一部“绿色法典”,既无可以“套用”的现成模板,也无可以“复制”的完整法条,更加需要环境法学者结合中国实际,在与传统法学理论的沟通协调中实现超越与保守,为环境法典编纂提供有力支撑。我期待,在不久的将来,能够编纂出一部具有坚实理论基础、充分体现中国特色的生态文明时代示范性法典:既引领中国法律制度的绿色转型,也为各国环境法发展、全球环境保护目标的实现提供中国方案。

梦想就在前方,用心聆听浩荡的天地乐章,书写环境法的荣光!

吕忠梅

2023 年 10 月 18 日

于星火西路八号院

目　录

导 论

新中国成立以来,中国共产党坚持以人民为中心,把生态环境作为关系党的使命宗旨的重大政治问题、关系民生的重大社会问题,不断推进马克思主义世界观和方法论与中国国情相结合、与中华优秀传统文化相结合,探索具有鲜明中国特色的环境保护道路。经过多年努力,我国环境法治建设发生历史性、转折性、全局性变化,环境立法体系重构、环境执法体系重塑、环境司法体系创建、环境遵法守法形成良好社会氛围,中国在全球环境治理中的引领作用明显增强。但是,面对我国生态环境保护结构性、根源性、趋势性压力尚未根本缓解的严峻形势,随着我国经济社会发展进入加快绿色化、低碳化的高质量发展阶段,生态文明建设仍处于压力叠加、负重前行关键期并呈现新的特点,对环境法治建设提出了新要求。迫切需要我们充分总结环境法治建设取得的巨大成就,认真分析当前环境法治建设存在的发展不充分、不平衡、不适应的各种问题,发现环境法法典化的实践与理论需求,为完善环境法治体系提供理论支撑。

第一节 新中国环境法治基础坚实

1949 年中华人民共和国宣告成立,与社会主义经济建设的步伐相伴随,环境问题渐次显现,运用法律手段保护环境开始起步。在全球范围内,20 世纪 40 年代左右陆续出现因环境污染而导致人群健康受害的严重事件，[1]引发世界各国对环境问题的高度重视，现代意义上的环境保护立法开始出现。[2] 1972年中国派出恢复联合国合法席位后的首个代表团参加斯德哥尔摩人类环境会议。1973年中国制定第一个环境保护规范性文件，环境保护立法与世界基本同步展开。此后，中国一方面主动参与联合国环境保护事务，逐步提出全球环境治理的“中国方案”，另一方面积极探索中国特色环境法治道路，持续推进环境立法、执法、司法和社会公众参与，实现了从并跑到领跑的历史性飞跃。

一、环境法治在艰难时期起步（1949—1979年）

新中国成立之初，百废待兴，国家在迅速完成社会主义改造后，开始了有计划的经济建设。这一时期，虽然历经波折，但中国的环境保护立法在“文化大革命”中开始起步。

（一）环境保护“入宪”

中国以农业为基础开始社会主义建设，自然资源对于薄弱的工业基础也具有极其重要的作用。从1950年开始，《矿业暂行条例》《水土保持暂行纲要》《国家建设征用土地办法》《矿产资源保护试行条例》（均已失效）等法规、规章先后颁布，[3]既鼓励并准许对资源的开发利用、[4]发展生产，又明确强调保护资源、综合利用。[5] 1954年《宪法》规定，“矿藏、水流，由法律规定为国有的森林、荒地和其他资源，都属于全民所有”，确立了自然资源的国家所有权制度。

---

〔1〕 主要体现在发生于20世纪40年代左右的“八大公害事件”，即比利时马斯河谷大气污染事件、美国多诺拉镇烟雾事件、美国洛杉矶光化学烟雾事件、伦敦烟雾事件、日本四日市哮喘病事件、日本水俣病事件、日本痛痛病事件、日本米糠油事件。

〔2〕 许多国家在古代时就有一些涉及自然和环境的法律，但这些法律虽然从客观上有保护环境的效果，却不具有主观上环境保护的意愿。学界的共识是，现代意义上的环境保护概念，由1972年《人类环境宣言》提出。

〔3〕 参见金瑞林主编：《环境法概论》，当代世界出版社2000年版，第11页。

〔4〕 例如，《矿业暂行条例》（政务院1950年12月22日）第1条规定，对无须公营或划作国家保留区的矿藏，准许并鼓励私人经营。

〔5〕 例如，《矿产资源保护试行条例》（1965年12月17日）第2条明确提出，对矿产资源的保护和合理利用要贯彻执行综合勘探、综合开发和综合利用的方针。

1971 年,中国恢复在联合国的合法席位,正值联合国大会决定 1972 年在斯德哥尔摩召开人类环境会议的前夕。时任联合国秘书长莫里斯·斯特朗访华,邀请中国参加首次人类环境会议,周恩来总理高瞻远瞩,决定派团参加。[1] 1972 年 6 月 5 日,中国代表团参加会议并在大会上发言,阐明了我国在环境问题上的原则立场,同各国交流了环保经验并对会议文件提出了意见和建议。[2] 这次会议对中国是一个划时代的警醒,使中国开始重视作为社会主义国家的环境问题。1978 年 3 月 5 日,第五届全国人大第一次会议通过修订的《宪法》第 11 条第 3 款规定,"国家保护环境和自然资源,防治污染和其他公害",首次在《宪法》中确认了国家的环境保护职责,并明确了环境保护工作领域为自然资源保护和污染防治两个方面,为专门环境保护立法确立了宪法依据。[3]

(二)环境保护法雏形初显

第一个五年计划之后,为突破资本主义国家的封锁、加快经济建设速度,国家采取了粗放型的经济发展模式,带来了较为严重的环境污染和生态破坏。20 世纪 70 年代初期,中国的国民经济到了崩溃边缘,环境污染和破坏急剧蔓延,环境污染事件接连发生。[4] 1971 年国家计委环境保护办公室成立,中国政府机构中首次出现"环境保护"字样。1973 年,首个国家级环境保护机构——国务院环境保护领导小组办公室成立,以中国政府名义加入联合国环境规划署,就此,中国成为该署理事会的 58 个成员国之一。1973 年 8 月,以国务院名义召开的第一次全国环境保护会议,讨论通过了《关于保护和改善环境的若干规定(试行草案)》(以下简称《保护和改善环境若干规定》),确定了"全面规划,合理

---

〔1〕参见曾涛:《曲格平的环保人生》,载《中国青年科技》2004 年第 5 期;高金伶、魏刚:《哥本哈根会议倒计时独家专访"世界环保教父"——莫里斯·斯特朗先生》,载《中国绿色画报》2009 年第 9 期。

〔2〕参见丁金光:《中国环境外交的开端:成就与问题》,载《甘肃社会科学》2007 年第 5 期。

〔3〕1979 年《环境保护法(试行)》第 1 条明确规定该法依据《宪法》第 11 条制定。

〔4〕当时比较有影响的污染事件包括官厅水库污染、湖北鄂州的鸭儿湖污染、大连湾赤潮等。参见曾涛:《曲格平的环保人生》,载《中国青年科技》2004 年第 5 期;新华社:《共和国的足迹——1973 年:环境保护开始起步》,载中国政府网,http://www.gov.cn/test/2009-08/31/content_1405410.htm。

布局,综合利用,化害为利,依靠群众,大家动手,保护环境,造福人民”的工作方针(后被简称为“32 字方针”),建立了“三同时”制度和奖励综合利用政策。1974 年,国家建设委员会环境保护办公室成立,代管国务院环境保护领导小组办公室,负责制定环境保护方针、政策和规定,审定全国环境保护规划,组织协调和督促检查各地区、各部门的环境保护工作。[1] 在环境保护办公室主持下,国家开始制定环境标准,先后发布了《工业“三废”排放试行标准》(1973 年)、《生活饮用水卫生标准(试行)》(1976 年)、《渔业水质标准》(1979 年)和《农田灌溉水质标准》(1985 年)等。由此,《保护和改善环境若干规定》成为我国专门环境保护立法的雏形。[2]

(三)《环境保护法(试行)》颁布

1979 年 9 月,第五届全国人大常委会第十一次会议通过《环境保护法(试行)》(以下简称《试行法》)。《试行法》不仅将《保护和改善环境若干规定》确定的“32 字方针”以立法方式加以确认,而且明确了“合理地利用自然环境,防治环境污染和生态破坏,为人民造成清洁适宜的生活和劳动环境,保护人民健康,促进经济发展”的立法目的,还对各级国家机关、企事业单位在保护环境、防治污染和其他公害方面的职责和义务作了明确和具体的制度安排。从整体上看,《试行法》吸取了西方发达国家“先污染后治理”的惨痛教训,自中国环境保护立法开始就建立了环境影响评价、“三同时”等预防性制度;同时也根据“谁污染、谁治理”的原则,规定了排污收费、限期治理等污染防治制度。这表明中国的环境法治建设自始就确立了经济发展与环境保护相协调的基本理念。

二、环境法治在改革开放中发展(1979—2013 年)

与中国改革开放进程相伴随,环境法治建设始终处于国家发展战略的重要位置。以《试行法》和环境保护单行法的颁布为起始点,中国开

---

〔1〕 参见生态环境部环境规划院:《国务院环境保护机构改革历程》,载《环境保护》2008 年第 7 期。

〔2〕 参见金瑞林主编:《环境法概论》,当代世界出版社 2000 年版,第 11 页。

始进入环境立法“快车道”，环境保护立法体系基本形成，环境管理体制机制初步建立，环境司法从地方开始起步，国际环境法制定的话语权明显提升，环境法治健康发展。

（一）生态环境“入宪”

十一届三中全会以后，中国进入改革开放时期，环境保护受到高度重视。1982 年《宪法》第 9 条规定，“国家保障自然资源的合理利用，保护珍贵的动物和植物。禁止任何组织或者个人用任何手段侵占或者破坏自然资源”；第 26 条将 1978 年《宪法》中的“保护环境和自然资源”修改为“保护和改善生活环境和生态环境”，〔1〕首次以宪法形式确认了“生态环境”的概念。〔2〕 由此，我国宪法明确了“保护自然资源和野生动植物”与“保护和改善生活环境和生态环境”的国家战略，为制定和实施环境保护法律法规提供了宪法依据，也为环境法学理论的创建奠定了宪法基础。

《宪法》规定的环境保护战略在我国的一些基本法中也得到了体现。民事各相关法律都规定了环境保护的内容，如 1986 年《民法通则》第 124 条规定：“违反国家保护环境防止污染的规定，污染环境造成他人损害的，应当依法承担民事责任。” 2007 年《物权法》第 83、90 条对业主大会和业主委员会的权利、环境保护相邻关系作出明确规定。2009 年《侵权责任法》第 8 章为“环境污染责任”的特殊规定。刑事立法中有关环境资源犯罪的规定不断发展，如 1979 年《刑法》将环境资源犯罪的内容纳入分则第 3 章“破坏社会主义经济秩序罪”，1997 年《刑法》分则第 6 章第 6 节专门规定“破坏环境资源保护罪”，分则第 9 章规定了“环境监管失职罪”，分则第 3 章第 2 节“走私罪”中也涉及环境犯罪的内容。在《刑法修正案（二）》至《刑法修正案（八）》中，也都不同程度地涉及环境资源犯罪的规定。2012 年《民事

〔1〕 1982 年《宪法》第 26 条第 1 款规定：“国家保护和改善生活环境和生态环境，防治污染和其他公害。”

〔2〕 这一概念提出后虽然一直存在争议，但宪法一直采用并逐步成为“中国式”表达。参见巩固：《“生态环境”宪法概念解析》，载《吉首大学学报》2019 年第 5 期。

诉讼法》增加了第55条环境民事公益诉讼的规定。

（二）环境立法体系初步形成

1979年环境保护法制定之初，曾经设想在中国建立以"环境保护法"为基础、以单项法为骨干的环境保护立法体系，立法路径是先制定作为基本法的《环境保护法》，然后陆续制定防治大气、水等环境要素污染的单行法。[1] 由于种种原因，1979年全国人大原则通过了《试行法》并要求尽快启动修法工作，提请审议后将《试行法》变为正式法律，实际上到1989年《环境保护法》才去掉"试行"二字。但这十年间，环境立法路径由先制定基本法再制定单项法变成边制定单项法边修订"试行法"，先后制定了《海洋环境保护法》（1982年）、《水污染防治法》（1984年）、《草原法》（1985年）、《矿产资源法》（1986年）、《土地管理法》（1986年）、《大气污染防治法》（1987年）、《水法》（1988年）、《野生动物保护法》（1988年）等单行法近20部。

1989年第七届全国人大第十一次常委会通过了《环境保护法》，该法的体系和内容较《试行法》更为科学，对环境保护的目标、基本原则、基本制度和法律责任等方面作了更为全面的规定。1989年《环境保护法》标志着我国环境立法进入新的历史阶段，在"大环保"理念的指导下，逐步形成了以污染防治和自然资源为两大主干的环境立法体系。1989年以后，环境立法继续沿着制定单行法弥补立法空白、修订单行法完善法律制度的路径前行。同时，为保证法律的实施，国家加快了制定相关配套法规、规章和环境标准的步伐。据统计，到2013年，中国已制定《海洋环境保护法》（1982年，1999年，2013年）、《环境保护法》（1989年）等环境保护综合类法律，《水污染防治法》（1984年，1996年，2008年）、《大气污染防治法》（1987年，1995年，2000年）等环境污染防治类法律，《森林法》（1984年，1998年）、《草原法》（1985年，2002年，2009年，2013年）、《水土保持法》（1991年，2009年，2010年）等自然资源与

---

[1] 参见李超伯：《关于〈中华人民共和国环境保护法（试行草案）〉的说明》（1979年9月11日）。转引自汪劲：《从环境基本法的立法特征论我国〈环境保护法〉的修改定位》，载《中外法学》2004年第4期。

自然(生态)保护和开发利用类法律,《清洁生产促进法》(2002 年,2012 年)、《循环经济促进法》(2008 年)等促进清洁生产与循环经济类法律,《节约能源法》(1997 年,2007 年)、《可再生能源法》(2005 年,2009 年)等合理开发利用能源利用类法律;此外,还有 10 部左右的民事、刑事、行政和经济立法中明确规定环境保护相关内容,国务院制定了 60 余部环境行政法规,各地方制定了 600 余部环境地方性法规,颁布国家环境标准近千部。

(三)环境管理体制和执法机制逐步清晰

根据《宪法》和《试行法》,1982 年第五届全国人大常委会第二十三次会议决定,将国家建委、国家城建总局、建工总局、国家测绘总局、国务院环境保护领导小组办公室合并,组建城乡建设环境保护部,内设环境保护局,开始承担环境执法职能。1988 年国家环境保护局从城乡建设环境保护部中独立出来,成为国务院副部级直属机构;1998 年国家环境保护局改名为国家环境保护总局,升为正部级;2008 年国家环境保护总局升级为环境保护部,成为直接参与政府决策的组成部门。[1] 与国务院机构改革相适应,1989 年《环境保护法》第 7 条规定了环境管理体制,为理顺环境保护行政管理体制中存在的职能转变不到位、机构设置不合理等问题[2]提供了法律基础和进一步改革空间。

随着环境管理体制的健全,环境执法实践也有了迅速发展。一方面,环境保护行政主管部门严格执行《试行法》确立的建设项目环境影响评价、"三同时"、排污收费制度;另一方面,积极探索适合中国国情的环境管理方式,以发布环境保护政策和规章等方式形成了环境保护目标责任制、城市环境综合整治定量考核、排放污染物许可、污染物集中控制、限期治理等新的制度,并确立了坚持预防为主、谁污染谁治理、强化环境管理三项政策。为修改和完善环境法律提供了实践经验和政策基础。1989 年《环境保护法》及以后制定或修订的单行法逐步将这些实践

---

〔1〕 参见徐铁杰:《科学发展　辉煌十年:中国环保事业的转变、进取和挑战》,载中国发展门户网,http://cn. chinagate. cn/infocus/2012 - 09/14/content_26522757. htm。

〔2〕 参见虎三:《从组建环境保护部说起》,载《绿色中国》2008 年第 7 期。

上升为法律制度，构建了预防为主、综合整治、污染治理、损害担责等执法机制，中国特色的环境执法机制逐步清晰。

（四）专门环境司法开始地方探索

2007年，贵州省高级人民法院批准设立清镇市人民法院环境保护法庭，对环境资源案件进行集中管辖，拉开了环境司法专门化的序幕。次年，无锡市中级人民法院、昆明市中级人民法院环境保护审判庭分别挂牌成立。环境司法专门化的地方探索以当地发生重大环境污染事件[1]和地方领导人的重视为鲜明特征。截至2013年，各级地方法院建立环境保护法庭、审判庭、合议庭等专门审判机构已达150多个。[2]

各地方所进行的环境司法专门化探索集中于推进环境公益诉讼，但也呈现出地方特色。清镇市人民法院环境保护法庭着重于案件的跨行政区划集中管辖，积极推动形成公益诉讼裁判规则，同时，开始探索"三合一"及"三加一"审判模式。[3] 无锡市中级人民法院联合无锡市人民检察院出台第一个环境公益诉讼的地方性规定——《关于办理环境民事公益诉讼案件的试行规定》，[4]明确受案范围，探索公益、私益交织性的环境案件审理方式。昆明市中级人民法院在环境公益诉讼中探索生态修复责任及其承担方式，[5]并与昆明市人民检察院联合发布《关于办理环境民事公益诉讼案件若干问题的意见（试行）》，制定环境公益诉讼案件庭审规则，规范环境公益诉讼案件的审理程序。

（五）国际环境治理的参与度与话语权明显提升

自1972年开始，中国积极参与国际环境治理事务。在联合国环境与发展大会召开前，中国邀请41个发展中国家的环境部长在北京进行

---

〔1〕 清镇环境保护法庭的设立系因作为贵阳市饮用水源的"两湖一库"被严重污染，无锡市环境保护法庭的设立系因太湖的蓝藻事件，昆明环境保护法庭的设立则是因为滇池污染。

〔2〕 参见吕忠梅等：《环境司法专门化：现状调查与制度重构》，法律出版社2017年版，第13页。

〔3〕 参见黄晓云：《清镇：污染"逼"出来的环保法庭》，载《中国审判》2013年第6期。

〔4〕 参见高洁：《环境公益诉讼与环保法庭的生命力——中国环保法庭的发展与未来》，载《人民法院报》2010年1月29日，第5版。

〔5〕 参见王向红：《昆明：联动执法，修复生态》，载《中国审判》2013年第6期。

磋商并发表了《北京宣言》,阐明发展中国家的共同立场和主张;成立中国环境与发展国际合作委员会,为同国际社会开展充分交流搭建平台。1992 年中国代表团参加联合国环境与发展大会,国务院总理出席首脑会议并发表讲话,阐述中国政府的原则立场,展示负责任大国态度。中国在积极参加《里约环境与发展宣言》《21 世纪议程》等国际环境保护文件的同时,于 1994 年发布第一个发展中国家的可持续发展议程——《中国 21 世纪议程——中国 21 世纪人口、环境与发展白皮书》,将可持续发展纳入经济社会发展长远规划,[1]并逐步将可持续发展理念作为国内环境立法的宗旨,在修订《海洋环境保护法》(1999 年)、《大气污染防治法》(2000 年)、《草原法》(2002 年)和制定《防沙治沙法》(2001 年)等法律时,明确将"促进经济和社会的可持续发展"作为立法目的。

中国政府高度关注全球气候变化,积极参与气候变化谈判和国际会议,作为《联合国气候变化框架公约》首批缔约方和政府间气候变化专门委员会(Intergovernmental Panel on Climate Change, IPCC)发起国之一,积极参与和推动着气候变化的国际谈判和公约进程。在历次公约缔约方大会上,坚定维护公约的原则和框架,坚持"共同但有区别的责任"原则、公平原则和各自能力原则,遵循公开透明、广泛参与、协商一致和缔约方驱动的多边谈判规则,不断加强公约的全面、有效和持续实施,为《京都议定书》在公约缔约方第三次大会上的通过作出了积极贡献。中国于 1998 年 5 月签署、2002 年 8 月核准《京都议定书》,并在国内法上加强了应对气候变化相关法律、法规和政策措施的制定,如 2005 年《可再生能源法》,2007 年公布发展中国家第一部国家方案——《中国应对气候变化国家方案》。

到 2013 年,中国先后批准《拉姆萨公约》《濒危野生动植物种国际贸易公约》《保护臭氧层维也纳公约》《关于消耗臭氧层物质的蒙特利尔议定书》《联合国防治荒漠化公约》《控制危险废物越境转移及其处置巴塞尔公约》《联合国气候变化框架公约》《京都议定书》等多边条约 37

---

[1] 参见生态环境部环境与经济政策研究中心:《从参与者贡献者到引领者——我国环保事业发展回顾》,载《紫光阁》2018 年第 11 期。

个,还与日本、美国、蒙古、朝鲜、加拿大、印度、韩国、俄罗斯等多个国家签署了环境保护合作协定。

中国自 1973 年开始制定环境保护的规范性文件,明确提出根据中国国情建立环境保护制度,展示了“绝不走先污染后治理的弯路”的信心与决心,并坚定不移地加强环境执法、探索环境司法、积极参与全球环境治理。经过 40 余年的努力,环境法治建设取得巨大成就,为环境法治体系的成熟定型奠定了坚实基础。

第二节　新时代环境法治成就举世瞩目

党的十八大以来,中国把生态文明建设作为关系中华民族永续发展的根本大计,开展了一系列开创性工作,决心之大、力度之大、成效之大前所未有,美丽中国建设迈出重大步伐,生态环境保护实现了由重点整治到系统治理的重大转变、由被动应对到主动作为的重大转变、由全球环境治理参与者到引领者的重大转变、由实践探索到科学理论指导的重大转变。新时代生态文明建设的成就举世瞩目,经验弥足珍贵,成为新时代党和国家事业取得历史性成就、发生历史性变革的显著标志,环境法治建设是一道亮丽的风景。

一、环境法治建设发生历史性变革

进入新时代以来,中国环境法治接续探索中国特色社会主义环境法治道路的鲜明特征和规律。环境立法形成中国理念,环境执法探索中国道路,环境司法体现中国制度,环境治理弘扬中国文化,“风景这边独好”举世瞩目。

(一)环境立法彰显中国理念

党的十八大以来,立法机关以习近平法治思想和习近平生态文明思想为指导,坚持科学立法、民主立法、依法立法,推动环境立法决策与生态文明体制改革决策相衔接,相关法律立改废释工作提上生态文明法治建设日程。经过 40 多年的努力，初步形成了由 34 部法律、100 多部行政法规和 1000 余件地方性法规构成的"1 + N + 4"的生态环保法律体系，[1] 为构建环境治理体系和治理能力现代化提供了法治保障。

1. 生态文明"入宪"，环境立法目的全面升级

2018 年通过的《宪法修正案》，将"美丽中国"建设作为国家的根本任务写入序言，赋予国务院领导和管理生态文明建设的职权，为推进和深化环境监管体制改革奠定宪法基础，也为中国特色社会主义法律体系奠定生态化宪法基础。

十年来，全国人大常委会制定或修改了《环境保护法》《大气污染防治法》《水污染防治法》《噪声污染防治法》《森林法》《湿地保护法》《长江保护法》《生物安全法》等 25 部生态环境相关法律。多部法律明确将"推进生态文明建设，促进经济社会可持续发展"写入立法目的，确立了新时代环境法律体系的价值追求。这标志着中国环境立法理念的文明转型。

2. 立法质效提升，环境法律制度体系更加健全

根据《关于加快推进生态文明建设的意见》《生态文明体制改革总体方案》等 40 多项涉及生态文明建设的改革方案，按照"形成源头预防、过程控制、损害赔偿、责任追究的生态文明制度体系"的总体要求，[2] 国家着力提高立法质量和效率，促进形成"源头严防、过程严管、后果严惩"的法律制度体系。

在加快制定或修订污染防治类法律的同时，国家加大立法"补短板、强弱项"步伐，制定《长江保护法》《黄河保护法》等流域生态环境保护的法律、《青藏高原生态保护法》等特定地理空间整体性保护的法律、《湿地保护法》《黑土地保护法》等生态要素保护的法律，进一步建立健全了我国生态保护法律制度体系。

---

〔1〕 参见吕忠梅：《环境法治建设十年回顾与环境法典编纂前瞻》，载《北京航空航天大学学报(社会科学版)》2023 年第 1 期。

〔2〕 参见《中共中央 国务院关于加快推进生态文明建设的意见》，载中国政府网，http://www.gov.cn/xinwen/2015-05/05/content_2857363.htm。

3. 立改废释步伐加快,立法理念实现历史性转变

始终坚持结合中国实际、解决中国问题、合理借鉴发达国家经验提出中国对策的思路,逐步形成了“统筹五个文明建设、保障生态安全、促进经济社会可持续发展”的立法理念。

立法价值取向随着国家环境保护目标任务的不断进步,实现从污染防治到公众健康、从发展优先到保护优先、从对环境资源的单一保护到五个文明建设统筹协调的转变。

立法范围随着生态文明建设纳入“五位一体”整体布局,实现从“污染防治”到“守住自然生态安全边界”的转变。

规制对象随着社会主要矛盾的变化,为满足人民对美好生活的向往,实现从“城市企业”到经济社会可持续发展的转变。

(二)环境执法探索中国道路

十年来,环境执法机关坚持严格规范公正文明执法,对破坏生态环境的行为真抓严管、对破坏生态环境的责任一追到底,执法公信力大幅提升。尤其是“史上最严”《环境保护法》实施以来,生态环境执法依据更明确、力度更严格、责任更重大、体制更健全,生态环境保护制度日渐成为刚性的约束和不可触碰的“高压线”。

1. 建立生态环境统一监管体制,有效破解“九龙治水”难题

2014 年《环境保护法》第 10 条明确了环境保护主管部门对环境保护工作实施统一监督管理的职责;2018 年国务院机构改革组建生态环境部,推进生态环境执法综合改革提升统一监管能力。一系列举措,赋予生态环境部中央环保督察办公室职责,加大生态环保督察,落实党政同责、终身追责制度;建立国务院相关职能部门协调、协同机制,明确“管发展的管环保”“管生产的管环保”“管行业的管环保”要求。立法机关加大环境执法检查力度、司法机关与行政机关建立“行刑衔接”“诉商衔接”等联动机制,夯实多措并举、严格执法制度基础。

2. 构建现代环境治理新格局,生态环境多元共治逐步形成

2014 年《环境保护法》明确政府、企业、个人的环境保护权利义务,要求政府对环境质量负总责,企业承担主体责任,公民、社会组织、新闻媒体依法参与和进行舆论监督。各级人民政府定期向同级人大常委会

报告生态环境保护工作形成常态;企业履行环保责任意识有所提升,环境信息公开取得积极进展;社会力量广泛参与生态环境保护的积极性、主动性有所增强,公民生态环境素养有所提升。

中央生态环境保护督察从无到有,制度建设不断完善,督察成效持续显现;连续两轮环保督察,实现地区、行业、部门全覆盖,问责、整改落实到位。生态环境部出台配套措施,严格依法落实按日连续罚款、移送拘留等执法措施,严厉打击环境违法行为。

3. 环境执法目标方向明确,环境治理体系实现跨越

40 多年来,环境执法体制经历了多次变革,但不变的是国家环境执法机关的地位越来越高、职能越来越强、执法方式越来越法治化、执法手段越来越丰富,我国走出了一条具有中国特色的环境执法道路。

从建立以政府为主导的"命令—控制"型环境行政管制模式,到构建"政府主导、企业主责、公众参与"的多元共治新体制,我国实现了从行政管制到多元共治的跨越。

环境执法从以企业为唯一监督对象,逐步扩大到监督部门、行业和地方政府,推行一岗双责、党政同责、终身追责,实现从单纯督企到督企督政并重的跨越。

从按照"分工负责"的执法理念、法律赋予了多个部门行使环境执法权,到建立统一监督管理体制下的联合、协作,实现从分别执法到协同联动执法的跨越。

(三)环境司法体现中国制度

各级司法机关认真贯彻习近平法治思想和习近平生态文明思想,切实履行宪法和法律赋予的司法职能,逐步探索出了一条具有鲜明中国特色的绿色司法道路。十年来,人民法院审结环境资源案件约196.5万件,其中刑事案件 24.4 万件,民事案件 137.8 万件,行政案件34.3 万件,公益诉讼案件 1.58 万件,生态环境损害赔偿案件 335件。[1] 2018 年至 2022 年,检察机关受理提请批准逮捕破坏环境资源保

〔1〕 参见《环境资源审判护航美丽中国建设新闻发布会》,载最高人民法院官网 2022 年 9 月 20 日,https://www.court.gov.cn/zixun-xiangqing-372361.html。

护犯罪案件 65 432 件,共 109 848 人,立案办理生态环境和资源保护领域公益诉讼案件 394 894 件。[1] 努力让人民群众在每一个司法案件中都能感受到公平正义。

1. 深化司法体制改革,稳步推进环境司法专门化建设

最高人民法院于 2014 年成立环境资源审判庭,截至 2022 年 9 月,全国法院系统共设立 2426 个环境资源专门审判机构或组织;[2]2019 年最高人民检察院成立第八检察厅,负责公益诉讼检察工作,[3]"四大检察"融合履职,惩治犯罪与修复生态、纠正违法与源头治理、维护公益与促进发展有机统一的生态环境检察工作体系基本建成;2019 年,公安部组建食品药品犯罪侦查局,统筹强化生态环境领域违法犯罪的侦查打击职能。最高人民法院、最高人民检察院单独或联合发布污染环境罪、环境公益诉讼、生物多样性保护、流域资源保护、应对气候变化诉讼等司法解释 21 部,[4]内容涉及多种类型案件的法律适用问题,证据规则、事实认定方式、裁判程序、裁判规则,树立绿色司法理念、健全绿色司法体系。

2. 着力构建环境诉讼机制,维护社会公平正义

最高人民法院和最高人民检察院高度重视通过出台规范性文件、发布指导性案例和典型案例等方式,建立司法裁判规则,统一司法尺度,保障生态环境保护法律制度实施。探索传统环境侵权诉讼和环境公益诉讼、生态环境损害赔偿诉讼并行,专门化与专业化交织的"3+2"诉讼模式,建立集中管辖机制,行民衔接、行刑衔接、私益诉讼与公益诉讼衔接机制 ,案件指导机制,不断建立健全环境公益诉讼、生态环境损害赔偿等特殊诉讼规则。与此同时,在《民法典》、《刑法》和相关行政法的适用中,高度重视发挥其环境保护功能,不断完善环境侵权诉讼制度、环境行

---

[1] 参见《生态环境和资源保护检察白皮书(2018—2022)》,载最高人民检察院官网,https://www.spp.gov.cn/spp/xwfbh/wsfbh/202306/t20230605_616291.shtml。

[2] 参见《中国环境资源审判(2022)》,载中国法院网,https://img.chinacourt.org/mup/uploadfile/2023/06/05/20/6376fc8a898f48120c2393f3464aa7b9.pdf。

[3] 参见《最高人民检察院职能配置和内设机构设置》,载最高人民检察院官网,https://www.spp.gov.cn/zdgz/201901/t20190104_404292.shtml。

[4] 参见吕忠梅:《环境法治建设十年回顾与环境法典编纂前瞻》,载《北京航空航天大学学报(社会科学版)》2023 年第 1 期。

政诉讼制度、环境刑事诉讼制度，以公正司法护航美丽中国建设。

3. 绿色司法从无到有，环境司法体系实现国际领先

经过十年探索，中国走出了一条结合国情、符合司法规律的绿色司法道路，建成了世界上唯一一个覆盖各级审判、检察、公安机关的最完整的环境司法体系。联合国环境规划署网站开辟中国环境司法专栏，刊载《中国环境资源审判》、最高人民法院环境资源审判典型案例，为国际生态环境治理提供了中国的法治方案和司法样本。

从 2007 年清镇市人民法院环境保护法庭设立到全国四级法院全面设立环境审判专门机构，从 2015 年试点检察公益诉讼到 2018 年全面实施，中国走出了一条从下到上、从点到面的环境司法专门化道路。既满足环境公益诉讼、生态环境损害赔偿诉讼等新型案件的审判专门化需求，也兼顾相关案件在传统民事、刑事、行政诉讼架构内实现“环境保护”专业化调整，实现从私益诉讼到三诉并行的转变。

此外，中国积极探索与行政机关、专业机构、社会公益组织合作方式解决环境资源纠纷，建立环境“行刑衔接”“行民衔接”“诉调衔接”“诉商衔接”机制，实现从审判独行到多元解纷的升级。

（四）环境治理弘扬中国文化

在国内，植根于“天人合一”“和谐共生”“勤俭节约”等中华优秀传统文化的“绿色消费”“低碳生活”“节能节水”理念逐渐融入公众的生活，形成生态环境治理全民行动体系。在国际上，中国以“美美与共”“天下大同”的博大胸怀，共谋全球生态文明建设，引领国际环境治理秩序。

1. 公众参与从无到有，环境社会治理体系基本形成

公众参与作为世界公认的环境保护原则，与中华优秀传统文化有机结合，形成依法、有序、自愿、便利的公众参与制度安排。[1] 环保社会公益组织通过提起环境民事公益诉讼、提交环境保护立法意见、发布相关

---

〔1〕 参见《推动公众参与依法有序发展 提高环保公共事务参与水平——解读〈环境保护公众参与办法〉》，载中国政府网，https://www.gov.cn/zhengce/2015-07/22/content_2900767.htm。

信息、参与自然保护等各种方式加入环境治理。在基层社会治理中发展环保公益组织和志愿者,发挥其积极作用,通过社区网格化、信息化建设,将“绿色消费”“低碳生活”理念融入社会主义核心价值观,开展多种形式、丰富多彩的环境保护知识和环境法知识宣传;通过政府购买服务、项目委托等方式,鼓励社会公益组织和志愿者参与节能节水、垃圾分类、旧衣物回收等环境保护行动,利用睦邻、友邻、善邻传统密织环境治理体系。

2. 主动提出中国方案,发挥全球环境治理引领作用

十年来,中国以“天下大同”的胸怀,统筹生态文明建设内政外交两个大局,推动国内生态环境发生根本性好转的同时,积极倡导构建“人类命运共同体”“地球生命共同体”,在推动构建公平合理、合作共赢的全球环境治理体系中扮演着日益重要的角色。中国主动搭建国际交流平台,与世界各国共同应对气候变化、生物多样性丧失和环境污染三大全球性危机,充分发挥负责任大国作用,不断提出中国方案,引领应对气候变化、保护生物多样性合作与履约实践,有力落实联合国可持续发展议程,推动全球环境治理朝着更加公平合理的方向发展。[1]

3. 积极贡献中国智慧,推动人类社会的文明转型

把马克思主义世界观和方法论与中国国情相结合、植根于中华传统文化的习近平生态文明思想,站在为人类谋进步、为世界谋大同的高度,提出共谋全球生态文明建设,推动人类文明进入新形态,是东方智慧对可持续发展的最大原创性贡献。在价值论层面,由“自然生命共同体”、“人与自然生命共同体”和“人类命运共同体”构成的“生命共同体”命题,重塑全球生态文明价值体系。在方法论层面,“绿水青山就是金山银山”指引人类社会全面绿色转型。在实践论层面,一方面立足“物质文明—精神文明—政治文明—生态文明”的国家发展布局,将生态文明作为治国理政的重要方式;另一方面则是沿着“原始文明—农业文明—工业文明—生态文明”的发展进路,将生态文明视为人类文明发展的高级

---

〔1〕 参见吕忠梅:《环境法治建设十年回顾与环境法典编纂前瞻》,载《北京航空航天大学学报(社会科学版)》2023 年第 1 期。

形态。[1] 这些理论及实践丰富了全球可持续发展的实践模式，开辟了一条合作共赢、共建共享的文明发展新道路。

二、中国环境法治建设经验弥足珍贵

新中国成立以来，环境法治之所以取得巨大的历史性成就，归根结底是中国共产党带领全体人民不懈探索、接续奋斗。矢志不渝地推进环境法治建设、完善以宪法为核心的环境保护法律体系、推进环境治理体系与治理能力现代化、统筹协调环境法治建设国内国际两个大局是实现“良法善治”的必由之路。

（一）中国共产党领导集体矢志不渝地推进环境法治建设

中国环境法治建设始终在执政党的直接推动下发展，中国共产党的几代领导集体为实现从物质文明到生态文明的飞跃付出了巨大的努力，习近平生态文明思想体现了环境法治发展的根本规律，为推进环境法治现代化提供了理论武装和行动指南。

1. 从物质文明到生态文明的飞跃

“生态文明”概念在中国诞生绝非偶然。新中国成立初期，党和国家面临的历史任务是在千疮百孔的旧中国基础上抓紧建立新中国的工农业体系。因此，主张在认识自然的基础上利用和改造自然。1972 年，在周恩来总理的直接推动下，中国出席斯德哥尔摩人类环境会议并召开第一次全国性的环保会议，为新中国环境法治起步奠定基础。改革开放初期，邓小平同志明确指出，“应该集中力量制定……环境保护法”。[2]

1992 年联合国环境与发展大会后，江泽民同志明确提出必须把实施可持续发展战略始终作为一件大事来抓。[3] 党的十六大报告正式提出“推动整个社会走上生产发展、生活富裕、生态良好的文明发展道路”。2005 年国务院《关于落实科学发展观加强环境保护的决定》首次

---

〔1〕 参见夏光：《生态文明与制度创新》，载《理论视野》2013 年第 1 期。

〔2〕 邓小平：《解放思想，实事求是，团结一致向前看》，载《邓小平文选》第 2 卷，人民出版社 2006 年版，第 146 ~ 147 页。

〔3〕 参见江泽民：《在中央计划生育和环境保护工作座谈会上的讲话》，载《中国质量》1998 年第 5 期。

在国家文件中提出“倡导生态文明”。党的十七大报告提出将“建设生态文明”作为实现全面建设小康社会奋斗目标的新要求之一。[1]

2. 习近平生态文明思想指引环境法治现代化

党的十八大以来,习近平总书记创造性提出一系列新理念新思想新战略,在卓越的理论创新和重大成就的厚实基础上,对新时代中国为什么要大力推进生态文明建设、生态文明建设的理论意涵与未来愿景、生态文明建设实践的重大战略及任务要求等一系列核心问题的系统性阐述,构成了一个独立而完整的环境社会政治理论体系。

习近平总书记强调:“只有实行最严格的制度、最严密的法治,才能为生态文明建设提供可靠保障。”[2]这既表明中央推进生态文明建设的坚定决心,也抓住了运用法治思维和法治方法这个“牛鼻子”。其中蕴含的统筹山水林田湖草沙系统治理的生态伦理观、绿水青山就是金山银山的协同发展观、走“生产发展、生活富裕、生态良好”的文明发展道路的科学政绩观、为人民创造良好生产生活环境和为全球生态安全作出贡献的执政为民观,彰显了强烈的理论自信和政治智慧,具有强烈的实践品格和为民情怀。

我国生态文明建设和环境法治建设从认识到实践所发生的历史性变革、取得的历史性成就,归根于习近平生态文明思想的科学指引。[3]

(二)不断完善以宪法为核心的环境保护法律体系

法治的前提在于有法可循,新中国成立以来,特别是改革开放以来,环境立法一直走在“快车道”上。中国现行有效的众多法律中,生态环保立法 34 部,以宪法为核心的环境法律体系在理论与实践发展中不断完善。

---

〔1〕 参见胡锦涛:《高举中国特色社会主义伟大旗帜 为夺取全面建设小康社会新胜利而奋斗——在中国共产党第十七次全国代表大会上的报告》,载《前进》2007 年第 11 期。

〔2〕 习近平:《在十八届中央政治局第六次集体学习时的讲话》(2013 年 5 月 24 日),载中共中央文献研究室编:《习近平关于社会主义生态文明建设论述摘编》,中央文献出版社 2017 年版,第 99 页。

〔3〕 参见《求是》编辑部:《在习近平生态文明思想指引下迈入新时代生态文明建设新境界》,载《求是》2019 年第 3 期。

1. 生态文明"入宪"为环境法律体系化提供根本遵循

自1978年《宪法》到1982年《宪法》,环境保护的国家任务条款体系得以建立。2018年《宪法》在序言第7自然段增加"生态文明"、"新发展理念"以及"美丽"等价值宣示,同时,将"生态文明建设"规定为国务院职权,使环境宪法规范得到进一步充实,为构建以宪法为核心、跨越传统法律部门的环境法律体系提供了根本遵循。

2. 整体性思维为环境法律体系化提供基础方法

虽然不同时期的环境法律对立法宗旨的表述有所变化,但环境立法的规制对象包括"自然环境保护,防治环境污染和生态破坏"的核心内容始终未变,经济社会与环境保护协调发展的理念始终未变。在具体立法中,始终把握环境法律关系具有重构主客体关系特殊性所呈现的"人—自然—人"结构,把握环境社会关系由既有社会关系派生,需由不同法律对同一社会关系进行调整的特性,以整体性思维构建"大环保"法律体系,确立"源头严防—过程严控—后果严惩"的法律制度,充分彰显了"山水林田湖草沙"系统治理的方法论。

3. 法律与政策的协调转化为环境法律体系化提供制度工具

环境立法与环境政策的相互协调转化是中国环境法治的鲜明特色。一些行之有效的环境法基本制度都经历了"政策提出—试行探索—立法确认"的政策法律化过程。这既可以充分发挥环境政策应对环境问题的及时有效性,并将经过实践检验的政策上升为法理制度,也可以更好地保证在法律的框架下通过实施具体可操作的环境政策加以执行和落实。"兼采源自政治系统的环境政策之长,通过连接沟通、'外部兼容'等途径形成合作、共治格局……"[1]

(三)坚定推进环境治理体系与治理能力现代化

不断探索适合我国国情的环境法治路径,通过各种途径和形式,促进环境治理体系与治理能力现代化,是中国环境法治建设不懈的努力。

---

〔1〕 郭武、刘聪聪:《在环境政策与环境法律之间——反思中国环境保护的制度工具》,载《兰州大学学报(社会科学版)》2016年第2期。

1. 立足国情推动环境法治进程

环境法治的完善要全面系统,但因国情需要,党和政府针对不同阶段和时期,立足我国经济社会发展现状、环境问题的特性、公众需求的不同,实行了有计划、有侧重的环境法治策略。一方面,通过宪法、法律和政策进行顶层设计,为推进环境法治工作指明方向;另一方面,通过试点示范、重点突破等方式,探索处理环境与发展关系的方法与途径。在宪法确定的环境保护国家目标之下,各种法治策略的实施,都为新时代环境法治发展提供了丰富实践养分。

2. 促进环境管理向环境治理转变

我国环境立法之初,建立了以政府为主导、以行政机制为主的环境管理体制和法律制度。随着中国特色社会主义市场经济的发展,我国开始探索市场机制和多元共治机制。在法律上逐步增加生态补偿、环境税、绿色核算、生态责任审计等经济措施,发挥市场机制作用。同时,改革行政"命令—控制"型管理方式,完善公众参与制度,明确企业主体责任,鼓励企业和社会公众参与;充分发挥司法机关的功能与作用,建立行政约束、市场激励、法律规范和技术支撑并举的环境治理新体制。

3. 生态环境行政机构持续提升管理能力

自 1973 年成立国务院环境保护领导小组办公室,我国的专门环境保护机构历经多次机构改革并不断升格,而后环境保护法确立统一监管体制并授予强制执法权,推进环境监管能力的提升。2015 年《生态文明体制改革总体方案》提出开展环境保护管理体制创新试点,统一规划、统一标准、统一环评、统一监测、统一执法,推进综合执法改革,完善行政执法和环境司法的衔接等。2018 年国务院机构改革,新组建自然资源部和生态环境部,完善中央环保督察制度,环境监管能力得到进一步提升。

(四)统筹协调环境法治建设国内国外两个大局

中国环境法治发展,既在立足中国实际的基础上合理借鉴国外成熟的制度成果和先进经验,又积极参与和引领全球环境治理,努力共谋全球生态文明建设。

1. 坚持中国环境法治的国际格局与全球视野

中国的环境法治与世界同时起步,也深受国际社会环境保护理念与法律的影响。改革开放的进程中,市场经济体制的建立、全球市场的融入、国际环境保护的蓬勃发展对推进中国环境法治具有十分重要的作用。《我们共同的未来》研究报告提出的可持续发展原则、《联合国海洋法公约》中的预防为主原则、《关于消耗臭氧层物质的蒙特利尔议定书》提出的风险预防原则、《人类环境宣言》提出的环境保护概念、关于环境民主的强调、联合国经济合作与发展组织环境委员会提出的污染者负担原则等国际环境法原则或理念,陆续被我国吸收、借鉴。世界范围内的环境立法有三个高潮,其中1972年斯德哥尔摩人类环境会议前后,西方各发达国家纷纷制定环境保护基本法并在宪法中规定环境保护的内容;1992年里约热内卢人类环境与发展大会前后,世界各国按照可持续发展理念重新审视原有环境立法或者制定新的环境法,一些国家开始制定或者编纂环境法典;2002年约翰内斯堡首脑会议前后,世界各国根据联合国千年发展目标,细化和完善国内环境立法。中国的环境立法基本上实现了与世界"同频共振",在不同时期的立法中都吸收和借鉴了国际社会环境法治发展的最新成果,其中一些法律是中国为落实可持续发展战略而制定。

2. 共谋全球生态文明建设大计

实现可持续发展目标,既涉及国内发展方式的深刻转变,又关涉中国承担国际责任、引领世界各国共同应对生态环境挑战。多年来,中国积极参与全球环境治理,取得了巨大成就。特别是党的十八大以来,通过加强环境法治建设,推动我国生态环境保护实现从理性认识到实践创新的巨大飞跃,取得了举世瞩目的成就,为全球生态文明建设贡献了中国经验、中国智慧、中国力量。[1]

与此同时,中国以应有的大国责任和担当精神积极参与推动全球环境保护事业的发展,率先发布《中国落实2030年可持续发展议程国别方案》,向联合国交存《巴黎协定》批准文书,积极履行《生物多样性公约》和《关于消耗臭氧层物质的蒙特利尔议定书》等国际环境公约。实现消

---

[1] 参见王治河:《共谋全球生态文明建设大计》,载微信公众号"求是网"2018年5月29日,https://mp.weixin.qq.com/s/UiIilQSdgmQ6ENtp6R2QeQ。

耗臭氧层物质的淘汰量达到发展中国家总量的 50% 以上,成为对全球臭氧层保护贡献最大的国家。在气候变化国际合作方面,中国认真落实气候变化领域南南合作政策承诺,支持发展中国家特别是最不发达国家、内陆发展中国家、小岛屿发展中国家应对气候变化挑战。在"一带一路"建设中,中国与相关国家互助合作,共同改善环境,为维护全球生态安全贡献中国力量。越来越多的美国科学家和环保人士"日益把希望的目光从美国转向中国,将中国视为领导这场反对气候异常变化战斗的领袖"。[1]

第三节 环境法典编纂的需求与供给

新中国成立以来,中国环境法治建设取得了巨大成就,实现了历史性飞跃。科学立法保证良法善治,严格执法维护法治权威,公正司法确保公平正义,公众参与提振社会文明,国际引领塑造治理秩序。中国特色社会主义进入新时代,我国社会主要矛盾已经转化为人民日益增长的美好生活需要和不平衡不充分的发展之间的矛盾。人与自然发展不平衡,不能满足人民日益增长的生态环境需求是新时代主要矛盾变化的一个方面。这既根源于我国绿色发展的理念尚未得到全面贯彻,使生态环境问题成了满足人民日益增长的美好生活需要的主要制约因素,又根源于环境法律制度方面的某些不完善,使国家提供生态环境公共产品的能力、生态环境治理体系和治理能力现代化还存在"短板",需要我们从中华民族永续发展的千年大计的角度,努力提高立法科学化水平,加快推进环境法典编纂工作。尤其是在"环境法典编纂"已经纳入十四届全国人大常委会立法规划的形势下,面对立法实践需求,加强环境法典编纂的理论供给迫在眉睫。

〔1〕 参见王治河:《共谋全球生态文明建设大计》,载微信公众号"求是网"2018 年 5 月 29 日,https://mp.weixin.qq.com/s/UiIilQSdgmQ6ENtp6R2QeQ。

一、环境立法的实践困境

现行有效的环境法制定时间跨度大、修改次数多，表现出一些突出问题：一是污染防治类立法重复率高，《环境保护法》与大气、水、固体废物、噪声等污染防治法的条文重复率高达30%；二是法律之间矛盾冲突多，对同一个事项设置的相同制度之间存在诸多不一致，如有的原则不一致、有的适用程序不一致、有的适用条件不一致、有的管理机关不一致、有的处罚主体或者处罚形式不一致。原因是缺乏系统性的立法思路和体系性立法方法，未能有效统筹“立改废释”立法过程，导致现行法律无法满足促进实现“人与自然和谐共生的现代化”的时代需求。

（一）环境立法模式不适应体系性需求

环境立法涉及自然生态系统与人类经济社会两个巨大复杂系统关系的调控，满足“人与自然生命共同体”的法律需求，需要有符合自然与社会双重规律的立法模式，现行立法体系、立法方式、立法程序都存在明显的不适应。

1. 立法体系不适应导致环境立法的整体性不强

在我国宣告已基本建成的社会主义立法体系中，环境法并不是一个独立的法律部门。目前，与环境保护相关的法律分属于经济法和行政法两个部门。同一环境问题分别立法，不适应“山水林田湖草沙”统筹治理的基本理念，极易因两个法律部门的立法理念、制度取向不同而形成矛盾和冲突。比较现行四部涉水立法，《水法》《水土保持法》属经济法，《水污染防治法》《防洪法》属行政法，虽然都建立了“规划制度”，但规划的编制部门不同、规划之间的关系不清、规划的衔接与协调无可操作性规定。根据这些法律，综合规划与各专项规划的编制涉及发改、国土、水利、环保、农业、住建等多个部门，“规划打架”成为较为普遍的现象。

2. 立法方式不适应导致环境立法的协调性不够

我国环境立法采取国家法律与行政法规、部门规章和地方性立法相结合的分散立法方式。这种方式在短时间内针对具体事项有立法效率，一旦不同阶段的诸多问题渐次显现，立法的协调性不足就会十分明显。例如，在《长江保护法》制定之前，长江流域涉水事务管理有30多部法律进行授权,其中长江流域管理权在中央分属15个部委、有76项职能,在地方分属19个省级政府、有100多项职能。而长江航道与水道并没有明显的界限,但法律规定交通和水利部门分别主管航道与水道,真正涉及长江流域管理事项的统筹与协调,法律上没有规定管理部门。立法上的事权重叠、事权交叉和事权空白同时存在,导致相关部门相互扯皮、相互推诿,因权力竞争或权力真空而损害公共利益,法律的系统性出现紊乱。

3. 立法程序不适应导致环境立法的权威性不足

我国宪法将“美丽中国”建设确立为国家目标,赋予国务院领导和管理生态文明建设的职责。根据《立法法》的规定,国务院可以提出立法议案。由于环境保护涉及多个部门的管理职责,国务院实际上是按照部门职责甚至是内部分工提出法律草案后再交国务院会议审议、以国务院名义提请国家立法机关审议。这就造成了不同部委分别提出立法计划和法律草案、一个部委内部分别提出立法计划和法律草案的情况。例如,《水法》与《水污染防治法》都建立了流域管理制度和主体功能区制度,但依据《水法》划定的“水功能区”与依据《水污染防治法》划定的“流域生态环境功能区”,有的大面积重合、有的相互交叉、有的相互矛盾。[1] 两个执法主体分别进行监督检查,企业和地方政府无所适从,法律的权威性受到挑战。

(二)体系化思路缺失导致立法选择摇摆不定

立法是对一定时代政治经济社会生活条件加以理性提炼、形成规则的过程,也是各方利益主体、各种利益诉求、各类利益冲突不断博弈、妥协、平衡的过程。今天的环境立法现实,是中国在改革开放的进程中留下的鲜明烙印,体系化立法思路未能坚决贯彻,是导致现状的重要原因。

如前所述,中国的环境立法以1973年国务院出台《保护和改善环境若干规定》作为第一个里程碑。1979年,全国人大启动《环境保护法》的制定时,曾设想过建立以“环境保护法”为基础、以单项法为骨干的环境

---

〔1〕 参见《水法》第32条、《水污染防治法》第29条。

保护立法体系，立法路径是先制定作为基本法的《环境保护法》，然后陆续制定防治大气、水等环境要素污染的单行法。[1] 到1989年通过《环境保护法》时，已制定了近20部单项法律。[2] 1989年之后，进入单项法不断出台和修正，而《环境保护法》基本休眠的状态。在相当长一段时间内，立法机关认为《环境保护法》可以在单项法制定完成后予以废止。1992年，联合国环境与发展大会召开，在世界范围内掀起了以可持续发展为价值取向的新一轮环境保护综合立法进程，国内要求修订《环境保护法》的呼声日益强烈。2012年，十一届全国人大常委会启动《环境保护法》修改工作，决定将修改范围限于8个方面，只进行“小修”。[3] 后因公布的《环境保护法修正案（草案）》引发各方面强烈反响，在反复征求各方面意见后，立法机关决定将“修正案”改为“修订案”，对《环境保护法》进行“大修”。2014年修订的《环境保护法》虽然被赋予生态环境保护领域的综合法地位，但与其他30余部单项法处于同一效力位阶。2014年以后，生态环保单项法的制定、修改依然频繁。

立法思路的变化，不仅使立法体系化缺失，而且导致单项法不断修改，作为基础性法律的《环境保护法》在近30年里成为“摆设”，处境尴尬，在一定程度上形成《环境保护法》与单项法多个条款既被反复“照搬”又不断被突破、矛盾冲突越积越多的恶性循环。

从理论上看，我国的生态环保立法虽然数量不少，但并未真正形成有效的法律体系。各种法律制度之间既有明显的碎片化、相互重叠乃至相互矛盾，也存有诸多空白，构建“人与自然和谐共生”法治保障缺乏坚实的“良法”基础，这些问题必须通过法典编纂切实加以解决。

---

〔1〕 参见李超伯：《关于〈中华人民共和国环境保护法（试行草案）〉的说明》（1979年9月11日）。转引自汪劲：《从环境基本法的立法特征论我国〈环境保护法〉的修改定位》，载《中外法学》2004年第4期。

〔2〕 参见《关于〈中华人民共和国环境保护法修正案（草案）〉的说明》，载中国人大网，http://www.npc.gov.cn/zgrdw/huiyi/lfzt/hjbhfxzaca/2012-08/31/content_1735795.htm。

〔3〕 参见孙佑海：《〈环境保护法〉修改的来龙去脉》，载《环境保护》2013年第16期。

二、环境法研究的理论短板

随着中国生态文明建设和全面依法治国进程，几代环境法学者和实务工作者积极参与环境法基础理论的知识建构，推动我国环境法学研究逐步从“照着说”“跟着说”迈向“自己说”时代，取得了巨大的成就，这必须要充分肯定。正是因为有环境法学的活跃，特别是以“对策型”研究为主的理论成果和环境法知识的大量生产，才有环境法治的迅速发展，这是不容置疑的事实。但是，我们必须承认，在中国特色社会主义法律体系中，环境法尚处于“未定型”状态；在中国的法学理论体系中，环境法理论也与传统部门法理论“若即若离”。面对环境法典编纂这个需要法学基础理论支撑和体系化法学知识的重大任务，环境法的理论短板十分明显，环境法典编纂必须尽快补齐。

（一）环境法价值论研究薄弱

法的价值是法存在的伦理正当性依据，直接决定着社会的法律主体的法律思维方式与法律实践，更是法进步的内在依据与精神动力。[1]价值体系构成环境法的目标选择与根本判断，是环境法知识体系的思想基础，也是环境法典编纂的理论前提。从理论上看，作为新兴法律领域的环境法因与传统法律不同的价值追求而兴起和发展，梳理现有理论研究成果，从价值层面实现环境法调整机制的法理思维与法律思维、法治思维的协同性、一致性是环境法知识体系建构的当务之急。从环境法典编纂的实际需求看，环境法典明显不同于民法典和行政法典以形式法治为主要追求，是促进实现实质法治的法律制度体系，基于这种特性，世界各国环境法典编纂莫不以价值体系为核心展开逻辑建构，呈现出价值引领型的环境法典编纂规律。[2] 反观我国多年来的环境法学理论研究，关于价值论的成果不仅数量极少，而且仅有研究也基本流于一般性阐释，缺乏法哲学、法理学角度的深层次研究成果，不能为以价值为引领的环境法典编纂提供基础理论支撑。

---

〔1〕 参见姚建宗：《中国特色社会主义法的价值论》，载《辽宁大学学报（哲学社会科学版）》2013 年第 2 期。

〔2〕 参见吕忠梅：《环境法典编纂论纲》，载《中国法学》2023 年第 2 期。

(二)环境法方法论研究缺失

方法论作为实现价值共识与法律形式有机结合的规律总结,是环境法研究的理性基础,更是环境法典编纂的必备条件。已有环境法研究的一个明显短板是缺乏方法论自觉。实际上,环境法学界对环境法的跨部门法特征,法律政策化与政策法律化交织、技术法律化与法律技术化交融的法律形式,公私法结合、政策措施和科技标准嵌套的多元性规范体系等,有极为深刻的认识,但一直未从方法论角度加以系统研究。环境法典编纂既需要所形成的知识体系法学研究方法,也需要一定的编纂技术方法;迫切需要在已有此认识基础上厘清法教义学方法、法社会学方法等传统法学研究方法与环境法研究所需要的"生态性""整体性""体系性"之间的张力,构建方法论体系,达成"既见森林,又见树木"方法论共识;也需要根据环境法律规范特殊性,总结提炼适应环境法典编纂所需要的技术方法。

(三)环境法本体论研究分散

环境法本体论是对环境法治现象以及实践的本质认识和概括,构成环境法研究的逻辑起点,也是环境法典编纂的知识体系支撑。本体论必须回答环境法"是什么"以及"为什么是"的问题,由环境法的基础范畴、概念体系、规范性质、制度特征、运行规律等组成,是以中国环境法治实践为研究对象而形成的对环境法的构成要素与本质属性、法律关系与运行方式、保护范围与制度体系的整体性认知,这些认知将直接成为环境法典的概念、规范、制度表达。在现有研究成果中,本体论是学者关注度高、研究较多的部分,内容丰富,并且形成了调整论、综合调控论、理念价值论、义务本位论、沟通协调论等鲜明的学术观点并建构了环境法理论体系,从不同角度、不同层面揭示了环境法的基本内涵、本质属性、根本特征。但研究成果相对分散,既未达成学术共识,也缺乏对环境法的范畴体系、标识性概念和标志性制度的深入系统研究,难以为环境法典编纂提供完整的法学知识体系支撑。

(四)环境法法治论研究"虚胖"

法治论主要是回答环境立法、执法、司法和守法过程中的理论与实践问题,是对环境法律的制定与实施、构成与变迁、发展与愿景的理性认知与概括凝练,构成环境法研究的核心,也是环境法典编纂体现中国特色、回应社会现实需求、满足人民期待的理性基础。环境法法治论以环境法规范为研究对象,在论证并支撑现行环境法制度的科学性、正当性和合理性的同时,及时发现环境立法、执法、司法、守法实践中出现的新情况、新问题并提炼学术命题加以研究解答,形成体系化的环境立法论、环境执法论、环境司法论、环境守法论。在现有研究中,法治论成果最多、内容最丰富、体量最大。但因缺乏统一价值引领和方法论共识,缺乏学术意义上的对话与交流的语境,成果良莠不齐;与此同时,对环境法治实践的历史演进、体系构成、实施效果、社会功能等方面的规律性总结少,对法律规范背后的历史逻辑、理论逻辑、实践逻辑追问少,真正意义上的比较法成果少,难以回答外国环境法理论、外国环境法制度到中国为什么"水土不服",中国的法律文化土壤中应长出怎样的环境法之树,中国的环境法治实践对于全球环境治理的制度性贡献是什么等深层次问题。这些都需要在环境法典编纂过程中高度重视并着力加以解决。

三、环境法学者的使命担当

环境法典编纂是学术与实践的结合过程,法学是法典的基础,甚至可以说没有一定的法学理论就没有法典。只有通过法学家的理论研究,才能客观认识法典化的客观条件并提出合理的法典化方案。对学者而言,环境法典编纂是学者将理论与实践紧密结合的绝佳时机。通过扎实的理论研究,在基础层面确认绿色发展的法律价值观,形成能够统一体现绿色发展精神的法律体系,将"绿色发展"的要求转化为执法、司法的价值取向之一,解决目前存在的整体性不强、协调性不够、权威性不足等问题,大力推动环境治理体系与治理能力现代化,是环境法学者理应承担的时代使命。

(一)坚持环境法典编纂研究的法学理论研究属性

环境法典编纂研究过程实际上是环境法知识体系建设、学科体系建设、人才队伍建设的过程。在这个意义上,坚持环境法典编纂研究的法学理论研究属性至关重要。

第一,以学术讲政治。立法活动是政治选择,但并不是简单地将政治语言写进法律。面对社会生活中存在政治话语体系、社会话语体系、法律话语体系的现实,我们既要熟悉三套话语体系,又要清醒地认识其中的区别:政治话语体系帮助我们进行价值判断,社会话语体系帮助我们了解社会矛盾所在,但环境法典编纂必须使用法律话语体系。环境法典编纂研究,需要我们认真研究"人与自然和谐共生"的哲理、法理基础,将党的二十大报告的政治话语转化为法律话语和法学知识,为环境法典编纂提供体现"尊重自然、顺应自然、保护自然"世界观的范畴体系、体现"良好生态环境是最普惠的民生福祉"民生观的价值体系,促进实现"人与自然和谐共生的现代化"。

第二,以法言法语说事理。法学研究需要专注于法言法语,但更重要的是想"事",深入体察和理解具体争议中的事实及语境,[1]做到通过法言法语反映事理。环境法典编纂研究的重要任务是全面总结中国环境法治实践探索的经验与教训,提炼"人与自然和谐共生"的法律规范体系。环境法典是一部法典,不是技术规范,一定要从法理上论证环境法典的独立价值,澄清环境法调整对象的特殊性、环境法律关系的特殊性、环境法律制度的特殊性,以法律语言实现与传统法律、新兴法律的沟通与协调。

第三,用国际通行的法律语言展示中国风范。我国的生态文明建设实践被国际社会广泛认可和采纳,但话语体系还存在国际交流的部分障碍,在法典编纂研究中,应将对接国际话语体系作为重要内容,注重提出差异化方案:理念一致的情形下直接使用;理念一致但表述不一致时,对其重新诠释并部分使用、促进其容纳变化;涉及国家主权、国家利益等问题时,必须提出中国自己的概念、方案。环境法典编纂研究要立足共建地球生命共同体,既具有理论与文化自信,又具有国际视野和胸怀,为"共谋全球生态文明建设"提供中国智慧和中国方案。

---

〔1〕 参见苏力:《想事,而不是想词——关于"法律语言"的片段思考》,载《东方法学》2023年第1期。

(二)处理好环境法典编纂理论研究中的几对关系

环境法典编纂研究旨在提出既坚持人民至上又充分关切自然,既运用立法技术方法又反映生态客观规律,既适合中国国情又具有世界示范意义的法典化方案。实现这一目标,需从价值、方法、立场等方面着力处理好几对关系。

第一,明确价值判断标准,处理好人与自然的关系。以习近平生态文明思想和习近平法治思想为指导,结合可持续发展的基本价值取向,环境法典应建立以人民为中心、人与自然和谐共生、守住自然生态安全边界三个价值判断标准。"以人民为中心"是中国特色社会主义法治价值体系的基石,也是中国法学理论的基本立场和核心价值,当然是环境法典的根本价值标准。中国式现代化在协调人与自然的关系方面实现了对西方现代化逻辑的超越,完成了从"人类中心主义"到"人与自然和谐共生"的理念转变,实现了从驾驭资本逻辑到激活自然资源的模式创新,是解决人类环境问题的中国方案,环境法典应在"人与自然生命共同体"理念下建立调整社会关系的基本价值目标。生态安全不仅是人类生存的基本需求,也是人类文明存在和发展的基本前提,社会主义生态安全观既包括生态环境系统本身的良好状态,也包括其对人类生存发展的价值意义,应成为环境法典的价值动因与判断标准。

第二,形成方法论自觉,处理好社科法学与教义学方法、整体主义与还原主义的关系。法典编纂研究需要综合运用社科法学方法和教义学方法,但必须注意两种方法的适用对象和不同语境。总体上看,社科法学方法是立法研究的主要方法,因为立法需要全面考虑社会因素及其条件制约;但法典编纂涉及对执法、司法实践的全面总结,教义学方法对于法典编纂研究具有特殊意义,也必须高度重视。与此同时,也需要有机融合整体主义和还原主义方法,既以整体主义观察、分析、思考环境法所面临的"人类社会—生态平衡"的巨大复杂系统问题,也要以还原主义方法观察巨大复杂系统中的个体、要素,以妥当处理"权力—权利""公益—私益""人类—自然"等各种关系。

第三,坚持植根中华、胸怀天下的研究立场,处理好中国特色与国外经验之间的关系。在借鉴外国环境法典编纂经验、国际通行做法时,也需要进行甄别和分析，防止再度出现移植制度“水土不服”的问题。对拟借鉴法律的立法背景和条件、所调整的社会关系和利益关系、所要解决的实际问题等进行全面细致的分析，对外国方案、国际经验是否符合中国的实际需要、能否解决中国问题等进行充分论证，而不是简单地移植法条表述。与此同时，也要高度重视研究中华优秀传统文化，包括生态文化、法律文化，把环境法典的根牢牢地扎进中华民族传统文化的土壤里，更好地彰显中国特色。

上篇　环境法典编纂实践进路

第一章　中国环境法典编纂的条件

任何国家的法典编纂都是国家法治建设的重大决断,受到比一般立法行为更为严苛的条件约束。环境法典编纂是促进国家治理体系和治理能力现代化的立法活动,不是思想试验,而是法治实践活动,必须以国家的发展现状、法治基础、经济社会条件作为研究前提,不能脱离中国实际去构建空中楼阁。立法活动是利益判断和利益博弈过程,法典编纂作为最高形式的立法活动,更是立足国情的政治抉择,而不是学者法律理想。世界上的法典都是由政治家决策并直接组织、由法学家提供理论与技术支撑的"合作成果",是法治思想、政治生态、民意基础、法治实践、法学理论有机结合的产物。对环境法学者而言,首先必须回答的问题是,环境法典编纂条件是否已经成熟,背后根据何种标准来判断环境法典编纂条件是否成熟。

总结民法典编纂经验并参考相关理论,可以认为,判断一个领域的法典编纂条件是否成熟,主要看四个方面:一是有条件有基础,即该领域具备共同的法理基础,遵循相同的基本原则,主要制度相对成熟,法律关系比较稳定,法律缺项相对较少,法治实践较为丰富;二是有价值有意义,即法典编纂对相关领域治理体系和治理能力现代化具有较为明显的推动作用,能够在推动解决党中央重视、社会关注、人民关心的问题上取得重要进展;三是有体量有分量,即该领域的法律法规经过编纂后,能够覆盖较广范围,为执法、司法和社会活动提供全面、系统的依据;四是有需求有共识,即该领域有法典编纂的实践需求,除立法机关积极推动外,相关主管部门、专家学者等各方面有基本共识。依据这些基本认识,结合中国环境法治理论与实践情况，可以从思想基础、政治基础、民意基础、研究基础等方面来回答环境法典编纂是否已经具备"四有"条件，以为立法决策者的判断提供理论支持。

第一节 环境法典编纂的思想基础

党的十八大以来，习近平总书记创造性提出一系列新理念新思想新战略，在卓越的理论创新和重大成就的厚实基础上，水到渠成，诞生了系统科学、逻辑严密的习近平生态文明思想。[1] 习近平总书记在领导全面依法治国的伟大实践中，提出一系列法治新理念新思想新战略，创新发展了中国特色社会主义法治理论，创立了内涵丰富、体系完备的习近平法治思想。[2] 习近平生态文明思想和习近平法治思想为新时代中国为什么要推进生态文明法治建设、如何推进生态文明法治建设、推进怎样的生态文明法治建设等提供了理论指导，揭示了社会主义生态文明法治建设的本质规律，指导"生态文明建设""绿色发展""美丽中国"写进党章和宪法，成为全党的意志、国家的意志和全民的共同行动，是指引环境法典编纂的思想基础和行动指南。

一、"人与自然生命共同体"核心命题奠定生态观

习近平总书记指出："人与自然是生命共同体，人类必须尊重自然、顺应自然、保护自然。"[3]"人与自然生命共同体"命题着眼于生态系统整体，立足于构建人与自然之间和谐关系，超越中西方传统哲学

〔1〕 参见《求是》编辑部：《在习近平生态文明思想指引下迈入新时代生态文明建设新境界》，载《求是》2019 年第 3 期。

〔2〕 参见王晨：《习近平法治思想是马克思主义法治理论中国化的新发展新飞跃》，载《中国法学》2021 年第 2 期。

〔3〕 习近平：《决胜全面建成小康社会 夺取新时代中国特色社会主义伟大胜利——在中国共产党第十九次全国代表大会上的报告》（2017 年 10 月 18 日），载《人民日报》2017 年 10 月 28 日，第 1 版。

对人与自然关系的认识,是习近平生态文明思想对人与自然关系理论的原创性贡献,为在环境法典中认识和界定人与自然关系提供生态观指引。

(一)重构环境法人性标准

法律是人的行为规则,如何认识人类,如何认识人与自然的关系,是环境法典编纂的前提性问题。习近平总书记 2013 年在海南考察工作时指出:“对人的生存来说,金山银山固然重要,但绿水青山是人民幸福生活的重要内容,是金钱不能代替的。你挣到了钱,但空气、饮用水都不合格,哪有什么幸福可言。”[1]其深刻揭示了人的两种生存状态,为我们认识环境法上的“人”奠定了哲学基础。[2]

人类属于灵长类动物,是地球生态系统中的一个生物种群,具有明显的自然属性;同时,人类又不同于其他生物,会为追求幸福生活创造财富、形成社会、建立国家,具有明显的社会属性。人的自然属性与社会属性在两个世界中并存,我们的身体属于自然世界、思维属于文明世界,构成了不同的人类生活图景。人类在创造文明的过程中产生的法律,更多体现的是对人的自然属性的控制。因为人的生命有限,为了生存比如具有恣意、贪婪、自私等“恶性”,通过法律的理性对人类“恶性”加以刚性遏制,才能创造更加丰富的物质文明。因此,近现代法律基本不考虑人的自然属性,将人抽象为理性的社会平均人。法律上的“经济人”拥有完全的意思自治,为了个人利益最大化,对自己所有的财产和公共资源可以无限制地加以利用,环境的污染、资源破坏无须纳入“经济人”的算计,不考虑人的自然性生存,在一定程度上污染和破坏了环境,加剧了人与自然的对立和人与人的对立。

解决人与自然对立的制度性问题,必须重新认识环境法上的“人”,以“人与自然生命共同体”世界观设定新的人性标准。这种新的人性标准以矫正“经济人”的有限理性为出发点,统筹考虑人的自然属性与社

---

〔1〕 习近平:《在海南考察工作结束时的讲话》(2013 年 4 月 10 日),载中共中央文献研究室编:《习近平关于社会主义生态文明建设论述摘编》,中央文献出版社 2017 年版,第 4 页。

〔2〕 参见吕忠梅:《环境法典编纂视阈中的人与自然》,载《中外法学》2022 年第 3 期。

会属性,协调经济视角与生态视角,将生态观念纳入“经济人”的“理性”之中,形成新的“生态理性经济人”。首先,在环境法上承认“经济人”的自然生存需求,人的幸福生活不只是物质财富的增加,还包括生活环境、心理愉悦等非物质条件的满足。将生产者降低环境成本、消费者享受美好环境和绿色消费作为利益目标,为生态理性的纳入提供利益动机。其次,在环境法上承认“经济人”的自然生命周期,经济社会生活的传承性和持续性使得“经济人”从兼顾眼前和将来、短期和长期的角度“算计”利益,把对后代人需求的满足也考虑在内,为形成总体利益的最优化提供理性基础。这时的“生态理性经济人”能够全面判断自身行为所带来的长期性、综合性后果。当一个破坏生态平衡的污染环境行为可能获得眼前经济利益,但会导致长期经济利益减少并直接影响自己和子孙后代的生命健康时,“生态理性经济人”统筹考虑,自动选择不或少污染和破坏的行为,使绿色发展得以实现。

（二）超越“主客二分”法哲学

“人与自然生命共同体”命题秉持系统性思维,不仅回答了人与自然的关系是什么,而且回答了人与自然的关系为什么,强调从单一对象到对象间关系、从线性逻辑到多维空间、从对立对抗到共生共荣的转变。习近平总书记指出:“我们要认识到……如果种树的只管种树、治水的只管治水、护田的单纯护田,很容易顾此失彼,最终造成生态的系统性破坏。”[1]“大自然是包括人在内一切生物的摇篮,是人类赖以生存发展的基本条件。大自然孕育抚养了人类,人类应该以自然为根,尊重自然、顺应自然、保护自然。”[2]其深刻剖析了人与自然、自然环境要素间的联系性与循环性,为我们从法律上认识自然夯实法哲学基础。

建立在“主客二分”哲学基础上的近现代法律,从对人的经济有用性角度把能够作为“资源”或“有用要素”的自然作为法律关系的客体,

---

〔1〕 习近平:《关于〈中共中央关于全面深化改革若干重大问题的决定〉的说明》(2013 年 11 月 9 日),载中共中央文献研究室编:《习近平关于社会主义生态文明建设论述摘编》,中央文献出版社 2017 年版,第 47 页。

〔2〕 习近平:《共同构建人与自然生命共同体——在“领导人气候峰会”上的讲话》(2021 年 4 月 22 日,北京),载《中华人民共和国国务院公报》2021 年第 13 号。

而空气、无经济利用价值的野生动植物等，则因无法排他占有或无经济利益不能得到法律的保护。但是生态规律表明，人作为生物种群也是"生态"的重要组成部分，人类呼吸的空气和吃到的食物，与植物密不可分；而植物作为一切生命的根基，不仅是人类的盟友，其中的一些成员也和动物"结盟互助"，如蜜蜂可以在进食花蜜的同时，完成两朵花之间的传粉，实现两个物种的双赢，形成"共生"的互利关系。因此，自然界是人类赖以生存和发展的重要基础，是地球生命共同体的血脉和根基，这种共生关系要求法律建立"人与自然生命共同体"的新型自然观，不仅要保护自然，而且必须对自然的系统性、共生性予以保护。

"人与自然生命共同体"所蕴含的自然观，指引环境法典编纂研究实现对传统法哲学超越：一是不再将自然纯粹地当作开发利用的对象，要求法律对自然加以保护；二是不再以自然是否可以被人利用作为唯一判断标准，承认自然的系统性价值，而是将自然作为一个整体纳入法律保护范围。这必然要求对传统法律加以变革，以"人与自然生命共同体"为指引，跨越"主客二分"思维，以新的自然观为基础，将人与自然的"共生"关系纳入法律的概念、原则和制度，在对既有法律进行改造的同时，创建新的法律。

二、"人与自然和谐共生"确立整体主义方法论

党的二十大报告将人与自然和谐共生作为中国式现代化的本质特征，提出促进人与自然和谐共生是中国式现代化的内在要求，并作出"推动绿色发展，促进人与自然和谐共生"的重大部署。这充分体现了中华民族平等对待自然，把自身视为自然的一部分，在改造自然的同时，实现自身与自然共同发展的整体主义思维方式。习近平总书记指出："我讲过'长江病了'，而且病得还不轻。治好'长江病'，要科学运用中医整体观，追根溯源、诊断病因、找准病根、分类施策、系统治疗……要针对查找到的各类生态隐患和环境风险，按照山水林田湖草是一个生命共同体的理念，研究提出从源头上系统开展生态环境修复和保护的整体预案和行动方案，然后分类施策、重点突破，通过祛风驱寒、舒筋活血和调理脏腑、

通络经脉,力求药到病除。"[1]其深刻阐释了系统治理、辨证施治的"中医"之道,为环境法典编纂确立整体主义方法论。

(一)突破还原主义

近代法理学的建立与西方文艺复兴、启蒙运动紧密相连,体现的是人类社会的知识领域以自然科学方法为基础的学科细分。这种思维将视野和关注点从宏观整体转向微观具体,强调通过把握部分来认知整体,通过揭示其机械运动规律来理解整体的存在样态;要求高度推崇科学理性,将征服自然、改造自然作为人类的独特性、优越性在法律上加以肯定,建立个体主义法律观。它希望借助数学方法将法学纳入"统一的科学"当中,将数学范式应用于法律,运用科学理性,从现实中的法律抽象出更高级和控制性的概念范畴,所有的法都由科学推导出的、具有一般性的正义之定义发展而来,这是以法国民法典、德国民法典为代表的西方法典逻辑严谨、推理严密的由来,[2]将数学思维与个人主义法学思想相结合,形成了法学方法上的还原论。[3]

还原论对法学研究和立法的影响深远而明显。今天我们使用的法学范畴和概念体系都在很大程度上呈现出这样一种"还原"性思维:在法学理论上,将法律领域区分为公法—私法,然后再逐步"还原"至各种制度、规范、概念;将法律关系分为主体—客体,进而细分为不同类型、不同规范形式;将司法过程分为事实—规范,还要将其进一步分解为刑事、民事、行政等不同裁判方式和规则。在立法上,进行与法学概念范畴相一致的体系化构建,首先区分民法、刑法、行政法、诉讼法等法律子系统,然后再逐层降解,每个子系统下有若干法律、法规、规章、规范性文件。

环境立法现状在很大程度上就是还原性思维的呈现。生态环境

---

〔1〕 习近平:《在深入推动长江经济带发展座谈会上的讲话》(2018 年 4 月 26 日),载《求是》2019 年第 17 期。

〔2〕 参见[美]罗杰·伯科威茨:《科学的馈赠——现代法律是如何演变为实在法的?》,田夫、徐丽丽译,法律出版社 2011 年版,第 32~33 页。

〔3〕 参见[苏]Б. 格里戈里耶夫:《原子论与还原论》,刘伸译,载《国外社会科学》1981 年第 8 期;刘敏、董华:《还原论传统的盛行与隐匿》,载《系统科学学报》2011 年第 1 期。

的整体性因不断被法律“还原”而变成“九龙治水”，导致传统法律在面对环境污染、生态破坏等系统性问题时，不仅难以应对，而且可能成为引发环境问题的制度性原因。[1] “人与自然和谐共生”的系统观为环境法典编纂实现理论创新、寻找新的法理支撑提供了方法论指引。一方面，其为突破现有的立法理念、立法原则和立法模式提供依据，为环境法典编纂奠定体系化思维基础；另一方面，其为环境法典重构社会关系、重塑管理体制、重建社会秩序提供价值取向和“权利—权力”沟通协调方法。

（二）超越整体主义

还原论思维造成了环境立法的困境，需要反思。还原论的优点在于“还原”，这种思维可以将知识进行严格的系统化、精确化，使我们有了逐步深入理解法律、认识法律运行规律、建立法学范畴的可能。在环境立法中，如果没有还原性思维，我们已有的各种对环境法律现象的认识无从产生，更无法深刻理解和把握其规律。但是，还原论的缺点也在于“还原”，它把本来相互联系、相互过渡的社会现象离散化、割离化，使我们无法从整体上观察法律现象、思考法律问题、提出法律对策。在环境法典编纂过程中，如果只有还原性思维，也无法对环境法这样的新兴法律现象进行合理解释。从方法论上看，我们还必须建立不同于还原论的新方法。

其实，与还原论相对应的是整体论，这也是自古就有的哲学思想，其与还原论不同的是，强调研究高层次本身和整体的重要性，主张一个系统（宇宙、人体等）中各部分是有机的整体，不能割裂或分开来理解。如贝塔朗菲所言，从亚里士多德提出“整体大于它的各部分之和”开始，其作为一种基本的系统问题表述，至今仍然正确。[2] 近现代整体论的发展与两个研究领域的出现有极大的关系。一是生物学和生态学的产生。

---

〔1〕 例如绝对所有权，按绝对所有权原则，土地所有权人理论上拥有其地下水的所有权，可随意抽取、使用乃至浪费地下水，而无须考虑使用的合理性，也不必顾及其行为是否损害了他人对该地下水享有的水权。参见崔建远：《水权与民法理论及物权法典的制定》，载《法学研究》2002 年第 3 期。

〔2〕 参见黄欣荣：《贝塔朗菲与复杂性范式的兴起》，载《科学技术与辩证法》2004 年第 4 期。

其实,就在还原论方法论繁荣之际的1859年,达尔文的《物种起源》问世,打破了以物理学为楷模的还原论神话,其研究方法就是使用整体论对自然选择的过程进行历史性叙述;1866年,德国动物学家海克尔首次提出“生态学”一词并定义,进一步强化了整体论的运用;随着生物学、生态学的发展,部分哲学家也开始用全新的视角审视世界,强调整体论的研究方法。二是物理学的革命。20世纪早期,相对论和量子力学的出现,使物理学本身产生了整体论思维方式,为自然科学在20世纪的发展开辟了广阔的前景。

在社会科学领域,历史主义科学哲学兴起,也将方法论的重心从还原论转向了整体论,他们将研究重点放在哲学研究与历史考察的关联性上,注重对科学理论作整体评价而非单个理论的评价,将范式、纲领、传统或背景理论作为分析科学的基本单元,强调特定理论是更大传统或大理论的部分。历史主义哲学在采用整体主义方法论的同时,还特别注意科学与其他文化的联系,指出科学与非科学之间并不存在一条明显的界线。[1] 在整体主义哲学看来,还原主义方法论主要回答的是怎么样的问题,而不能回答为什么的问题,其对现象问题谈得多,对原理问题谈得少。而整体主义方法论,将哲学研究与历史考察联系起来,强调科学与文化的联系,强调科学的时代性或历史性,强调科学活动中人们的价值取向及其作用。较之于还原论,整体论实现了从实体思维到关系思维、[2]从线性思维到非线性思维、[3]从对抗性思维向合作性思维的转变,其理论见解更加深刻,视野更加广阔。在法学领域,随着新的法律现象出现,概念法学、规范法学等教义学理论所持的还原主义方法论也受到了批判,博登海默指出:“法律是一个带有许多大厅、房间、凹角、拐角的大厦,在同一时间里想用一盏探照灯照亮每一间房间、凹角和拐角是极为困难的,尤其当技术知识和经验受到局限的情况下,照明系统不适

---

〔1〕 参见孟建伟:《还原论和整体论:必要的张力——对当代西方科学哲学方法论的反思》,载《哲学研究》1997年第8期。

〔2〕 参见李德顺:《人类思维面临着变革》,载《江苏大学学报(社会科学版)》2003年第1期。

〔3〕 参见[德]C.迈因策尔:《从线性思维到非线性思维》,曾国屏译,载《哲学译丛》1999年第1期。

当或至少不完备时，情形就更是如此了。"[1] 适应时代需要的社科法学逐渐兴起，较之于还原论，整体论更加注重法律间的关系，强调历史文化传统对法律的影响，关注法律与政策的互动。法律上的整体论秉持关系思维、非线性思维、合作性思维方式，对许多新兴法律现象进行了诠释。

进入现代社会以后，随着系统论、混沌理论的兴起，整体论也有了新的发展，其基本观念可归结为三重架构：首先，事物是整体的而且是系统的和复杂的；其次，事物是运动性的而且是显示出自组织特性的；最后，整体的活动是具有因果性的却是多线性的。[2] 20世纪60年代以来发展的生态环境保护科学，包括环境哲学或生态伦理学、环境管理学、环境经济学等，都是以新型整体论为基本方法论建立的知识体系。世界人口、资源与环境的不协调发展造成了环境污染、臭氧层消失、水土流失、荒漠化扩展、生态系统退化、生物多样性丧失、自然灾害等生态环境问题。这些问题无法用传统的线性思维和单学科途径来解决，而整体论所固有的非线性思维模式、系统观点、整体性理论及多学科集成研究的传统，为探索解决人类环境危机的途径提供了理论基础与方法论。

环境科学、生态学以及与环境有关的科学都被称为现代科学或后现代科学，在国际上被称为汇聚性学科，我国有学者称之为领域性学科，其重要特性是以问题为导向，以解决问题为目标，集合自然科学、社会科学、哲学等多个学科进行共同研究，这是典型的整体性思维。环境法学也具备这种聚合性，应当秉持这个学科所特有的整体性思维。这就要求环境法典编纂研究在方法论上，从个体转向个体间关系、从线性思维转向非线性思维、从对抗式管理转向合作型治理。

我们必须看到，与还原论一样，整体论也存在许多不足。整体论在使我们对长江流域立法的认识具有更广阔视野、更系统全面的把握的同时，也使得我们可能陷入对问题的认识难以深入、更具有模糊性的状态。

---

〔1〕［美］E. 博登海默：《法理学——法律哲学与法律方法》，邓正来译，中国政法大学出版社2017年版，第221~222页。

〔2〕参见王子明、孟建伟：《从整体论、还原论到新的整体论——论生物学方法论的革命》，载《自然辩证法研究》2015年第1期。

因此,编纂环境法典,既不能固守还原论,也不能完全以整体论取而代之,必须客观认识还原论与整体论方法的优势与弱点,明确其适用的条件与时空范围,实现对整体论与还原论的超越:以整体论明确环境法典的价值取向和立法原则、逻辑结构,以还原论设计具体制度。

第二节　环境法典编纂的政治基础

环境法典编纂首先是一个重大的政治决策。其体现中国特色社会主义执政理念,是环境法典的题中之义。“中国特色社会主义最本质的特征是中国共产党领导,中国特色社会主义制度的最大优势是中国共产党领导,中国共产党是最高政治领导力量。”[1]回顾中国共产党成立以来的百年奋斗史,生态环境保护是其中的重要篇章。中国共产党坚持和运用马克思主义世界观和方法论,逐步深化对生态环境保护的认知,不断提升生态环境保护在治国理政中的战略地位,充分展现了中国共产党的生态文明建设理念,为环境法典编纂提供了最为坚实的政治保障。

一、初心和使命驱动进入绿色发展新时代

在中国共产党带领中国从站起来、富起来到强起来的过程中,生态环境保护始终是为人民谋幸福、为民族谋复兴的初心和使命不可或缺的重要组成部分。回顾百年奋斗征程,中国共产党的生态文明建设理念既一脉相承又不断创新,形成了坚持以人民为中心、运用辩证方法系统治理、与国际社会互鉴包容的治理方略,实现了从“走群众路线进行造林工作”到“环境就是民生”、从“三三制美化全中国”到“山水林田湖草沙统筹治理”、从“发展生产力解决社会与自然矛盾”到“绿水青山就是金山银山”、从“天人合一”到“共谋全球生态文明”的历史性飞跃。

---

〔1〕《中共中央关于党的百年奋斗重大成就和历史经验的决议》。

(一)三代领导集体奠定绿色执政基础

以毛泽东同志为代表的第一代中央领导集体,在新民主主义革命和社会主义建设时期,对山脉、水域、森林、耕地等农业生产和环境治理要素进行了深刻思考,既强调"山水林田"的内在关系,也强调"山水林田"与农业的关系,积极探索社会和自然矛盾的解决方法。毛泽东同志强调"农林牧是互相关系、互相影响的";[1]提出将耕地三分之一种农业作物、三分之一种休闲花草、三分之一种树造林的耕作"三三制";[2]同时指出:"社会和自然的矛盾,用发展生产力的方法去解决。"[3]"我们要进行大规模的建设,但是我国还是一个很穷的国家,这是一个矛盾。全面地持久地厉行节约,就是解决这个矛盾的一个方法。"[4]周恩来同志反复强调,我们搞建设,一定要想到人民的利益,想到子孙后代,不要做对不起子孙后代的事情。[5] 1972 年,中国派代表团参加联合国人类环境会议,次年召开第一次全国环境保护会议,确立"全面规划,合理布局,综合利用,化害为利,依靠群众,大家动手,保护环境,造福人民"的环境保护工作方针,[6]采纳了"环境保护"这个美国 20 世纪 60 至 70 年代"环保运动"催生的新概念,并结合中国实践和国情强调以人民利益为出发点和立足点,使中国生态环境保护事业自始成为国际环境保护治理体系的重要部分。

改革开放时期,中国共产党更加注重加强环境保护,以系统治理理念推进经济社会发展和生态环境治理。邓小平同志明确提出要制定环

---

[1] 中共中央文献研究室、国家林业局编:《毛泽东论林业》(新编本),中央文献出版社 2003 年版,第 53 页。

[2] 参见中共中央文献研究室、国家林业局编:《毛泽东论林业》(新编本),中央文献出版社 2003 年版,第 61 ~ 62 页。

[3] 毛泽东:《矛盾论》(1937 年 8 月),载《毛泽东选集》第 1 卷,人民出版社 1991 年版,第 311 页。

[4] 毛泽东:《关于正确处理人民内部矛盾的问题》(1957 年 2 月 27 日),载中共中央文献研究室编:《毛泽东文集》第 7 卷,人民出版社 1999 年版,第 239 页。

[5] 参见曲格平:《新中国环境保护工作的开创者和奠基者——周恩来》,载《党的文献》2000 年第 2 期。

[6] 参见翟亚柳:《中国环境保护事业的初创——兼述第一次全国环境保护会议及其历史贡献》,载《中共党史研究》2012 年第 8 期。

境保护法，[1]指引中国将环境保护载入《宪法》，确立环境保护的“国策”地位。对1981年四川发生的严重洪灾，邓小平同志谈到，其与长江上游大面积砍伐森林有密切关系，指出要转换采伐方式，转皆伐为间伐。[2]针对黄土高原的发展问题，邓小平同志指出，改变缺“林”少“草”的状况，人们就会富裕起来，生态环境也会发生很好的变化。[3]江泽民同志强调保护环境的实质就是保护生产力，要把实施可持续发展战略始终作为一件大事来抓。[4]胡锦涛同志提出坚持以人为本，树立全面、协调、可持续的发展观，[5]加快建设资源节约型、环境友好型社会，促进经济发展与人口、资源、环境相协调。[6]中国政府派代表团参加了1992年联合国环境与发展大会，积极引入20世纪80年代国际社会兴起的“可持续发展”理念并结合中国生态环境保护问题的特殊性加以发展，为中国生态文明建设奠定执政基础。习近平总书记高度重视生态文明建设，带领党和人民走进生态文明新时代。

（二）新时代生态文明建设实现重大转变

党的十八大以来，习近平总书记以马克思主义自然观为基础，结合中国国情，洞察社会主义经济建设、政治建设、文化建设、社会建设与生态文明建设的内在一致性，提出建设生态文明、走绿色发展之路的中国特色社会主义生态文明建设道路；运用马克思主义世界观，理性认识社会主义能够最大限度实现人与自然和谐相处的制度优越性，分析社会关系新变化、人民群众对美好生活新向往，阐明了加强生态文明建设的现实性与迫切性。以习近平同志为核心的党中央把生态文明建设作为统

---

〔1〕 参见原国家环境保护总局、中共中央文献研究室编：《新时期环境保护重要文献选编》，中央文献出版社、中国环境科学出版社2001年版，第1页。

〔2〕 参见原国家环境保护总局、中共中央文献研究室编：《新时期环境保护重要文献选编》，中央文献出版社、中国环境科学出版社2001年版，第27页。

〔3〕 参见原国家环境保护总局、中共中央文献研究室编：《新时期环境保护重要文献选编》，中央文献出版社、中国环境科学出版社2001年版，第33页。

〔4〕 参见江泽民：《必须把实施可持续发展战略始终作为大事来抓——1996年7月16日在第四次全国环境保护会议上的讲话》，载《环境保护》1996年第8期。

〔5〕 参见《中共中央关于完善社会主义市场经济体制若干问题的决定》。

〔6〕 参见《中共中央关于制定国民经济和社会发展第十一个五年规划的建议》。

筹推进“五位一体”总体布局和协调推进“四个全面”战略布局的重要内容，开展一系列根本性、开创性、长远性工作，提出一系列新理念新思想新战略，形成了习近平生态文明思想，带领全党和全国人民，把生态文明建设作为关系中华民族永续发展的根本大计，加快推进生态文明顶层设计和制度体系建设，大力推动绿色发展，深入实施大气、水、土壤污染防治三大行动计划，生态文明理念日益深入人心，污染治理力度之大、制度出台频度之密、监管执法尺度之严、环境质量改善速度之快前所未有，推动生态文明建设实现了由重点整治到系统治理、由被动应对到主动作为、由全球环境治理参与者到引领者、由实践探索到科学理论指导的重大转变。[1] 新时代生态文明建设的成就举世瞩目，成为新时代党和国家事业取得历史性成就、发生历史性变革的显著标志。

在国家发展战略中，“十三五”规划纲要根据中共中央建议，贯彻新发展理念，明确“绿色是永续发展的必要条件和人民对美好生活追求的重要体现。必须坚持节约资源和保护环境的基本国策”“推进美丽中国建设，为全球生态安全作出新贡献”。[2] “十四五”规划纲要明确提出“坚持绿水青山就是金山银山理念，坚持尊重自然、顺应自然、保护自然，坚持节约优先、保护优先、自然恢复为主，实施可持续发展战略，完善生态文明领域统筹协调机制，构建生态文明体系，推动经济社会发展全面绿色转型，建设美丽中国”[3]的目标。“十四五”期间，中国将以降碳为重点战略方向、推动减污降碳协同增效、促进经济社会全面绿色转型、实现生态环境质量改善由量变到质变，2025 年，生态文明建设实现新进步，生态环境持续改善，基本消除重污染天气，基本消除城市黑臭水体，主要污染物排放总量持续减少，碳排放强度持续下降；2035 年，生态环境状况及保护治理水平整体达到中等发达国家水平。为履行气候治理

[1] 参见《习近平在全国生态环境保护大会上强调 全面推进美丽中国建设 加快推进人与自然和谐共生的现代化》，载《人民日报》2023 年 7 月 19 日，第 1 版。

[2] 《中华人民共和国国民经济和社会发展第十三个五年规划纲要》，载中国政府网，https://www.gov.cn/xinwen/2016-03/17/content_5054992.htm。

[3] 《中华人民共和国国民经济和社会发展第十四个五年规划和 2035 年远景目标纲要》，载中国政府网，https://www.gov.cn/xinwen/2021-03/13/content_5592681.htm。

的国际承诺，实现“双碳”目标，中国积极推进碳市场建设，2021 年 7 月 16 日全国碳市场正式启动线上交易，第一个履约周期纳入发电行业重点排放单位 2162 家，碳排放配额累计成交量 1.79 亿吨，累计成交额 76.61 亿元。[1] 中国碳市场一经启动，就成为全球覆盖温室气体排放量规模最大的碳市场。

过去十年，中国以年均 3% 的能源消费增速支撑了平均 6.6% 的经济增长；全国地级及以上城市细颗粒物(PM 2.5)年均值由 2015 年的 46 微克/立方米降至 2021 年的 30 微克/立方米，平均浓度比 2015 年下降了 34.8%，空气质量优良天数比例达到了 87.5%，成为全球大气质量改善速度最快的国家；全国地表水 1～3 类断面比例达到 84.9%，劣Ⅴ类水体比例下降到 1.2%，已接近发达国家水平；全国土壤污染风险得到有效管控，全面禁止“洋垃圾”入境，实现固体废物“零进口”目标；各级各类自然保护区的面积约占全国陆域国土面积的 18%，300 多种珍稀濒危野生动植物野外种群数量得到恢复与增长；2021 年全国单位 GDP 二氧化碳排放量比 2012 年下降 34.4%。[2] 中国的天更蓝了、山更绿了、水更清了。

现在，生态文明建设正处于压力叠加、负重前行的关键期，已进入提供更多优质生态产品以满足人民日益增长的优美生态环境需要的攻坚期，也到了有条件有能力解决生态环境突出问题的窗口期。跨过这个关键期、攻坚期、窗口期，我们还有不少难关要过，还有不少硬骨头要啃，还有不少顽瘴痼疾要治。

二、社会主要矛盾变化推动环境法治建设

生态环境是关系党的使命宗旨的重大政治问题，也是关系民生的重大社会问题，法治在解决生态环境问题方面具有不可替代的作用。在不

[1] 参见《全国碳市场第一个履约周期顺利结束》，载生态环境部官网，https://www.mee.gov.cn/ywgz/ydqhbh/wsqtkz/202112/t20211231_965906.shtml。

[2] 参见《二十大新闻中心第五场记者招待会——中国共产党第二十次全国代表大会专题报道：建设人与自然和谐共生的美丽中国》，载人民网 2022 年 10 月 20 日，http://cpc.people.com.cn/20th/GB/448350/448429/。

同历史时期，中国共产党根据国情发展需求以及国际生存环境，深化对社会主要矛盾的认知，切实确定国家发展战略，不断推进生态环境保护工作。与之相适应，中国共产党领导下的环境法治建设也经过新民主主义革命时期零星起步和区域性实施、社会主义建设时期意识觉醒和现代化起步、改革开放时期快速发展和中国道路探索、新时代整体性布局和体系化推进的历程，开创了中国特色社会主义生态文明法治建设道路。

（一）拉开中国环境法治建设序幕

新民主主义革命时期，面对中国积贫积弱、民族矛盾与阶级矛盾交织的严峻局势，中国共产党把领导全国人民推翻“三座大山”、获得民族独立与人民解放而进行斗争作为最重要的任务，虽然生态环境理论和实践问题不是这一时期思考的主要问题，但也开始有所关注并建立了相关制度。这一时期，中国共产党从土地山林分配角度，关注植树造林、生态保护等问题，开始了生态环境保护法制工作的零星起步。土地革命时期，党领导的苏区先后颁布了《井冈山土地法》《中华苏维埃共和国土地法》等法律政策；[1]在陕甘宁边区，集中颁布了《陕甘宁边区森林保护条例》《陕甘宁边区植树造林条例》《陕甘宁边区砍伐树木暂行规则》等法规。[2] 解放战争时期，中国共产党颁布了《中国土地法大纲》《华北人民政府农业部关于开展植树护林运动的指示》[3]《东北解放区森林保护暂行条例》[4]等政策法令。这些以“农林水利”为主要内容的环境法制，主要目标在于促进农业生产与地区经济建设，为当地人民提供更好的生存与生活环境，也为战争提供充足的后勤保障。从本质上看，这些法规处于区域实施与初始起步阶段，并没有现代生态环境法治的深厚内涵，但其从整体上注重环境保护的理念，对于中国共产党形成生态法治观具有

---

〔1〕 参见江西省档案馆、中共江西省委党校党史教研室选编：《中央革命根据地史料选编》（下），江西人民出版社 1982 年版，第 361、459 页。

〔2〕 参见《红色档案——延安时期文献档案汇编·陕甘宁边区政府文件选编》（第 3 卷），陕西人民出版社 2014 年版，第 43 ~ 46 页。

〔3〕 参见张希坡编著：《革命根据地法律文献选辑》（第 4 辑·第 1 卷），中国人民大学出版社 2019 年版，第 300 页。

〔4〕 参见张希坡编著：《革命根据地法律文献选辑》（第 4 辑·第 2 卷），中国人民大学出版社 2019 年版，第 110 ~ 112 页。

重要意义。

中华人民共和国成立后,百废待兴,带领人民进行社会主义建设成为首要任务,面对"人民对于经济文化迅速发展的需要同当前经济文化不能满足人民需要的状况之间的矛盾",[1]中国共产党需要从"建设"的角度认识自然环境对社会经济发展的约束以及人类社会实践对自然环境的影响,思考人类与自然的关系问题。1949 年,毛泽东同志主持制定的《中国人民政治协商会议共同纲领》第 34 条第 2 款提出"保护森林,并有计划地发展林业"。[2] 1954 年制定的《宪法》明确了自然资源国有属性。[3] "文化大革命"期间,《森林采伐更新规程》《工业三废排放试行标准》《防止沿海水域污染暂行规定》等法规规章制定。[4] 这一时期,对自然资源的法律保护仍然是环境法制的重点,第一代领导集体领导人民广泛开展绿化祖国、厉行节约等生态实践活动,同时在流域保护、环境治理等方面也做了大量工作。客观而言,这一时期,环境保护让位于"建设",尤其是受"大跃进"和"文化大革命"影响,环境问题日益凸显。[5]在 20 世纪 70 年代世界兴起第一波环境保护思潮的背景下,中国共产党在看到西方国家环境问题的同时也开始反思国内环境现状,揭开了我国现代环境法治建设的序幕。

(二)开辟中国环境法治建设道路

党的十一届三中全会提出以经济建设为中心的治国方略,大力推进改革开放,并开始构建具有中国特色的生态环境法治建设新格局。1978

---

〔1〕《中国共产党第八次全国代表大会关于政治报告的决议》(一九五六年九月二十七日中国共产党第八次全国代表大会通过),载中共中央文献研究室编:《建国以来重要文献选编》第 9 册,中央文献出版社 1994 年版,第 341 页。

〔2〕《中国人民政治协商会议共同纲领》(1949 年 9 月 29 日中国人民政治协商会议第一届全体会议通过),载政协全国委员会办公厅编:《开国盛典:中华人民共和国诞生重要文献资料汇编》(上编),中国文史出版社 2009 年版,第 511 页。

〔3〕1954 年《宪法》第 6 条第 2 款规定,矿藏、水流,由法律规定为国有的森林、荒地和其他资源,都属于全民所有。

〔4〕参见鲁长安:《生态文明建设奠基时期的中国方案》,载《湖北行政学院学报》2016 年第 6 期。

〔5〕参见唐秀华、陈全顺:《中国共产党百年生态文明建设与经验研究》,载《社科纵横》2021 年第 3 期。

年《宪法》第 11 条第 3 款首次明确规定："国家保护环境和自然资源，防治污染和其他公害。"党的十五大提出"实施科教兴国战略和可持续发展战略"，强调"正确处理经济发展同人口、资源、环境的关系"。[1] 党的十六大提出全面建设小康社会，把"可持续发展能力不断增强"作为全面建设小康社会的重要目标之一。[2] 党的十七大明确了"建设生态文明"这一实现全面建设小康社会奋斗目标的新要求。[3] 这一时期，党更加强调带有根本性、全局性、稳定性和长期性的制度建设，更加注重环境法治建设，先后颁布了《试行法》《海洋环境保护法》《水污染防治法》《森林法》《草原法》《渔业法》《矿产资源法》《土地管理法》《大气污染防治法》《水法》《野生动物保护法》等一系列环境资源保护的专门法律，奠定了我国生态环境保护法治化、体系化基础，环境保护法治道路的中国特色日益鲜明。

（三）开启环境法治建设新征程

党的十八大以来，我国社会的主要矛盾转化为人民日益增长的美好生活需要和不平衡不充分的发展之间的矛盾，从盼温饱到盼环保、从求生存到求生态，人民群众对优美生态环境的需要已经成为这一矛盾的重要方面。中国共产党将生态文明建设作为关系中华民族永续发展的长远大计纳入"五位一体"总体布局，[4] 把生态环境保护置于现代化事业发展的突出位置进行系统谋划，大力推进生态文明体制改革，着力构建源头严防、过程严管、后果严惩的生态文明制度体系，推动形成党委领

---

〔1〕 江泽民：《高举邓小平理论伟大旗帜，把建设有中国特色社会主义事业全面推向二十一世纪——在中国共产党第十五次全国代表大会上的报告》（1997 年 9 月 12 日），载《求是》1997 年第 18 期。

〔2〕 参见江泽民：《全面建设小康社会，开创中国特色社会主义事业新局面——在中国共产党第十六次全国代表大会上的报告》（2002 年 11 月 8 日），载《求是》2002 年第 22 期。

〔3〕 参见胡锦涛：《高举中国特色社会主义伟大旗帜 为夺取全面建设小康社会新胜利而奋斗——在中国共产党第十七次全国代表大会上的报告》（2007 年 10 月 15 日），载《求是》2007 年第 21 期。

〔4〕 参见胡锦涛：《坚定不移沿着中国特色社会主义道路前进 为全面建成小康社会而奋斗——在中国共产党第十八次全国代表大会上的报告》（2012 年 11 月 8 日），载《求是》2012 年第 22 期。

导、政府主导、企业主体、社会组织和公众共同参与的“大环保”工作格局。[1] 习近平总书记反复强调，“保护生态环境必须依靠制度、依靠法治”。[2] 针对我国生态文明建设过程中存在的体制不健全、制度不严格、法治不严密、执行不到位、惩处不得力等问题，要提高立法质量，加快立法补短板、强弱项、填空白进程，“把体现人民利益、反映人民愿望、维护人民权益、增进人民福祉落实到依法治国全过程”。[3] 从立法上看，党的十八大以来，生态环境领域立法的整体性谋划明显加强，补短板、强弱项步伐加快。2018 年《宪法修正案》进一步明确了建设美丽中国的国家目标和任务，完善了生态文明建设的宪法依据；修改了《大气污染防治法》《森林法》等多部单项法律；制定了《土壤污染防治法》《长江保护法》等填补空白的新法律，更加注重立法的系统性、协调性。截至 2022 年 1 月，我国生态环境领域相关法律达到 31 件，还有 100 多件行政法规和 1000 余件地方性法规，初步形成了生态环保法律体系，[4] 生态环境立法在质量、数量、技术、方法及法律功能等方面取得重大进展。[5]

第三节　环境法典编纂的民意基础

生态环境是人民生存基础、生产要件，来自人民、为了人民、造福人民是环境法典的根本追求。是否应该启动环境法典编纂，需要从人民和民族发展的高度加以准确把握。如何以法治方式保障人民群众对良好生态环境的获得感、幸福感、安全感，是判断环境法典编纂条件的民意基础。为了人民的生命健康和有尊严地生活、为了国家的长治久安和可持

〔1〕 参见孙金龙、黄润秋：《回顾光辉历程 汲取奋进力量 建设人与自然和谐共生的美丽中国》，载《中国生态文明》2021 年第 3 期。

〔2〕 习近平：《推动我国生态文明建设迈上新台阶》，载《求是》2019 年第 3 期。

〔3〕 习近平：《加快建设社会主义法治国家》，载《求是》2015 年第 1 期。

〔4〕 《栗战书在生态环保立法工作座谈会上强调 深入贯彻习近平生态文明思想 加快完善中国特色社会主义生态环境保护法律体系》，载《人民日报》2022 年 1 月 15 日，第 1 版。

〔5〕 参见翟勇：《我国生态环境立法重要进展》，载《环境与可持续发展》2020 年第 6 期。

续发展,必须以法治手段保障人民的环境权益,充分发挥法律固根本、稳预期、利长远的功能,保护生态环境,促进绿色发展。

一、承认并保障环境权

1972 年,我国派团参加联合国人类环境会议,在国际环境问题的警醒下开启了现代环境保护的中国探索。1973 年 8 月,我国召开第一次全国环境保护会议并制定第一个综合性的环境保护规范性文件;1978 年《宪法》首次规定国家环境保护义务;1979 年制定第一部综合性环境保护法并开始了单项环境保护立法进程;1982 年《宪法》再次确认国家的环境保护义务,环境保护立法进入"快车道",逐步建立了较为完善的环境法制体系。1992 年,中国代表团参加联合国环境与发展大会,提出了中国可持续发展十项政策,签署《21 世纪议程》,在积极参与联合国多项生态环境公约谈判的同时,将可持续发展纳入国家战略和多项国内立法。进入新时代,中国生态文明建设步伐加快,生态环境保护的法治化水平不断提升,2018 年《宪法修正案》将"生态文明"写入宪法,明确了建设美丽中国国家目标、国家保护和改善生态环境和生活环境的国家任务、国务院负责生态环境建设的政府职能,形成了"部门法的宪法化"成果。[1] 这也是我国宪法和法律对保障国民环境权益的庄严承诺。

在人权政策层面,我国于 2009、2012、2016、2021 年连续发布四期"国家人权行动计划",从中可以看到对环境权的人权属性逐渐明晰的过程。在前三期人权行动计划中,"环境权利"没有独立,均作为"经济、社会和文化权利保障"的一项内容,国家环境保护的目标在第 1、2 期中表述为"加强环境保护",在第 3 期表述为"实行最严格的环境保护制度"。[2] 2021 年 9 月发布的《国家人权行动计划(2021—2025 年)》首次将"环境权利"作为独立的基本人权类型,与经济、社会和文化权利以及公民权利和政治权利相并列,并明确提出了"坚持绿水青山就是金山银

〔1〕 参见张翔:《环境宪法的新发展及其规范阐释》,载《法学家》2018 年第 3 期。
〔2〕 参见《国家人权行动计划》,载中国人权网,http://www.humanrights.cn/html/special/20180306/。

山理念,坚持尊重自然、顺应自然、保护自然,促进人与自然和谐共生,推进生态文明建设,建设美丽中国,为全人类和子孙后代共享发展创造可持续条件”的行动目标。保护范围亦从污染防治拓展到生态保护、气候变化,保护手段由政府主导过渡到多方共治,强调环境知情权、参与权和诉权保障的重要性。[1] 这彰显了在习近平生态文明思想指引下,我国对环境权的人权属性的认可,保障水平不断提升的执政理念与国家立场。

编纂环境法典,目的在于为实现人与自然和谐共生的现代化国家目标提供体系化、协调性、便于实施的法律制度保障。环境法典作为生态环境立法的最高形式,理应对体现人与自然和谐共生、要求国家提供更多优质生态产品以满足人民日益增长的优美生态环境需要的环境权予以回应。

二、满足人民群众美好生活新期待

良好生态环境是最普惠的民生福祉,建设生态文明,可以满足人民日益增长的优美生态环境需要,也可以推动实现更高质量、更有效率、更加公平、更可持续、更为安全的发展,走出一条生产发展、生活富裕、生态良好的文明发展道路。但是,当前中国生态文明建设仍然面临诸多矛盾和挑战,生态环境质量向好的基础还不稳固,从量变到质变还需经过艰苦努力,环境质量与人民群众的期盼相比、与美丽中国建设目标相比、与全面建设社会主义现代化国家的要求相比,都还存在较大差距。为此,必须要站稳人民立场、把握人民愿望、尊重人民创造、集中人民智慧,加快启动环境法典编纂,以实现中华民族永续发展为核心追求,秉持“良好生态环境是最公平的公共产品,是最普惠的民生福祉”[2] 的人民立场,充分体现“环境就是民生,青山就是美丽,蓝天也是幸福”[3] 的人民属性

---

〔1〕 参见国务院新闻办公室:《国家人权行动计划(2021—2025年)》,载《人民日报》2021年9月10日,第10版。

〔2〕 习近平:《在海南考察工作结束时的讲话》(2013年4月10日),载中共中央文献研究室编:《习近平关于社会主义生态文明建设论述摘编》,中央文献出版社2017年版,第4页。

〔3〕 习近平:《在参加十二届全国人大三次会议江西代表团审议时的讲话》(2015年3月6日),载中共中央文献研究室编:《习近平关于社会主义生态文明建设论述摘编》,中央文献出版社2017年版,第8页。

和人文关怀。

（一）保护人民群众生命健康，增进最普惠的民生福祉

编纂环境法典，可以根据生态需求递增规律，建立满足人民群众对美好生活环境和生态环境新向往的制度。通过提升公共产品供给和服务能力，为人民群众提供更多更优质的生态公共产品。随着人民群众对优质生态环境和生态产品、公众参与和生态环境民主等高层次的需求不断增强，需要建立以保障公众生命健康为中心的法律制度体系，确保提供优质的生态环境和生态产品，保障生态环境面前人人平等。

环境法典以可持续发展为根本价值目标，将经济可持续、社会可持续、环境可持续纳入统一的法律框架内。明确共同富裕的可持续性、协调性内涵，构建现代环境治理体系，明确不同主体的权利义务及责任，可以极大地引领共同富裕社会建设。构建政府主导、企业主体、社会组织和公众共同参与的现代环境治理体系，促进政府治理和社会调节、企业自治良性互动，兼顾效率与公平、协调个体利益与社会公共利益、统筹当代人与后代人的发展。明确政府提供生态文明相关的公共物品和公共服务、提供绿色发展的制度体系和规章标准、提供保障绿色化为导向的市场机制顺畅运作的竞争秩序等职责权限；明确企业在环境管制的约束条件下组织绿色生产、提供绿色产品的义务和责任；明确公众在环境规制的约束条件下的绿色消费义务，参与公共决策、监督政府和企业行为的权利等，形成“三边平衡”的多元治理体系。

（二）保障人民群众绿色福利，促进人与自然和谐共生

编纂环境法典，可以将人民的绿色福利以法律的形式加以规范化、制度化。生态要素是除劳动和资本外的重要生产要素，土地、森林、湿地、水、荒地、沙漠、冰川、矿藏、海洋等自然资源，以及生物多样性、排污容量、气候容量、碳汇等生态系统提供的空间、服务和功能都是重要的生态要素。生态要素不仅对人的生存和发展至关重要，而且具有自然资源的稀缺性、多用性等特征，将生态要素纳入财富分配体系，可以为生态良好但经济欠发达地区增加财富、为居民增加收入，是实现共同富裕的重要驱动力。这就需要突破传统法律建立的制度体系，通过理论创新、制

度创新、实践创新，重构将生态要素纳入生产要素、进入财富分配体系的新型法律制度，统筹协调“绿水青山”的多重价值实现方式，促进绿色福利最大化。

环境法典可以将促进低碳发展、减污降碳设定为目标任务，将生态要素纳入生产要素，建立用水权、用能权、排污权、碳排放权等生态产权交易市场，建立促进资源能源的综合利用，物资的循环利用、节约利用和清洁生产的法律规范体系；确立清洁生产制度，明确清洁能源开发利用的规定，完善农业清洁生产的相关规定；对绿色物流、循环利用和服务体系进行全面规定；建立健全以激励、倡导为主的绿色低碳产品认证与标识、推广、信息公示、绿色采购和办公、一次性消费品限制、绿色消费市场建设等制度。按照绿色低碳发展的目标，应建立具有中国特色、中国气派的国际合作与气候变化应对机制。

（三）建立健全矛盾纠纷解决机制，保障环境治理体系顺畅运行

生态文明建设是一场涉及生产方式、生活方式、思维方式和价值观念的革命性全局性变革，必将带来利益格局的重大调整，引发各种利益主体的矛盾与冲突。生态文明驱动的共同富裕，涉及多主体、多层次、多环节的利益调整，社会关系非常复杂，既需要建立完善的利益协调机制，也需要建立顺畅的法律执行机制，更需要建立多元化的矛盾纠纷化解机制。

编纂环境法典，可以根据生态文明体制改革的实践需求，在已有立法基础上，建立完善的生态环境法律责任制度，完善生态环境责任追究的程序，尤其是将党中央、国务院有关生态环境损害赔偿政策中和单行法律、行政法规以及部门规章、司法解释作出了适用性规定的内容中选择经过实践证明行之有效的规则纳入法典，明确生态环境损害责任承担主体、责任承担方式等；根据生态环境纠纷的特殊性，规定行政程序和司法程序中的法律适用规则；建立诉讼与非诉讼相结合的多元纠纷化解机制，规定环境纠纷的行政磋商和调解等规则，规定法律责任在适用上与刑法、民法、诉讼法等国家基本法律的衔接规则，将“污染者负担”“侵权者赔偿”“损害者担责”落到实处。

作为价值重塑、体系重整的立法革新契机，环境法典编纂能够以实

现中华民族永续发展为追求统一现行法律，将人对优质生态产品、优美生态环境的需要纳入价值考量，以整体性思维、系统性方法理解绿水青山与金山银山的关系，将自然条件纳入经济社会发展体系，以法治方式矫正生态环境保护方面不平衡不充分发展的现状，促进生态文明建设与经济建设、政治建设、文化建设、社会建设一体推进。因此，应尽快启动环境法典编纂工作，将生态环境领域立法的法律地位上升到国家基本典章高度，增强生态环境领域立法的体系性和科学性，构建"人民至上、生态优先、绿色发展"的制度体系，引领、促进和保障生态福利，推动实现人与自然和谐共生的现代化。

第四节　环境法典编纂的研究基础

法典编纂离不开学术界扎实的理论研究基础和充分的学术共识，这也是民法典编纂留下的宝贵经验。[1] 几代环境法人将编纂环境法典作为学术梦想，40 多年来，有关环境法典的学术研究一直继续，[2] 理想也在环境法治实践中不断丰满。

一、学术界与实务界达成共识

1989 年《环境保护法》修订前后，特别是 1992 年联合国环境与发展大会以后，面对中国环境资源类单行法数量日益增多的现实，围绕可持续发展战略在中国实施的法律路径，环境法学界展开《环境保护法》是

---

〔1〕 参见许安标：《运用民法典编纂经验 开展法典化立法研究》，载《人民日报》2021 年 4 月 16 日，第 15 版。

〔2〕 例如，王灿发教授提出，"按照发达国家环境法体系发展的趋势，中国在环境法体系的建设中也应采用系统方法，并应考虑在适当时机使环境法律法典化"。王灿发：《瑞典环境法的体系及其借鉴意义》，载《中国环境管理》1995 年第 5 期。又如，蔡守秋教授指出，"一些环境法学者顺应潮流，提出了将系统论、控制论、信息论等方法引入环境立法、制定综合性系统性环境法典的建议"。蔡守秋：《论国外环境法的综合性、一体化》，载《科技与法律》1998 年第 4 期。

否应继续修订甚至是否还有存在必要的争论。[1] 在这场争论中,有学者再次提出通过编纂环境法典方式解决现行立法体系性不强、分散立法等弊端的主张。[2] 2004 年,教育部设立重点研究基地重大项目——"环境资源法典化基础研究",鼓励学者对环境立法法典化进行系统性研究,该研究取得了系统性成果。[3]

2011 年,全国人大常委会决定启动《环境保护法》的修订工作并明确修法的主要内容,为《环境保护法》的存废画上了句号。对于此次修法,学术界高度重视,不仅提出了众多的修法建议,而且有学者再次从编纂环境法典的角度,提出将《环境保护法》作为法典总则加以考虑,为今后编纂分则留下空间。[4] 2014 年新修订的《环境保护法》,虽然没有明确其作为环境法典总则的定位,但明确了其作为环境保护综合性法律的基础地位,为解决《环境保护法》和相关单行法的效力关系提供了依据,也为其后修订单行法建立了基本制度基础。

2017 年,在中国法学会的指导和支持下,中国法学会环境资源法学研究会启动了环境法典编纂研究工作。在研究过程中,课题组高度重视与立法机关、执法机关和司法机关保持密切联系和良好的合作关系,始终关注环境法治实践中的新情况、新问题,充分听取各方面对环境法典编纂的意见和建议。在大家的共同努力下,学术界与实务界已经达成环

---

〔1〕 参见吕忠梅:《中国需要环境基本法》,载《法商研究》2004 年第 6 期。

〔2〕 有观点认为,《环境保护法》的规定过于粗疏,而日益严重的环境问题对系统、明确、协调的环境法的需求愈加迫切,中国环境法发展中的深层次问题只有通过法典化才能得到解决。参见屈振辉:《中国环境法的法典化问题研究》,载《嘉应学院学报》2004 年第 1 期。

〔3〕 参见张梓太等:《环境法法典化研究》,北京大学出版社 2008 年版,"后记"第 319 ~ 320 页。

〔4〕 汪劲教授曾明确指出,"从法典化的角度看,环境基本法的内容则相当于环境法典的总则部分,而单项环境与资源保护立法则相当于法典的分则部分"。汪劲:《从环境基本法的立法特征论我国〈环境保护法〉的修改定位》,载《中外法学》2004 年第 4 期。汪劲教授还建议在《环境保护法》的修改过程中,注重有效衔接其他环保单项法律法规与国家有关基本法律,以便为今后整理环境法律体系或者编撰环境法典奠定立法基础。参见汪劲:《论有限修改〈环境保护法〉的有效性课题》,载《清华法治论衡》2012 年第 2 期。此外,张梓太教授进一步提出,《环境保护法》中所涉及的立法目的、基本原则、基本制度、基本主体的法律地位、基本法律责任和适用范围等问题将成为法典的总则部分。参见张梓太、郭少青:《结构性陷阱:中国环境法不能承受之重——兼议我国环境法的修改》,载《南京大学学报(哲学 · 人文科学 · 社会科学版)》2013 年第 2 期。

境法典编纂的“大共识”。

第一,高度赞同迅速启动环境法典编纂工作。大家一致认为,在全面开启建设社会主义现代化强国新征程的关键时期,应通过法典编纂,贯彻落实习近平生态文明思想和习近平法治思想,将党的十八大以来的生态文明体制改革成果予以固化,对构建现代环境治理体系的目标任务加以确认。

第二,高度赞同采取“适度法典化”路径。大家一致认为,环境保护法具有不同于民法的领域法特征,不应照搬民法典编纂的体系化思路。生态环境保护不仅涉及多个传统法律领域,而且因与科学技术发展水平密切联系而具有明显的不确定性。环境法典编纂,一方面应保证法典调整范围适度,对现行相关立法有所取舍,采取环境法典与单行法并行方式,另一方面应保证法典本身具有适度开放性,为今后将成熟的法律制度纳入法典留下空间。

第三,高度赞同采用类型化、体系化立法技术,切实解决现行立法碎片化、矛盾冲突多等问题。大家一致认为,环境法典编纂,应高度关切人民群众对更高生态环境质量的新期盼,高度关注生态环境执法、环境资源司法过程中出现的各种问题,更好运用立法技术解决好人民群众生态环境权益保障问题,为生态环境执法和司法更加顺畅、更为便捷提供法律依据,有效提高生态环境执法、司法质量和效率。

第四,高度赞同在立足中国国情基础上,既借鉴外国环境法典编纂经验教训,也传承中华民族优秀生态智慧和法律文化。大家一致认为,经过 40 多年探索,中国走出了一条特色鲜明的生态文明建设法治道路,实践充分证明了中国特色的法治道路不仅走得通,而且很管用。与此同时,生态文明建设既是中国的也是世界的,中国生态文明建设法治道路既是世界环境治理体系的重要组成部分,也是中国对全球环境治理应承担的大国责任。因此,编纂环境法典在立足中国国情、传承中华优秀文化的基础上,还必须注重借鉴世界各国的经验、吸取各国法典编纂的教训,采用国际通用语言,向世界贡献一部高水平环境法典。

这些“大共识”的形成,为环境法典编纂奠定了坚实的理论与实践基础。虽然目前还存在一些“小分歧”,但“大共识”为继续努力提供了共同的目标和方向，随着研究的不断深入，我们将会找到通向共识之路、达成更多新共识。

二、环境法典编纂研究成果丰硕

在中国法学会环境资源法学研究会的组织下，经过 5 年努力，环境法典编纂研究取得了重要的阶段性成果，主要体现为如下方面。

（一）采用适度法典化模式

法律体系化有两种模式，即基本法模式和法典化模式。两种模式各有利弊。基本法路径的优点在于不考虑整体逻辑主线与篇章结构，保证各单行法不违背基本法的基本理念、基本原则和基本制度，保持规则上的一致性即可；缺点在于结构分散，难以避免规则“逸出”，单行法逃离基本法约束的现象。法典化模式的优点在于具有完善的逻辑体系，体现立法的民主性、科学性、全面性、可预测性和易操作性，便利社会生活政治象征意义，实现法律制度统一；更重要的是，法典化还具有基本法模式所不具有的加速国家战略转型的政治意义、促进社会变革的法文化意义。其缺点在于编纂难度大，理论要求高，也可能导致法律体系的停滞甚至僵化。〔1〕

经过反复研究，大家认为，中国应选择法典化模式。这既是法典化对于当代中国“强国建设、民族复兴”的政治价值所需，也是立足中国环境立法实践所进行的必然选择。中国 1979 年制定环境保护法时，就提出过基本法加单行法的体系化方案，但后来由于种种原因这种立法理念没有得到贯彻，最终形成了今天的部门分立、要素分割的分散立法模式，导致现有立法的体系化、系统性严重不足，无法满足生态文明建设的系统性、整体性要求。在这种情况下，如果再回到基本法模式，需要对每部法律同步修订，难度不亚于法典编纂，并且还不能体现法典编纂所具有的促进国家转型改革标志等优势。因此，法典化应该是今天中国的必然选择。我们也清楚地知道法典化的缺点，尤其是环境法典编纂与民法典

---

〔1〕 参见吕忠梅：《环境法典编纂研究的现状与未来》，载《法治社会》2023 年第 4 期。

编纂的不同特性，在当前解法典化与再法典化历史背景下，我们应借鉴瑞典环境法典的经验，采取适度法典化方案，[1]既以实质性编纂增强环境法的体系性，也可以通过适度编纂让环境法典保持一定的开放性，克服僵化和机械的弊端。

（二）明确“领域型”法典属性

2021 年全国人大常委会立法工作计划将环境法典归于“行政立法领域”的法典。近年来，“重点领域、新兴领域”立法的提法在许多政治文件、法律文件中都不断被提及，[2]“领域法”在学者的认识中也被作为与“部门法”并列的概念。[3] 其实，在国际上，领域型学科、汇聚型学科是20 世纪末、21 世纪初兴起的一种非常重要的知识现象，也有学者将其称为后院学科，指的是以问题为导向、汇聚各种学科方法集中解决人类面临的危机的综合性学科。[4] 在世界范围内，环境保护是最为典型的领域性学科。在我国法学界，最早提出“领域法”概念的是财税法，[5]环境法研究中也有一些成果。[6]

将环境法典定位于“领域型”法典，意味着其与民法典和行政法典有所不同：既不是民法典以“权利”为逻辑主线、以意思自治为核心价值、以裁判规则为主的编纂方式，也不是行政法典以“权力”为逻辑主线、以依法行政为核心价值、以管理性规范加行政程序规范为主的编纂方式；而是体现环境法的公法和私法融合、实体法与程序法合一的跨部门法属性，以可持续发展核心价值为逻辑主线，以生态环境的三个面向为基本构架，融管理性规范与裁判性规范、实体规范与程序性规范于一

---

〔1〕 参见胡静、汤宇仲：《环境法广义法源与环境法典的适配性研究》，载《湖北社会科学》2022 年第 10 期。

〔2〕 参见吕忠梅：《环境法典编纂研究的现状与未来》，载《法治社会》2023 年第 4 期。

〔3〕 参见侯卓：《“领域法学”范式：理论拓补与路径探明》，载《政法论丛》2017 年第 1 期。

〔4〕 参见［英］约翰·齐曼：《真科学：它是什么，它指什么》，曾国屏等译，上海科技教育出版社 2002 年版，第 85 页。

〔5〕 参见刘剑文：《论领域法学：一种立足新兴交叉领域的法学研究范式》，载《政法论丛》2016 年第 5 期。

〔6〕 参见吴凯、汪劲：《论作为领域法的环境法：问题辨识与规范建构》，载《辽宁大学学报（哲学社会科学版）》2019 年第 1 期。

体的编纂方式。在这个意义上，作为“人与自然和谐共生”法律规则的环境法典的编纂，比编纂其他法典更加复杂、更加困难。

（三）围绕可持续发展核心价值展开

在比较法上，各国环境法典都以可持续发展作为法典编纂的核心价值，值得借鉴。经过充分论证，我们提出了以可持续发展为核心价值的法典编纂框架，目前的专家建议稿草案由总则编、污染控制编、自然生态保护编、绿色低碳发展编和生态环境责任编构成。[1] 其中，总则是对公因式的提取，污染防治编、自然生态保护编、绿色低碳发展编分别对应可持续发展的“社会可持续、环境可持续、经济可持续”三大支柱，体现以人为本、保障中华民族永续发展的根本目的，以保护优先、自然恢复为主理念，促进绿色高质量发展的目标；生态环境责任编实际上是一个小总则，既作为前面各编规定的第一性义务的后果性规范，也是对专门生态环境责任的集中规定。

我们可以发现，在近年来的环境立法中，可持续发展与生态文明经常同时出现在一个法律文本中，但从立法宗旨的表述上看，可持续发展是价值目标，生态文明建设是手段。在国际上，可持续发展与生态文明同根同源，可持续发展在联合国大力推动下逐渐变成了行动；生态文明理论在国外是西方马克思主义的一个流派，目前基本还停留于空想阶段。实际上，习近平生态文明思想是对可持续发展的重大原创性贡献，将可持续发展与文明新形态紧密结合，是中国人的创造。生态文明不再是一种理论，而且变成了令世人瞩目的实践。从国际社会的角度看，可持续发展是最大的共识，我们要向世界贡献一部具有中国特色、中国气派的环境法典，采用具有广泛国际共识的“可持续发展”更具有全球胸怀。[2]

从总体上看，现有的环境法典编纂研究成果，能够为环境法典编纂提供基础理论支撑，为国家立法机关正式启动环境法典编纂奠定重要的理论基础。

---

〔1〕 参见吕忠梅：《环境法典编纂论纲》，载《中国法学》2023 年第 2 期。

〔2〕 参见吕忠梅：《环境法典编纂研究的现状与未来》，载《法治社会》2023 年第 4 期。

第二章　中国环境法典的文化传承

法典化作为世界上一种普遍的法律现象，呈现出多样化特征；但在古今中外数个世纪的法典化历史变迁中，民族性、世界性和时代性始终贯穿其间。21世纪的中国环境法典编纂，一方面是相对于传统法典而言的“自我发现”——与民法典相比，环境法典尚无成熟范本，面临着更迫切的体系创新需求，另一方面是相对于域外环境法典而言的“中国探索”——与既有的各国环境法典相比，中国环境法典编纂处于生态文明建设新时代，既有新理念新思想的指导，也有体制机制改革的挑战。随着人类法治文明发展愈加包容互鉴，向西方环境伦理学和罗马法系法典化汲取经验对中国环境法典编纂是需要的，但归根结底，“走什么样的法治道路、建设什么样的法治体系，是由一个国家的基本国情决定的”[1]。作为中国特色社会主义法治体系重要组成部分的环境法治体系，走什么样的法典化路径、编纂什么样的环境法典，同样取决于国家环境法治的本土资源。因此，中国的环境法典必须传承中华传统文化基因、承载中华法系历史记忆，否则再好的法典也可能成为无法实施的“花瓶”。尤其是在比较法上“主客二分”哲学造成人与自然对立、形式理性法典化技术难以充分回应“人与自然和谐共生”法治追求的现实情况下，中华民族源远流长的“天人合一”生态哲学观和“寓道于术”的实质法治思维，为现代环境法典编纂提供了传统资源沃土，是环境法典具有中国特色的深厚精神养分。

---

〔1〕 习近平：《加快建设社会主义法治国家》，载《求是》2015年第1期。

第一节 “天人合一”“礼法合治”的生态文化

生态思想在东西方哲学史上皆留下了浓墨重彩的诗篇，不可否认，中国环境法治理论与实践在产生之初，得益于学习西方环境伦理学的价值理念和新兴法域实践创新，得到了迅速发展并获得了学科的独立地位。但在单纯学习西方的过程中，环境法理论与实践一度陷入生态中心与人类中心的窠臼。[1] 学者们逐渐认识到：以西方文艺复兴以来不断被强化的还原主义哲学及其方法，[2]建立在“主客二分”哲学基础上的法学范畴及其立法实践，难以从根本上契合于“人与自然和谐共生”的世界观和方法论。为此，要“从根源出发”，为解决环境法的根本问题进行不同于西方哲学的论证。[3] 随着目光转向中国，我们不难发现中华传统文化中的生态观念与生态智慧，早已为如今回应人与自然关系提供了文化基因，环境法典编纂需要从中华民族煌煌千年文明中汲取生态文化资源。

一、“天人合一”哲学观奠定血脉根基

正如司马迁作《史记》以“通古今之变，究天人之际”，[4]对天人关系的思考贯穿中国古代哲学史。尽管其中不乏天意宿命等神学色彩，但其也逐渐探索形成了有关人与自然关系的初步认知。与西方哲学强调“征服自然”不同的是，东方文明的基本道德原则是“和”，主张人与自然之间“和为贵”，其哲学基础是“天人合一”的自然观。[5]

据考察，“天人合一”思想起源于伏羲氏时代，《系辞下传》有言：“古

---

〔1〕 参见汪劲：《伦理观念的嬗变对现代法律及其实践的影响——以从人类中心到生态中心的环境法律观为中心》，载《现代法学》2002 年第 2 期。

〔2〕 参见张宝：《超越还原主义环境司法观》，载《政法论丛》2020 年第 3 期。

〔3〕 参见乔清举：《建立基于中国哲学原则的环境伦理学》，载《中国哲学史》2005 年第 3 期。

〔4〕 参见张维华：《论司马迁的通古今之变究天人之际》，载《文史哲》1980 年第 5 期。

〔5〕 参见季羡林：《“天人合一”方能拯救人类》，载《哲学动态》1994 年第 2 期。

者伏羲氏之王天下也，仰则观象于天，俯则观法于地，观鸟兽之文，与地之宜，近取诸身，远取诸物，于是始作八卦，以通神明之德，以类万物之情。”八卦的每一卦体都由分别象征着天、地、人的三个线段所组成，是为“天地人三才”，这也被认为是“天人合一”最早的说法。[1]《周易》中的“太极化生”通过描绘万物自混沌初开而化生、发展、变化的过程，揭示了“天人合一”在存在论意义上交互联系的内在规律，后世以这种生命有机联系的生态存在论为基础，用“混然中处”“民胞物与”来阐释人是自然界的重要组成部分，人与人、人与万物的关系是生命共同体关系。[2]

中华传统儒道释各家在进一步阐述“天人合一”哲学观过程中，逐渐发展出“仁爱万物”“道法自然”“众生平等”的文化训诫，促使生态思想在源远流长的中华文明中不断发展并成为其中极具代表性的宝贵传承。“仁”作为儒家思想体系之内核，孔子将其基本内涵解释为“爱人”，[3]为社会确立了“泛爱众，而亲仁”[4]的人际道德准则。孟子提出“仁民而爱物”，[5]进一步将“仁爱”的作用范围从人际拓展至天人之际，为人与自然关系和谐增添了德性积淀。之后的宋明理学更是以“仁”解释天地的生生之德，提出“天地万物一体”说，明确了自然具有内在价值而人与自然有机统一的整体观。[6] 经过不断发展，儒家形成了以入世济民的立场宣扬“仁”“孝”“义”“礼”等道德规范并将其从人扩展到物的“成人成己成物”的天人一体观。[7] 道家以“天地与我并生，而万物与

---

〔1〕参见余谋昌：《儒家环境哲学思想对建构和谐社会的意义》，载《中国哲学史》2006年第1期。

〔2〕参见蒙培元：《生的哲学——中国哲学的基本特征》，载《北京大学学报（哲学社会科学版）》2010年第6期。

〔3〕《论语·颜渊》，载《论语》，中华书局2006年版，第112页。

〔4〕《论语·学而》，载《论语》，中华书局2006年版，第2页。

〔5〕《孟子·尽心上》，载方勇译注：《孟子》，中华书局2010年版，第281页。

〔6〕参见任俊华、李朝辉：《儒家“天人合一”三才论的自然整体观》，载《理论学刊》2006年第5期。

〔7〕参见余谋昌：《儒家环境哲学思想对建构和谐社会的意义》，载《中国哲学史》2006年第1期。

我为一"[1]的超然之姿展现对人与自然共生关系的认识。所谓"人法地,地法天,天法道,道法自然",[2]天、地、人皆从属于万物生存变化的自然之道,在这种万物运行合乎自然的法则之下,对自然规律的尊重与顺应成为"至德之世"[3]的必然要求,其中的"德"主要指向人与自然之间基于生命和谐的生态理想、基于供求关系的均衡状态。[4] 此外,宗教哲学对人性的教化也是东方生态智慧孕育的重要因素。区别于西方宗教哲学在中世纪的黑暗时期异化为"扼杀人性,割断人与自然的生态关系",[5]佛教文化以超越人类本位的立场描述了物质生命相互关联的宇宙图式,对六道轮回、因果业报的阐释强化了人类的道德责任,其所倡导的"众生平等"为实现物种保护以及生态平衡作出重要贡献;尤其是在中国,佛教思想与儒家、道家思想不断融合,其所倡导的"依正不二""众生平等",实际上也是"天人合一"自然观的重要体现。[6]

"天人合一"以其"和合"智慧为中国传统生态哲学留下了深刻的"人与自然和谐"基因,体现在从国家治理典章到文人诗词歌赋之中。例如,杜甫在秦州创作的《病马》:"乘尔亦已久,天寒关塞深。尘中老尽力,岁晚病伤心。毛骨岂殊众,驯良犹至今。物微意不浅,感动一沉吟。"十分真挚地体现了"爱物之仁"。又如,《卜居》:"浣花溪水水西头,主人为卜林塘幽。已知出郭少尘事,更有澄江销客愁。无数蜻蜓齐上下,一双鸂鶒对沉浮。东行万里堪乘兴,须向山阴入小舟。""观物之明"跃然纸上。再如,《江村》:"清江一曲抱村流,长夏江村事事幽。自去自来梁上燕,相亲相近水中鸥。""物我相友"之情,细腻而又婉转。杜甫诗篇中充盈着的"爱物之仁"、"观物之明"及"物我相友"之情,体现了人与自然和谐共生的多重面向,是展现中国传统生态文化和智慧丰富内涵的一个

---

[1] 《庄子·齐物论》,载孙通海译注:《庄子》,中华书局2007年版,第39页。
[2] 《老子·二十五章》,载汤漳平、王朝华译注:《老子》,中华书局2014年版,第95页。
[3] 《庄子·马蹄》,载孙通海译注:《庄子》,中华书局2007年版,第168页。
[4] 参见叶舒宪:《从生态人类学看老庄的社会理想》,载《海南大学学报(社会科学版)》1994年第3期。
[5] 李世雁:《哲学历程中的生态思想轨迹——从古希腊到科学革命》,载《自然辩证法研究》2010年第11期。
[6] 参见方立天:《佛教生态哲学与现代生态意识》,载《文史哲》2007年第4期。

缩影。[1]

与西方哲学中“人是万物的尺度”的“主客二分”世界观完全不同，在“天人合一”的理想境界中，自然界是世间万物的创造根源，是一切价值的最后根源，人只是其中的一部分。[2] 这与马克思主义自然观所强调的“自然界是人为了不致死亡而必须与之不断交往的、人的身体……人是自然界的一部分”[3]具有高度契合性。相较于现代西方国家生态思潮深刻反思和批判人与自然对立的文化，“天人合一”既有异曲同工之处，也比西方国家新兴的生态伦理更加契合中华民族的传统和习惯，更加能够彰显中国人民的生态智慧。也正是中国古代生态哲学思想强调人与自然的内在统一性，促使中国传统文化孕育出“制天命而用之”“赞天地之化育”的道德行为准则，为后世主张“尊重自然、顺应自然、保护自然”，探索人与自然和谐共生之路提供了内在的必然性。因此，“天人合一”作为中华民族在人与自然关系上最深层的精神信仰，为当代中国的生态文明理论与实践提供丰厚滋养，也为日后的“良典善治”塑造具有中国特色的血脉根基。

以人与自然和谐统一思想为内核的“天人合一”哲学观，是中国传统生态文化对现代环境伦理作出的原创性贡献，也为中华文明成为世界文明史上长期存在而不衰败的延续性文明作出了巨大贡献。[4] 发掘其中思想光芒，古为今用、推陈出新，对于如今处理人与自然关系具有重大启发意义。“天人合一”自然观所体现的“太极化生”的生态存在思想、“生生为易”的生态演变文化、“天人合德”的生态人文主义、“厚德载物”的大地伦理观、“大乐同和”的生态审美观，[5]是习近平生态文明思想中

---

〔1〕 参见刘宁：《一重一掩吾肺腑 山鸟山花共友于——杜诗中的中国传统生态智慧》，载《杜甫研究学刊》2021 年第 4 期。

〔2〕 参见蒙培元：《关于中国哲学生态观的几个问题》，载《中国哲学史》2003 年第 4 期。

〔3〕 中共中央马克思恩格斯列宁斯大林著作编译局编译：《马克思恩格斯全集》（第 42 卷），人民出版社 1979 年版，第 95 页。

〔4〕 参见吴新颖、何迎春、吴岱霞：《天人和谐与中国古代环境道德》，载《湖南科技大学学报（社会科学版）》2005 年第 3 期。

〔5〕 参见曾繁仁：《中国古代“天人合一”思想与当代生态文化建设》，载《文史哲》2006 年第 4 期。

地球生命共同体的生态伦理观、生态兴则文明兴的自然历史观、良好的生态环境是最普惠的民生福祉的基本民生观、人与自然和谐共生的自然辩证观、绿水青山就是金山银山的绿色发展观、山水林田湖草沙统筹治理的整体系统观、建设美丽中国全民行动的公众参与观、共谋全球生态文明建设的世界共赢观的文化源泉之一,[1]也是编纂一部具有中国特色的环境法典必须秉持的哲学观念。

二、“礼法合治”的治理思维丰厚文化土壤

“天人合一”不仅在形而上层面成为中华传统生态哲学最为凝练的思想表达,而且在中国古代社会的政治统治与生活实践中孕育出闪耀着生态智慧的制度与法令,形成了今天的生态文明制度的文化土壤。

中华民族的生态环境保护制度可追溯至为资源养护而颁布的“神农之禁”“禹禁”。《六韬·虎韬》中记载了神农氏所颁布的禁令:“春夏之所生,不伤不害,谨修地利,以成万物,无夺民之所利,则民顺其时矣”;《逸周书·大聚》中记载了针对乱砍滥伐的“禹禁”:“春三月,山林不登斧,以成草木之长。夏三月,川泽不入网罟,以成鱼鳖之长。且以并农力,执成男女之功”。据《韩非子·内储说上》记载:“殷之法,弃灰于公道者,断其手。”这在表明殷商法律以严刑酷罚为主要特征的同时,也反映出早在奴隶社会时期封建统治者就认识到污染环境的危害性,并采取严法予以规范。西周时期,环境保护被纳入官员的行政职责范畴,形成了一个相对完整的三级科层式环境保护职官体系:最高一级的“大司徒”“小司徒”以土地管理为基础,职责涉及农业生产及相关领域,保护生态环境作为实现农业生产可持续发展的重要因素被纳入其职责范畴;中间一级的“闾师”作为承上启下的重要环节,直接任命并专门管理“虞”“衡”等职官;而最低一级的山虞、林衡、川衡、泽虞、廾人、角人、羽人等多种职官,则具体负责山林川泽、矿产、生物资源等领域

〔1〕 参见李干杰:《以习近平生态文明思想为指导 坚决打好污染防治攻坚战》,载《行政管理改革》2018年第11期。

的环境保护政令、禁令的执行。[1] 随着相关机构的建立，一系列以礼仪、禁令、法律、诏令等为主要形式载体的环境保护制度措施出现。例如，《伐崇令》规定，"毋坏屋，毋填井，毋伐树木，毋动六畜。有不如令者，死无赦"。又如，《礼记·月令》记录了四季12个月之中的自然现象变化，并以此为准据设计出一套时政礼制，以"必顺其时"为宗旨将人事与自然规律紧密关联起来，其中孟春之月"禁止伐木"、仲春之月"毋焚山林"等关于环境资源的"节用""时禁"规定，充分体现了以自然法则为人类社会立法的主张。[2]

及至春秋战国时期，天道与人道何以"合一"，诸子百家展开了丰富的探索。崇尚无为而治的道家提出"小国寡民"[3]式的社会生活图景，主张人类在面对自然时的自律与规训。在法家影响下，战国末期的秦国在农业方面已有严明法度，如云梦睡虎地出土的秦简《田律》规定："春二月，毋敢伐材木山林……不夏月，毋敢夜草为灰。"[4]对后世影响深远的儒家则寄希望于"内圣外王之道"，孔子宣扬以尧、舜、禹等具备"盛德大业"的古代圣王为榜样，使为政者"修己安人"，"内而成圣，外而成王"，从而实现道德修养与治国安民的统一。[5] 在继承孔子以仁为礼乐制度基奠的同时，孟子进一步发展出"仁政"思想，在土地、税收、环保等方面提出了具体的制度规范和行政措施，[6]劝诫君王"不违农时，谷不可胜食也。数罟不入洿池，鱼鳖不可胜食也。斧斤以时入山林，材木不可胜用也。谷与鱼鳖不可胜食，材木不可胜用，是使民养生丧死无憾也。养生丧死无憾，王道之始也"。[7] 与孟子侧重于君王"内修"有所差别，

---

〔1〕 参见周启梁：《中国古代环境保护法制通考——以土地制度变革为基本线索》，载《重庆大学学报（社会科学版）》2011年第2期。

〔2〕 参见徐长波：《〈礼记·月令〉生态哲学思想探析》，载《中州学刊》2014年第9期。

〔3〕 《老子·八十章》，载汤漳平、王朝华译注：《老子》，中华书局2014年版，第299页。

〔4〕 参见杨巨中：《世界上最早的自然保护法典——云梦秦简〈田律〉刍议》，载《人文杂志》2000年第5期。

〔5〕 参见韩星：《内圣外王之道与当代新儒学重建》，载《新疆师范大学学报（哲学社会科学版）》2016年第6期。

〔6〕 参见李祥俊：《儒家王道政治的历史渊源、理论建构与思想演进》，载《当代中国价值观研究》2017年第5期。

〔7〕 《孟子·梁惠王上》，载方勇译注：《孟子》，中华书局2010年版，第5页。

荀子主张"《礼》者,法之大分、类之纲纪也",[1]通过援法入礼形成了"隆礼重法"的政治思想,提出了"草木荣华滋硕之时,则斧斤不入山林,不夭其生,不绝其长也"的"圣王之制",[2]由此提升了生态环境保护在政治实践中的地位,推进了古代社会环境资源保护的制度化。

随着儒家成为中国古代治国思想的重要源泉,人与自然关系中的"仁爱""合德"等思想不断外化,其范围也从普通民众的行为准则上升至古代帝王的统治方式,甚至辐射到之后封建社会的千年帝制。中国古代历朝大都存在保护生态环境的法律规定。例如,《汉书·宣帝纪》记载专门保护鸟类的诏令:"其令三辅毋得以春夏擿巢探卵,弹射飞鸟。具为令。"[3]又如,《唐律》设"杂律"一章,其中包括保护环境的相关规定,《宋律》也对此予以继承,具体包括"诸失火及非时烧田野者,笞五十""其穿垣出秽污者,杖六十""诸弃毁官私器物及毁伐树木、稼穑者,准盗论"等。[4]

有鉴于此,中华传统文化中的生态智慧将环境保护价值外化为"礼法合治"下的生态环境保护制度,实现了"天人合一"哲学思想向制度的转化,形成了"知行兼备"的生态法治文化传统,为现代意义上理念与实践相统一、法治与德治相结合推进生态文明建设提供了历史镜鉴,也为编纂具有中国特色环境法典提供了智慧启迪。

第二节　以典为纲、寓道于术的法律文化

顺应时代、契合本土是一部优秀法典的基本品质,有机汇聚古今中

---

[1] 《荀子·劝学》,载方勇、李波译注:《荀子》,中华书局2011年版,第7页。

[2] 转引自谢耀亭:《圣王之道:荀子政治思想来源及其特质》,载《中原文化研究》2017年第5期。

[3] 转引自罗华莉:《古代生态环境建设与官吏考核制度的启示》,载《北京林业大学学报(社会科学版)》2013年第2期。

[4] 转引自康建胜、卫霞:《中国古代的环境保护立法》,"生态安全与环境风险防范法治建设"2011年全国环境资源法学研究会会议论文,2011年8月于桂林。

外优秀法律文化的智识成果是使法典编纂成功的基本路径。纵观人类法律文明发展史，从古罗马时期的《十二铜表法》《国法大全》以及中国法制史上的《法经》《唐律》等法典化尝试，到18世纪以来以《法国民法典》《德国民法典》为代表的近现代西方法典化潮流以及清末变法修律运动，再到如今伴随全球化趋势走向纵深而继续延展的法典化进程，人类早已走上法典化道路。[1] 可以说，“编纂法典是具有重要标志意义的法治建设工程，是一个国家、一个民族走向繁荣强盛的象征和标志”[2]。

从汉初高祖立法而有“文景之治”，到西晋武帝修律而有“太康之治”，再到唐代太宗贞观定律而有“贞观之治”，充分表明了中华法系发展史、中华法治文明演进史在一定程度上就是中国法典编纂沿革史，而中华法系形成发展过程的规律性，也由中国古代法典的编纂修订过程直接展现。[3] 这些“盛世修典”“典治盛世”的历史经验揭示了“法治兴则民族兴，法治强则国家强”的法治发展规律，同时也蕴含着“以典为纲”的法治演进主线。中华法系律典编纂思维凝聚中华民族法治精神，积淀中华优秀传统法律文化，为如今编纂环境法典这样一部需要综合调整不同性质社会关系、整合不同属性法律关系的新型法典传承了系统性、整体性、协同性的法治基因，也为环境法典编纂赋予了“寓道于术”的法治思维风格。

一、中国古代律典编纂蕴含系统性法治基因

中西方早期的法典皆为诸法合体甚至是杂糅了道德习惯与世俗戒律的综合文本。中世纪以后，西方国家在建构理性主义的革命热情推动下，走向了以自由平等为精神内容、以部门法典体系完备为形式的法典编纂道路，这种近代意义上的法典化运动随着炮火轰开清廷大门成为法律文化输入的重要内容，而中华法系在近代变法修律的西化过程中日渐

〔1〕参见瞿郑龙：《新时代法典化的法理——“法典化时代的法理研究”学术研讨会暨“法理研究行动计划”第十五次例会述评》，载《法制与社会发展》2021年第2期。

〔2〕王晨：《关于〈中华人民共和国民法典（草案）〉的说明》，载《人民日报》2020年5月23日，第6版。

〔3〕参见刘晓林：《中华法系新诠》，载《法制与社会发展》2022年第5期。

衰微,在其法典化进程中也出现了古代法典的历史终结与现代法典的时代重启。[1] 当下为建设中国特色社会主义法律体系而展开的以民法典为代表典范的法典编纂工作,亦是中华法系发展演进的一部分。在环境法典编纂研究中,学者们从学习外国环境法典经验的角度,对西方国家环境法典进行了充分比较。其结论表明:各国环境法典既借鉴了传统民法典的编纂体例和立法技术,又超越了传统民法典的编纂方法,没有像民法典那样完全运用法律概念演绎方式编纂环境法典,而是以"可持续发展"核心价值为统领展开环境法典编纂。[2] 这种追求实质公平、综合不同性质法律手段的法典编纂思维,可以更加清楚地认识中华法系传统律典文明的现代意义,中国的环境法典编纂应赓续脉络传承,弘扬蕴含其中的系统性法治基因。

中国传统法治文化中的系统性基因可追溯至夏商周时期以判例整理而成的《禹刑》《汤刑》《九刑》,这种基于判例经验的刑书采用"以例统刑,以刑统罪"的汇编体例,[3] 为后世律典编纂带来了成文法体系化的启蒙。随着法家思想的兴盛,战国诸雄纷纷变法改革,其中魏国的《法经》被认为是中国历史上第一部系统完整的成文法典。《法经》六篇围绕"王者之政,莫急于盗贼"这一立法宗旨展开,将"盗"、"贼"及"杂犯"各类犯罪依主次轻重囊括其中,内容涉及实体与程序,具有相当程度的系统性和完整性,其粗糙而不失体系的编纂品质也预示了古代法典结构的历史轨迹。[4] 梁启超为此赞道,"我国之有《法经》,犹法兰西之有《拿破仑法典》"。[5]

及至盛唐,繁华复杂的社会生活对成文法提出更高要求,律典编纂

---

〔1〕 参见方潇:《"法典"意象变迁考——以中国语境为核心》,载《比较法研究》2005年第2期。

〔2〕 参见吕忠梅、田时雨:《环境法典编纂何以能——基于比较法的背景观察》,载《苏州大学学报(法学版)》2021年第4期;吕忠梅:《发现环境法典的逻辑主线:可持续发展》,载《法律科学(西北政法大学学报)》2022年第1期。

〔3〕 参见陈涛、高在敏:《中国法典编纂的历史发展与进步》,载《法律科学(西北政法大学学报)》2004年第3期。

〔4〕 参见方潇:《"法典"意象变迁考——以中国语境为核心》,载《比较法研究》2005年第2期。

〔5〕 梁启超:《论中国成文法编制之沿革得失(1904)》,载范忠信选编:《梁启超法学文集》,中国政法大学出版社2000年版,第128页。

也达到了世界领先水平。《唐律疏议》作为律典及法律注释之集合，具备了高品质法典的完整性、逻辑性等基本要素。具言之，《唐律疏议》覆盖礼制刑罚、经济制度、文化习俗等方面，明确了“君亲无将，将而必诛”“礼不下庶人，刑不上大夫”“讲信修睦”等法理以调整君主与臣民、贵族与平民以及民众内部的社会关系，具体律文涉及民事、行政与刑事等多种法律规范类型。[1] 《唐律疏议》不仅在内容上对社会生活作全景式处理，在体例上也呈现出高度的体系化追求，在“名例”作为总则的统领下，依次展开“卫禁”“职制”“户婚”“厩库”“擅兴”“贼盗”“诈伪”“杂律”等分则规定，从而实现了家国事务的系统化组合。[2]

在律典已臻完备、礼法既合的背景下，《宋刑统》在律文上几乎是唐律之翻版，只是同时采用“编敕”等方式应对新的社会问题。[3] 明初遵唐旧制颁布《大明律》，后改为七篇体例，结构上保留了总则“名例”但按照六部职事展开分编，同时另行编修问刑条例以适应社会变迁需要，到万历年间逐渐形成了“律为正文，例为附注”的律例统编体系，这一统编方式为后来的《大清律例》所继承并完善。[4] 与此同时，明代为“成一代画一经常之典”，通过编纂“会典”完善典例法律体系的基本框架：《明会典》作为国家根本“大经大法”，与《大明律》等具有较长稳定性的“常经之法”以及临时颁行的条例、事例、则例、榜例等“可变通之法”共同构成了国家法律体系；而后《清会典》的内容构成与功能有所变化，但“会典”作为国家根本大法的地位未变，以典为纲、以例为目的法律体系框架也未变，[5] 成为中华法系演进的重要成就。

习近平总书记指出：“与大陆法系、英美法系、伊斯兰法系等不同，中华法系是在我国特定历史条件下形成的，显示了中华民族的伟大创造力

---

[1] 参见蒋楠楠：《传统法典中的法理及其现代价值——以〈唐律疏议〉为研究中心》，载《法制与社会发展》2018 年第 5 期。

[2] 参见何勤华：《法典化的早期史》，载《东方法学》2021 年第 6 期。

[3] 参见怀效锋：《中国传统律学述要》，载《华东政法学院学报》1998 年第 1 期。

[4] 参见张生：《中华法系的现代意义：以律典统编体系的演进为中心》，载《东方法学》2022 年第 1 期。

[5] 参见杨一凡：《〈明会典〉性质考辩——“官修典制史书”“行政法典”说驳正》，载《政法论坛》2022 年第 1 期。

和中华法制文明的深厚底蕴。”[1]贯穿于中国历代法制之中的系统性法治基因，既在很大程度上确保了法典体系的传承性，又不断推动法典化位阶的渐次提升。

一方面，中国古代律典编纂具有鲜明的自发性与延续性。在中华法系发展史上，尽管“法典”这一用语在近代由西方传入，但自《法经》开创成文法典模式以来，诸如《秦律》《魏律》《宋刑统》《大明律》《大清律例》等法典化运动一直绵延不绝。[2] 在这从未中断的法制史中，显现出一个纵向传承、代有兴革的法文化发展轨迹，既体现法治传承中蝉联交代、绵延不绝的关联性和连续性，又包含新建王朝以史为鉴、革故鼎新的时代性和创新性。[3] 从大量出土的秦汉简牍律令中，可以较为清晰地看到秦汉律与唐律在立法语言、篇章结构、基本原理及立法精神等方面的传承关系；[4]而唐律又进一步确立了其后千年来中国律典自主发展创新的模式，宋元明清大体上都以唐法典为基础进行修改调适，以至于清法典中的许多条款可以直接回溯至约1000年前的唐法典。[5]

另一方面，中国古代律典编纂也在朝着更高体系化程度不断进阶。纵观法典史，可以发现“法典”是一个进阶的概念，从第一阶完备性法典进化到第二阶结构性法典，再进化到最能体现立法技术的第三阶体系化法典：如作为第一阶法典的代表，《法经》即是将法律以典籍形式展现出来的一种综合性法典，具备涵盖范围广阔性及内容完备性；“汉律六十篇”基本上属于第二阶法典，通过采用一定的分类方法，使法典内容从大杂烩式的编排逐步趋于结构化；体系化是第三阶法典的核心特征，奠定中华法系律令法体系传统的唐律及其后续所影响的明清“律例法典”

〔1〕 习近平：《以科学理论为指导，为全面建设社会主义现代化国家提供有力法治保障》（2020年11月16日），载《习近平谈治国理政》第4卷，外文出版社2022年版，第290页。

〔2〕 参见何勤华：《法典化的早期史》，载《东方法学》2021年第6期。

〔3〕 参见张晋藩：《弘扬中华法文化，构建新时代的中华法系》，载《当代法学》2020年第3期。

〔4〕 参见刘晓林：《中华法系新诠》，载《法制与社会发展》2022年第5期。

〔5〕 参见青维富：《中国古代法律之内在精神与外在形式研究——一种法政治学分析》，载《政法论坛》2019年第2期。

"会典型法典"都是其中优秀范例。[1]

二、中华法系具有鲜明的"寓道于术"编纂风格

延续千年的中华法系，一方面与其他古老法系相似，具有体系化的追求；另一方面承载着厚重的中华优秀传统法律文化："出礼入刑、隆礼重法的治国策略，民惟邦本、本固邦宁的民本理念，天下无讼、以和为贵的价值追求，德主刑辅、明德慎罚的慎刑思想，援法断罪、罚当其罪的平等观念，保护鳏寡孤独、老幼妇残的恤刑原则……"，[2]表明中国古代政治家、法律家在解决立法与裁判等具体问题的同时，更着眼于文明秩序的整体建构，由此为中华法系塑造出"道"重于"术"、"理"先于"制"的法治风格，[3]渗透到成文法整理过程中则形成了"寓道于术"的律典编纂风格，具体表现为注重实质理性在体系建构上的功能与意义，同时也发展出较为成熟的体系化编纂技术。

中国古代社会在礼法结合、外儒内法、德主刑辅等特殊历史背景下生成了与儒家道德思想紧密联系的"伦理法"，这种法律文化形态在立法、执法、守法、法律意识等方面都严重依附于道德，形成了具有特色的法典体例、法律机构体系、法律技术手段、法律教育类型以及法律意识形式。[4] 因此，与近现代西方民法典编纂受概念法学影响而追求完备的形式理性不同，中国古代的立法者则在儒家经义洗礼下，将价值理念作为律典编纂之灵魂。在先儒看来，"仁"是属于"道"层面的中心理念，其他德目是仁的表现形式，在"仁"的总体观照下，儒家文化乃至整个中华文化形成了"义、礼、智、信、忠、廉、和、敬"的常用大德，这"一道八德"凝练了中华优秀传统文化的核心价值体系。[5] 通过融入法典的立法思

---

[1] 参见何勤华、廖晓颖：《中华法系之法典化范式研究——以古代中国和越南为中心》，载《世界社会科学》2023年第1期。

[2] 习近平：《坚定不移走中国特色社会主义法治道路 为全面建设社会主义现代化国家提供有力法治保障》，载《求是》2021年第5期。

[3] 参见张文显：《民法典的中国故事和中国法理》，载《法制与社会发展》2020年第5期。

[4] 参见任喜荣：《"伦理法" 的是与非》，载《吉林大学社会科学学报》2001年第6期。

[5] 参见吴光：《中华传统文化的核心理念及其当代价值》，载《社会科学战线》2013年第2期。

想、法律原则、法律制度,构成历代法典的灵与肉:唐律的"一准乎礼"将礼的精神融入律典条文,明确了礼法融合的立法思想;在"矜老恤幼"的价值观推动下,"慎罚"成为古代刑法原则;北魏时期律典中出现的"存留养亲"制度,是为中华孝德传统的体现。[1] 可见,价值理念在中国古代律典中历来具有指导思想之地位,以立法宗旨、法律原则等立法方式得到集中表达,这种强调实质理性的法典编纂方式在唐律中得到较为全面的展现。唐律开篇对律典价值理念作出系统阐述,并对自秦汉以来的法律制度及其实践经验进行总结提炼,提出了"十恶"加重、德主刑辅、宗法伦理、罪刑相当、诬告反坐等法律原则,其中一些原则在去除封建糟粕色彩后成为对如今刑罚制度有所裨益的法律遗产。[2] 在儒家学说成为封建正统思想的历史背景下,中华传统法系的发展经历了法律儒家化的过程,仁义礼智信等儒家经义作为社会主流价值观而成为立法的精神气质,[3]"天人合一"自然观下的"爱物之仁"、"观物之明"及"物我相友"等生态思想也蕴藏于律典的实质性法治追求之中。

在成文法发展过程中,中国古代立法者不断探索完善律典结构,总分体例逐渐成为编纂惯例,"诸法合体"模式逐步走向精细化发展,中华法系独特的类型化、体系化立法技术也随之形成。就法典编纂的一般结构而言,以"提取公因式"方法将法规范体系中的共通内容抽象出来,形成总则与分则的基本结构,这类立法技术通常被认为是西方潘德克顿体系的特征,但实际上,总分体例也是中国古代固有的法典编纂模式。最初,位于《法经》六篇之末的"具律"规定了定罪量刑等概括性事项,具有法典总则之属性,《秦律》沿用该体例;到汉代《九章律》中,"具律"的位置变为居中;南北朝时期的《魏律》将"具律"改为"刑名"并置于篇首,初步形成了总则统领分则的立法例。之后,隋朝《开皇律》与《唐律疏议》进一步明确了"名例"居首规定立法宗旨与原则等抽象内容,而分则按

---

〔1〕 参见周名峰:《中国古代核心价值观融入法典的经验及当代启示》,载《暨南学报(哲学社会科学版)》2019 年第 6 期。

〔2〕 参见何勤华:《法典化的早期史》,载《东方法学》2021 年第 6 期。

〔3〕 参见蒋楠楠:《传统法典中的法理及其现代价值——以〈唐律疏议〉为研究中心》,载《法制与社会发展》2018 年第 5 期。

照先实体后程序以及事项类型重要性的顺序进行编排，为中华法系确立了总分体例的律典编纂传统。[1] 在法典结构不断完善的同时，整体意义上的法律体系也开始基于效力位阶、规范领域、调整方式等因素，在一定程度上打破了"诸法合体"的传统混沌模式，出现了民刑有分、实体程序有分、公私有分的法律部门化现象，如魏晋隋唐时期的法典化缔造出"刑事法—非刑事法"的法律体系格局，明清时期的再法典化及会典模式，又使之进一步演变为"根本法— 一般法"的格局。[2]

为理顺总则与分则之间、篇章与条文之间的逻辑关系，古代立法者还综合运用了合并同类项、提取公因式等多项体系化技术，特别是"以类相从"的类型化思维与方法在古代律典编纂中得到广泛应用。早些时候，中国古代人民逐步形成以"类"为基础的习惯法，如阴阳、乾坤、天人等都表明"分类"是认识世界的重要手段；荀子提出"有法者以法行，无法者以类举"，将"类"延伸到了法律领域；后世律学家在语词分类及释义基础上，通过"以类相从""集类为篇"的方式，将散乱的章句、事例等法源汇编成册，使之成为可资援引的法律系统；《晋书·刑法志》《明史》等史料关于律典结构调整等内容的记载，表明了分类方法与法律进化之间存在紧密联系，甚至可以说"中国古代立法史实际上是一部分类史"。[3]《唐律疏议》作为个中翘楚，不仅通过"五刑"这一公因式"以刑统罪"建构起"名例"作为总则，同时借助犯罪主体、犯罪行为、侵害客体的犯罪构成体系以及"准枉法论""以盗论"等类型化适用，编织出甚为严密的法网体系。[4]

中华法系"寓道于术"的律典编纂法治思维不仅使之在世界法制史上独树一帜，而且对于当下如何编纂具有中国特色的环境法典具有重大

---

〔1〕参见顾文斌：《论中华法系法典编纂技术的当代价值》，载《东华理工大学学报（社会科学版）》2019年第1期。

〔2〕参见谢红星：《发现"法典化"传统的法理：价值、进路与限度》，载《东岳论丛》2021年第11期。

〔3〕陈锐：《从"类"字的应用看中国古代法律及律学的发展》，载《环球法律评论》2015年第5期。

〔4〕参见张生：《中华法系的现代意义：以律典统编体系的演进为中心》，载《东方法学》2022年第1期。

意义。中国环境法典编纂,既要在不断扩大改革开放过程中与世界各国交流互鉴,也要植根于中华民族灿烂而深邃的生态法治文化实现传承与复兴。一方面,实现中国传统文化中的“天人合一”“道法自然”的世界观,“成己成物”“节用有度”的自然观,“民为邦本”“本固邦宁”的民生观,“周虽旧邦”“其命维新”的改革观,“天下无讼”“以和为贵”的治理观,“协和万邦”“天下一家”的全球观的现代性转化,并将其注入生态文明建设的治国方略;另一方面,继承中华法系内在的系统性法治基因并将其付诸全面依法治国的伟大实践,编纂一部胸怀全球环境治理、植根中华传统文化的现代化环境法典,为建设地球命运共同体贡献中国智慧与中国方案。

第三节　环境法典植根于中华传统文化沃土

党的二十大报告中强调:“坚持和发展马克思主义,必须同中国具体实际相结合……同中华优秀传统文化相结合。”2023 年 6 月 2 日,习近平总书记在文化传承发展座谈会上的重要讲话中强调:“‘第二个结合’是又一次的思想解放,让我们能够在更广阔的文化空间中,充分运用中华优秀传统文化的宝贵资源,探索面向未来的理论和制度创新”,[1] 充分肯定了“第二个结合”在建设中华民族现代文明中的引领作用。从马克思主义基本原理同中国具体实际相结合的“第一个结合”,到马克思主义基本原理同中华优秀传统文化相结合的“第二个结合”,是新时代中国共产党人坚持问题导向、坚持守正创新的必然结果,是新时代中国共产党人创新与发展马克思主义的历史意识、时代意识和民族意识的具体体现。[2] 环境法典编纂研究应准确认识“第一个结合”与“第二个结合”的辩证关系,本着人民至上的法治立场、系统协同的方法和胸怀天下的理想面对中国之问、世界之问、人民之问和时代之问。这意味着环境法

〔1〕 习近平:《在文化传承发展座谈会上的讲话》,载《求是》2023 年第 17 期。
〔2〕 参见涂良川:《如何理解“第二个结合”》,载《深圳特区报》2023 年 6 月 20 日,B02 版。

典编纂必须在中华文化的根基与世界文明的视野的统一中、在政治性与文明性的辩证统一中内化世界历史现实、转化人类先进文化、活化人类历史文明，通过既“编”又“纂”实现既“破”又“立”，通过环境立法的价值重塑与体系创新实现生态智慧传承与法治传统复兴，成就一部弘扬中华传统、体现时代特征、贡献中国方案的环境法典。

一、实现传统智慧与现代理念的价值沟通与调适

人与自然关系是古今中外一个永恒命题。“天人合一”作为“中国文化对人类最大的贡献”，[1]决定了中国环境法典编纂的文化传统；可持续发展作为全球人类发展的最大共识，推动了环境法治发展的现代化转型。实际上，中华优秀传统文化的精神气质与新时代生态文明法治建设指导思想一脉相承，与世界环境法治发展的理念追求不谋而合，环境法典编纂应在确立可持续发展价值目标的基础上，[2]完成这场跨越千载的生态与法治“联姻”。

（一）从“民为邦本”到“以人民为中心”的价值立场

环境法典是一部确认自然价值、保障生态安全的法典，同样也是一部彰显人民属性、具有人文关怀的法典。在环境法典编纂中坚持以人民为中心，是对中国古代民本思想的传承与超越，也是对中国共产党执政为民的立场坚守。

中华传统文化自古以来就有“民为邦本、本固邦宁”的民本思想。自西周提出“以德配天”“明德慎罚”，中经孔孟“为政以德”“仁政爱民”的政治思想，再至董仲舒主张“德主刑辅”为封建正统，历代律典在民本思想的影响下也展现出“慎刑”的人道主义色彩。[3] 这种民本思想立足于“天人合一”的哲学基础，是在人与自然内在统一的框架中重视人的价值，也因此在很大程度上得以避开“生态中心主义”抑或“人类中心主

---

〔1〕 钱穆：《中国文化对人类未来可有的贡献》，载《中国文化》1991 年第 1 期。
〔2〕 参见吕忠梅：《发现环境法典的逻辑主线：可持续发展》，载《法律科学（西北政法大学学报）》2022 年第 1 期。
〔3〕 参见方潇：《“法典”意象变迁考——以中国语境为核心》，载《比较法研究》2005 年第 2 期。

义”的西方环境伦理之争。

中国特色社会主义法治道路强调“坚持以人民为中心”，是对“民为邦本”传统文化的批判性继承与超越，也是与可持续发展“以人为本”思想的有机结合。从本质上看，中国古代律典作为封建王朝的统治工具，其民本思想的根本立场仍然在于对皇权的维护，人民与君主之间的阶级矛盾无法通过“民贵君轻”的道德学说予以调和；与此同时，古代民本思想大多体现为“民可使由之，不可使知之”，对公民权利保护力有不逮，更遑论限制君权。[1] 中国共产党继承传统文化中的“民本思想”，但同时摒弃了其封建内核，坚持“为人民谋幸福，为民族谋复兴”的初心和使命，推进生态文明建设。

当今中国，生态环境保护是关系党的使命宗旨的重大政治问题，也是关系民生的重大社会问题。2018 年，生态文明“入宪”并明确了建设“美丽中国”的国家目标，进一步深化了“保护和改善生活环境和生态环境，防治污染和其他公害”的国家任务。为中华民族永续发展编纂环境法典，既是实现国家目标和国家任务的法治方式，也是“以人民为中心”的法治立场在生态环境领域立法的具体体现。[2]

（二）从“天人合一”的礼法合治到可持续发展的良法善治

中华文明传承至今，留下了丰厚而宝贵的生态文化和法治传统，但中国的社会结构与文化背景已经发生了天翻地覆的变化。在改革开放及全球化背景下继承中华民族优良传统，意味着在坚持人与自然和谐共生的文化基因的同时，其所指涉的价值本体及其外化形体都发生了时代性变革，环境法典编纂本质上要实现价值目标的现代性转化。

首先，将“天人合一”的价值追求转化为构建“人与自然生命共同体”的可持续发展。作为人与自然关系的古老哲学基础，“天人合一”蕴含着自然具有内在价值、人与自然有机统一等生态思想，在现代环境法治意义上闪耀着不可磨灭的生态智慧。但产生于农业文明的“天人合

---

〔1〕 参见沈国明：《中华法系文化要素的发掘与发展》，载《东方法学》2022 年第 1 期。

〔2〕 参见吕忠梅：《为中华民族永续发展编纂环境法典》，载《人民论坛》2021 年第 24 期。

一”在理解自然规律、发挥人的能动性等方面必然具有时空局限性。[1] 习近平生态文明思想在实现马克思主义中国化过程中，原创性地提出“人与自然生命共同体”论断，将“天”与“人”作为现代社会中的“自然”与“人”，揭示其彼此之间的关系本质是“生命共同体”，其价值追求在于“和合”、在于可持续发展，实现了对“天人合一”的现代性转换。[2] “人与自然生命共同体”理念是环境法典编纂必须遵循的价值论与方法论。

在世界范围内，由西方国家环境问题引发的生态伦理反思与生产方式批判催生了可持续发展观。经过国际社会30年的不懈努力，可持续发展已成为各方的最大利益契合点和最佳合作切入点，是破解当前全球性问题的“金钥匙”。[3] 可持续发展虽然可以有各种不同理解，但其强调的可持续经济、可持续生态和可持续社会三方面的协调统一，追求高质量的经济发展、追求经济社会发展与自然承载能力相协调、追求保障人的全面发展的社会环境的内涵与“人与自然生命共同体”理念互通互融。中国环境法典编纂，可以用这一国际通用生态环境保护法律语言讲好中国的现代“天人合一”法治故事。一方面，可持续发展涉及“人与自然”及“人与人”关系，在关系范畴上可以容纳“天人合一”，同时通过对人际关系的强调，促使“天人合一”在认识论上脱离主客不分的原始混沌，从而成为人类在主客分离的现存世界中对克服主客对立的向往，以及人向自然回归的企望，[4] 完成“天人合一”的现代法律关系构造；另一方面，可持续发展固有的生态、经济、社会三位一体格局以及环境与发展综合决策方法为“天人合一”的理想实现提供了方法论支持，使人与自然的和谐共生不再仰赖形而上的天道，而是可以通过环境法典编纂，在构建可持续发展目的价值统领下的生态安全、环境公平、公益保障等工

---

〔1〕 参见方克立：《“天人合一”与中国古代的生态智慧》，载《社会科学战线》2003年第4期。

〔2〕 参见王雨辰：《习近平“生命共同体”概念的生态哲学阐释》，载《社会科学战线》2018年第2期。

〔3〕 参见习近平：《坚持可持续发展 共创繁荣美好世界——在第二十三届圣彼得堡国际经济论坛全会上的致辞》（2019年6月7日，圣彼得堡），载《人民日报》2019年6月8日，第2版。

〔4〕 参见胡伟希：《儒家生态学基本观念的现代阐释：从“人与自然”的关系看》，载《孔子研究》2000年第1期。

具价值体系中得以实现，在以制度化、规范化、程序化方式将生态文明建设融入经济建设、政治建设、文化建设、社会建设的过程中得以实现。

其次，促进礼法合治转化为依法治国和以德治国相结合的良法善治。中华法系在"外儒内法"和"杂霸王道而用之"的实践中形成了"礼法互补、综合而治"的传统法治文化，[1]"天人合一"的价值追求在这种文化背景下外化为尊重自然、保护自然的礼法之治。然而，封建社会中的"礼法"本质上皆是人治的工具，以"礼法之治"实现"天人合一"无异于寄希望于君王的道德约束，而世俗中"无法无天"的皇权最终往往会导致"天人合一"的理想图式在实践中沦为天人对立、生灵涂炭。[2]

在建设中国特色社会主义现代化过程中，实现了从人治到法治的根本转变，法治成为"天人合一"价值实现的根本方式，传统的礼法合治也需完成现代法治意义上的体制机制变革，转化为依法治国和以德治国相结合的良法善治。习近平总书记深刻指出："法安天下，德润人心。法律有效实施有赖于道德支持，道德践行也离不开法律约束。法治和德治不可分离、不可偏废，国家治理需要法律和道德协同发力。"[3]在生态环境保护领域，法治是不可或缺的重要手段，但法治也不是万能的，生态环境保护仅靠法治这一手段是不够的，而是要进一步将生态环境保护转化为全民自觉行动。一方面，弘扬中华传统生态伦理，培育全民生态环境保护意识和素养，重视发挥道德的教化作用，提高社会生态文明程度，为用最严格的制度、最严密的法治保护生态环境创造良好的人文环境；另一方面，更加重视发挥法治的作用，以生态文明法治体现生态伦理、强化法律对社会生态素养提升的促进作用，把生态文明的道德要求贯彻到法治建设中，把"人与自然生命共同体"的价值观融入生态环境法治实践中。通过环境法典编纂，一方面，将"仁民爱物"的政治思想转换为建设"美丽中国"的法治追求，以宪法为依据，赋予公共部

---

〔1〕 参见沈国明：《中华法系文化要素的发掘与发展》，载《东方法学》2022年第1期。

〔2〕 参见颜敏：《中西环境哲学世界图式之比较》，载《社会科学研究》2007年第3期。

〔3〕 《习近平在中共中央政治局第三十七次集体学习时强调 坚持依法治国和以德治国相结合推进国家治理体系和治理能力现代化》，载《人民日报》2016年12月11日，第1版。

门环境保护职权，明确公民在享有良好生活环境及其相关环境权益的同时必须承担的生态环境保护义务；另一方面，将“为政以德”的统治方式以及“取物顺时”“成己成物”的生态智慧转化为全民参与生态环境建设的具体行动，促进形成多元共治的现代环境治理体系，营造先进的生态文明法治文化。

二、完成中国环境法典的风格传承与体系创新

中国古代律典历经千年传承造就华夏法治文明，当为“中华法系机枢”。[1] 近代中国在内忧外患之际以大陆法系为效法对象，虽延续了法典化传统但在法律制度上近乎全盘西化，致使中华法系转向衰微。新中国从废除国民政府“六法全书”到提出“新六法”再到“中国特色社会主义法律体系”，法典化的系统目标逐渐明确并不断发展。[2] 在民法典顺利出台的当下，“总结编纂民法典的经验，适时推动条件成熟的立法领域法典编纂工作”[3]预示着全面依法治国背景下的“典治”新时代即将到来。为此，环境法典编纂须以近代抛却中华法系传统为前车之鉴，从我国社会生活实际出发，对传统文化与国际经验兼收并蓄，实现中华法系律典编纂的体系传承与世界环境法典编纂模式的体系创新。

（一）选择中华法治传统与现代法典相契合的法典化模式

法治自古以来都在安定性与适应性之间寻求平衡。当代中国处于百年未有之大变局，国际局势风云变幻、国内形势错综复杂，生态文明建设和体制改革更是进入攻坚期，何以稳定发挥体系效益而又充分适应社

[1] 张生：《中华法系的现代意义：以律典统编体系的演进为中心》，载《东方法学》2022 年第 1 期。

[2] 1949 年 2 月，中共中央发布《关于废除国民党的六法全书与确定解放区的司法原则的指示》；1987 年 4 月，陶希晋先生在“纪念民法通则颁布一周年的座谈会”上提出“新中国应该建立自己的‘新六法体系’”；1997 年，党的十五大提出“中国特色社会主义法律体系”建设目标。参见王理万：《中国法典编纂的初心与线索》，载《财经法学》2019 年第 1 期。

[3] 习近平：《坚定不移走中国特色社会主义法治道路 为全面建设社会主义现代化国家提供有力法治保障》，载《求是》2021 年第 5 期。

会变革进程,已成为环境法典编纂的重大挑战。当前,采用适度法典化模式编纂中国环境法典已成为学界共识。[1] 置身于更为广阔的法治文明发展史,可以进一步发现适度法典化是中华法治传统与现代法典模式的共同趋向,其中蕴含着人类法律文明在法典化、解法典化[2]与再法典化过程中积淀而来的实践经验:"法与时转则治,治与世宜则有功"[3];法典当为"合时宜"的金科玉律。

在以民法典为典型代表的法理学上,"法典"需具备"由立法机关制定"的权威性、"覆盖某个法律的全部领域"的综合性、"表述为逻辑一致的法律规则与法律制度的整体"的系统性。[4] 这些闪耀着形式理性光辉的完美特质在解法典化等新兴思潮中日渐蒙尘,人们开始认识到"法典的体系性本身也具有相对性"。[5] 绝对理性主义的祛魅实际上为法典体系化带来了尺度变量,于是,现代民法典编纂上出现了"平常心",[6]环境法典编纂也应以"适度"为追求。实际上,在法典化、解法典化以及再法典化的理论与实践探索中,有关适度法典化的共识正在达成:"治国理政的比较好的法治模式是法典与法律,综合法与单行法,基础法与专门法的结合,共同组成一个比较系统完备的法律体系";作为"古代世界人类三大法律文明法典化留给我们的历史遗产之一",[7]中国法治文明中的适度法典化非常具有代表性。

---

〔1〕 参见张梓太:《中国环境立法应适度法典化》,载张仁善主编:《南京大学法律评论》2009年春季卷,法律出版社2009年版,第241~243页;吕忠梅、窦海阳:《民法典"绿色化"与环境法典的调适》,载《中外法学》2018年第4期。

〔2〕 "解法典化"最初从民法典演变现象中提出,用以描述一些游离于法典之外的特别法在不断发展中形成具有规范力和特有术语体系的微系统,致使民法典在某些领域只剩下拾遗功能。参见[意]那塔利诺·伊尔蒂:《民法典的理念》,李飞译,载明辉、李昊主编:《北航法律评论》2012年第1辑,法律出版社2012年版,第95页。

〔3〕 《韩非子·心度》,载高华平、王齐洲、张三夕译注:《韩非子》,中华书局2010年版,第618页。

〔4〕 参见[德]莱因哈德·齐默尔曼:《法典编纂的历史与当代意义》,朱淼译,载明辉、李昊主编:《北航法律评论》2012年第1辑,法律出版社2012年版,第14~15页。

〔5〕 石佳友:《解码法典化:基于比较法的全景式观察》,载《比较法研究》2020年第4期。

〔6〕 纪海龙:《理想与现实的距离——对中国民法典编纂的冷观察》,载《华东政法大学学报》2016年第6期。

〔7〕 何勤华:《法典化的早期史》,载《东方法学》2021年第6期。

中华民族形成了中庸、和谐、包容的独特文化体系，在伦理准则与生活实践中具体落实为“度”。这个蕴含着分寸、节制、礼数、平衡、和谐之意的“度”，既是中国治理国家的政治智慧，也是中国人的生活智慧，更是中国生态智慧。[1] 在法典化语境中，“度”作为中国法治智慧，体现在古代律典结构与编纂技术之中。一是兼顾体系性与开放性的实用主义编纂技术。古代律典的“诸法合体、民刑不分”，实际上是立法者在追求包罗万象的同时，意识到了人类理性的有限性，于是将体系开放作为律典编纂实用性的重要考量。例如，《唐律疏议》中设计了“断罪而无正条”时“举重以明轻”或“举轻以明重”的类比补充条款，“违令”的律外援引条款和“以……”“准……”等律内援引条款。[2] 二是从律令分立到律例统编的结构变迁。为适应社会生活变化，中国古代出现了律、令、格、式、敕、例等诸多法律形式。唐宋时期，律正罪名、令定事制，律令分立但皆属最具权威性与稳定性的“常法”，此外将编敕作为突破“常法”的补充；元代采用的断例和条格具有一定稳定性，也以较低程度的概括性为续编、修订及纳新留下灵活空间；明清时期因应宋朝出现过多“用例破法”的情形，逐渐形成稳定而灵活的律例统编体系。[3]

中国律典体例演变史实际上反映出古代法典化、解法典化与再法典化的过程，展现了法典化形式的法律创制及续造中保守与进步的辩证法。[4] 为避免律典走向封闭僵化，也为保持律典相对稳定，中国古代立法者适时调整法律形式与法典体系化程度，展现出“度”的法治智慧。在这种意义上，环境法典编纂采取“适度”方式，也是传承律典编纂“寓道于术”的法治风格，并将其体现为“度”的文化血脉，从而成为一种“体系之道”，对中国古代律典编纂智慧进行了现代诠释。

---

〔1〕 参见潘岳：《中华传统文化蕴含着深厚的生态文明》，载《人民论坛》2009年第1期。

〔2〕 参见张生：《“唐律五百条”：规范技术、法律体系与治平理念的融贯统一》，载《中国社会科学院研究生院学报》2016年第2期。

〔3〕 参见宋国华：《名废实存：元代格例法体系与中华法系之真实关系》，载《华东政法大学学报》2021年第4期。

〔4〕 参见［德］卡斯滕·施密特：《法典化理念的未来——现行法典下的司法、法学和立法》，温大军译，载明辉、李昊主编：《北航法律评论》2012年第1辑，法律出版社2012年版，第37页。

（二）为世界贡献理论创新、体系创新的中国方案

在我国环境法典编纂基本条件已经成熟、[1]比较法文本研究与经验观察更为深入[2]的背景下，适度法典化的模式是延续中华法系律典编纂风格并融入现代法典发展潮流而进行的理性选择，本质上是环境立法体系化所秉承的理性主义尺度。中国环境法典编纂在现有法治基础上实现理论创新、体系创新，既是我国生态环境保护迈向良典善治的关键所在，也是“以中国智慧、中国实践为世界法治文明建设作出贡献”[3]的方向所在。

实际上，适度法典化是一种认识论与方法论兼具的编纂思路。在这种思路下，现代法典所要求的综合性与系统性特质，可分别体现为法典调整范围适度和体系严密适度。[4] 一是以“生态环境”概念涵摄保护对象，顺应现代环境法治范围扩张趋势，构建“大环保”格局下的多元共治体系，在对现行环境法律进行整合的基础上实现法典调整范围适度。二是以环境法律关系诠释可持续发展价值体系，既借鉴世界各国可持续发展法律渊源化经验，又传承并扬弃我国律典编纂文化传统，通过总则对各编的统领及各编逻辑化建构实现法典体系的严密适度。

据此，环境法典编纂可以通过确立可持续发展核心价值，重塑生态环境基石概念并构建环境法律关系，实现理论创新。在编纂技术上，将以可持续发展为统领的价值体系外化为环境法典的调整范围与规范构造，[5]形成由总则、污染控制编、自然生态保护编、绿色低碳发展编与生态环境责任编所构成的框架逻辑，[6]既与建设“美丽中国”国家目标相契合，也在比较法意义上实现法典体系创新。尤其是“绿色低碳发展

---

〔1〕 参见吕忠梅：《中国环境法典的编纂条件及基本定位》，载《当代法学》2021年第6期。

〔2〕 参见竺效：《环境法典编纂结构模式之比较研究》，载《当代法学》2021年第6期。

〔3〕《习近平在中国政法大学考察时强调 立德树人德法兼修抓好法治人才培养 励志勤学刻苦磨炼促进青年成长进步》，载《人民日报》2017年5月4日，第1版。

〔4〕 参见吕忠梅：《中国环境立法法典化模式选择及其展开》，载《东方法学》2021年第6期。

〔5〕 参见吕忠梅：《环境法典编纂方法论：可持续发展价值目标的实现方式》，载《政法论坛》2022年第2期。

〔6〕 参见汪劲：《论中国环境法典框架体系的构建和创新——以中国民法典框架体系为鉴》，载《当代法学》2021年第6期。

编”具有鲜明的中国特色和时代特色，该编将节能减排、综合利用与实现“双碳”目标予以统筹考虑，是中国“绿色发展”理念与国际应对气候变化方案的有机结合，彰显中国环境法典编纂的独创性。

中国环境法走什么样的法典化路径、编纂什么样的环境法典，取决于环境法治的本土资源。环境法典如何更好诠释中国特色，指向中华传统文化的再发现与中华法系的再回归。在这种意义上，编纂一部新时代的中国环境法典，不仅是达致环境法体系化的重要途径，而且是重塑中国环境法治“从何处来、向何处去”血脉传承的关键所在。

第三章　中国环境法典的国际借鉴

2021年,全国人大常委会将环境立法领域的法典编纂研究纳入年度立法计划。[1] 与曾数次展开的民法典编纂不同,环境立法法典化的动意虽由来已久却并未真正留下法典编纂前史以供自省。中国法学会环境资源法学研究会完成外国环境法典翻译出版,为环境法典编纂的比较研究提供了丰富资源,使我们可以深入探究环境立法“何以成典”。法典本身的比较研究固然重要,文本背后的比较研究亦不可或缺,尤其在尚未形成成熟法典范例的环境法领域,一部法典的诞生或者夭折蕴含着更为丰富的故事。为中华民族永续发展编纂环境法典这一时代使命,是对环境法典从无到有、从有到好的朴素期盼。[2] 为此,更有必要带着“环境法典编纂何以能”的问题,比较观察环境法典文本背后的成败得失,探寻从碎片化到体系化的法典化叙事,为中国环境法典编纂提供更广阔、更深入的实践镜鉴。

---

〔1〕 2021年全国人大常委会立法工作计划明确提出“研究启动环境法典、教育法典、行政基本法典等条件成熟的行政立法领域的法典编纂工作”。参见《全国人大常委会2021年度立法工作计划》,载中国人大网,http://www.npc.gov.cn/npc/c2/c30834/202104/t20210421_311111.html。

〔2〕 编纂一部高质量的环境法典是最终目标,而此处将法典能否诞生与法典质量如何作为两个子问题提出,是为了便于后文对各自影响因素进行清晰观察的技术处理,同时此种渐进式的研究路径也与学界主张动态性的适度法典化编纂设想不谋而合。有关适度法典化以及渐进式提高法典化程度的编纂思路,参见张梓太:《中国环境立法应适度法典化》,载《南京大学法律评论》2009年第1期;吕忠梅、窦海阳:《民法典“绿色化”与环境法典的调适》,载《中外法学》2018年第4期。

第一节　国家目标与各国环境法典编纂

自20世纪70年代兴起现代意义上的环境法以来,环境保护逐渐成为法治国家应承担的基本任务。[1] 从1972年人类环境会议到1992年环境与发展大会,环境基本法作为环境保护立法的主要形式达到高峰。1992年前后,环境立法法典化浪潮的兴起,打破了环境基本法模式的"一枝独秀"局面,其中缘由在于环境基本法越来越难以满足国家任务变迁对于环境立法体系化的需求,需要探索更为权威、统一、安定的"典治"模式。通常而言,国家目标在不同历史时期的侧重内容与发展方向有所不同,因此环境法典编纂作为国家目标的立法实践,其成败的本质问题是法典化在何种情形下、以何种方式能够成为实现国家目标的一种法治工具。

一、时代机遇为环境法典编纂创造条件

准确把握法典编纂时机,是顺利推动环境法典编纂的前提,这一点早在19世纪萨维尼与蒂堡有关德国是否需要编纂民法典的论战中就有所体现。实际上,两位学者在追求私法统一的目标上是一致的,分歧焦点在于实现该目标的手段,即法典编纂的作用如何、编纂条件是否具备以及编纂时机是否成熟;换言之,法典编纂本质上不是必要性的事情,而是一个"时机问题"。[2] 法典编纂是在政治决断推动下的立法活动,我国民法典曾历经数次编纂却皆未成典,直至十八届四中全会通过的《中共中央关于全面推进依法治国若干重大问题的决定》在"完善以宪法为核心的中国特色社会主义法律体系,加强宪法实施"中明确提出"编纂

---

〔1〕 参见张宝:《规制内涵变迁与现代环境法的演进》,载《中国人口·资源与环境》2020年第12期。

〔2〕 参见舒国滢:《德国1814年法典编纂论战与历史法学派的形成》,载《清华法学》2016年第1期。

民法典”,全面深化改革、全面推进依法治国的重大政治决定和已成规模的民事法律体系排除了“条件不成熟”论,[1]为之后《民法典》的顺利颁布创造了有利条件。而从比较法来看,当政治条件成熟且法治基础良好时,编纂一部“合时宜”的环境法典也可谓事半功倍。

(一)政治条件对环境法典编纂的推动与阻碍

法典编纂自古以来承载着治安、守成、统一、整理与更新的目的与功能,[2]甚至在很长时期内,法典化一直被视作主权者的行动,[3]从编纂过程到法典内容都具有政治色彩,如“所有权”作为法国民法典体系中最为核心的概念,最初也是法国大革命后“某种政治意志的表达”。[4]在现代社会中,法典编纂的政治功能从维护国家统治逐渐转向促进国家治理,决定法典编纂时机是否成熟的政治因素也主要体现为政党的治国理念以及立法过程中的权限分配与利益衡量。

在特定的国际与国内形势下,环境法典编纂可能成为一种政治策略从而获得巨大政治推力。战后德国迅速发展科技与经济,环境问题也随之凸显,而后在生态主义理念的影响下,联邦德国政坛逐渐“绿化”,不仅绿党发展成为一支重要的新兴政治力量,环境政策也成为政治角逐的中心议题被德国各政党作为其竞选时的政治承诺,由此对国家立法与政府施政产生有力影响。[5] 德国绿党政治对于国家立法的影响广泛而深远,不仅环境保护法律迅速发展从而为之后的法典化埋下伏笔,而且从联邦基本法到传统部门法也普遍开始重视环境保护理念,如新修订的《德国民法典》第90a条中有关“动物不是物,它们由特别法加以保护”的规定被认为是受到生态学、环境学、环境伦理学和后现代主义以及绿

---

〔1〕 参见朱广新:《民法法典化的历程与特色》,载《中国法律评论》2020年第3期。

〔2〕 日本学者穗积陈重从立法史中梳理总结出作为法典编纂目的的五种策略。参见[日]穗积陈重:《法典论》,李求轶译,商务印书馆2014年版,第26页。

〔3〕 参见[法]让-路易·安贝翰:《民法典的制定历史:民法典,拿破仑的?》,石佳友译,载《法学家》2004年第2期。

〔4〕 [法]让-保罗·让、[法]让-皮埃尔·鲁瓦耶:《民法典:从政治意志到社会需要——两个世纪以来的评估》,石佳友译,载《法学家》2004年第2期。

〔5〕 参见邢来顺:《生态主义与德国“绿色政治”》,载《浙江学刊》2006年第1期。

党政治等的共同影响。[1] 在此背景下,法典化议题受到政治需要的明显影响,当环境立法出现体系化的改革诉求时,德国在联邦层面始终不遗余力推动环境法法典化进程。[2] 此外,地缘政治在一定情况下也为环境法典编纂带来契机。爱沙尼亚在苏联解体后就抱定"重返欧洲"的决心,这种强烈的政治倾向直接影响甚至决定了法典编纂进程中的法律继受,[3]在彼时欧洲环境法法典化浪潮的影响下,展开环境法典编纂也成为爱沙尼亚回归欧洲的一种政治策略。

政治因素可以给予法典编纂推动力,但也可能会对其构成相当阻力。拥有悠久编纂传统与鲜明环保立场的德国,即便联邦层面上始终积极推动环境法典编纂,但由于立法权限冲突与部门利益协调障碍,迄今为止的两次法典化尝试皆未达成所愿。1999 年德国联邦环境部在前期教授草案与专家委员会草案的基础上,完成了环境法典提议草案,但随后却在向联邦各部委征求意见中受挫,主要原因在于超出联邦立法权限,根据当时的《德国基本法》,联邦在环境保护领域有程度不同的立法权限,尤其在水法和自然保护法领域仅有框架性权限。[4] 为此,德国在 2006 年修改基本法时对联邦与州的立法权限作出调整,环境法典编纂随即重启,然而在一系列努力之后,还是在 2009 年宣告失败。德国环境法典编纂失败的根本原因是立法中所涉及的部门间及其与行业间的利益冲突未能达成共识,实际上第一次的失败也被认为与之有关,而这些问题在立法权限调整后更为清晰地浮现出来。[5] 可见,关乎环境法典最终命运的关键在于部门

---

[1] 参见邱本:《自然资源环境法哲学阐释》,载《法制与社会发展》2014 年第 3 期。

[2] 有学者指出,当时在德国环境法与营业法面临相似情况,但前者得到重视并付诸法典化实践而后者却无人问津,其中差异在于人们对环境法典编纂的强烈愿望引起了政治家的兴趣,政党组织希望通过满足公众立法需求从而获得更多选票。参见李燕萍:《中德法律继受与法典编纂——第四届费彝民法学论坛综述》,载《南京大学法律评论》1999 年第 2 期。

[3] 参见魏磊杰:《后苏联时代的法律移植与民法典编纂》,载《比较法研究》2008 年第 5 期。

[4] 参见沈百鑫:《两次受挫中前进的德国环境法典编纂》,载《中国人大》2018 年第 5 期。

[5] 德国各部门认为环境法典会对各自权限造成影响,如交通部认为强化环境保护将对交通道路扩建产生长期影响,内政部认为环境法典总则中规定了本应由其负责的一些行政程序问题。参见沈百鑫:《两次受挫中前进的德国环境法典编纂》,载《中国人大》2018 年第 5 期。

利益协调。[1] 法典编纂较之一般的立法活动,涉及更多利益主体、彼此之间的关系更为复杂、立法者也更难对此作出价值衡量与利益平衡,一些编纂环境法典的设想甚至未曾进入立法程序便已破灭。1988 年苏联通过《关于国家自然保护事业具体改革》的决议,决定创建苏联国家环境保护委员会并制定《苏维埃社会主义共和国环境保护法典》,但由于对环境保护认识不足以及部门间利益无法调和而导致这一决议最终不了了之。[2]

(二)法治基础是环境法典编纂的规范资源与实践动力

法典编纂在不同语境下的理解存在差异,但大都不外乎"对一国法律进行分科编制而形成具有公力的法律书面之事业,或者是指将既有法令进行整理编辑而形成法典工作,或者是将新设法令归类编纂而形成一编的法典工作"。[3] 可见,作为法制发展高级阶段的产物,法典必然要求在良好的法治基础上进行创制与实施。

就立法层面而言,法典化是对现行法律体系在更高层次上进行重述、整理与更新的体系化过程。判断某一领域法律是否到了法典化的恰当时机,最为直观的依据便是作为法典编纂规范来源的相关法律是否初具规模、初成体系。瑞典与意大利虽然编纂模式有异、法典范围不同,但其环境法律体系在编纂之前就已经相当完善。瑞典环境立法自 1972 年人类环境会议起进入繁荣时期,而后于 20 世纪 90 年代初逐步形成了较为完整的环境法律体系,包括《自然资源法》《自然保护法》《环境保护法》《健康保护法》《水法》《转基因生物法》《化学产品法》《环境损害法》等在内的 15 项环境单行立法,为 1998 年出台的《瑞典环境法典》提供了坚实的规范基础。[4] 意大利自 20 世纪 80 年代起陆续颁布了一系列环

---

〔1〕 与立法权限相比,部门利益协调问题在环境法典编纂等立法活动中更为普遍,因为前者主要存在于联邦制国家,对单一制国家而言,中央与地方之间在环境保护领域上的关系集中表现为事权划分问题而非立法权限冲突。

〔2〕 参见刘洪岩:《俄罗斯生态立法的价值选择及制度重构》,载《俄罗斯中亚东欧研究》2009 年第 6 期。

〔3〕 [日]穗积陈重:《法典论》,李求轶译,商务印书馆 2014 年版,第 5 页。

〔4〕 参见竺效、田时雨:《瑞典环境法典化的特点及启示》,载《中国人大》2017 年第 15 期。

境法律法规，在2006年法典出台前，环保领域的相关法律、立法令、总统令、部委令等达200项之多，内容涉及大气、噪声污染及垃圾处理等诸多方面。[1]

但反观更早出台的《菲律宾环境法典》，似乎是在立法尚不完备之际便被草草推出。菲律宾自独立后大力发展本国经济以求迅速改变落后面貌，但其工业发展带来了不可忽视的环境污染，[2]环境保护运动随之兴起，环境立法开始得到国家重视。然而吊诡的是，在1977年以总统令（第1152号）形式颁布《菲律宾环境法典》前后，菲律宾出台了大量与环境保护相关的法律文件，不仅有《海洋污染法》《有毒、危险物质和核废料控制法案》《清洁空气法案》等单项法律，甚至包括《水法典》《渔业法典》《森林改革法典》《卫生法典》等多部法典，[3]菲律宾在环境保护领域可谓"多典并立"。在此背景下，所谓的"环境法典"虽然对菲律宾的环境保护工作起到提纲挈领的作用，为后续环境立法搭设了良好框架，但无力改善环境保护立法中的重合交叉等问题，更是给相关法律的遵守和执行造成诸多困扰。[4] 不难理解这种尴尬局面的出现，本质上正是由于对法典编纂时机的判断并不明智。在自然地理条件及法制传统的影响下，菲律宾将其对环境保护的重视化作"法典"之虚名，却枉顾彼时的立法任务在于解决环境保护"无法可依"而非"法制碎片"问题，最终其不够成熟的立法实践无法支撑真正的法典编纂，过早登场的环境"法典"似乎也仅能发挥环境基本法的些许功能，更遑论促进环境法治实践。

就法律实施层面而言，法典编纂除了需要高明的立法技艺，更需要的是社会生活和法治实践为其提供生生不息的动力和资源。[5] 俄罗斯

---

〔1〕 参见李钧：《一步之遥：意大利环境"法规"与"法典"的距离》，载《中国人大》2018年第1期。

〔2〕 例如，《首都马尼拉地区大气质量研究》显示，1976年菲律宾首都马尼拉市区的大气污染几乎达到了不可忍受的程度。参见肖隆安：《东南亚发展中国家的环境问题与环境立法》，载《法学评论》1983年第Z1期。

〔3〕 参见岳小花：《菲律宾的环境法典化及启示》，载《中国人大》2018年第9期。

〔4〕 参见岳小花：《菲律宾的环境法典化及启示》，载《中国人大》2018年第9期。

〔5〕 参见王理万：《中国法典编纂的初心与线索》，载《财经法学》2019年第1期。

立法者对法典实效性的重点关注使之更加审慎地对待法典编纂。1993年，俄罗斯联邦环境与自然资源保护部法规司决定组建自然环境保护学术工作组，在该工作组倡议下安排了一次有关编纂俄罗斯生态法典的学术讲座，对发展立法体系以及法典编纂必要性等问题进行了清晰阐释，然而在生态法典是“司法优先”还是“立法优先”以及法律适用的重要性等问题上存在意见分歧，最终学者们只提交了一份非正式的立法草案。〔1〕 随后在环境法典编纂工作重启后，俄罗斯实际上已经有了较为成熟的生态法典草案，但仍旧迟迟难以真正进入立法程序。对于推进法典编纂的顾虑主要来自俄罗斯长期处于虚无的生态法治实践，这种状态甚至可以追溯至宪法生态规范实行不力。1993 年通过的《俄罗斯联邦宪法》是俄罗斯生态法的主要渊源，对于确立生态法在整个法律体系中的地位起到重大作用，但由于公权力对生态保护工作的漠视，宪法上的部分生态条款基本上没有得到充分施行。〔2〕 俄罗斯社会生活中的法律虚无主义在生态立法的应然和实然之间划下鸿沟，国家法治权威难以保障生态立法在实践中得到彻底执行。〔3〕 成熟理性的俄罗斯学者坚持认为，生态法典与普通法律不应该仅仅在名称和形式上有所区别，而是应该更多体现在具体制度和措施实现机制的差异性上。〔4〕 这表明倘若法典的权威性、实效性难以保障，则意味着环境保护法建设尚不足以真正迎来法典编纂时代。

二、国家战略为环境法典编纂保驾护航

一般认为，立法碎片化是环境法典编纂最为直接的内生动力，但与此同时，环境法典编纂不仅要解决现有环境立法中的规范冲突等问题，还要以法治方式贯彻落实甚至引领国家战略目标。可以说，法典编纂有完善法律体系的内在追求，也有满足国家发展战略需要的外在功能，二

---

〔1〕 参见刘洪岩：《俄罗斯联邦生态立法的法典化》，载《求是学刊》2009 年第 2 期。

〔2〕 参见［俄］M. M. 布林丘克：《俄罗斯联邦宪法和环境保护》，刘洪岩译，载许崇德、韩大元主编：《中国宪法年刊(2009)》，法律出版社 2010 年版，第 188、193 页。

〔3〕 参见刘洪岩：《风险社会语境下的俄罗斯生态安全立法》，载《政法论丛》2012 年第 1 期。

〔4〕 参见刘洪岩：《俄罗斯联邦生态立法的法典化》，载《求是学刊》2009 年第 2 期。

者之间的固有关联进一步要求环境法典编纂从当前及未来一段时间内的国家战略出发,在现行法秩序基础上形塑一套与之适配的环境法律体系。因此,在环境法典编纂恰逢其时之际,国家战略法律渊源化成为保障环境法典顺利出台的重要因素。从时间线上看,环境法典所诠释的国家战略目标发生了从单纯的环境保护到可持续发展的转变,且后者业已成为引领多国环境法典的重要编纂目标。

(一)国家战略变迁与环境法典的兴起与发展

对人类与自然关系以及环境与发展关系的认知变化,使各国在环境保护事务上所采取的国家战略呈现一种层次性演进。早期引发大范围关注的环境问题以污染、公害等形式为主,"环境"仅仅被视为人类生存之基础,国家战略中的"环境保护"概念也是面对环境危机的一种被动应对式概念;而后随着对环境与经济关系的深化理解,国际社会意识到环境问题的本质是如何发展的问题,国家战略开始从片面的环境保护转向更为综合的可持续发展。环境立法模式变革也在这一过程中逐渐发生。

20世纪中叶前后,各国大多以振兴经济为主要政策目标,大力推进工业化和城市化,与此同时环境问题加剧,"世界八大公害事件"相继发生。1972年联合国在斯德哥尔摩召开了第一次人类环境会议,共有113个国家及地区参加,大会形成的《人类环境宣言》向全球发出呼吁:已经到了这样的历史时刻,在决定世界各地的行动时,必须更加审慎地考虑它们对环境产生的后果。[1] 为此,各国大量制定环境与资源保护法律,环境法律体系内出现"以基本法为首、以单项法律为补充的立法现象"。[2] 这一时期,环境保护上升到国家战略高度,对环境立法发展产生重大影响,甚至催生了早期个别环境法法典化现象。哥伦比亚在1974年颁布了可再生自然资源和环境保护国家法典,在资源保护为重的立法原则指导下对之前施行的面向资源利用的法律进行修改,并且对各种自

〔1〕 参见钱易:《环境保护与可持续发展》,载《中国科学院院刊》2012年第3期。

〔2〕 参见汪劲:《从环境基本法的立法特征论我国〈环境保护法〉的修改定位》,载《中外法学》2004年第4期。

然资源之间的相互依存关系给予全面考虑。菲律宾在 1977 年颁布《菲律宾环境法典》之前出台了《菲律宾环境政策》(第 1151 号总统令),明确环境保护是政府的一项重要职责,是国家的持续性政策。[1] 可见,法典编纂被视为一种执行国家战略的重要方式,而这也从侧面解释了在前述编纂时机尚不成熟的情况下,环境法典也可能因国家战略所需而得以出台。

彼时的环境保护国家战略可谓是"就环境而论保护",对环境保护与经济发展之间的关系缺乏深入理解,投射到立法上就形成了不同的环境立法目的:经济优先、环境优先、经济发展与环境保护协调发展。[2] 直到 1987 年《我们共同的未来》提出"可持续发展"概念,[3] 人类对环境问题的认识发生质的飞跃,自然环境之于人类不只是满足生存必备之基础,还涉及社会生活发展的方方面面。1992 年联合国环境与发展大会在巴西里约热内卢召开,大会成果《里约环境与发展宣言》将可持续发展理念贯穿始终、[4]《21 世纪议程》序言开篇提出"建立促进可持续发展的全球伙伴关系",[5] 可持续发展自此成为人类共识。各国在国家战略上也不再仅仅强调保护环境,而是走向内涵更为丰富的可持续发展。据统计,联合国环境与发展大会后有 100 多个国家设立可持续发展委员会,中国、日本、美国、英国、瑞典等数十个国家还制定了国家层面的《21 世纪议程》或与之相似的国家可持续发展战略。[6]

---

〔1〕 参见岳小花:《菲律宾的环境法典化及启示》,载《中国人大》2018 年第 9 期。

〔2〕 参见王曦、陈维春:《浅论环境基本法的立法目的》,载《华东政法学院学报》2004 年第 5 期。

〔3〕 可持续发展即指"既满足当代人的需要,又不对后代人满足其需要的能力构成危害的发展"。参见世界环境与发展委员会:《我们共同的未来》,王之佳等译,吉林人民出版社 1997 年版,第 52 页。

〔4〕 在《里约环境与发展宣言》的 27 项原则中,原则 1、4、5、7、8、9、12 明确写入可持续发展。参见《里约环境与发展宣言》,载《环境保护》1992 年第 8 期。

〔5〕 参见联合国网官网(https://www.un.org/zh/documents/treaty/21stcentury)发布的《21 世纪议程》。

〔6〕 参见郭日生:《全球实施〈21 世纪议程〉的主要进展与趋势》,载《中国人口·资源与环境》2011 年第 10 期。

可持续发展的多元化视角为环境法理论与制度创新提供了认识论基础与方法论指导。[1] 在此背景下，多国环境基本法在环境保护国家政策的阐述中融入可持续发展的时代要求，[2]一些国家更是借着可持续发展的东风顺势启动环境法典编纂工作。例如，此前一直对环境保护高度重视并具备良好立法基础的瑞典，确立可持续发展为政府总体政策目标，并提出在福利国家的基础上建设绿色福利国家，[3]极大地推动了之后环境法典的顺利出台。又如，如今正在推动环境法典编纂的柬埔寨，在环境治理改革对20世纪90年代所制定的环境立法进行修订的基础上，编纂环境和自然资源法典旨在创造有利的法律和政策环境，使环境保护成为可能并支持经济可持续发展。[4] 此外，法国、意大利等国家的环境法典以及未能最终面世的德国环境法典草案也皆具有可持续发展的深刻印记。可见，实施可持续发展战略是环境法法典化的主要动力。[5]

（二）国家战略塑造环境法典的内在逻辑

在国家战略发展与环境立法演进密切关联的背后，蕴含着国家战略法律渊源化的法理逻辑，进一步解释了国家战略何以对环境法典编纂产生巨大推动力。国家战略法律渊源化一方面对环境立法发展提出更高要求，另一方面为环境法典编纂提供了实用主义路径选择，从需求侧与供给侧给予环境法典编纂最大支持。

从规范基础来看，国家战略法律渊源化的正当性来自宪法国家义务履行，即宪法上作为国家目标的环保条款对立法者构成宪法委托，使其负有积极的作为义务来制定和完善各类环保法律，以便于国家开展环境

---

〔1〕 参见吕忠梅主持：《超越与保守：可持续发展视野下的环境法创新》，法律出版社2003年版，第15～16页。

〔2〕 参见常纪文：《从国外环境基本法看我国环境保护立法》，载《红旗文稿》2005年第5期。

〔3〕 参见李挚萍：《可持续发展原则基石上的环境法法典化——瑞典〈环境法典〉评析》，载《学术研究》2006年第12期。

〔4〕 See Matthew Baird & Brendon Thomas, *Developing an Environmental Code for Cambodia*, 1 Chinese Journal of Environmental Law 99(2017).

〔5〕 参见李挚萍：《环境基本法比较研究》，中国政法大学出版社2013年版，第22页。

保护。[1] 环境法典作为更高层次的环境立法形式,是立法机关履行国家环保义务的重要方式。尤其是随着可持续发展成为各国环保战略共识,环境立法肩负"使环境保护具有可能性"与"环境保护之衡平性"的双重任务,不仅需要提供可以应对复杂环境问题的规范内容,还需衡平经济发展、社会正义以及环境利益之间的关系。[2] 为确保这些立法任务之实现,法典化成为理想选择。

与此同时,国家战略法律渊源化在一定程度上与功能主义立法进路不谋而合,[3]推动了法典化观念的实用主义转向,环境法典也因此探索出更具现实意义的编纂进路。一般而言,法典编纂本身即是法治实践从经验走向理性的产物,[4]但各国环境法典编纂对于理性的诠释面向不同。独联体国家在环境法典编纂中大多选择继承传统法典编纂的规范主义遗产,而许多欧盟国家则倾向于采取实用主义方案为环境法典编纂适当"减负",[5]比较法上由此出现了从实质编纂到形式编纂或者介于二者之间样态的环境法典编纂模式。

苏联解体后,对于环境、资源与健康一体化保护的立法结构被打破,为独联体成员国合作应对区域环境问题而编纂一部生态示范法典显得尤为必要,于是在2006年和2007年分别实现了《独联体生态示范法典》总则和分则的系统化编纂。[6] 独联体生态示范法典在很大程度上沿袭了规范主义的传统立法特质,内容上注重对制度规范进行系统梳理以促

---

〔1〕 参见张翔、段沁:《环境保护作为"国家目标"——〈联邦德国基本法〉第20a条的学理及其启示》,载《政治与法律》2019年第10期。

〔2〕 参见陈慈阳:《环境法总论》(2003年修订版),中国政法大学出版社2003年版,第37页。

〔3〕 功能主义立法观更加侧重实现法律的目的价值与社会功能,而国家战略不仅本身来自社会需要,而且其法律渊源化的主要方式是对立法价值、目的进行改造。

〔4〕 例如,我国民事立法在早期呈现出经验主义特征,而后顺应时势转向理性主义,开始了民法典编纂。参见朱广新:《超越经验主义立法:编纂民法典》,载《中外法学》2014年第6期。

〔5〕 欧盟立法整体上强调功能主义,即只要指令目的能够实现而对成员国的立法转化形式不作要求,在此背景下,传统强调体系化和完整性的法律形式主义日益淡化,而法律功能主义与实用主义得到加强。参见李挚萍:《论欧盟环境立法之融合——以污染防治立法为例》,载《中国地质大学学报(社会科学版)》2011年第4期。

〔6〕 参见刘洪岩、马鑫:《独联体是怎样为生态立法的?》,载《中国人大》2017年第23期。

进法典的协调性,体例上强调以生态法律关系为体系脉络以增强法典的逻辑性。[1] 在其巨大影响下,独联体诸多成员国积极展开本国的生态法典编纂工作,[2]在这一过程中,俄罗斯同样将传统法典编纂的规范主义奉为信仰,但迄今为止却仍旧沉迷于逻辑严密的“法典草案”,其中固然有前述法治基础薄弱之因素影响,但若以早在 2007 年就已颁布生态法典的哈萨克斯坦为对照,则在一定程度上引发对于传统法典编纂观念与模式的反思。

哈萨克斯坦长期依赖油气资源开发的经济结构使其存在高消耗、高污染且不稳定的发展问题,转变经济增长方式、确保生态安全、走向可持续发展的迫切需求使其吸收了实用主义法典化观念,成为独联体国家中目前唯一正式出台生态法典的国家。哈萨克斯坦在 21 世纪初发布《2004—2015 年哈萨克斯坦共和国生态安全构想》,提出推动国家生态可持续发展的综合性措施,为系统化整合相关立法提出要求,而后在生态法典编纂过程中也以此为标准对相关立法予以废止或更新,在坚持实质编纂模式的基础上成功优化了生态立法体系并使之更加符合未来社会经济发展需要,[3]从而确保了生态法典的顺利出台。随后为了进一步贯彻落实绿色发展战略,哈萨克斯坦先后制定“2050 年战略”、《哈萨克斯坦向绿色经济转型构想》、《2030 年前哈萨克斯坦燃料能源综合体发展构想》、《2014—2040 年哈萨克斯坦水资源管理国家纲要》等系列顶层设计,[4]哈萨克斯坦生态法典的后续修订工作也始终同国家战略目标紧密结合。

---

〔1〕《独联体生态示范法典》开篇表明其用以调整自然资源使用领域、环境保护和生态安全保障领域的生态法律关系,总则规定了立法目的、立法原则、核心概念、职权划分与基本制度等内容,分则对自然客体进行类型化区分。参见刘洪岩、马鑫:《独联体是怎样为生态立法的?》,载《中国人大》2017 年第 23 期。

〔2〕《独联体生态示范法典》尽管名义上作为“示范”立法,但实际上其所属的“示范法典项目”是中东欧法律改革领域内最具影响的项目之一,在推动成员国实现较高水平法典化的同时,也旨在确保这些国家在立法上的一致性。参见[荷兰]简·斯米茨:《法律模式的进口与出口:荷兰的经验》,魏磊杰译,载《厦门大学法律评论》2007 年第 2 期。

〔3〕参见《哈萨克斯坦共和国生态法典》,刘洪岩、马鑫译,法律出版社 2022 年版,“译者序”第 2 ~ 12 页。

〔4〕参见张宁:《简析哈萨克斯坦的绿色发展战略》,载《欧亚经济》2020 年第 2 期。

在更早确认可持续发展理念的欧洲,或许早已意识到环境法法典化需要在一定程度上放弃法典编纂传统对于理性主义与规范主义的绝对遵从,实用、灵活的法典编纂观念与环境法更为契合。这在法国环境法典对其本国民法典编纂经验的扬弃中可见一二。法典编纂自拿破仑时期开始逐渐成为法国的一项法治传统,在对传统编纂技术进行改造的过程中,以往不作为编纂对象的行政法等法律部门通过一种新的形式进入法典化领域,对规范的汇集整理也不再以法律改革为目标而是追求法律的可读性。[1] 基于此,法国自民法典之后的法典编纂大多采用形式性的法典编纂模式,虽然在体系创新上不尽如人意,但在规范整理、体系整合上达到了其法典化的初衷。在可持续发展推动下将实用主义立法观与法典编纂实践予以结合的典型代表当属瑞典,其不仅将可持续发展写入立法目的作为法典体系建构之基石,同时在编纂体例上采用框架性实质编纂模式,以实用主义理性阐释了法典化理论与实践的转向。[2]

从技术层面看,环境法的领域法特性在一定程度上使得立法冗杂、法制破碎几乎成为各国环境法治所面临的共同问题,这也意味着环境法典的编纂动因或多或少与立法碎片化相关。[3] 然而,即便从高度相似的问题出发,同样选择法典化道路,最终结果却是浮生百态:瑞典成为欧陆环境法法典化浪潮中的先驱,而拥有高超立法技艺的德国在环境法典编纂上屡战屡败,拿破仑民法典的辉煌也似乎并未在法国环境法典上重现,意大利自始在统一文本与法典定位之间徘徊不定,菲律宾甚至出台了与环境保护相关的系列法典,爱沙尼亚环境法典总则顺利面世而分则前景不明,哈萨克斯坦生态法典在独联体生态示范法典影响下业已出台,而同具苏联血统的俄罗斯仍在反复论证其生态法典草案……可见,法典编纂并非从碎片化到体系化的简单线性运动,其间穿插着政治、经济、社会等诸多复杂变量,而政治基础在各种因素中具有决定性作用,法

---

〔1〕 参见彭峰:《法国环境法法典化的成因及对我国的启示》,载《法治论丛》2010 年第 1 期。

〔2〕 参见竺效、田时雨:《瑞典环境法典化的特点及启示》,载《中国人大》2017 年第 15 期。

〔3〕 例如,德国由于分散的环境立法而导致法律适用复杂、法律理解争议增多,就零散的环境法律制定统一法典从而为环境保护提供系统全面的法律基础成为其法典化的主要动因。参见沈百鑫:《两次受挫中前进的德国环境法典编纂》,载《中国人大》2018 年第 5 期。

典编纂成败乃至立法质量莫不受之影响。

第二节　各国环境法典的体系性与实践性

一部法典的功过成败绝非定论于其出台或夭折那一刻,有"成功"的草案也有"失败"的法典,如民法学者曰其"并不是为了民法典而民法典"[1],环境立法经由"成典"走向"善治"也是环境法学人期冀法典编纂的意旨所在。为此,需进一步审视环境法典的立法质量,明确一部善治之良典所应具备的基本品质。从法典编纂的对象出发,环境法典应尽可能体现环境法的综合法特质:公益性与私益性交织、法律性与科学性融合、主体性与客体性并存、目的性与工具性兼具、现代性与后现代性更迭……从法典编纂的善治目的出发,环境法典需是"形神兼备",也即如何诠释环境法的实质与形体从而推进法治实践成为法典质量的主要判断基准。[2] 比较法上较为优质的环境法典也具有明显的综合法特质,呈现出鲜明的体系性与实践性。

一、完备与开放兼顾的环境法典体系

法律通常需要有一种体系来保障其价值判断的一贯性及法律适用的稳定性与确定性,[3]而较之一般法律,法典更加强调立法的科学性和体系性,即存在自身逻辑使制度与制度之间能够紧密配合、科学分工,至少不能因互相矛盾而丧失其应有作用。[4] 作为环境保护领域最重要的

---

〔1〕 薛军:《当我们说民法典,我们是在说什么》,载《中外法学》2014 年第 6 期。

〔2〕 形式法治与实质法治是法治概念类型化的经典范式,对于法典编纂研究也具有重大理论参考价值,有学者将法典编纂归为法律形体范畴,认为法律的实质问题非纯然的法典编纂论,而只应作为法典编纂的并发问题观之。参见[日]穗积陈重:《法典论》,李求轶译,商务印书馆 2014 年版,第 6 页。但考虑到前述环境法的综合法特质以及在本文强调"善治"的语境下,环境法典编纂理应兼具实质与形体面向。

〔3〕 参见李永军:《民法典物权编的外在体系评析——论物权编外在体系的自洽性》,载《比较法研究》2020 年第 4 期。

〔4〕 参见孙宪忠:《论民法典贯彻体系性科学逻辑的几个要点》,载《东方法学》2020 年第 4 期。

规范群，环境法典理当以体系性为其形体外观之根本。同时如前所述，顺利出台的环境法典大多受实用主义影响颇深，在实现体系性的基础上追求适当开放性，从而在系统化吸收现行环境法规范的同时对不断变迁中的社会生活保持回应。

（一）环境法典与单项法共存的法源体系

在萨维尼看来，体系化的意义在于为法学及整个立法提供一般内容与一般任务，而一般任务的整个范围须通过完备的演绎来确定，[1]这意味着内容完备与逻辑严密是法典体系性的重要面向。完备性在一般意义上指法典应汇聚所有的相关法律规则，但在法典编纂实践中，完备性与体系性之间往往存在某种张力，一些特殊制度出于完备性考量而被纳入法典可能会与其他制度产生冲突，从而对法典的体系性造成减损。[2]为此，比较法上出现了一种环境法典与单项法共存的法源体系，在法典的完备性与体系性之间作出妥善协调。

这种多层次法源体系的主要特征是将环境法律体系的核心领域及主体规范纳入环境法典范围并依据一定逻辑结构予以编排，而将不适合纳入环境法典的部分交由单行法进行特别规定。基于此，可以得出环境法典在追求体系完备性方面的两项优良品质。

第一，尽可能实现环境法典作为主要法源在调整范围上的广泛性。法国环境法典虽然受限于环境行政主管部门的管理权限范围而将一些法律排除在法典之外，如与森林相关的法律主要被规定在森林法典中、与机场噪声相关的法律被规定在城市规划法典和民用航空法典中，[3]但总体上汇集了大量法律和行政法规，涉及自然环境、自然空间、动植物群落以及污染、风险和妨害预防等广泛内容，[4]为环境保护领域的执法与司法提供了较为完备的规范基础。德国环境法典数个草案版本的调整范围并不一致，但现行环境法律体系中的核心领域始终必不可少。最

---

〔1〕 参见［德］弗里德里希·卡尔·冯·萨维尼、［德］雅各布·格林：《萨维尼法学方法论讲义与格林笔记》，杨代雄译，法律出版社 2008 年版，第 74 页。

〔2〕 参见石佳友：《解码法典化：基于比较法的全景式观察》，载《比较法研究》2020 年第 4 期。

〔3〕 参见莫菲：《法国环境法典化的历程及启示》，载《中国人大》2018 年第 3 期。

〔4〕 参见夏凌：《法国环境法的法典化及其对我国的启示》，载《江西社会科学》2008 年第 4 期。

早的教授草案主要包括自然保护、水体和土壤保护、污染控制、废弃物管理、化学品管理以及原子能与放射防护等直接带来环境利益的领域立法；在此基础上，专家委员会认为环境法典应当尽可能考虑到环境问题的所有主要源头并通过立法加以解决，与人类和环境保护密切相关的内容也应作为法典调整重点，为此，关乎人类健康的基因工程、作为生态系统重要组成部分的森林保护、破坏自然景观并导致噪声污染的交通规划与建设等领域立法也被纳入法典草案之中。〔1〕

第二，合理判断法典之外的立法领域并注重其与法典之间的有机衔接。努力实现法典的完备性并非意味着一味追求大而全的环境法典，法典体系在整体上的协调一致也是确定调整范围的重要考量。为此，对于一些与环境相关但在是否纳入环境法典调整范围上存在争议的领域，德国环境法典编纂的专家委员会还会进一步考虑将其纳入调整范围是否会影响环境法典的"简洁和协调统一"，如气候变化尽管作为重要的环境议题需要立法给予关注，但为避免将其纳入法典而可能导致的体系协调问题，最终在专家委员会草案中仅是分散纳入气候保护相关规定，同时在相关指导原则中指出气候保护是法典不可或缺的组成部分，〔2〕以为专门立法留有衔接空间。因此，从维护法典的权威性和稳定性出发，需要以全局性观念对法典与单行法的关系予以妥善处理。〔3〕

（二）环境法典的体例结构及其开放性追求

对法律进行系统编纂从而形成协调一致的体系，意味着理想状态下的法典内部是一个逻辑严密、规范自足的封闭空间。法律体系的封闭性固然有助于抵御法外因素的冲击，从而维护法典的权威性与稳定性，但过分封闭无异于法典僵化的开始，甚至会造就所谓"立法者修改半个字，

〔1〕参见夏凌：《德国环境法的法典化项目及其新发展》，载《甘肃政法学院学报》2010 年第 2 期。

〔2〕参见施理：《德国环境法法典化立法实践及启示》，载《德国研究》2020 年第 4 期。

〔3〕甚至在民法典编纂中，也有学者指出民法典只应规定最为重要的基本问题，而特殊性和技术性十分突出的规范、实施层面的细节性问题等则应交由单行法加以规定。参见石佳友：《解码法典化：基于比较法的全景式观察》，载《比较法研究》2020 年第 4 期。

半壁图书馆俱成废纸”的局面。[1] 法典的诞生并不意味着体系化之终结，法典编纂需要保持一定开放性也因此成为现代意义上的法典化共识。[2] 对于环境法典而言，其更需要在体系化过程中对新兴环境问题与社会需求保持一定开放性。换言之，如何在实现体系严密性的同时保持适当的开放性也是环境法典优良品质的重要体现。

从体例结构来看，注重体系性的环境法典大多遵循“总则—分则”结构。就编纂技术而言，法典总则部分是一种“提取公因式”的结果，即首先按照概念的同一性和差异性把相同的法律制度归结在一起，然后从这些法律规范、法律概念中提炼出一些共同性的规则，再把这些共同性的规则按照一个逻辑编纂起来。[3] 因此，总则对于分则的统辖力是法典体系严密性的重要体现。这一点在德国环境法典编纂过程中被发挥到极致，解决环境法领域规范重复、结构模糊的最佳方式被认为是编纂一部似德国民法典一般具有潘德克顿体系的环境法典，通过提纲挈领式的总则统率环境法各个领域。[4] 在此背景下，德国在 1990 年与 1994 年分阶段完成了环境法典教授草案，其中先行完成的总则部分对环境法的普遍原则、基本制度和程序作出概括性规定；而后 1997 年所推出的专家委员会草案在此基础上，对法典总则和分则规范进行更大程度的衔接和协调，如在许可制度方面，专家委员会草案创设了针对设施的统一许可制度并将其规定在总则中，项目许可审批的规范数量也借助总则规定而得到大量精简。[5] 在联邦宪制改革后，重新起草的环境法典草案总则部分也旨在为整部法典确立法律原则与政策目标，并提出统一实体法规与简化行政程序的要求。[6] 与之形成鲜明对比的是意大

---

〔1〕 参见刘承韪：《民法典合同编的立法取向与体系开放性》，载《环球法律评论》2020 年第 2 期。

〔2〕 参见于飞：《民法典的开放性及其妥当实现》，载《中国法律评论》2015 年第 4 期；关保英：《行政法开放性之思考》，载《河南财经政法大学学报》2014 年第 4 期。

〔3〕 参见孙宪忠：《论民法典贯彻体系性科学逻辑的几个要点》，载《东方法学》2020 年第 4 期。

〔4〕 参见陈戈：《德国新环境行政法之立法经验及其对中国的启示》，载《南京工业大学学报（社会科学版）》2012 年第 3 期。

〔5〕 参见沈百鑫：《两次受挫中前进的德国环境法典编纂》，载《中国人大》2018 年第 5 期。

〔6〕 参见陈戈：《德国新环境行政法之立法经验及其对中国的启示》，载《南京工业大学学报（社会科学版）》2012 年第 3 期。

利环境法典，不仅总则对于分则缺乏指导，分则各部分也似乎自成体系，法典化不完全、体系特征不明显最终使其处于一种介于汇编和法典之间的“四不像”状态。[1]

在以总分结构基本实现体系严密的基础上，环境法典也尽量对新型环境事务以及相关社会现象保持一定开放性。一般而言，法典体系的开放性可以通过规范与价值两个层面实现，即先是对法典之外的法律渊源保持开放，继而受外界影响发生合理的价值调整。[2] 环境法的跨学科属性使其像是一块“多层夹心蛋糕”，[3] 加之民法等传统部门法的生态化现象，环境法典的开放性问题不仅涉及前述其与特别法的关系处理，还要求环境法典面向宪法、国际环境公约以及相关部门法等广泛法源保持适当开放。具体而言，法国在环境法典编纂过程中对合宪问题已经有所考量，然而在2004年制定环境宪章并于次年将其正式纳入宪法序言之后，据宪法委员会对诸项法典进行合宪性审查的情况统计，环境法典被宣告违宪的频率最高。[4] 可见，宪法环境规范对于环境法典之影响巨大，需注重在宪法秩序下展开环境法典编纂。随着环境保护领域国际与国内立法的交融加深，环境法典也涉及国际环境法的转化适用，如欧洲国家的环境法典注重在法律渊源体系上保持较高开放性，以便于满足欧盟指令转化需要；《独联体生态示范法典》为促进国家间合作交流，在法典中专门规定了国际环境公约在独联体国家生效的程序及其与独联体国家生态立法的关系（第27章）。[5]

二、面向环境治理功能的环境法典实践性

具备体系性的环境法典基本符合了作为一部法典的形体外观，就

---

〔1〕 参见李钧：《一步之遥：意大利环境“法规”与“法典”的距离》，载《中国人大》2018年第1期。

〔2〕 参见于飞：《民法典的开放性及其妥当实现》，载《中国法律评论》2015年第4期。

〔3〕 参见吕忠梅：《环境法回归路在何方？——关于环境法与传统部门法关系的再思考》，载《清华法学》2018年第5期。

〔4〕 参见王建学：《法国的环境保护宪法化及其启示——以环境公益与环境人权的关系为主线》，载《暨南学报（哲学社会科学版）》2018年第5期。

〔5〕 参见刘洪岩、马鑫：《独联体是怎样为生态立法的？》，载《中国人大》2017年第23期。

“形神兼备”这一法典质检标准而言，环境法典还需要具备实践性以满足国家治理的新需求。[1] 从发生学来看，环境法因应环境问题而生，尽管在发展过程中由于要素式立法而陷入碎片化泥沼，但问题导向始终是环境立法的本质属性，环境法典的实践意义也指向环境问题的妥善解决。与此同时，环境法典作为法治实践中的规范基础与逻辑起点，其对于法律实施与遵守的促进作用也是其理应承担的编纂使命。因此，环境法典能否在环境法治中发挥其治理功能，还取决于其实质内容是否能真正解决环境问题、符合实践需求。

（一）环境问题的嬗变及其法典回应

自早前的公害事件到如今的风险社会，环境问题并非一成不变，环境法典在立足现行法律体系对既存环境问题予以规范的同时，也有必要关注环境问题变迁的规律与特征，从而使环境法典在问题解决上更加具有前瞻性与针对性。

就环境问题的损害后果而言，从人身、财产损害到生态损害的认知变化要求环境法典在救济传统法益之余注重保护生态法益。《意大利环境法典》尽管在体系化方面备受批评，但其对于环境损害的规定被认为是自 1986 年以来关于环境损害立法的最大贡献，第 152/2006 号法令的第六部分环境损害赔偿规定也因此成为法典实体内容中颇具创新价值的部分。[2] 《意大利环境法典》将环境损害界定为“一种自然资源或者由其供给的效能所发生的任何直接或间接的、重大、可测量的恶化”（第 300 条），同时对其适用范围、预防和修复以及损害赔偿作出全面规定。[3]

就环境问题的内在性质而言，从环境损害到环境风险的类型变化要求环境法典将调整范畴扩张至环境风险治理。从比较法来看，风险概念已基本被写入各国环境法典。《爱沙尼亚环境法典》总则明确区分了环

---

〔1〕 参见吕忠梅：《环境法典编纂：实践需求与理论供给》，载《甘肃社会科学》2020 年第 1 期。

〔2〕 See Giovanna Mastrodonato, *The Implementation of EC Directives in Italy*: *The Environmental Code and the Transversal Tools*, 19 European Energy and Environmental Law Review 83 (2010).

〔3〕 参见《意大利环境法典》，李钧等译，法律出版社 2021 年版，第 407 ~ 422 页。

境妨害、环境风险、环境威胁的概念,在写入风险预防原则的基础上,要求经营者承担预防环境威胁和采取风险预防措施的法律义务,并将降低环境风险纳入许可制度。[1] 德国环境法典草案对于风险治理的制度设计尤为精细。先是1990年的教授草案构建起一套"环境风险"、"环境危险"与"剩余风险"的概念体系:"环境风险"即对环境的妨碍有产生可能性且这种可能性是依据实践理性无法排除的,"环境危险"即风险产生的可能程度已经到了不可忍受的地步,而"剩余风险"则是依据现有科学理性无法将其排除从而在法律上被允许存在。[2] 再是2008年环境法典草案在重申风险预防原则的同时,从环境保护与风险治理的整体性出发,试图创设综合性环境许可制度以取代根据水资源法、排放保护法和废物法所运行的不同类型的许可程序,[3]这一改革虽以失败告终,但其对要素立法思维与事后救济思维的超越也值得后人思考。

此外,环境问题的地方性要求环境法典从国情出发重点规制本国突出的环境问题。在法典出台之前,瑞典已经根据本国自然环境特征构筑起以自然和资源保护为重点的环境法律体系,[4]这一规范重心也延续到了环境法典之中,不仅在总则中单设两章用以规定土地和水域管理,分则编排也呈现出自然保护先于污染防治的立法例。[5] 即便是早前环境立法体系尚不完备的国家,其法典内容也体现出鲜明的地域问题针对性,如环境污染突出的菲律宾将"启动一个综合环境保护与管理计划""建立具体环境管理政策、规定环境质量标准"作为其环境法典编纂目标,[6]《哥伦比亚可再生自然资源和环境保护法典》则更为注重自然资源的保护与合理利用而对污染防治仅作简要规定。

---

〔1〕 参见张忠利:《迈向环境法典:爱沙尼亚〈环境法典法总则〉及其启示》,载《中国人大》2018年第15期。

〔2〕 参见陈海嵩:《环境风险预防的国家任务及其司法控制》,载《暨南学报(哲学社会科学版)》2018年第3期。

〔3〕 See Christiane Trüe, *Germany – the Drafting of an Environmental Law Code*, 18 European Energy and Environmental Law Review 86(2009).

〔4〕 参见王灿发:《瑞典环境法的体系及其借鉴意义》,载《中国环境管理》1995年第5期。

〔5〕 参见《瑞典环境法典》,竺效等译,法律出版社2018年版,第8~14、27~78页。

〔6〕 参见《菲律宾环境保护法典》,岳小花译,法律出版社2020年版,第9页。

(二)作为管理法与裁判法的环境法典

环境法典对于环境问题的应对是在法治秩序下进行的,从法治运行的整体来看,环境法典还需具备有助于法律实施的可操作性,从而促进文本规范真正转变为治理效能。反之,则可能如《哥伦比亚可再生自然资源和环境保护法典》一般,在联合国粮农组织和哥伦比亚法律专家组所起草的法典原稿被删去环境责任、履行法典的程序规则、环境监督机构等相关内容之后,法典实施机构缺少有效贯彻法典的必备力量,最终致使法典在正式通过后并未达到预期目的。

从实践功能来看,法律规范可以分为行为规范与裁判规范,前者旨在要求受规范之人取向于它们而为行为,而后者要求裁判法律上争端之人或机关以它们为裁判之标准进行裁判。[1] 与作为裁判法的民法规范不同,[2]环境法规范一方面具有行为规范之功能,期待行为人依照立法意旨或保护环境或不损害环境,另一方面在判断行为是否构成一定法律后果、承担何种法律责任之时,也承担裁判规范之功能。因此,环境法典在法治实践中的功能定位应是管理法与裁判法综合。

环境保护长久以来被作为以行政管理为主导的国家事务,环境法在一些国家更是被视为行政法的特别分支。[3] 因此,如何能够更好地提升环境管理体制机制,发挥环境法作为管理法之功能,成为各国环境法典编纂的重要方向。其一,明确各主体的职责、义务与权利,为环境治理构建顺畅有力的执法框架。《独联体生态示范法典》明确了国家机关在生态领域的职权,自然人和法人在生态领域的权利和义务,以及相应的违法责任。[4] 《菲律宾环境法典》对环境保护相关政府主管部门的具体

---

〔1〕 参见黄茂荣:《法学方法与现代民法》(第5版),法律出版社2007年版,第141页。

〔2〕 民法的自治法品格决定了民法规范只是作为裁判规则规定行为的法律后果,而至于如何行为则由当事人根据自己的利益进行判断。参见翟新辉:《论民法的裁判法、权利法品格与我国民法典编纂的语言表达取向》,载《财经法学》2017年第3期。

〔3〕 例如,德国环境法典教授草案被认为暗合德国行政法学经典二分理论,1990年的总论部分对应一般环境行政法而1994年的分论部分则系特别环境行政法。参见陈戈:《德国新环境行政法之立法经验及其对中国的启示》,载《南京工业大学学报(社会科学版)》2012年第3期。

〔4〕 参见刘洪岩、马鑫:《独联体是怎样为生态立法的?》,载《中国人大》2017年第23期。

职责作出规定，涉及国家环境保护委员会、教育与文化部、国家水资源委员会、自然资源部、农业部、国家污染控制委员会等诸多机构。[1]《瑞典环境法典》在其第三编“关于特定活动的特殊规定”中，对从事水务作业、采石业、农业、基因工程、化学品等可能产生环境危害活动的生产经营者等相关主体作出义务性规定。[2]《法国环境法典》设专编规定了信息与公众参与，赋予公众公共决策参与、信息获取、提出意见和建议等相关权利。[3] 其二，创新环境规制工具、综合运用多种行政手段，从而提升环境法典的实效性。针对传统意义上以命令控制为代表的环境管理手段的片面与低效，一些国家在其环境法典中加入经济刺激型的工具，以便与行政管制手段相配合。生态危机早在苏联时期就给国家带来巨大经济损失，而生态机制和经济机制之间缺乏联系被认为是相关机制实施不力的根源之一，[4]为此，后来的《独联体生态示范法典》强化了对自然资源利用和环境保护的经济性调整，设专章规定了保护生态安全的经济制度、促进经济活动和其他社会活动生态化的经济手段，还确立了生态审计制度和生态保险制度。[5]

随着环境法益日渐独立，环境法律责任的实体规范与程序机制开始溢出传统法律责任体系，环境法作为裁判法的功能也在司法实践中得到加强。比较法上的环境法典在诉讼规则以及法律责任方面的规定印证了这一点。首先，环境司法专业化催生了一套在组织架构与审判方式上脱胎于传统司法的环境司法体系。瑞典河流较多、水源广阔，早在1971年修订水法时就设置了专门解决水纠纷的水法庭系统，之后在环境法典编纂中重组升级成为环境法庭。[6]《瑞典环境法典》在第四编“案件与事项的审查”中对环境法庭的组织架构、管辖范围以及环境案件的诉讼

---

〔1〕 参见《菲律宾环境保护法典》，岳小花译，法律出版社2020年版，“译者序”第7页。

〔2〕 参见《瑞典环境法典》，竺效等译，法律出版社2018年版，第41~78页。

〔3〕 参见《法国环境法典》（第1至3卷），莫菲等译，法律出版社2018年版，第6页。

〔4〕 参见［苏］B.B.彼得罗夫：《环境保护机制改革的法律问题》，穆方葆译，载《环球法律评论》1989年第2期。

〔5〕 参见刘洪岩、马鑫：《独联体是怎样为生态立法的?》，载《中国人大》2017年第23期。

〔6〕 参见周晗隽、杨帆：《瑞典土地和环境法庭制度及其对我国的启示》，载《环境保护》2016年第7期。

规则、审查程序作出详细规定。[1] 其次，在责任承担方式上，环境法典在规定环境法律责任的同时注重其与传统法律责任之间的有机衔接。《瑞典环境法典》在第29章中规定了应当追究环境刑事责任的环境犯罪情形，从立法技术上看，有直接在环境法典中规定罪名及其量刑，也有通过转致条款与刑法典等相关立法予以衔接。[2]《意大利环境法典》于2015年增设第六(乙)部分用以规定涉及环境保护的行政和刑事违法行为及其处罚，针对环境损害行为的处罚力度有所加重。[3]

第三节　各国环境法典编纂的启示

法典编纂是法治国家民族精神再成文化的过程，具有强烈的地方性与民族性印记，但随着环境问题全球化与环境立法趋同化，法典编纂背景叙事的字里行间显现出关乎法典缘何成败的些许规律。在全面依法治国与生态文明改革的背景下，中国环境法典编纂可谓正逢其时，如何贯彻落实国家战略目标、精准诠释适度法典化编纂思路中的体系性与实践性，是解答中国环境法典编纂何以能的关键所在。

一、以实现可持续发展为追求编纂环境法典

可持续发展具有多个维度，具有“神形皆备”“知行合一”的显著特征。从理论上看，可持续发展是认识论与方法论的统一体。其在尊重自然、顺应自然基础上实现人类可持续发展的根本态度，以及统筹人口、资源、环境三个向度，强调环境与发展综合决策的根本方法，既可以作为环境法典的精神内核，也可以成为构建环境法制度机制的方法指引，实现

---

[1] 参见《瑞典环境法典》，竺效等译，法律出版社2018年版，第81～121页。

[2] 前者如第29章第3条第1款规定，“……应当以处理化学品危害环境罪处以两年以下的监禁”；后者如第29章第11条第2款规定，“《刑法典》存在同等处罚或处罚更严的，或者犯罪行为可以依据《走私处罚法》(1960：418)进行处罚的，不应当依照本章规定进行处罚”。参见《瑞典环境法典》，竺效等译，法律出版社2018年版，第143、148页。

[3] 参见《意大利环境法典》，李钧等译，法律出版社2021年版，“译者序”第6页。

环境法典以习近平生态文明思想为指导，固化生态文明体制改革成果，将建设美丽中国国家战略转化为治理体系与治理能力。从实践上看，可持续发展是价值理性与工具理性的集合体。其在人与自然关系上拥有“共同的未来”[1]的价值追求，以及针对世界经济、社会、环境的现实状况设定“千年目标”“世纪议程”[2]的具体方式，可以使环境法典在以可持续发展为编纂目的的同时，遵循保障社会可持续、自然生态可持续、经济可持续规范体系的逻辑展开，既解决现行环境资源立法缺乏统一价值内核而出现的交叉重叠、矛盾冲突问题，也可以实现环境法知识体系的进一步逻辑化，提高立法质量、提升执法司法质效。可以说，可持续发展几乎是兼具环境法典基础概念和逻辑主线双重功能的不二选择。

（一）将习近平生态文明思想转化为法典理念

从生态环境治理的角度看，习近平生态文明思想以人与自然是生命共同体为基础，将自然条件纳入生态合作治理框架，强调自然、市场、社会、政府相互嵌入，形成自然、市场、社会、政府四维合作治理方法，超越国际上生态中心主义、生态社会主义、生态市场主义、生态凯恩斯主义等理论局限，体现了更为先进的生态伦理、治理方式，是东方智慧对全球可持续发展的根本性贡献。[3] 在国际范围内，可持续发展理论在 21 世纪也有很大的发展，在继续保持资源、经济、社会协调发展的核心理念基础上，更加强调可持续发展与环境保护脱钩，强调拓展可持续发展的时间、

---

〔1〕 2010 年，时任国家副主席习近平在参观瑞典哈马比生态城时表示“我看到了人与自然、人与城市最先进、最完善的结合”，并明确指出“可持续发展，是我们共同的未来”。参见《可持续发展，我们共同的未来——记习近平副主席参观瑞典哈马比生态城》，载《人民日报》2010 年 4 月 1 日，第 2 版。

〔2〕 2015 年 9 月在联合国可持续发展峰会上通过的《改变我们的世界——2030 年可持续发展议程》是对 2000 年联合国《千年发展目标》的继承和发展，进一步提出实现可持续发展的 17 个宏大目标和 169 个具体目标。参见孙茹：《联合国绘就全球发展新蓝图——千年发展目标成效明显 2030 年可持续发展议程可期》，载《中国社会科学报》2015 年 10 月 15 日，第 3 版。

〔3〕 参见潘家华：《新时代生态文明建设的战略认知、发展范式和战略举措》，载《东岳论丛》2018 年第 3 期。

空间维度，强调市场、社会、政府的共同参与，[1]其理论发展与中国的生态文明建设实践不仅“异曲同工”，而且是中国生态文明理论与实践走向世界的良好契合点。因此，将“可持续发展”作为环境法典编纂的基础概念和逻辑主线，可以在习近平总书记“人与自然是生命共同体”理念指引下，将“生态兴则文明兴”“良好生态环境是最普惠的民生福祉”“绿水青山就是金山银山”“山水林田湖草沙统筹治理”“共谋全球生态文明建设”的重要精神贯彻到环境法典中去。

（二）固化生态文明体制改革成果

节约资源和保护环境是我国宪法确定的基本国策。1994 年发布的《中国 21 世纪议程》明确提出了中国可持续发展的战略目标、战略重点和重大行动，制定了促进可持续发展的经济政策，参与国际环境与发展领域合作的原则立场和主要行动领域。[2] 当代中国，通过全面深化改革，正在构建“源头严防、过程严管、后果严惩”的生态文明新体制，[3]形成打通地上和地下、岸上和水里、陆地和海洋、城市和农村、一氧化碳和二氧化碳的新格局；将碳达峰、碳中和纳入生态文明建设总体布局，明确了贯通污染防治和生态保护，加强统一监管，坚决守住生态安全边界的新目标。将“可持续发展”作为环境法典编纂的基础概念和逻辑主线，可以将党的十八大以来生态文明体制改革的重要成果尤其是“大环保”格局和统筹协调体制机制加以固化，将中国在人与自然和谐共生的发展理念和实践方面走在世界前列的经验加以总结，既保证美丽中国战略目标的实现，也展现中国作为绿色发展的探路者、贡献者和引领者的大国担当。

（三）有效促进环境法治体系现代化

自 1992 年以来，我国制定和修改的环境与资源法律大多确立了“可

---

〔1〕 参见诸大建：《用国际可持续发展研究的新成果和通用语言解读生态文明》，载《中国环境管理》2019 年第 3 期。

〔2〕 参见《中国 21 世纪议程——中国 21 世纪人口、环境与发展白皮书》，中国环境科学出版社 1994 年版，第 2 章“中国可持续发展的战略与对策”、第 4 章“可持续发展经济政策”。

〔3〕 参见黄润秋：《深入贯彻落实党的十九届五中全会精神 协同推进生态环境高水平保护和经济高质量发展》，载《环境保护》2021 年 Z1 期。

持续发展"价值目标,实现了可持续发展的法律渊源化。2014 年修订的《环境保护法》将"可持续发展"纳入立法宗旨,其后修改的《大气污染防治法》、《森林法》和新制定的《土壤污染防治法》等法律,也明确了促进经济社会可持续发展的立法宗旨。特别是 2020 年出台的《长江保护法》《生物安全法》更是充分体现了正确处理"保护与发展""发展与安全"关系的新立法理念,代表着中国生态环境立法未来的发展趋势。将可持续发展作为环境法典编纂的基础概念和逻辑主线,可以加快推进生态文明法治体系价值统一、制度协同进程,实现"从行政规制法到多元共治法""从要素管控法到生态治理法""从单一保护法到综合施治法"的现代化转型。[1] 一方面,解决污染防治领域立法重复率高、矛盾冲突与空白并存的问题,实现污染防治法律制度的类型化、体系化;另一方面,根据宪法确立的建设美丽中国的国家战略,按照生态文明体制改革构建"大环保"格局、建立统筹协调新体制机制的要求,形成污染防治与自然生态保护一体谋划、限制污染和破坏生态环境行为与促进绿色低碳发展整体考虑的新型规则体系,既为构建新发展格局提供法治保障,也为中国实现"碳达峰、碳中和"国际承诺,在构建全球生态环境治理体系中贡献中国方案提供法治基础。

(四)用"世界通用法律语言"传播中国方案

"可持续发展是破解当前全球性问题的'金钥匙',同构建人类命运共同体目标相近、理念相通,都将造福全人类、惠及全世界。"[2] 自 1992 年联合国环境与发展大会以来,"可持续发展"理念盛行于国际社会并且不断深化发展,其概念和主要内容不仅为多个国际法律文件所采用,

---

〔1〕 近年来已有学者观察到诸如此类的环境法治现代化转型。例如,我国生态环境法治正在经历从环境管理到环境治理的变革过程。参见吕忠梅:《习近平法治思想的生态文明法治理论》,载《中国法学》2021 年第 1 期。又如,现代环境治理体系要求超越以往的管制型治理模式而主张多元共治的环境治理模式。参见秦天宝、段帷帷:《我国环境治理体系的新发展——从单维治理到多元共治》,载《中国生态文明》2015 年第 4 期。再如,2014 年《环境保护法》新增的基本原则意味着环境保护"从要素分治到综合治理"。参见吴凯杰:《环境法体系中的自然保护地立法》,载《法学研究》2020 年第 3 期。

〔2〕 习近平:《坚持可持续发展 共创繁荣美好世界——在第二十三届圣彼得堡国际经济论坛全会上的致辞》,载《人民日报》2019 年 6 月 8 日,第 2 版。

同时也对各国环境立法发展产生了极大影响。20 世纪 90 年代,不仅在世界上出现了多个国家纷纷制定或修订环境保护法以体现可持续发展理念的高潮,甚至可以说,可持续发展“催生”了环境法法典化现象。在比较法意义上,世界上已经颁布或准备出台的环境法典,莫不与之有关。考察瑞典、德国、法国、爱沙尼亚、哈萨克斯坦、柬埔寨等国家的环境法典编纂历程,我们都可以发现“可持续发展”的基石性作用。因此,以“可持续发展”作为环境立法领域法典编纂的基础性概念,使用生态环境保护的“世界通行语言”,不仅可以使环境法典成为中国对世界的贡献,在联合国“世界环境公约”谈判中更好展示中国立场、体现中国方案,而且可以使环境法典作为共谋全球生态文明建设的标志性成果,形成为他国所向往、可模仿、可借鉴的立法经验,引领世界生态文明法治建设。

二、编纂推动法治实践的体系性环境法典

传统意义上的法典编纂遵循理性主义指引,以完美不朽的结构体系为至高追求,随着现代法学理论的发展,对绝对理性主义的祛魅,法典编纂理念不断更新并与新兴法律领域的法典化发展产生交互影响,逐渐出现了实质编纂(substantive codification)与形式编纂(formal codification)的分化。[1] 实质编纂与形式编纂[2]各有优劣,学界对此进行了深入研究并提出各种有针对性的方案。[3] 借鉴各国环境法典编纂的成功经验与教训,大多数学者主张以实质性编纂为目标,但同时也认为,从中国环

[1] 参见李艳芳、田时雨:《比较法视野中的我国环境法法典化》,载《中国人民大学学报》2019 年第 2 期。

[2] See J. L. Bergel, *Principal Featuresand Methods of Codification*, 48 Louisiana Law Review 1073(1987).

[3] 有学者出于环境法治发展阶段、社会变革需要等方面考量,提出中国环境立法宜采用汇编式法典化模式。参见党庶枫、郭武:《中国环境立法法典化的模式选择》,载《甘肃社会科学》2019 年第 1 期。也有学者认为,“关于实质性环境法典的探讨才具有真正的拓展理论和推进实践价值”。刘长兴:《论环境法法典化的边界》,载《甘肃社会科学》2020 年第 1 期;从大陆法系国家环境法发展轨迹来看,“环境法的发展必然经过单行法、框架法、形式性法典、实质性法典阶段”。彭峰:《法律进化与环境法法典化的未来》,载《东方法学》2010 年第 6 期。

境法治建设现状、环境管理体制、法典化技术以及环境法学理论研究基础等因素综合判断,编纂一部像《民法典》那样完整体系化、能够包含全部或绝大多数民事规范的实质性法典在实践中难以实现。因此,“适度法典化”的主张被提出并得到广泛认同。[1] 这是一种从实际出发,以务实性、适应性和灵活性相结合的态度所进行的法典编纂技术路径选择,是一种“法典法与单行法”并行的“适度法典化”模式。具体来讲,以编纂实质性“适度”环境法典实现立法内容的创新,保持环境法律体系的相对稳定性;同时,保留相关单行法,对于不完全属于环境保护的现行立法、正在制定或准备制定的单行法律以及具有高度不确定性和安全风险大的复杂环境事务,以及时出台或更新单行法的方式进行适应性增删、修正,减少法典可能存在的僵化弊端。[2]

(一)采取“总—分”结构编纂环境法典

中国进入生态文明时代,环境保护的内涵与外延已经有了新的拓展,“生态保护优先,绿色发展”的原则重新定义“发展与保护”的关系,对中国国家治理体系和治理能力现代化提出了全新的法治需求。按照中共中央办公厅、国务院办公厅印发的《关于构建现代环境治理体系的指导意见》的要求,随着“大环保”格局形成以及与之相适应的生态文明体制改革和机制转型的完成,法典编纂应跨越现行生态环境保护法律分属行政法、经济法两个子体系的障碍,从立法技术上寻找统摄污染防治、自然资源保护、绿色低碳发展的方法路径。具体而言,可以借鉴各国环境法典编纂的成功经验,采用“总则—分编”模式,根据“可持续发展”的三个可持续基本内涵,顺次展开“源头控制—过程控制—结果控制”的法律关系思维逻辑。以民法典潘德克顿体系思维为基础,辅之以类型化思维方式,对“提取公因式”方法进行创新,将环境法律体系中的共通性内容抽象为统摄全局的总则规范,将特殊性内容放入分则部分予以规

---

〔1〕 参见张梓太:《中国环境立法应适度法典化》,载《南京大学法律评论》2009 年第 1 期;吕忠梅:《新时代环境法学研究思考》,载《中国政法大学学报》2018 年第 4 期。

〔2〕 参见吕忠梅、窦海阳:《民法典“绿色化”与环境法典的调适》,载《中外法学》2018 年第 4 期。

定，由此所形成的总则编与分则各编之间的逻辑关系，既体现各编之间的关联性，也体现法典整体思路的连贯性。

（二）妥善处理现行法律法规、改革政策、国际公约之间的关系

鉴于当前生态文明体制改革还在进行过程中，环境法律体系也在不断健全与完善，意味着环境法典在确保自身体系稳定的同时需要高度重视对改革实践保持一定开放性，这就要求采取"法典 + 单行法"的双法源格局，同时还必须妥善处理好与其他领域立法的关系。在与现行生态环境领域立法的关系处理上，由总则确立生态环境法律体系的基本规则，各分编根据自身特点和法典编纂逻辑需求进行取舍，尽可能在现行有效立法上进行编纂，以减小立法难度。在法典编纂与生态文明体制改革政策文件和改革实践经验的关系处理上，应尽可能地将政策文件确立的重大改革目标、重点改革任务等顶层设计在法典中固定下来，对于改革过程中形成的、经过实践证明有效的执法司法经验，应及时总结提炼并在法典中予以体现。在不同类型制度供给上，应注意行政主导型制度与社会可参与的共治型制度、司法可操作的裁判型制度的关系处理，按照构建现代环境治理体系的目标任务，在保持行政规制为主的基础上，加大市场机制、社会参与机制的构建力度，加大司法裁判制度的供给力度，以保证法典的可实施性与可操作性。在环境法典与其他法典、法律的关系处理上，应以相关制度有机衔接为目标，建立与民法典、刑法、行政法、经济法、诉讼法相关制度的有机联系，尤其是注意环境法典与民法典绿色规则体系、刑法有关环境资源犯罪规则、公益诉讼和生态损害赔偿诉讼制度的不同性质定位、规范重点，设计出既能充分发挥各相关法律的独特功能又能与环境法典协同配合进而形成生态环境保护合力的相关制度体系。在涉及国际公约、条约实施以及我国倡导的国际生态治理规则的法律制度设计上（如海洋污染防治、生物多样性保护、湿地保护、应对气候变化、共建绿色"一带一路"等），应按照国际法实施的基本原则加以处理。

第四章　中国环境法典的时代特色

社会变化从根本上影响并改变着法律，法律是时代精神的体现，立法要反映时代特色。法典是一个国家的最高立法形式，更是特定时代的优秀立法成果和具有特定时代烙印的法学思想成果。回答时代之问、彰显时代特色、回应时代需求，是法典编纂的历史使命。启动环境法典的编纂研究工作，是中国在迈向建成富强民主文明和谐美丽的社会主义现代化强国奋斗目标新征程的特殊历史时期，深入贯彻落实习近平法治思想和习近平生态文明思想，完善中国特色社会主义法律体系的重大部署，是以最严密法治、最严格制度推进生态文明建设和环境治理体系现代化的系统谋划。这既是中国环境法典编纂的时代背景，也是中国环境法典编纂研究必须体现的时代特色。

第一节　回答美丽中国建设的时代之问

以法治思维与法治方式推动和保障生态文明建设，既是探索中国特色社会主义环境保护道路的成功实践，也是编纂一部具有中国特色、时代特色、实践特色的环境法典必须认真总结的法治发展规律。如果说全面建设富强民主文明和谐美丽的社会主义现代化强国意味着“人类文明新形态”，[1]那么，以生态环境领域的法律制度供给促进法治发展变革，

〔1〕 习近平：《在庆祝中国共产党成立100周年大会上的讲话》（2021年7月1日），载《人民日报》2021年7月2日，第2版。

对生态文明的制度保障程度则是衡量法治现代化的重要尺度。质言之，完善生态环境领域立法，不仅是生态文明建设的外在保障，更是内在驱动。法典编纂不仅对法律自身的合理化、规范化和体系化具有重要价值，作为社会改革的法律工具，法典以引领社会关系变革为主要功能，这也是法典所具备的最大优势之一。[1] 因此，编纂环境法典是为新时代生态文明建设提供法治保障、推进生态环境治理体系和治理能力现代化的最优选择。

一、"中国式现代化"提出美丽中国建设新要求

党的十八大以来，党中央在将全面推进依法治国作为治国理政战略布局的同时，把生态文明建设纳入中国特色社会主义事业"五位一体"总体布局，"坚持人与自然和谐共生"成为新时代坚持和发展中国特色社会主义的一条基本方略，对生态文明建设的重视程度前所未有；将"增强绿水青山就是金山银山的意识"写入党章，把加强生态文明建设要求写入宪法，建立起有效约束开发行为和促进绿色低碳循环法治的生态文明法律体系，保护生态环境的法律制度和制度之严前所未有；按照生态系统的整体性、系统性及其内在规律，改革生态文明体制机制，完善执法司法程序，形成政府、企业、公众共治的环境治理体系，生态环境保护修复和生态环境问题的整治力度前所未有；在解决国内环境问题的同时，积极参与全球环境和气候治理，成为全球生态文明建设的坚定支持者、积极实践者、重要引领者，生态环境质量改善的成效前所未有。经过十年不懈努力，中国的生态文明建设取得了"四个重大转变"，[2] 其中最重要的就是形成了系统完整的习近平生态文明思想。

党的二十大报告深刻把握中国共产党执政规律、社会主义现代化建

---

[1] 参见封丽霞：《法典编纂论——一个比较法的视角》，清华大学出版社 2002 年版，第 230～250 页。

[2] 实现由重点整治到系统治理的重大转变，实现由被动应对到主动作为的重大转变，实现由全球环境治理参与者到引领者的重大转变，实现由实践探索到科学理论指导的重大转变。参见《习近平在全国生态环境保护大会上强调 全面推进美丽中国建设 加快推进人与自然和谐共生的现代化》，载《人民日报》2023 年 7 月 19 日，第 1 版。

设规律、人类社会发展规律，提出了“中国式现代化”的全新论断。这是继提出工业现代化、农业现代化、国防现代化、科学技术现代化之后，对中国也是世界现代化理论的最新发展，彰显了中国智慧、文明和历史的博大精深。[1] 中国式现代化坚持以人民为中心、物质文明和精神文明相协调、人与自然和谐共生、走和平发展道路的科学内涵，体现了中国式现代化是在人口规模巨大的条件下，不走西方以资本为中心、两极分化、物质主义膨胀、对外扩张掠夺的现代化道路的坚定信心和决心。这既是理论概括，也是实践要求，为全面建成社会主义现代化强国、实现中华民族伟大复兴指明了一条康庄大道。

党的二十大报告全面总结了十年来我国生态环境保护发生的历史性、转折性、全局性变化，直面新征程上“生态环境保护任务依然艰巨”的挑战，从“尊重自然、顺应自然、保护自然，是全面建设社会主义现代化国家的内在要求”的高度，全面擘画美丽中国建设蓝图。继生态文明建设在党的十八大报告中被纳入“五位一体”总体布局后，“人与自然和谐共生的现代化”在“中国式现代化”中的新方位得以明确，这赋予了以生态文明建设“全面推进中华民族伟大复兴”的新使命。

将“人与自然和谐共生的现代化”作为“中国式现代化”的内在要求，强化了美丽中国建设在实现“两个一百年”奋斗目标中的战略地位，明确了生态文明在中华民族伟大复兴中的重大使命。随着工业文明发展的西方现代化，以“人是万物的尺度”为圭臬，掠夺式开发利用自然资源，付出了严重的环境污染、生态破坏和成千上万人的生命健康的惨痛代价。中国式现代化绝不照搬西方国家的现代化模式，不走先污染、后治理的老路，而是秉持“天人合一”“道法自然”的自然观，植根于“天地有节”“取用有度”的优秀传统文化和生态智慧，尊重自然、顺应自然、保护自然，同步推进“生产发展、生态良好、生活富裕”，开辟人与自然和谐共生的现代化的崭新道路。

在 2023 年生态环境保护大会上，习近平总书记指出，我国生态环境

---

〔1〕 参见吕忠梅：《党的二十大与环境法学发展》，载《中国社会科学报》2023 年 3 月 31 日，第 5 版。

保护结构性、根源性、趋势性压力尚未根本缓解。我国经济社会发展已进入加快绿色化、低碳化的高质量发展阶段，生态文明建设仍处于压力叠加、负重前行的关键期。必须以更高站位、更宽视野、更大力度来谋划和推进新征程生态环境保护工作，谱写新时代生态文明建设新篇章。总结新时代十年的实践经验，分析当前面临的新情况新问题，继续推进生态文明建设，必须以新时代中国特色社会主义生态文明思想为指导，正确处理高质量发展和高水平保护、重点攻坚和协同治理、自然恢复和人工修复、外部约束和内生动力、“双碳”承诺和自主行动等重大关系。在全面建设美丽中国新征程上，要持续深入打好污染防治攻坚战，加快推动发展方式绿色低碳转型，要着力提升生态系统多样性、稳定性、持续性，积极稳妥推进碳达峰碳中和，守牢美丽中国建设安全底线，健全美丽中国建设保障体系。[1]

习近平总书记在全国生态环境保护大会上的重要讲话，是习近平生态文明思想的新阐释、新发展，是我们在新时代新征程继续推进生态文明建设的行动纲领和科学指南，也是环境法典编纂研究必须深刻领会并加以贯彻落实的全新要求。

二、“各方面工作法治化”赋予环境立法体系化新使命

“全面依法治国是国家治理的一场深刻革命，关系党执政兴国，关系人民幸福安康，关系党和国家长治久安。必须更好发挥法治固根本、稳预期、利长远的保障作用，在法治轨道上全面建设社会主义现代化国家。”[2]自党的十五大提出“依法治国”基本方略以来，法治在中国共产党治国理政中的战略地位不断提升，中国环境保护事业发展的法治底色更加鲜明。党的二十大报告在第七大部分专门强调“坚持全面依法治国，推进法治中国建设”，首次在党的报告中将“法治”列为单独章节予

〔1〕 参见《习近平在全国生态环境保护大会上强调 全面推进美丽中国建设 加快推进人与自然和谐共生的现代化》，载《人民日报》2023年7月19日，第1版。

〔2〕 习近平：《高举中国特色社会主义伟大旗帜 为全面建设社会主义现代化国家而团结奋斗——在中国共产党第二十次全国代表大会上的报告》（2022年10月16日），载《人民日报》2022年10月26日，第1版。

以重点论述，突出了全面依法治国关系党执政兴国、关系人民幸福安康、关系党和国家长治久安的深刻意义。这也意味着全面依法治国、建设社会主义法治国家是实现中国式现代化的必由之路，法治化对于全面建设社会主义现代化强国具有无可替代的促进功能和保障作用。党的二十大报告对中国式现代化的基本含义、本质要求、基本原则、实践战略的深刻阐述，需要从法治化角度从主体、客体、内容和路径诸方面加以彰显，以法治文明新形态保障和促进实现中国式现代化。

从人类文明发展史看，法治是人类文明现代化的共同特征，民主、公平、正义、权利、自由、平等、法律权威、法律信仰等法治精神与理念也是中国式现代化必须具备的基本价值追求。但是，“每一种法治形态背后都有一套政治理论，每一种法治模式当中都有一种政治逻辑，每一条法治道路底下都有一种政治立场”。[1] 中国的法治道路“要从中国国情和实际出发，走适合自己的法治道路，决不能照搬别国模式和做法，决不能走西方‘宪政’、‘三权鼎立’、‘司法独立’的路子”。[2] 中国特色的法治道路是在中国共产党领导下，立足于数千年的中华法律文明、百年大党的红色法治文化，经过新中国 70 多年法治实践、改革开放 40 多年法治改革的不断探索，特别是党的十八大以来的全面依法治国伟大实践所形成的，其所蕴含和展现的人民性、深刻性、全域性以及社会主义属性为其他类型的法治所不可比拟。[3] 作为 21 世纪马克思主义法治理论和马克思主义法治理论中国化的最新成果，以“坚持党对全面依法治国的领导，坚持以人民为中心，坚持中国特色社会主义法治道路，坚持依宪治国、依宪执政，坚持在法治轨道上推进国家治理体系和治理能力现代化，坚持建设中国特色社会主义法治体系，坚持依法治国、依法执政、依法行政共同推进，法治国家、法治政府、法治社会一体建设，坚持全面推进科学立法、严格执法、公正司法、全民守法，坚持统筹推进国内法治和涉外

---

〔1〕 习近平：《在省部级主要领导干部学习贯彻党的十八届四中全会精神全面推进依法治国专题研讨班上的讲话》（2015 年 2 月 2 日），载中共中央文献研究室编：《习近平关于全面依法治国论述摘编》，中央文献出版社 2015 年版，第 34 页。

〔2〕 习近平：《加强党对全面依法治国的领导》，载《求是》2019 年第 4 期。

〔3〕 参见汪习根：《论中国式法治现代化的理论体系》，载《政法论坛》2022 年第 6 期。

法治，坚持建设德才兼备的高素质法治工作队伍，坚持抓住领导干部这个‘关键少数’”为核心要义的习近平法治思想，以法治化保障和促进实现中国式现代化的根本遵循。

党的二十大报告强调，“我们要坚持走中国特色社会主义法治道路，建设中国特色社会主义法治体系、建设社会主义法治国家，围绕保障和促进社会公平正义，坚持依法治国、依法执政、依法行政共同推进，坚持法治国家、法治政府、法治社会一体建设，全面推进科学立法、严格执法、公正司法、全民守法，全面推进国家各方面工作法治化”，提出了“国家各方面工作法治化”这一内涵丰富、意义深刻的新命题。从总体上看，“国家各方面工作法治化”，就是要坚持以法治理念、法治思维、法治程序、法治方式、法治机制开展工作，把国家各方面工作纳入法治轨道，坚持依法执政、依法立法、依法行政、依规依法监察、依法公正司法，坚持法定职责必须为、法无授权不可为，在国家工作的各个方面各个环节都增强合宪性合法性、减少违法性违规性。[1] 就生态文明建设而言，“国家各方面工作法治化”，意味着把生态文明建设纳入法治轨道，以法治理念、法治思维、法治程序、法治方式、法治机制推进生态环境治理，在法治轨道上推进环境治理体系和治理能力现代化。在生态环境治理各个领域，实现法律规范全覆盖、执法司法全链条、良法善治全方位，使法治成为生态环境保护工作的崇高理念、坚定信仰、常规思维和基本方式，成为引领、规范和保障生态文明建设的“轨道”，通过生态环境保护方面工作法治化推进和护航中国式现代化。

在法治轨道上推进生态文明建设，必将为国家环境治理带来一场深刻的法治革命，也是对生态环境法治建设的新要求。习近平总书记在全国生态环境保护大会上的重要讲话中特别强调，要强化法治保障，统筹推进生态环境、资源能源等领域相关法律制修订，实施最严格的地上地下、陆海统筹、区域联动的生态环境治理制度，全面实行排污许可制，完善自然资源资产管理制度体系，健全国土空间用途管制制度；要求各级人大及其常委会要加强生态文明保护法治建设和法律实

---

〔1〕 参见张文显：《全面推进国家各方面工作法治化》，载《法制与社会发展》2022年第6期。

施监督。[1] 习近平总书记的重要讲话为环境法治建设赋予了新的历史使命。

全面推进依法治国背景下的美丽中国建设，就是要使法治理念、法治思维、法治程序、法治方式、法治机制成为生态文明建设的“轨道”，推进环境治理体系和治理能力现代化。在美丽中国建设中，建设完善的法律规范体系、执法司法体系，使法治成为生态环境保护的崇高理念、坚定信仰、常规思维和基本方式，通过生态环境治理领域的良法善治推进和护航中国式现代化。

三、以环境法典编纂为契机全面推进美丽中国建设

回应新时代生态文明建设法治需求的环境法典编纂工作，必须以精准定位新时代的生态文明建设目标和中国特色社会主义的未来愿景为前提。“建设人与自然和谐共生的现代化”既是中国长期以来所坚持的基础性生态文明理念与治国理政方略，也是当代中国大力推进生态文明建设尤其是贯彻落实“十四五”规划及 2035 年远景目标的重要指导性原则。[2] 在环境法典编纂研究过程中，深刻把握新时代新任务，围绕持之以恒打好污染防治攻坚战，推动生态环境质量持续改善；把绿色低碳发展作为治本之策，加快形成节约资源和保护环境的空间格局、产业结构、生产方式、生活方式；坚持人与自然和谐共生，加大生态保护和修复力度，完善生态保护修复监管制度；瞄准既定目标积极稳妥推进碳达峰碳中和，坚持先立后破，扎实推进能源绿色低碳转型；强化底线思维，常态化管控生态环境风险，筑牢美丽中国建设的生态安全根基；为进一步加强生态环境保护督察和执法监管，严厉打击生态环境违法行为提供良法保障。[3] 这些新要求充分体现了建成美丽中国的未来愿景，将为中

---

〔1〕 参见《习近平在全国生态环境保护大会上强调 全面推进美丽中国建设 加快推进人与自然和谐共生的现代化》，载《人民日报》2023 年 7 月 19 日，第 1 版。

〔2〕 参见郇庆治：《马克思主义生态学视域下的“人与自然和谐共生的现代化”》，载《福建师范大学学报（哲学社会科学版）》2021 年第 6 期。

〔3〕 参见《习近平在全国生态环境保护大会上强调 全面推进美丽中国建设 加快推进人与自然和谐共生的现代化》，载《人民日报》2023 年 7 月 19 日，第 1 版。

国环境法典编纂打上鲜明的时代烙印。为"建设人与自然和谐共生的现代化"提供体系化的法律保障,成为中国环境法典编纂的时代之需;探究能够满足"建设人与自然和谐共生的现代化"需求的立法表达,就是中国环境法典编纂研究必须回答的时代之问。

"建设人与自然和谐共生的现代化"作为中国式现代化道路的重要内容,根本目的是满足人民群众对美好生活环境的向往,基本途径是形成绿色低碳可持续的发展方式,主要方法是构建多元共治的生态治理体系,最佳效果是共建"地球生命共同体"。这必然会带来社会利益重大调整、社会结构巨大变革、社会生产生活方式巨大变化,迫切需要从法学理论与制度创制两个层面予以回应:一方面,通过理论创新,为新的利益格局提供调整规则,满足"人与自然和谐共生的现代化"建设过程中社会利益结构变迁所形成的新型利益分配与调整需求;另一方面,通过制度创新,为"人与自然和谐共生的现代化"提供适应性治理体系,构建生态文明时代人类生存方式和发展方式的新型法律制度。在此法理逻辑下,以"建设人与自然和谐共生的现代化"为时代特色的环境法典,也应在这些层面展开,从不同维度回答生态文明建设的时代之问:

第一,如何满足人民群众对美好生活环境的向往,这是新时代对环境法典提出的终极追求之问。人的需求的变更与升级,揭示利益结构与层次的拓展与丰富,提出了更新环境法律价值的需求,要求环境法律价值实现机制进行相应调整,这是环境法典编纂研究回应新时代生态文明法治的立场定位。

第二,如何处理好高水平保护与高质量发展的关系,这是新时代对环境法典提出的人与自然关系重构之问。以"人与自然和谐共生的现代化"预期矫正工业文明时代引致的人与自然的紧张局面,必须更好地处理生态安全与社会发展关系,要求环境法典将这一需求转换为法律话语与法律机制,通过重构法律关系的方法致力于在"人与自然生命共同体"的前提下重构人与人、人与社会的关系,这是环境法典编纂研究回应新时代生态文明法治需求的方法论。

第三,如何提升环境治理体系现代化水平及能力,这是新时代对环境法典提出的重构环境治理体系之问。在加强生态文明建设背景下,政府应履行为人民提供良好生态环境和生活环境的宪法职责，为实现建设美丽中国的国家目标提供合理的管理体制和制度供给，这是环境法典编纂回应新时代生态文明法治需求的制度路径。

第四，如何共建地球生命共同体，彰显中国生态文明建设的文化特色与国际贡献，这是新时代对环境法典提出的民族性与国际性之问。“人与自然和谐共生的现代化”蕴含着中华民族优秀传统文化，是中国古人“天人合一”“道法自然”生态智慧的现代表达，在传承中华文化的基础上为世界贡献一部先进的环境法典，引领全球生态环境治理，这是环境法典编纂研究回应新时代生态文明法治需求所追求的共谋人类命运共同体的最佳效果。

如前所述，需要从以上四个方面具体展开，阐释中国环境法典编纂如何回应新时代生态文明法治建设的立场、方法、路径和效果之问，为满足“人与自然和谐共生的现代化”的法律需求提供体系化方案。

第二节　体现以人民为中心的法治立场

“建设人与自然和谐共生的现代化”是中国共产党在从苦难中国到美丽中国百年奋斗中探索形成的宝贵经验，是实现第二个百年奋斗目标的生态文明建设基本方略，[1]表达了对历史上人与自然“主奴关系”建构的不满与批判，预期建构起的一种平等正义的新型人与自然关系秩序。[2]生态文明追求的人与自然的和谐共生状态，源于这样的事实——人是自然的产物，人是自然的一部分，自然孕育了人类，为人类馈赠了居所与养分，人与自然是一个生命共同体。[3]但是，“建设人与自

〔1〕参见郇庆治：《马克思主义生态学视域下的“人与自然和谐共生的现代化”》，载《福建师范大学学报（哲学社会科学版）》2021年第6期。

〔2〕参见曹孟勤、姜赟：《关于人与自然和谐共生方略的哲学思考》，载《中州学刊》2019年第2期。

〔3〕参见刘湘溶：《关于人与自然和谐共生的三点阐释》，载《湖南师范大学社会科学学报》2019年第3期。

然和谐共生的现代化”并非在生态文明建设中秉持生态中心主义，而是强调在“人与自然生命共同体”理念下，保障人的全面发展、满足人民群众在生态文明时代的新需求，即人的发展并不能在自然对人的满足、人对自然的奴役这种单向度关系中实现，而是在“人与自然命脉相连、和谐共生”的双向互惠关系中实现。“建设人与自然和谐共生的现代化”的终极目的还是增进人民福祉、促进人的全面发展，实现中华民族永续发展。新时代的环境法典编纂必须以实现“建设人与自然和谐共生的现代化”为使命，建立促进人的全面发展价值理念，秉持以人民为中心这个中国特色社会主义法治道路的根本立场。[1]

一、建设人与自然和谐共生的现代化

生态文明建设首先要解决“为了谁”的问题。生态文明摒弃工业文明“征服自然”“人类中心主义”的价值理念，代之以人与自然平等相处、和谐共生的价值理念，[2]并非否定人之于自然界的主体地位，而是为了与时俱进地满足人的需求、动态地促进人的全面发展。党的十八大报告提出，“建设生态文明，是关系人民福祉、关乎民族未来的长远大计”，这是从回应环境民生政治关切、增进人民福祉、改善中华民族存续基础的角度推进生态文明建设。党的十九大报告更加明确地提出，通过建设人与自然和谐共生的现代化，“既要创造更多物质财富和精神财富以满足人民日益增长的美好生活需要，也要提供更多优质生态产品以满足人民日益增长的优美生态环境需要”，这一表述更加清晰地诠释了建设人与自然和谐共生的现代化与满足人民的生态环境需要之间的内在关联，构建了手段与目标的关系。

由此可见，作为生态文明建设基本方略的“人与自然和谐共生的现代化”，以尊重生态科学规律为前提，以人与自然在双向互动中依存共

---

〔1〕 参见李林：《习近平法治思想的核心要义》，载《中国社会科学报》2020 年 11 月 23 日，第 4 版。

〔2〕 参见黄勤、曾元、江琴：《中国推进生态文明建设的研究进展》，载《中国人口·资源与环境》2015 年第 2 期。

生、互为对象的真实关系为基础,[1]以追求人与自然的和谐共生为效果,最终指向人的需要更好被满足的价值,体现了以人民为中心的基本立场。在人民日益增长的物质文化需要同落后的社会生产之间的矛盾是社会主要矛盾的背景下,自然主要通过作为劳动对象、自然资源和物质基础满足人的需要;当社会主要矛盾转化为人民日益增长的美好生活需要和不平衡不充分的发展之间的矛盾,人与自然"和谐共生"状态下,优质生态产品、优美生态环境成为满足人的需要的第三类特殊产品,[2]是生态文明时代促进人的全面发展的内在需求。坚持以人民为中心,既是生态文明建设的初心与使命,也是中国特色社会主义法治体系的根本立场,必须在生态文明法治体系中得到贯彻。

二、明确"保障公众健康"立法宗旨

法律是调整社会关系的规则体系,人在法律上是目的而不是手段。"法价值主体的多元性与需求的多层次性是法价值的一大特征。人(包括抽象的人)的需求多种多样,但只有经过法的确认,才能融入法价值的行列。"[3]"以人民为中心"是对马克思主义法学的人民性的充分贯彻。[4]"以人民为中心"就是坚持人民在法治中的主体价值和中心地位,把体现人民利益、反映人民意愿、维护人民权益、增进人民福祉、促进人的全面发展作为法治建设的出发点和落脚点。[5]促进人的全面发展是法治建设的总体目标,"人的全面发展"的多维价值需要由多个法律部门综合保障与实现。以保障人与自然在"生命共同体"中和谐共存为旨趣的人的全面发展价值,是生态文明法治秩序中"以人民为中心"的时代需求,其作为环境立法的终极价值,必须在环境法典编纂中得到

---

〔1〕参见解保军:《人与自然和谐共生的现代化——对西方现代化模式的反拨与超越》,载《马克思主义与现实》2019 年第 2 期。

〔2〕参见潘家华:《科学梳理生态产品的消费属性》,载《光明日报》2020 年 7 月 20 日,第 10 版。

〔3〕杨震:《法价值哲学导论》,中国社会科学出版社 2004 年版,第 33 页。

〔4〕参见张文显:《习近平法治思想的实践逻辑、理论逻辑和历史逻辑》,载《中国社会科学》2021 年第 3 期。

〔5〕参见张文显:《习近平法治思想的理论体系》,载《法制与社会发展》2021 年第 1 期。

贯彻。

法律价值由法律原则与法律规则体系具体承载,共同实现立法目标、满足人的需求。人的需求变更与升级,必然促进立法目标的改进、法律价值创新与规则更新。“以人民为中心”,满足人民群众对美好生活环境的向往,要求我们在环境法典编纂过程中归纳人的全面发展的实质内涵,将威胁、损害“人民对美好生活环境向往”的行为作为规制重心,矫正现有的环境立法“只见环境不见人”的立法价值及法律机制偏差。在环境法典中确立“保障公众健康”宗旨,明确“保护和改善环境、防治污染和其他公害”的终极目标,围绕“保障公众健康”展开制度设计,建立“以人民为中心”的生态环境保护法律体系。这既是环境法典编纂回应时代需求,也是环境法典编纂研究亟待解决的基础性问题。

三、完善公众健康保障制度设计

现行环境法律体系产生于“高投入、高消耗、高污染”时代,带有浓厚的应急色彩,理论储备与法理论证“先天不足”。为应对环境问题而“矫枉过正”,一反传统法律秉持的强势“人类中心主义”,单方面强调环境保护,造成了环境立法“只见环境不见人”。在制度建构时注重应对各种类型的“环境问题”,忽视所有“环境问题”终将影响人的生存与发展的内在机理,缺乏保障公众健康的制度设计。1989 年《环境保护法》第 1 条虽然规定了“保障人体健康”,却无任何具体制度安排。2014 年修订的《环境保护法》第 1 条将其修改为“保障公众健康”并在第 39 条增设了环境与健康保护制度,[1]这一修改在表述上更加契合环境立法保护公共利益的理念,[2]但在制度中仅原则性地规定了国家建立环境与健康调查、监测、评估制度,既未与相关制度衔接,也未明确制度实施途径,导致环境与健康制度在实践中始终处于探索阶段,尚未形成实现

---

〔1〕《环境保护法》(2014 年修订)第 39 条规定:“国家建立、健全环境与健康监测、调查和风险评估制度;鼓励和组织开展环境质量对公众健康影响的研究,采取措施预防和控制与环境污染有关的疾病。”

〔2〕参见吕忠梅:《〈环境保护法〉的前世今生》,载《政法论丛》2014 年第 5 期。

立法目的的成熟方案。[1] 2014 年以后修订和制定的单行法也都规定了“保障公众健康”目的,但仅在《土壤污染防治法》中有少量条款规定,公众健康保障条款止步于宣示意义。

这一现状应该通过环境法典编纂加以改变,系统规定保障公众健康立法目的及其具体制度,其立法路径及重点可以概括为:[2] (1)在环境法典“总则编”的“一般规定”中保留“保障公众健康”立法目的,使之具有统摄环境法典规范体系的效力。同时,在“污染控制编”“自然生态保护编”“绿色低碳发展编”等各编的“一般规定”中也作出相应规定。(2)在“总则编”的“一般规定”中系统规定环境与健康保护制度,至少应规定环境与健康监测、调查与风险评估的相关程序和效力,建立以保障公众健康为核心的环境标准制度,建立环境与健康风险评估和环境影响评价等相关制度的衔接机制。(3)在生态环境规划、环境影响评价、应急制度等基本制度中增加环境与健康的目的要求,实现“既见环境又见人”的生态环境治理目标。(4)在各分编规定的基础性制度与具体制度中增设环境与健康内涵,至少涉及“污染控制编”中的环境风险管控标准、有毒有害水污染名录、有毒有害大气污染物管理、医疗废物管理、化学品环境风险级别鉴定、危险化学物质重大环境风险源报告等制度,“自然生态保护编”的生态要素评价评估、生物技术研究开发分类管理等制度,“绿色低碳发展编”的产品和包装物的设计制度等;在“生态环境责任编”中,也需要在环境污染、生态破坏、生态环境风险与损害认定等方面系统地增加环境与健康因素。

---

〔1〕 这一制度的建立很大程度上是联合国环境署推动的结果。2007 年由国务院批转 18 个部委局联合发布的《国家环境与健康行动计划(2007—2015)》,建立了由卫生健康部门与生态环保部门“双牵头”的工作机制。其后,编制了《国家环境保护“十二五”环境与健康工作规划》《国家环境保护“十三五”环境与健康工作规划》《“十四五”环境健康工作规划》;2018 年,原环境保护部办公厅出台《国家环境保护环境与健康工作办法(试行)》,并开始进行地方环境与健康保护工作试点。目前,试点工作从县级逐步扩大到了地市级,是否可以在全国推行,有待观察和总结。

〔2〕 环境法典编纂的体例设想,参见汪劲:《论中国环境法典框架体系的构建和创新——以中国民法典框架体系为鉴》,载《当代法学》2021 年第 6 期。

第三节 重构法律关系促进高质量发展

环境保护理念萌发于人类对未来前景的担忧,因为经济发展威胁到生态安全,对人类生存和发展形成制约。第二次世界大战后,科学技术发展引领世界经济的快速发展,带来了严重的环境污染和破坏,增长的极限[1]乃至人类的生存安全成为人们不得不考虑的问题。人类面临的困境是:同时追求两个可能相互冲突的目标——提高环境质量和发展经济越来越困难,作为人类生存基本条件的生态安全与提升物质生活条件所需的经济发展之间矛盾日益凸显。中国在改革开放创造经济快速增长的奇迹的同时,也带来了日益严重的生态环境问题,不仅对生态安全构成威胁,而且制约着经济社会健康发展。"建设人与自然和谐共生的现代化"必须正确把握高水平保护与高质量发展的关系,深刻认识高水平保护是高质量发展的重要支撑,生态优先、绿色低碳的高质量发展只有依靠高水平保护才能实现的辩证统一,以法治手段把经济活动、人的行为限制在自然资源和生态环境能够承受的限度内,在绿色转型中推动发展实现质的有效提升和量的合理增长。从立法角度看,这既需要寻找二者相互统一的基础,更需要有实现协调二者关系的方法。高水平保护与高质量发展都是为了满足人的需求,对二者关系的协调也只能回到对人的主体性的重新定位、对人与自然关系的重新认识。环境法典编纂回应处理好高水平保护与高质量发展关系的时代需求,在认识论上,应从重新认识人的主体地位,重构人与人、人与社会的关系入手,实现对人与自然关系的重构;运用法律关系理论,合理构建涉及不同类型保护对象的法律关系,这是环境法典编纂的方法论。

---

[1] 参见[美]德内拉·梅多斯、[美]乔根·兰德斯、[美]丹尼斯·梅多斯:《增长的极限》,李涛、王智勇译,机械工业出版社2013年版。

一、以人与自然新法理支撑环境法律关系

人本来是自然的一部分，但文明发展进程在很大程度上呈现为人逐步远离、脱离自然的过程，主体性逐步彰显的同时也面临“人的本质的异化”的困境。其表现为人与自然关系的异化，人过度追求对物质资源的占有、对自然环境的掌控带来了严重的环境问题，进而对人的生存和发展构成威胁，生态安全与经济社会发展之间的矛盾冲突日渐显现。

传统法学理论强调法律调整人与人之间的社会关系，其中人是主体，对人的权益的保护是法律的目的；客观存在的自然只能以物或者财产、资源的形态成为法律关系的客体，甚至不属于法律上所要调整的对象。“建设人与自然和谐共生的现代化”要求改变对法律关系的僵化理解，在重新定位人的主体性、尊重自然的内在价值的基础上重构法律关系理论，形成能够支撑生态文明建设的法哲学。[1]

首先，重新定位人的主体性，调整法律关系的基本结构。生态文明作为人类文明的新形态，仍处于人类文明发展的历史轴线上，人作为目的的基本定位仍要坚持，但需要改变将人与自然严格区分并对立起来的观念，对人的保护不再是绝对的目标，自然也不再只是人可以任意开发、利用、处置的客体，其内在价值应当得到尊重和保护。这种人与自然的新型关系反映到人与人之间的关系中，就是弱化人的主体性、强调人的责任，同时提升自然及相关客体的地位、承认其应受保护的价值，形成“人—自然—人”的新型法律关系构造。[2]

其次，重新认识权利义务的对应性，充实法律关系的内容。法律关系中主客体关系的变化必将导致权利义务关系的复杂化，虽然还不能完全抹杀主客体界分的意义，但法律关系的权利义务内容已经不能仅局限于主体间的权利义务，而应当在一定程度上体现人对自然的义务。即使

---

〔1〕参见刘长明、李浩：《生态文明何以可能——一种基于法哲学维度的考察》，载《烟台大学学报（哲学社会科学版）》2021 年第 6 期。

〔2〕参见吕忠梅：《环境法回归路在何方？——关于环境法与传统部门法关系的再思考》，载《清华法学》2018 年第 5 期。

该义务仍需要在主体之间呈现,如公民的环境义务可能体现为按照规定投放垃圾的行政法义务,其对应的"权利"也未必是主体的权利,而是环境伦理意义上的自然权利。因此,法律关系结构中的权利义务内容需要站在人与自然关系的角度重新分配,为传统法律关系理论增添更加丰富的内容。

人与自然的关系史也是人类文明发展的历史,自然为人立法、人与自然互为立法、人为自然立法、更高形态的人与自然互为立法就展现了主客体力量对比变化的人类历程,[1]"建设人与自然和谐共生的现代化"是在更高层次上追求人与自然的和谐统一,"人与自然互为立法"要在法哲学层面得到反映,并体现在法律关系的主体和内容构造中,这也是环境法典编纂的追求。

二、以权利义务新结构塑造环境法律关系

构建能够满足"建设人与自然和谐共生的现代化"的法律制度,在环境法典编纂的角度,就是将两个存在一定冲突的目标在法律关系的权利义务平衡中予以统一,其具体途径是通过法律关系的构造,形成适应新型人与自然关系的权利义务结构。

首先,将生态环境安全目标在法律关系中落实为法律关系主体的环境义务和责任。生态环境安全要求维持环境质量、保留自然资源,从而维持人类生存和发展的自然基础,这给政府和私人都提出了新的要求,反映在法律上即各类主体都要承担更多的生态环境保护义务。政府的环境保护职责、企业和公民的环境保护义务都要在法律上进行强化和明确,这无关法律本位之争,[2]而是生态环境安全目标在法律关系层面的必然要求。

其次,在法律关系中以生态环境承载力为底线,合理确定经济社会发展目标,保护主体权利。承认自然的内容价值并不是从根本上否定人的生存、消费、发展权利,而是为了人的更加全面和可持续发展,实现人

---

[1] 参见胡敏中:《重思"主客二分"——基于主客体关系》,载《学术研究》2021年第1期。
[2] 参见梁慧星:《民法总论》(第5版),法律出版社2017年版,第55页。

与自然和谐要在继续推进工业文明进程中建设生态文明。[1] 在可以预见的将来,发展仍是人类社会运行的基本逻辑,以可持续发展为目的价值的环境法典编纂,[2]反映在法律关系中就是要合理构造主体的权利,特别是开发利用环境资源的权利应当受到限制,但并非从根本上否定。

最后,重视环境法律关系的"人—自然—人"特性,承认新型法律关系的现实意义。人与自然的关系问题可以在很大程度上转化为人与人之间的关系,从而在传统的法律关系框架下通过对其主体的定位和内容结构的调整加以解决,但特殊情况下仍有必要突破传统法律关系的框架确认权利和义务,如代表后代人和自然物起诉等,对人类行为的调整也可以在更大幅度内展开,法律关系理论的创新仍有广阔空间。不过从主要方面看,环境法典的制度主要还是基于环境法律关系的基本框架展开。

三、以潘德克顿新体系展开环境法律关系

环境法典编纂是一种将分散法律通过一定技术方法进行体系化的过程。重构人与自然关系的法学理论为在环境法典中重构环境法律关系提供了哲学支撑,接下来还需要以一定方法将重构的环境法律关系进行展开,形成法典结构与编纂体例。在比较法上,《俄罗斯联邦生态法典(草案)》第一编提出"生态关系"的概念并对法律关系的客体与主体作出规定;[3]《爱沙尼亚环境法典(总则)》遵循"义务—权利—权力"的逻辑展开;[4]《独联体生态示范法典》规定,本法典调整自然资源使用领

---

〔1〕 参见陈永森:《罪魁祸首还是必经之路? ——工业文明对生态文明建设的作用》,载《福建师范大学学报(哲学社会科学版)》2021 年第 4 期。

〔2〕 参见吕忠梅:《发现环境法典的逻辑主线:可持续发展》,载《法律科学(西北政法大学学报)》2022 年第 1 期。

〔3〕 参见刘洪岩主编:《域外环境法典编纂的实践与启示》,法律出版社 2021 年版,第 180 页。

〔4〕 《爱沙尼亚环境法典(总则)》各章编排:一般规定—环境保护的原则与主要义务—运营者的义务—环境权利—许可审裁程序—国家的监督管理—法律责任—实施规定。感谢中国法学会委托项目"外国环境法典翻译出版"课题组提供的《爱沙尼亚环境法典(总则)》中文译本。

域、环境保护和生态安全保障领域的生态法律关系。[1] 在我国,《民法典》编纂,在继承潘德克顿体系基础上进行创新,也是运用法律关系展开其结构与体例编排。这些运用法律关系理论展开法典构造的方法值得环境法典编纂借鉴。

高水平保护与高质量发展的关系,从环境法的角度看,涉及传统意义上的公法、私法关系交织,行政法律关系、民事法律关系、经济法律关系、刑事法律关系横贯。因此,环境法典编纂既要借鉴潘德克顿体系,也要合理体现其作为领域法的特性,以环境法律关系作为法学知识的"最大公约数",展开环境法典的编纂。

首先,以环境法律关系作为"逻辑中项"[2]实现环境法典体系融贯。现行环境立法建立了以行政管理规范为主体的制度体系,这是环境法典承担的实现国家目标、履行国家责任[3]使命的基础制度体系,应该予以坚持。环境行政行为作为因国家意志而引发法律关系变动的原因,生态利益作为环境法律关系的客体,[4]环境法律关系由此具备了协调法典内部公法与私法关系的功能,使环境法典中不同性质的法律规范相互协调,共同发挥作用。

其次,以环境法律关系的客体类型化为基础,展开环境法典体系建构。环境法律关系是以生态环境为保护对象而形成的社会关系,人们与生态环境保护有关的行为,可以类型化为污染防治行为、自然保护行为、绿色发展行为,这些行为关涉高水平保护与高质量发展两个方面。以这些行为为基础进行环境法律关系构造,可以借鉴潘德克顿体系,按照"总则—分编"体例,设计"总则—污染控制编—自然生态保护编—绿色低碳发展编—生态环境责任编",[5]从立法方法上解决正确处理高水平保

[1] 参见刘洪岩、马鑫:《独联体是怎样为生态立法的?》,载《中国人大》2017 年第 23 期。

[2] 法理学者认为,法律关系的概念定位是法学的"逻辑中项"。参见雷磊:《法的一般理论及其在中国的发展》,载《中国法学》2020 年第 1 期。

[3] 参见吕忠梅:《中国环境立法法典化模式选择及其展开》,载《东方法学》2021 年第 6 期。

[4] 参见王刚:《环境法律关系客体新论》,载《中国海洋大学学报(社会科学版)》2010 年第 6 期。

[5] 参见吕忠梅:《环境法典编纂的基本问题》,载《荆楚法学》2022 年第 1 期。

护与高质量发展的关系的制度体系架构问题。

第四节　优化法律制度确保高水平保护

构建现代环境治理体系是从根本上应对环境问题、回应新时代生态文明建设需求的基本要求,也是环境法典编纂必须回答的技术路径问题。党的十九大报告提出了“构建政府为主导、企业为主体、社会组织和公众共同参与的环境治理体系”的明确要求,2020 年 3 月,中共中央办公厅、国务院办公厅印发《关于构建现代环境治理体系的指导意见》,将其进一步细化为“构建党委领导、政府主导、企业主体、社会组织和公众共同参与的现代环境治理体系”的工作部署,并特别强调“坚持依法治理”,要“健全法律法规标准”“补齐环境治理体制机制短板”。环境法典编纂的技术路径就是对环境法律制度进行整合和提升,形成价值统一、制度协调、机制完善的环境法律规范体系,通过优化环境法律制度,提升环境法律制度实施效能与效率,为构建现代环境治理体系提供法律依据和法律手段。

一、顺应生态文明体制变革需要

建设人与自然和谐共生的现代化,不仅是为了更好地保护生态环境,更是为了通过重塑业已失衡的人与自然的关系来推动社会价值观念的变革,[1]最终完成整个社会体系特别是生产体系和消费体系的变革,促进人类活动自觉地遵循人、自然、社会和谐发展规律。在此过程中,不仅要解决作为环境危机根源的现代工业生产模式问题,[2]而且要警惕消费主义思潮,克服其物欲性、控制性,[3]从根本上改变人类不符合人

〔1〕参见马洪波:《生态文明建设与社会价值观念变革》,载《中共中央党校(国家行政学院)学报》2020 年第 6 期。

〔2〕参见罗海梅:《可持续发展战略下工业生产模式变化趋势的微观分析》,载《生产力研究》2006 年第 9 期。

〔3〕参见王永友、阳作林:《消费主义思潮的本质特征、消极影响与引导策略》,载《海南大学学报(人文社会科学版)》2018 年第 4 期。

与自然和谐发展规律的生产行为和消费行为，从而实现社会系统的运行既符合人的期望、能够满足人的需求，又符合自然运行规律、不对生态环境产生严重的影响。

生态文明体制改革需要从多个方面展开，其中构建现代环境治理体系是生态文明体制改革最为核心的内容。通过健全环境治理的领导责任体系、企业责任体系、全民行动体系，形成全社会参与环境治理的格局，将各类主体的行为引上符合生态环境保护要求的轨道，以“经济生态化”支撑和适应中国特色社会主义社会更高阶段或形态的经济创新，以“消费生态化”引领经济发展模式的变革，最终实现“人与自然和谐共生的现代化”。

构建现代环境治理体系的过程，将极大地推动社会系统变革，也必将带来利益格局、利益关系、利益诉求的巨大调整。因此，迫切需要从生态文明建设的系统性、整体性、协调性出发，改变现行环境资源立法分属行政法、经济法等不同法律部门，环境资源能源法律制度矛盾冲突多的局面。[1] 按照统筹山水林田湖草系统治理思路，打通“地上和地下”“岸上和岸下”“陆地和海洋”“城市和农村”，形成一体化的制度安排，把生态文明建设融入经济、政治、文化、社会建设各方面和全过程，协同推进新型工业化、城镇化、信息化、农业现代化和绿色化。这就要求在环境法典编纂过程中，高度重视环境法典的内外部关系处理。在环境法典内部，形成污染控制制度、自然生态保护制度、绿色低碳发展制度之间的有机协同；在环境法典外部，处理好与《民法典》《刑法》《行政许可法》《行政处罚法》《行政复议法》等各相关法律的关系，通过拟制、转介、引致等立法技术，形成相关法律规范之间的衔接与协调。

二、推进环境治理体系现代化

“依法治国是坚持和发展中国特色社会主义的本质要求和重要保

---

〔1〕 参见李艳芳：《论生态文明建设与环境法的独立部门法地位》，载《清华法学》2018 年第 5 期。

障”,[1]现代环境治理体系必须建立在法治基础之上、在法律框架内展开,优化环境法律制度。

党的十八大以来,党中央以前所未有的力度抓生态文明建设,全党全国推动绿色发展的自觉性和主动性显著增强,美丽中国建设迈出重大步伐,我国生态环境保护发生历史性、转折性、全局性变化。[2] 在生态文明法治建设方面,我国制定了 40 多部法律,基本形成了以《环境保护法》为龙头、以环境资源单行法为骨干的法律体系;通过环境执法体制改革,生态环境监管力度与效能大大提升;环境司法专门化健康平稳发展,司法服务和保障生态文明建设与绿色发展的职能日益发挥;公众的生态环境保护意识大大增强,参与环境治理的积极性主动性日益释放。但是,中国在未来的发展道路上,面临地球作为一个系统的生态环境“考卷”会越来越难,可利用的生态空间会越来越小,这将倒逼我们进一步提升治理体系的效率与效能,促进环境法律制度进一步优化升级。

环境法典编纂的本质是法律制度的体系化,与构建现代环境治理体系的需求相契合。换言之,通过体系化的编纂而形成体系效益,是法典编纂的重要目标,[3]也是环境法典编纂的实际追求。从技术路径上看,法典编纂虽然有形式编纂与实质编纂模式之别,也有全面编纂与适度编纂方式之分,[4]但总体上离不开“编”和“纂”。所谓“编”,就是在对现行法律规范进行梳理的基础上,按照一定的逻辑形成统一的法律文本;所谓“纂”,就是在梳理现行法律规范的同时,根据时代发展需要“查漏补缺”“补短板、强弱项”,将具有一定前瞻性的法律制度纳入统一法律文本,以适应环境治理体系现代化的未来需求。中国环境法典编纂应采取适度化的实质编纂模式,对生态文明体制改革实践证明的成熟经验予以固化,对环境执法司法实践中发现的立法疏漏和空白予以弥补,对环

---

[1] 中共中央文献研究室编:《习近平关于全面依法治国论述摘编》,中央文献出版社 2015 年版,第 4 页。

[2] 参见《中共中央关于党的百年奋斗重大成就和历史经验的决议》。

[3] 参见谢鸿飞:《民法典的外部体系效益及其扩张》,载《环球法律评论》2018 年第 2 期。

[4] 参见吕忠梅:《中国环境立法法典化模式选择及其展开》,载《东方法学》2021 年第 6 期。

境治理体系与治理能力现代化的新需求予以积极回应。例如，需要认真研究生态文明体制改革政策，切实解决“改革必须于法有据”要求与实践中改革政策及时弥补法律规范供给不足但在一定程度上牺牲法律权威性的矛盾，有效解决政策与法律整合问题；又如，生态文明建设在过程维度，将经济、社会、环境三者看作相互包容的关系，要求治理体系形成积极主动的风险预防格局，但这三者的关系涉及多个法律部门，而各部门法律之间对三者之间的关系存在认知上的分歧，因此需要在环境法典编纂过程中，通过建立部门法之间的协调、协同、联动机制，构建不同法律部门之间目的、功能、标准的系统、合理的结构，形成密切配合的协同效应。

三、构建多元共治新格局

环境治理本身具有高度技术性和复杂性，需要综合运用技术、经济、伦理、管制以及最根本的制度手段方可实现治理目标。因此，生态文明法治建设在主体维度上更加强调合作治理，要求引入共建共治共享理念，厘清多元主体职责分工等制度安排，[1]推动形成政府、企业、社会、公民等利益相关者的上下互动和广泛参与机制，打造多元共治新格局，推动现代环境治理体系的高效运转。这为环境法典编纂中的环境治理的制度建设提供了多元主体共治的基本框架，可以有效促进环境法律制度优化。

“以人民为中心”决定了环境法典编纂的根本立场，体现在制度层面则是强调多元主体的共同参与，超越以往的管制型治理模式，形成多元共治的环境治理模式。[2] 环境治理多元主体参与的关键在于各主体的自觉和共赢，[3]“以更好动员社会组织和公众共同参与为支撑，实现

---

〔1〕 参见詹国彬、陈健鹏：《走向环境治理的多元共治模式：现实挑战与路径选择》，载《政治学研究》2020 年第 2 期。

〔2〕 参见秦天宝、段帷帷：《我国环境治理体系的新发展——从单维治理到多元共治》，载《中国生态文明》2015 年第 4 期。

〔3〕 参见杨志、牛桂敏、郭珉媛：《多元环境治理主体的动力机制与互动逻辑研究》，载《人民长江》2021 年第 7 期。

政府治理和社会调节、企业自治良性互动”。[1] 生态环境保护共治型制度要针对政府的监管能力不足、企业的履责能力不足和公众的参与能力不足等现实问题，[2] 在环境法典中建立“生态环境治理体系”的相关制度，明确党委政府、企业、公众三类主体的职权、权利和义务，为治理主体提供基本依据和指导性原则。[3]

就制度构建而言，环境法典编纂中应贯彻共建共治共享理念，主要体现为两个方面。一方面，针对不同主体设定相应职权职责或者权利义务，为环境治理的多方参与提供直接依据。在政府层面，要明确政府的生态环境责任以及具体生态环境管理职责，将《宪法》规定的国家环境保护义务具体化，特别是将地方政府环境质量负责制、党政同责、政府生态环境损害补偿责任等行之有效的制度纳入环境法典并深化完善。在企业层面，应对企业的生态环境保护义务和责任进行体系化设计，直接约束及规范污染和破坏行为或设置政府职责间接界定企业行为边界，同时注重明确企业享有的生态环境权利。在社会和公众层面，完善公民环境权制度、公众参与制度，明确个人的良好环境享有权、自然环境利用权、环境侵害请求权、环境信息知情权、环境事务表达权、环境治理参与权、环境服务监督权等权利，畅通社会组织和公众参与生态环境保护的渠道机制；适度推进公民环境义务的强制化和法定化。[4] 另一方面，要在环境法典中注重生态环境责任制度构建，完善裁判性规则体系，通过建立适应生态环境保护需求的协商制度、诉讼制度、纠纷多元化解决制度，充分发挥协商民主、绿色司法和解纷机构功能，形成社会动员机制，为多元共治提供多种制度安排。

---

〔1〕《中共中央办公厅 国务院办公厅印发〈关于构建现代环境治理体系的指导意见〉》，载《中华人民共和国国务院公报》2020 年第 8 号。

〔2〕参见谌杨：《论中国环境多元共治体系中的制衡逻辑》，载《中国人口·资源与环境》2020 年第 6 期。

〔3〕参见陈海嵩：《生态环境治理体系的规范构造与法典化表达》，载《苏州大学学报（法学版）》2021 年第 4 期。

〔4〕参见张璐：《公民环境法律义务的法理与实践——以垃圾分类投放为研究样本》，载《中国政法大学学报》2021 年第 3 期。

第五节　贡献国际环境治理的中国方案

2021年10月,习近平主席在《生物多样性公约》第十五次缔约方大会(15th Meeting on the Conference of the Parties to the Convention on Biological Diversity,COP15)领导人峰会上发表主旨讲话,明确提出"共同构建地球生命共同体"。[1] 地球上的自然万物是一个普遍联系的有机整体,[2]在地球生命共同体理念下"建设人与自然和谐共生的现代化",需要环境法典为世界贡献中国智慧与中国方案,实现生态文明建设的最佳效果,这是中国环境法典必须回答的民族性与国际性之问。

一、中国特色的可持续发展法律渊源化

40多年来,中国在吸取西方国家"先污染后治理"的惨痛教训的同时,借鉴西方国家建立环境法治体系的经验,积极主动参与联合国环境保护事务,参加多项环境保护国际公约并在国内法中加以实施,已经成为全球生态环境治理的重要参与者、贡献者、引领者,对加快构筑尊崇自然、绿色发展的生态体系,共建清洁美丽的世界,形成全球生态环境治理的国际法规则产生了重大影响。在中国日益走进世界舞台中央、人类进入"生态纪元"时代的今天,[3]中国环境法典编纂面临的一个重大问题,是如何将"地球生命共同体"理念、中国生态文明法治建设成就转化为国际通用的法律语言,为世界贡献一部既能体现中国特色,又能为世界各国所向往、所模仿的环境法典,这需要充分展现立法智慧与立法技术。

在比较法上,世界各国的环境法典编纂最大的共同点是,以可持续

---

〔1〕 习近平:《共同构建地球生命共同体——在〈生物多样性公约〉第十五次缔约方大会领导人峰会上的主旨讲话》(2021年10月12日),载《人民日报》2021年10月13日,第2版。

〔2〕 参见刘湘溶:《关于人与自然和谐共生的三点阐释》,载《湖南师范大学社会科学学报》2019年第3期。

〔3〕 参见[美]赫尔曼·F.格林:《生态社会的召唤》,曹旭译,载《自然辩证法研究》2006年第6期。

发展为核心价值展开环境法典的编纂，体现各国以法典编纂推动国家可持续发展转型的决心与行动。[1] 其实，自 1992 年联合国环境与发展大会以来，“可持续发展”逐步成为最大的国际共识并形成多个行动方案，推动各国法律转型是其重要的目标之一。“可持续发展”是多个国际法律文件用以表达人类环境观的核心概念，对世界各国的环境立法影响极大，更是一些国家环境法典的“催生剂”。例如，1997 年秋，瑞典政府内阁表示为致力于建设生态可持续国家而制定《瑞典环境法典》，形成了一个体现可持续发展精神的法律体系。[2] 又如，2012 年柬埔寨政府决定制定环境法典，启动以促进环境可持续性并维护国家经济发展为目标的环境治理体系改革，从可见的《柬埔寨环境与自然资源法典（草案）》中，可以明显发现“可持续发展”的基础性作用。[3] 将可持续发展作为环境立法的核心概念法律渊源化，已经成为普遍的环境立法现象。

中国于 1994 年发布了《中国 21 世纪议程》，[4] 为支持该议程的实施，同时还制订了《中国 21 世纪议程优先项目计划》，是最早实施可持续发展战略的发展中国家，并且在多部法律中明确了以可持续发展为立法目的。其后，中国将“生态文明”纳入治国理政总体布局，逐步形成了以可持续发展为价值目标、以生态文明建设为治理手段的国家治理框架，形成“建设生态文明是中华民族永续发展的千年大计”[5] 的治理逻辑。以生态文明建设实施可持续发展战略，是中国对世界可持续发展作出的独特贡献，也是为全球环境治理体系提供的中国方案。这一具有中国特

[1] 参见吕忠梅、田时雨：《环境法典编纂何以能——基于比较法的背景观察》，载《苏州大学学报（法学版）》2021 年第 4 期。

[2] 参见李挚萍：《可持续发展原则基石上的环境法法典化——瑞典〈环境法典〉评析》，载《学术研究》2006 年第 12 期。

[3] 感谢中国法学会环境资源法学研究会“外国环境法典翻译出版”课题《柬埔寨环境与自然资源法典》翻译组负责人王社坤教授提供的中文翻译文本及其说明。

[4] 这是国际社会出台的第一部国家级 21 世纪议程。参见刘培哲：《可持续发展理论与〈中国 21 世纪议程〉》，载《地学前缘》1996 年第 1 期。

[5] 习近平：《决胜全面建成小康社会 夺取新时代中国特色社会主义伟大胜利——在中国共产党第十九次全国代表大会上的报告》（2017 年10 月 18 日），载《人民日报》2017 年10 月28 日，第 1 版。

色的治理方案，正在对世界形成越来越大的影响，越来越多地体现在国际法文件中。最明显的例子是，联合国2021年在昆明召开的《生物多样性公约》第十五次缔约方大会，主题是“生态文明：共建地球生命共同体”，旨在倡导推进全球生态文明建设，努力达成公约提出的到2050年实现生物多样性可持续利用和惠益分享，实现“人与自然和谐共生”的美好愿景。[1]

从理论上看，可持续发展与生态文明都是反思传统发展方式、提出人类发展或者文明形态构想的理论成果。西方国家的学者从马克思主义自然观出发，提出了生态文明构想但有空想成分且停留于理论。[2]中国学者共同创造了生态文明理论，中国政府把生态文明理论变成了治国理政的生动实践，取得了实施“可持续发展”的巨大成就，这个经验既是中国的，也是国际的。因此，中国环境法典编纂可以使用“可持续发展”这个“世界通行语言”作为核心价值，表征生态文明的丰富内涵，可以使环境法典成为共谋全球生态文明建设的标志性成果，引领世界生态文明法治建设。

二、统筹国内国际法治贡献中国智慧

习近平总书记提出的“地球生命共同体”理念，从全球视野高度概括了人与自然的关系，科学揭示了人与自然之间、自然物之间的命脉相连、辩证统一关系。对于环境治理的指导意义在于从全球视野范围，重视环境治理不是人对环境的单向作用，而是寻求人与自然和谐关系的双向过程。这一环境治理理念与思路的变革，需要通过环境法典的制度设计实现，包括国内环境法治与参与全球环境治理规则两个维度。

从国内环境法治规则更新角度看，“地球生命共同体”理念要求环境治理中注重人与自然的和谐共生关系，在一定程度上以平等的观念对待自然特别是其他生命体，从而奠定人与自然和谐相处的真正基础。

---

〔1〕 参见段易成：《2021“COP15”将在昆明举办 生态文明成为大会主题》，载《人民日报（海外版）》2020年9月7日，第11版。

〔2〕 参见潘岳：《论社会主义生态文明》，载《绿叶》2006年第10期。

“地球生命共同体”理念指导环境法典编纂将视野扩展到人与自然和谐共生理念下的整个人类生产和消费体系，整体性思考环境治理的策略和路径，以生产方式和消费方式的改变来从根本上确立环境治理的新模式。在环境法典的基本制度设计中，除有污染控制和自然生态保护制度之外，还应补充和完善绿色低碳发展制度。以人与自然和谐为目标、以可持续发展理念为指导，确立推进低碳发展、绿色发展的能源制度、清洁生产制度和物质能量循环利用制度，以及促进绿色消费的制度体系。

从参与全球环境治理规则角度看，“地球生命共同体”理念在构建人类命运共同体框架下推动全球环境协同治理，需要我国坚持以多边主义为引领，积极参与联合国《世界环境公约》的谈判，积极参与全球生物多样性治理、应对气候变化公约谈判等进程，认真履行《生物多样性公约》和应对气候变化公约等相关的国际条约和规约，积极参与生物多样性和气候变化相关国际标准、议定书的制定，〔1〕也需要完善国内有关生物多样性、应对气候变化的专项立法。然而，全球环境治理规则虽然不是作为国内立法的环境法典的立法对象，但生物多样性保护、应对气候变化等都具有国内国际关联性。从规则需求来看，在环境法典的逻辑体系中，可以在“总则编”中规定国家环境保护目标、公民环境权等制度；在“自然生态保护编”设置专章，将生物安全、物种与基因多样性的保护作为生态保护法的重要内容；〔2〕在“绿色低碳发展编”设立国际合作与气候变化应对专章，建立多元主体共同参与国际合作机制，推动以多维举措落实“双碳”目标，实现中国对国际社会的承诺，国家推动形成长期性、机制性的环境保护与气候合作伙伴关系，引导地方政府、企业、科研机构、行业协会等参与环境保护与应对气候变化国际合作项目，建设多领域、多层面的国际合作网络。〔3〕

---

〔1〕 参见孙金龙、黄润秋：《加强生物多样性保护共建地球生命共同体》，载《求是》2021 年第 21 期。

〔2〕 参见巩固：《环境法典自然生态保护编构想》，载《法律科学（西北政法大学学报）》2022 年第 1 期。

〔3〕 参见张忠民：《环境法典绿色低碳发展编对可持续发展理念的体系回应与制度落实》，载《法律科学（西北政法大学学报）》2022 年第 1 期。

法律具有时代性，法典以彰显时代特色为历史使命。在我国把生态文明建设纳入中国特色社会主义事业“五位一体”总体布局、加快推进生态文明建设的时代背景下，我国的环境法典编纂要为生态文明建设夯实法治基础、提供法治保障。“坚持人与自然和谐共生”是生态文明建设新时代，坚持和发展中国特色社会主义的一条基本方略，环境法典应为“人与自然和谐共生的现代化”的法律需求提供体系化方案。在这一具有丰富层次结构的体系化方案中，坚持以人民为中心的立场，以保障公众健康为中心展开制度设计，实现满足人民群众对美好生活环境的向往，可以回答新时代对环境法典提出的终极追求之问；以重构法律关系的方法，处理好高水平保护与高质量发展的关系，可以回答新时代对环境法典提出的人与自然关系重构之问；通过完善共治型制度体系的路径，提升环境治理体系现代化水平及能力，可以回答新时代对环境法典提出的重构环境治理体系之问；通过将“双碳”纳入制度视野完善国内环境法治与兼顾参与全球环境治理规则的创新，实现共建地球生命共同体，可以回答新时代对环境法典提出的民族性与国际性之问。中国环境法典可以从前述立场、方法、路径等维度，为“坚持人与自然和谐共生”提供法治保障，回答生态文明时代之问，为全球生态法治建设贡献中国智慧，为全球生态文明建设贡献中国方案。

下篇　环境法典编纂法理创新

第五章　中国环境法典的法哲学基础

环境法典编纂作为环境立法的最高形式，本质是在一定哲学观念指引下进行的环境法规范体系化，目标是通过将现实中历史起源不同、立法理念各异、立法技术参差、措施工具多元以及规制水平不齐的分散性规范纳入一部法律，构建统一的"人与自然生命共同体"[1]规则。但是，作为新兴法学领域的环境法，具有明显的问题应对特征，法学理论和知识储备与环境法典编纂的要求还有一定差距，必须尽快加以解决。深刻反思传统法学理论，重新认识人与人、人与自然的关系，在环境法典编纂研究中完成理论创新、制度创新、实践创新，是从内部提升环境法的统一性、从外部改善环境法与相关法律的协调性，提升生态文明体系的法治化水平和能力的必然要求。在此意义上，编纂者所秉持的人类观、自然观，构成环境法典的"前见"[2]，也是环境法典编纂研究必须首先解决的立法哲学问题。

第一节　环境法典中的"人"

法律是人的行为规则，如何认识人类，决定着法律的方向。"具有普遍性的法律规则只能根据人的普遍类型来制定——而且对不同的法律

---

〔1〕 习近平：《共同构建人与自然生命共同体——在"领导人气候峰会"上的讲话》，载《中华人民共和国国务院公报》2021年第13号。

〔2〕 本文借鉴伽达默尔关于"前见"的理解，认为解释者在面对作品时，总是在最初就具有某种筹划的意义，因为解释者总是带着某种特定的意义的期待去理解文本。参见［德］汉斯－格奥尔格·伽达默尔：《诠释学Ⅰ：真理与方法》（修订译本），洪汉鼎译，商务印书馆2010年版，第391页。

时代而言,多样态的不同的人类特性表现为典型的、本质性的,是法律规范化的重要出发点。"[1]从法学家关于如何认识人类的各种学说中,我们可以看到两个层次的展开:一是对人的自然属性和社会属性的认识;二是基于以上认识确定某一法律关系的主体资格,其核心是通过设定的人性标准为特定法律制度体系奠定价值基础。环境法典编纂的本质是环境立法体系化,必须以一定的人类观为基础;但与传统法律只关注人与人之间形成的社会关系不同,环境法的终极关怀是人在自然环境中如何持续生存和发展,这使如何认识人的自然属性与社会属性并设定与之相适应的人性标准成了最重要的理论问题。

一、从生态系统居民到地球村居民

以环境法的视角来观察人类是怎样的一种存在,可以发现地球上有两个世界、两种"人"。一是自然世界和生活在这个世界中的人。在这个世界中,人与其他生物一样,是地球生态系统中的一个生物种群,需要土地、清洁的空气、清洁的水以及生态系统提供的物质、能量和服务,通过"衣食住行"与自然进行物质交换、能量流动、信息传递,这样的人具有明显的自然属性。二是人类文明世界和生活在这个世界中的人。在这个世界中,人完全不同于其他生物,不仅能够直立行走、衣冠楚楚,而且会为追求幸福生活形成社会、建立国家,以智慧创造物质财富、精神财富、文化财富;需要人与人之间合作,需要以土地、水、森林、草原、矿藏作为劳动对象,需要欣赏、享受自然,还需要自然提供科学发明、技术创新和文学艺术创作的"灵感",这样的人具有明显的社会属性。实际上,人的自然属性与社会属性在两个世界中并存,我们的身体属于自然世界、思维属于文明世界,正是无数个"活生生"的人[2]构成了法律上不同的

---

[1] [德]古斯塔夫·拉德布鲁赫:《法律上的人(1927年)》,载[德]古斯塔夫·拉德布鲁赫:《法律智慧警句集》,舒国滢译,中国法制出版社2001年版,第142页。

[2] 马克思认为:"历史什么事情也没有做,它'并不拥有无穷尽的丰富性',它并'没有在任何战斗中作战'! 创造这一切、拥有这一切并为这一切而斗争的,不是'历史',而正是人,现实的、活生生的人。"参见中共中央马克思恩格斯列宁斯大林著作编译局译:《马克思恩格斯全集》(第2卷),人民出版社1957年版,第118~119页。

人类生活图景。

从起源上看，人是地球演变过程中从其他生物种群中进化而来的灵长类动物。人与其他动植物一样，都由地球上 C、H、N、O 等元素组合而成。人与动物有共同的祖先——单细胞生物，最早的人类与另外一种动物也有相同的父亲和母亲。来源于自然的人与所有生物一样，有生命周期、有竞争本能，以生存为第一需求。但与植物为了生存进化出有毒的汁液或鲜艳的颜色假装有毒、动物为了生存进化出锋利的爪牙或发达的肌肉不同，人为了生存进化成为地球上会利用动物、植物，并把动植物的能力变成自己能力的"最高级动物"。在这个过程中，人从来源于动物，到区别于动物，再到通过劳动改造动植物、改造世界，越来越会思维、会学习、会创造，获得了强大的适应自然和改变自然的能力，成为能够有自由意识活动、追求更高发展目标的生物。[1]

以历史眼光看，人只有征服外部的自然才能生存，而在这一过程中，人又必须控制其自身的自然。[2] 人类文明的发展进程，实际上是人在征服外部自然的同时控制人自身的自然，导致人的自然属性与社会属性日益对立的过程。人类在以采集和狩猎为生的时代，逐渐认识并模仿森林生产，形成农业。为获得更多的食物，发明了灌溉、冶金、农具制作等技术，使用畜力、风能等，人类开始改变自然。在以农耕为主的社会形态下，人类生存高度依赖生活其中的一种或两到三种生态系统，敬畏自然、崇拜自然、顺应自然，是自然属性与社会属性和谐相处的"生态系统居民"[3]。随着科学技术的发展，工业革命带来了生产力水平的巨大飞跃，人可以利用地球范围内的各种生态系统满足自己的生存需求，开始对生态系统进行掠夺式开发利用，人类由生态系统居民变成为"生物圈居民"[4]，人的自然属性逐渐被轻视甚至有意忽视、社会属性得到极大彰显，环境问题随之产生。面对日益严峻的环境问题挑战，我们终于认

---

〔1〕 参见张奎良：《马克思人的本质概念的演绎程序》，载《马克思主义研究》2014 年第 11 期。

〔2〕 参见王晓升：《世界、身体和主体——关于主体性的再思考》，载《中国社会科学》2021 年第 12 期。

〔3〕 余达忠：《生态文明的发生学诠释》，载《三明学院学报》2009 年第 1 期。

〔4〕 余达忠：《生态文明的发生学诠释》，载《三明学院学报》2009 年第 1 期。

识到:“人类正和剩余的生物作最后一次斗争。如果人类再继续把自己的意志强加于这个世界,那么赢得的只是一次卡德摩斯式(Cadmean)的‘胜利’:先失去了生物圈,然后整个人类也将不复存在。”[1]进入生态文明时代,人必须在地球生态系统承载能力范围内满足自己的生存需求,找回人自身的自然属性,并建立人与自然和谐共生的社会、国家、世界,使人由生物圈居民变成地球村居民。

人类进化过程中产生的法律所体现的是人类控制自身的自然的本质。法律既是约束人类兽性与暴力的“枷锁”,又是彰显人类尊严和文明的“花环”。如果说自然属性意义上的人必须以空气、阳光和水为生存的条件,社会属性意义上的人则需要以法律为生存和发展的空间。人的自然属性必然带有的恣意、贪婪、自私等“恶性”,只能通过法律的理性力量最大限度地加以刚性遏制,人才能获得征服外部自然的最大力量,创造更加丰富的物质文明。回顾法律发展史,生态居民时代的法律,人的自然属性拥有一席之地;但进入生物圈居民时代后,人类开始有意无意地轻视甚至忽视人的自然属性,在法律上不断加大“驱逐”人的自然属性力度,把活生生的人逐渐抽象成为理性的社会平均人,导致人与自然的对立达到极限,人类的发展也付出了惨痛的代价。人类进入地球村居民时代,欲解决人与自然对立的法律问题,必须从源头上解决人自身的自然属性与社会属性和谐共生问题。

二、从当代人到后代人

法律上的“人”并非单纯生物学意义上的人,而是由法律所确定的法律主体资格。古代法上的奴隶不是法律上的“人”,妇女、儿童在很长时间内也不是法律上完全的“人”。只是到近代,“权利能力”概念的出现,才完成“人”的法律概念转化,明确了法律上的“人”是作为权利主体的自然人、是一切自然人。在这个意义上,法律上的“人”有两个重要特征:一是有生命周期,其权利始于出生、终于死亡。因为“关于出生之前

---

〔1〕[美]爱德华·威尔逊:《生命的未来》,陈家宽等译,上海人民出版社2005年版,第60页。

人从何处而来,去世之后有没有地方可以去以及去到何处的问题,明显不属于法律科学要解决的问题”。[1] 二是有社会资格。“自然人作为一个个体或者只有一个自然人时,不能成为法律上的人。要成为法律上的人,他必须获得与其他人组成的‘社会’成员的资格。”[2]这清楚地表明:法律只关注人的社会属性,而“出生前从何处来、去世后去到何处”是人的身体与自然之间关系问题,并非确认人“社会成员资格”的法律范畴问题,法律不必考虑或者不必重点考虑。[3] 将人的自然属性排除在法律之外,造成人生活的“自然世界”与“文明世界”的隔离直至对立。这种只考虑现实不管未来的人类观,恰是生态环境问题产生的根源。

“我们连同我们的肉、血和头脑都是属于自然界和存在于自然之中的。”[4]从人的自然属性看,不仅人的身体与自然界物质构成完全相同,而且人血液中的各种元素与地球上各种元素的丰度呈明显的相关性。[5] 换言之,地球储存多的元素在人的血液中含量就高,反之亦然。这表明人与自然存在空间和时间上的不可分离性:空间上,人类以血肉之躯参与自然界的物质循环、能量流动;时间上,人类以种群繁衍方式呈现与自然界相同的物质不灭、能量守恒规律。如果将人的自然属性排除在外,社会充满无限的机会,任何一种选择都不会排斥对其他机会的占有,人在自然面前既不需要对自己的行为后果负责,也不需要考虑自己的行为对他人和未来产生的影响,只需要考虑自己在有限的生命周期内如何最大化地利用自然。如学者所描述的:“一个猎人露宿在大平原上,一堆小小的篝火给他带来了闪烁不定的光明和时断时续的温暖。一缕清烟溶入浩翰晴朗的夜空。第二天,猎人起身离去,身

---

〔1〕［德］汉斯·哈腾鲍尔:《民法上的人》,孙宪忠译,载《环球法律评论》2001 年第 4 期。

〔2〕［德］汉斯·哈腾鲍尔:《民法上的人》,孙宪忠译,载《环球法律评论》2001 年第 4 期。

〔3〕虽然民法关于人的生命周期问题有许多讨论,也有不同学说,现代民法还确认了胎儿继承权,但依然是以生命已然存在并且活着来到现世为核心要义,并不关注人类繁衍意义上的后代人。

〔4〕［德］恩格斯:《自然辩证法》,中共中央马克思恩格斯列宁斯大林著作编译局编译,人民出版社 2018 年版,第 314 页。

〔5〕参见何燕、周国华、王学求:《从微量元素与人体健康关系得到的启示》,载《物探与化探》2008 年第 1 期。

后留下灰烬、残羹剩饭和他的粪便。走出10步之遥,这些就从他的视线和嗅觉中消失了……他向着地平线继续前进,去寻找新的猎物。"[1]但实际上,随着人类为了更多的"猎物"不断地扩大寻找范围,把储存于地球深处的矿藏、能源挖掘到地球表面并通过燃烧、冶炼等方式排放多余物质,让人生活在一个被"毒化"的世界中,[2]一些人体中原本没有的物质或者人的生物机能无法降解的物质通过呼吸、食物链进入人体,日积月累导致公害病的爆发,对人的生命健康以及正常繁衍造成威胁。无数个人的环境污染和资源破坏行为最终导致了今天的气候变化、生物多样性丧失等全球性生态危机,[3]人的自然属性与社会属性的对立达到极致,人类的未来将毁灭在自己手中。到此时,法律如果还不关注人的自然属性,无异于从制度上加速人类毁灭进程。在这个意义上,环境法的产生代表着新的人类观形成,是对传统法律进行"革命"的开始。[4]

客观而言,不同历史时期呈现出不同的人类观并形成鲜明的法律思维方式是一种正常现象。在生态系统居民时代,人类生活在封闭且相对狭小的空间之中,生存环境迫使他只能以自身为参照,法律思维主要是面向过去,所呈现的是崇拜和敬畏自然的人类观。在生物圈居民时代,人们的生活空间得到迅速且大规模扩展,新大陆的发现、工业革命的兴起和科学技术的发展将世界连接起来,各种经济活动开辟了广泛的横向交往关系,不断扩大的生存环境使人们可以寻求共时态的外在参照系,形成面向现实的法律思维方式,所呈现的是藐视自然战胜自然的人类观。今天,生活在地球村居民时代的我们,一方面,信息社会与数字经济使创造成为人类社会发展的动力与源泉,要求人类更好地把握和认识未

[1] [美]阿伦·克尼斯、[美]罗伯特·艾瑞斯、[美]拉尔夫·德阿芝:《经济学与环境——物质平衡方法》,马中译,生活·读书·新知三联书店1991年版,第1~2页。

[2] 参见[美]蕾切尔·卡森:《寂静的春天》,吕瑞兰、李长生译,上海译文出版社2008年版,第39~100页。

[3] 参见世界环境与发展委员会:《我们共同的未来》,王之佳等译,吉林人民出版社1997年版,第31~44页。

[4] 参见吕忠梅:《论革命的环境法》,载杨紫烜主编:《经济法研究》第2卷,北京大学出版社2001年版,第332~373页。

来；另一方面，日益严重的环境问题不断发出警醒，环境污染和生态破坏一旦形成难以逆转，自然没有给人类留下试错的机会，人类不想自我毁灭，就必须高度重视面向未来的前瞻性和预警性反馈机制，形成新的法律思维方式，建立人与自然和谐共生的人类观。这种新的人类观必然会在考虑当代人生存与发展的同时，考虑满足后代人生存与发展需求，建立人类与自己的未来相联系的法律制度，以实现“既满足当代人的需要，又不对后代人满足其需要的能力构成危害的发展”。[1]

将后代人纳入法律上的“人”，必须正视自然是生命之源更是价值之源这样的基本事实，重视人与自然的空间关系、时间联系，改变人类以自然的主人自居的傲慢与偏见，将生态理性纳入人性考量，建立新的人性标准。

三、从“经济人”到“生态理性经济人”

“法律是人类最伟大的发明。别的发明让人类学会驾驭自然，而法律的发明，则令人类学会如何驾驭自己。”[2]法律驾驭自己的最重要方式就是为法律设置一定的人性标准，通过控制人自身的自然属性来最大限度地实现社会属性。法律上的人经历了古代法上与黄色文明相适应的“道德人”[3]（生态系统居民）、近现代法上与黑色文明相适应的“经济人”[4]（生物圈居民），进入后现代法时代，人们需要建立与绿色文明相适应的人性标准，界定地球村居民的法律属性。

20世纪中叶，世界上发生了对工业文明时代法律人性标准的反思，其中一个重点是针对日益严重的环境问题，探究“文明人跨越过地球表

---

[1] 世界环境与发展委员会：《我们共同的未来》，王之佳等译，吉林人民出版社1997年版，第52页。

[2] Lyndon B. Johnson, *Remarks to the Delegates to the Conference on World Peace Through Law*, September 16, 1965, in Gerhard Peters and John T. Woolley, The American Presidency Project, https://www.presidency.ucsb.edu/node/240543.

[3] 参见［美］乔治·萨拜因：《政治学说史·民族国家》（上），［美］托马斯·索尔森修订，邓正来译，上海人民出版社2015年版，第353～355页。

[4] 参见［德］古斯塔夫·拉德布鲁赫：《法律上的人（1927年）》，载［德］古斯塔夫·拉德布鲁赫：《法律智慧警句集》，舒国滢译，中国法制出版社2001年版，第145页。

面，在他们的足迹所过之处留下一片荒漠”[1]的法律原因，质疑“经济人”的有限理性，也逐渐认识到，人与其他动物的最大区别在于有思维、有智慧。人不是被动地接受外界刺激，而是具有能动性或主动性，可以通过预测行为后果实现“趋利避害”。[2] 如果在法律上只关注人的社会属性，将人设定为一个在经济社会交往中具有健全意识和完备理性的成年人，并将人的自由意志置于最高地位，把人与自然的关系简化为经济关系或主客体关系，必然引发生态危机。

“经济人”假设下的自然人也有生命周期，但这个周期只是作为参与经济社会活动的“行为能力”或法律关系产生、消灭的时间节点，完全是社会关系意义上的判断，人的自然属性不包括在内，实际上排除了人与自然的关系。这个判断没有看到：人的存在，必须以人与自然在一定空间内进行正常的物质循环、能量流动和信息传递为基础，离开了自然，无所谓人，也无所谓人性。“经济人”假设简单地将人抽象为社会平均人，认为人的理性完备，其追求的个人利益最大化必然带来社会利益最大化。这种假设忽视了人的生命来自自然并与自然不可分离的基本属性，忽视了人的生命有限而带来的理性有限和“趋利避害”本能，鼓励人为了满足自身的需要罔顾环境成本，对已经产生的负面后果通过建构新的客体对象加以逃避，最终导致自然资源枯竭、人群健康受害、生态平衡破坏。可见，在人的自然属性缺失的情况下，“经济人”既不能正确判断自己的最大利益，也不能正确地运用自然对象与手段来实现自身价值或者创造价值，导致消费主义、享乐主义盛行，[3]是一种不可持续的生存与发展方式。因此，运用法律手段解决环境问题，需要建立新的人性标准，这个标准必须将人的自然属性与社会属性纳入统一考量。

人的自然属性表现为人的身体构成及其生命机制与自然的不可分离性。换言之，人必须在一定的自然空间中生存并且与自然进行物质与

---

〔1〕［美］弗·卡特、［美］汤姆·戴尔：《表土与人类文明》，庄崚、鱼姗玲译，中国环境科学出版社1987年版，第3页。

〔2〕参见赵时亮：《经济人的生命周期性》，载《经济学家》2002年第6期。

〔3〕参见焦君红、孙万国：《从“经济人”走向“生态理性经济人”》，载《理论探索》2007年第6期。

能量交流,一旦这种交流被切断,人将无法生存,人类社会也将不再存在。这是人类付出了严重环境污染带来的千百万人健康损害、生态破坏导致生活环境恶化的惨痛代价才得到的认识,体现了人类理性深化与升华的生态理性。但是,人类文明走到今天,不可能也不必要回到茹毛饮血的原始人时代,必须继续向前发展。因此,我们不能完全否认法律上"经济人"标准的积极意义,可行的思路是对"经济人"标准进行生态化拓展,将生态理性纳入"经济人"的内涵,在法律的人性标准中确立多元化利益目标和追求经济效率的生态伦理界限:一方面,将良好生态环境和生活环境等非物质财富纳入"经济人"的利益目标,为新的专门生态环境立法确立保护生态环境的新人性标准;另一方面,将人为了经济目的而对自然的改造活动限制在生态环境承载能力范围之内,对"经济人"的经济行为进行生态理性约束。

世界范围内,从 20 世纪 60 年代后期出现了专门环境立法,对传统法律进行"绿色化"改造也逐渐成为一种普遍的法律现象,到 20 世纪 90 年代,联合国制定的可持续发展议程及其行动计划,明确要求以可持续发展为标准对所有法律进行评估和修改,[1]我们都可以发现将生态理性纳入"经济人"标准的具体实践。首先,承认"经济人"的自然生存需求,人追求的利益目标不仅仅是物质财富,还包括感官心理、生态环境等非物质条件的满足,生产者把降低环境成本、消费者把景观享受和生态消费作为追求的利益目标,为将生态理性的纳入提供利益动机,如以宪法和专门法形式确认国家环境保护目标或确立公民环境权。[2] 其次,承认"经济人"的自然生命周期,经济活动本身的连续性和持续性要求"经济人"在考虑(或计算)利益时必须兼顾眼前和将来、短期和长期,把可预见的将来与后代人需求综合考虑,为形成总体利益的最优化新理性提供基础,如在民法中规定生态环境保护义务。[3] 这使得"经济人"成

---

〔1〕 参见联合国官网(https://www.un.org/zh/documents/treaty/21stcentury)发布的《21 世纪议程》。

〔2〕 参见张震:《宪法上环境权的证成与价值——以各国宪法文本中的环境权条款为分析视角》,载《法学论坛》2008 年第 6 期。

〔3〕 参见吕忠梅:《〈民法典〉"绿色规则"的环境法透视》,载《法学杂志》2020 年第 10 期。

为一个能够综合全面判断自身行为所带来的后果的理性人。一个人污染环境而造成生态环境破坏，可能获得短期经济效益，但会遭到两种损失：一是长期经济利益减少；二是环境恶化影响生命健康。于是，加入生态理性的“经济人”会将对生命健康影响、长期经济利益与短期经济效益统筹考虑，形成解决环境问题的内在动力，使可持续发展得以实现。

基于这种认识，环境法典设定的新人性标准，以深刻认识“经济人”有限理性为出发点，统筹考虑人的自然属性与社会属性，将生态观念纳入“经济人”“理性”，塑造了一个新的“生态理性经济人”。

首先，“生态理性经济人”是生物属性与社会属性俱在的活生生的人，可以在自己有限的生命周期内，跳出眼前利益、局部利益、个人利益的局限，为后代人“算计”，把逐利行为限制在不造成生态环境问题的范围内，形成有利于生态环境保护的利益偏好。

其次，“生态理性经济人”尊重自然、顺应自然，能够对与生态环境有关的事物作出符合生态学的评价，会将经济利益与生态利益共同“算计”，在某一活动经济价值与生态价值发生冲突和矛盾时，可以作出正确的决策。

最后，“生态理性经济人”在经济活动中，会自觉地选择生态型生产方式，遵循生态理性的原则，在追求社会效益和维护生态安全的前提下实现自己的最优利益，成为保护生态环境的重要责任主体，做到节能、低耗、无公害；在社会生活中，会自觉选择绿色消费，不以占有的物质财富、消费水平作为衡量生活质量的标准，而是追求绿色低碳的生活方式，超越“小我”，自觉表达对自然的尊重与敬畏，体现人与自然和谐共生的新境界。

第二节　环境法典中的“自然”

环境法典编纂，在明确了人性标准后，还必须解决如何“安放”自然的问题。近代法律中，自然并未完全进入法律的范畴，只是从对人的经济有用性角度，将能够作为“资源”或“有用要素”的部分纳入法律关系，作为权利客体,[1]受到法律保护;对那些无法直接产生经济效用的部分,如空气、无经济利用价值的野生动植物等,因无法排他占有或不能获得经济利益而不能纳入法律的保护。这是将人的自然属性排除在法律之外的必然结果,所体现的是法律只保护对人现世有用、对创造经济价值有用的"客体"的"经济人"思维。当环境法典将"生态理性"纳入经济人标准后,"生态理性经济人"眼中的自然必然更加广阔和高远。

一、从自然资源到自然环境

人类诞生以来,自然既为人类提供生存条件,也是人类的劳动对象,是生产力的组成部分。土地可以种植、草原可以放牧、矿藏可以开采加工、水流可以航行等,鉴于自然对经济活动的不可替代性,人们将这些自然要素称为自然资源。自然资源对于人类的经济活动具有稀缺性、多宜性和有效性的特征,如矿藏有一定储量、水有多种用途、森林可有效砍伐等。自然资源对人类社会具有开发、利用价值,但其数量和种类有限且用途多样,于是产生了如何将有限的自然资源在多种用途上进行分配的问题,由此成为法律关系的客体。对于那些取之不尽、用之不竭的自然因素,如太阳、月亮、空气、海洋等,因为任何人的要求都能得到满足,不存在分配问题,法律不必考虑。还有一些自然要素对经济活动不具备有效性,如野生动植物,在种群数量少且未被发现对人类有用的价值时,无论多么稀缺和珍贵,人们缺乏竞相开发利用的动力,不存在分配问题,法律不用关照。

实际上,传统法律上"自然资源"的基本含义是资财的来源。联合国环境规划署将其定义为:"所谓资源,特别是自然资源,是指在一定时间、地点的条件下能够产生经济价值的、以提高人类当前和将来福利的自然环境因素和条件。"[2]作为法律保护对象的自然资源必须具备有效

---

〔1〕 这里采区分法律关系客体与权利客体的学说。参见颜俊、姚建宗:《法律关系客体理论新探》,载《当代法学》1993年第2期。

〔2〕 杨秀苔、蒲勇健编著:《资源经济学:资源最优配置的经济分析》,重庆大学出版社1993年版,第12页。

性、多宜性和稀缺性。有效性表征其经济发展的物质基础和社会生活的物质来源属性,而自然资源对于不同人群有不同用途而呈现出的多宜性导致竞争性利用,凸显其稀缺性。有效性、多宜性、稀缺性产生如何分配的问题,法律的任务之一就是通过建立一定的自然资源分配制度实现提高自然资源利用效率的目的。此时,法律意义上的自然资源既具有物理属性,也具有法律属性,当其为人类所认识与控制而带来经济价值并得到法律认可时,即成为法律关系主体支配和需要的客观实体。随着科学技术的迅猛发展,人类对自然资源利用规模、深度和广度不断扩大,法律上"自然资源"的范围、形式和类型随之发生改变。从总体上看,法律关系客体的范畴及其类型呈现出扩张与分化的发展样态,过去一些不被法律关注的自然要素,随着权利义务的不断发展,也逐渐被纳入法律的范畴。

工业革命使人类获得了开发利用自然资源的巨大能力,也带来了日益严重的环境问题。随着一些国家环境污染和破坏的态势日趋扩大,人们对自然惠及人类的生存和发展双重福祉有了进一步认识。在不断加大对矿产资源开发利用规模和速度的过程中,不仅矿产资源越采越少,而且土地、森林、水资源遭到了破坏,冶炼排放的废气、废水、废渣还造成了空气、土壤、水的污染,"矿业公害"及与之相关的"工厂公害""城市公害"成为西方国家最早也最为痛切的环境问题。[1] 人们在看到自然资源并非"取之不尽、用之不竭"的同时,也意识到毫无节制地开发利用自然资源可能给人类生命健康带来巨大风险。20 世纪 30 至 60 年代,马斯河谷事件、伦敦烟雾事件、水俣病事件、四日市哮喘事件、痛痛病事件等重大公害事件相继发生;泰晤士河、莱茵河等欧陆主要河流水质恶化、鱼虾绝迹;爱尔兰海上的海鸟因体内累积多氯联苯中毒而亡;格陵兰岛冰盖层中的铅、汞含量持续上升。人类发明的"滴滴涕"等杀虫剂可以消灭害虫、带来粮食大丰收,但同时也循着食物链进入人体、损

〔1〕 参见梅泠、付黎旭:《日本环境法的新发展——〈环境法的新展开〉译评》,载韩德培主编:《环境资源法论丛》第 2 卷,法律出版社 2002 年版,第 210 页。

害人类生命健康,使人类为征服害虫而付出沉重的代价。[1] 面对这样的局面,西方国家的有识之士开始以不同的态度观察自然、理解自然、研究自然,提出环境保护的思想,强烈呼吁保护自然。[2] 1968 年,联合国大会通过 2398 - XXIII号决议,决定召开关于"人类环境"的世界会议,[3] 号召世界各国开展环境问题大讨论,寻找应对环境问题的法律基础。1972 年,联合国人类环境会议在斯德哥尔摩召开,大会通过的《人类环境宣言》明确提出"环境保护"的概念并呼吁各国采取法律手段保护环境。[4]

当严重的环境污染以数以千计的生命健康受害呈现在人们面前,公害事件所带来的社会动荡直接威胁国家安全时,国家不得不出手加以解决。1969 年 12 月 31 日,美国国会通过世界上第一部综合性环境保护立法——《美国国家环境政策法》,这部法律的核心内容有三:明确宣布国家环境政策和国家环境保护目标,确立具有约束力的政策目标执行制度及其程序性规定(环境影响评价制度),设立国家环境质量委员会。[5] 这种立法模式被各国纷纷仿效,"环境"作为法律的保护对象而逐渐形成为一个独立的概念。[6] 环境法上的"环境",在保留指代相对于中心事物而言的外部要素集合内涵的同时,从围绕人类生存展开对"环境问题"法律识别的角度,被界定为"国家各种主要的自然、人为或改造过的环境的状况与情况,包括但不限于空气、水(包括海域、海湾及淡水)以及陆地环境(包括但不限于森林、干地、湿地、山脉、城市、郊区及乡村环境)",[7]

---

〔1〕 参见[美]蕾切尔·卡森:《寂静的春天》,吕瑞兰、李长生译,上海译文出版社 2008 年版,第 18 ~ 27 页。

〔2〕 参见林丽婷:《西方绿色思潮对人与自然关系的哲学思考及其生态启示》,载《南京林业大学学报(人文社会科学版)》2018 年第 1 期。

〔3〕 参见[法] 亚历山大·基斯:《国际环境法》,张若思编译,法律出版社 2000 年版,第 31 页。

〔4〕 参见《人类环境宣言》,载曲格平、彭近新主编:《环境觉醒:人类环境会议和中国第一次环境保护会议》,中国环境科学出版社 2010 年版,第 144 ~ 148 页。

〔5〕 参见张辉:《美国环境法研究》,中国民主法制出版社 2015 年版,第 3 页。

〔6〕 参见李挚萍:《环境法基本法中"环境"定义的考究》,载《政法论丛》2014 年第 3 期。

〔7〕 《美国国家环境政策法》第 4341 条。参见全国人民代表大会环境与资源保护委员会编:《世界环境法汇编·美国卷》,中国档案出版社 2007 年版,第 3 页。我国《环境保护法》第 2 条也将"环境"定义为"影响人类生存和发展的各种天然的和经过人工改造的自然因素的总体"。

即“自然环境”。

在法律上确立“环境”的概念，是基于这样一种认识：自然是人类生存和发展的物质基础，不仅为人类提供基本的物质生活条件，直接或间接地影响甚至决定人类的生存和发展，而且可能受到人类活动的影响而被污染和破坏。这是一种新的自然观，至少在两个方面对传统法律实现了超越：一是承认自然也需要法律加以保护，而不再被单纯地当作开发利用的对象；二是将自然整体纳入法律保护的对象，承认自然的价值，不再以是否对人具有经济价值作为唯一判断标准。

二、从自然环境到环境资源

在法律上确立“环境”的概念，使“自然环境”作为一个整体进入法律视野，是巨大的进步。但此时的“自然环境”更多聚焦于“要素”，着重对空气、水、森林等单个环境要素的保护，于是出现了清洁空气法、清洁水法、大气污染防治法、水污染防治法等单项环境立法。

为此，各国不仅在法律上对“环境”进行界定，而且特别强调以国家承担环境保护职责的方式保护环境，建立了以行政管理为主的环境保护法律机制，意图通过严格的行政控制措施解决环境问题。各国不断制定新的环境要素保护单项法律，加强专门环境监管机构建设，制定环境标准，加大对环境污染的治理力度。例如，美国为实施《美国国家环境政策法》及相关单项法律，专门设立联邦环保局，作为直接向总统负责的独立行政机构，环保局长可以列席内阁会议。总统在建立联邦环保局的行政命令中指出，联邦环保局是一个“标准研究、制定和执行部门”，其职责不仅是保护人类的健康，还包括对动物、生态的保护。[1] 这些措施起到了积极作用，在一段时间内，局部的环境污染得到控制，一些国家环境严重恶化趋势得到遏制、环境质量好转，社会生活归于正常。

但是，进入20世纪70至80年代后，以更大范围环境污染和生态破坏为标志的全球性环境危机开始爆发，出现了全球性酸雨、臭氧层空洞、

---

〔1〕 参见吕忠梅、杨诗鸣：《美国环境法实施机制之透视——以环境公益损害救济为例》，载《湖南师范大学社会科学学报》2021年第2期。

气候变化和热带雨林锐减等大规模生态破坏,以及印度博帕尔农药泄漏事件、美国三里岛核电站泄漏事故、瑞士巴塞尔赞多兹化学公司莱茵河污染事故等突发性严重污染事件。如果说20世纪30至60年代的严重环境事件主要来自工业生产的污染造成对人体健康的危害,时间跨度长、规模不大、影响范围有限,且主要发生在发达国家,那么20世纪70至80年代发生的严重环境事件则既对人群健康带来影响,又对生态环境带来破坏,而污染源的范围也从工业生产逐步扩张至交通运输、经济开发乃至政府决策等诸多领域,发生地既有发达国家也有发展中国家,且频率加快、呈现综合性危害后果、影响范围大、持续时间长。

事实表明,从理论上或立法上区分"环境"与"资源"是容易的,只要寻找出两者的差异即可。但"自然环境"与"自然资源"是同一客观存在的两面,要在人类的生产、生活实际中加以区分几乎不可能。比如,水作为人类生存最重要的环境要素,是生命之源、生活之源;同时,水也是人类生产最重要的自然资源,是经济之源、产业之源。其他环境要素也许没有"水资源"这样典型,但其具有维系人类生存条件和作为人类劳动对象的功能都是同时存在、不可分离的。环境污染和破坏是人在经济活动中对自然资源的开发利用造成的对人生存所需自然环境的不利影响,如果将"环境"与"资源"简单割裂,可能只是"头痛医头,脚痛医脚",这就需要我们建立系统性思维。在理论上和立法上区分"自然环境""自然资源"的同时,解决好两个问题:一是承认"自然环境"具有"自然资源"的属性,在运用行政法律手段以限制个人权利及其行使方式进行保护的同时,还要运用民事法律手段以确定个人权利并提供一定激励的方式加以保护;二是承认"自然资源"具有"自然环境"的属性,在运用民事法律手段赋予个人权利鼓励开发利用的同时,在民法内部建立绿色约束机制并在相关资源立法中增加环境保护约束。

"当我们逐步认识到自然资源提供服务的多样性以及各种外部性的重要性时,自然资源和环境之间的区别就显得画蛇添足了。"[1] 人们发

---

〔1〕 [美]A. 迈里克·弗里曼:《环境与资源价值评估——理论与方法》,曾贤刚译,中国人民大学出版社2002年版,第4页。

现了自然对于人类生存和发展的双重价值后，就要在法律上对两者进行系统化安放。自然既是作为人类生存条件的“环境”，又是供人类获取或排放物质和能量并享受舒适优美环境的“资源”，可以通过“环境资源化”或者“环境与资源趋同化”〔1〕的方式进行组合，于是产生了“环境资源”的概念。立足于“环境”与“资源”的具体内容都指自然要素及空间，可以将“环境资源”界定为“影响人类生存和发展的各种天然的和经过人工改造的自然因素的总体，是现在和将来可以提高人类福利的自然环境因素和条件”。〔2〕“环境资源”既具有作为个人权利标的——“自然资源”的基本特征，即有效性、稀缺性、多宜性，也具有作为公共权力标的——“自然环境”的根本特征，即公共性、整体性。这使得其与过去在法律上将“资源”分为“私人物品”与“公共物品”，并基于其产生的不同利益进而将法律划分为“私法”与“公法”两大法域不同。“环境资源”同时具有公共性和私人性且密不可分，使得单纯依靠政府或者通过市场竞争都无法达到有效和公平配置，需要突破公法与私法二元对立模式，以公私法融合的思路进行法律机制的构建。一般而言，“环境资源”的公共性多与其生态价值相联系，而私人性多与其经济价值相联系，但环境资源的生态价值也存在私人利用的情况，经济价值也存在为公共利益而保护的需要。因此，环境法安放“自然”的方式，是以“环境资源”的公共性与私人性的对立和协调为主线，统筹考虑经济利益和生态利益的共同保护。〔3〕

我们也发现，“环境资源”的概念并未在立法实践中直接出现，但许多国家民法典修订或制定时增加了环境保护的内容，〔4〕或者在专门资源立法中规定保护环境，在环境立法中规定经济激励措施。在中国，

---

〔1〕参见杜群：《环境法融合论：环境·资源·生态法律保护一体化》，科学出版社2003年版，第42～43页。

〔2〕吕忠梅：《沟通与协调之途——论公民环境权的民法保护》，中国人民大学出版社2005年版，第21页。

〔3〕参见刘长兴：《公平的环境法：以环境资源配置为中心》，法律出版社2009年版，第61页。

〔4〕例如，奥地利民法典、德国民法典等将动物规定为特殊客体加以特别保护；又如乌克兰民法典规定的环境安全权。参见吕忠梅课题组：《“绿色原则”在民法典中的贯彻论纲》，载《中国法学》2018年第1期。

1989年后制定或修订的资源立法均设有资源保护专章,更是在环境立法中规定了经济激励政策,自2007年《物权法》以后的民事立法中也都增加了环境保护约束性条款。这些都是承认“环境”的资源属性和“资源”的环境属性的具体体现,标志着法律视野中的“自然”更为高远,对“绿水青山就是金山银山”的认识更为深刻。

三、从环境资源到生态环境

自20世纪80年代全球性环境危机显现,国际社会开始反思环境污染与破坏问题不断恶化的原因。为什么局部地区的问题会突破区域和国家的疆界演变成为全球性问题,暂时的问题相互贯通、相互影响演变成为长远问题,潜在的问题进一步恶化蔓延成为公开问题?从法律上看,根源在于人们虽然已经开始重视“自然环境”的资源性,但更多关注的还是单个环境要素,未对“自然环境”的生态性予以足够关注。

随着环境保护法治实践的发展,原先静默于荒野的“生态”开始进入法律视野,并因其强调对生态系统的整体关注地位不断提升。在一些国家,“生态”与“环境”是两个独立的法律概念并成为环境立法主要保护对象,如独联体国家将环境保护基本法甚至法典均命名为“生态保护法”,[1]彰显生态理念;更多国家则是在环境立法中扩展“环境”的内涵,将“生态”的内容纳入其中。如1986年《新西兰环境法》第2条直接规定,“环境包括:(1)生态系统及其组成部分,包括人和社区;(2)所有自然和物质资源;(3)那些具有审美、文化、娱乐等属性和特性,能给人们带来愉悦感受的区域;(4)以上述(1)到(3)项事物产生相互影响的社会、经济、美学和文化条件”。[2] 在法律上开始呈现“自然”的第三个面向——生态。

“生态”指生物在一定的自然环境下生存和发展的状态。[3] 与“环

---

〔1〕 参见刘洪岩主编:《域外环境法典编纂的实践与启示》,法律出版社2021年版,第169~220页。

〔2〕 李挚萍:《环境基本法比较研究》,中国政法大学出版社2013年版,第58~59页。

〔3〕 参见彭光华、孙振钧、吴文良:《生态科学的内涵、本质与作用——纪念生态科学创立140年》,载《自然辩证法通讯》2007年第1期。

境”强调以人为中心不同，“生态”更多强调的是以生物为中心及其自然环境要素之间的联系与互动，因而被称为“生态系统”。人作为生物种群也是“生态”的重要组成部分。比如，人类呼吸的空气和吃到的食物，与植物密不可分；而植物作为一切生命的根基，不仅是人类的盟友，其中的一些成员也和动物“结盟互助”，最常见的是蜜蜂可以在进食花蜜的同时，完成两朵花之间的传粉，实现两个物种的双赢，这种互利关系被称为“共生”。地球上的动物和植物以既奇妙又和谐的方式相互依存。然而，人类活动范围的不断扩展，掠夺式开发利用，特别是森林、草原、湿地被吞噬而造成的动物栖息地或迁徙地破坏，不断加快的物种灭绝速度，环境污染引发的气候变化，使生物多样性面临巨大威胁。这种威胁既因人类活动对环境要素的不利影响而产生，也因“生态”的自身规律而扩大其影响程度和范围，形成了今天的全球性环境问题。

“整个地球是一个大的封闭系统，它是由许许多多细小的生产环节相互关联所组成；每一个小环节的产物或废物的输出也是另一个小环节的原料输入。人类也是这个庞大系统中的一个小环节。在此系统中，人们用之于斯，取之于斯，归之于斯。”〔1〕比如，水不仅是生命之源、经济之源，还是文明之源、文化之源。人类生存的地球生态系统，是一个“物物相关”〔2〕的功能结构系统。人类为了经济发展，将埋藏于地球内部的矿物质开采出来，将其由储存能量转化为释放能量，破坏了生态系统的物质循环和能量流动；同时，人类发明的许多人工合成物质，如化学杀虫剂、洗涤剂、合成纤维等，在自然中找不到归宿，违背了生态系统的“物有所归”〔3〕规律。其实，人类至今对自然的认识依然有限，对人类活动所可能造成的影响也知之甚少，只有“自然最知”〔4〕。正如恩格斯所指出的，“我们不要过分陶醉于我们人类对自然界的胜利。对于每一次这样

---

〔1〕［美］V. F. 韦斯科夫：《人类认识的自然界》，张志三等译，科学出版社 1975 年版。转引自赵营波：《大协调学》，浙江教育出版社 1990 年版，第 109 页。

〔2〕“物物相关”是生态学的一个基本规律，指生态系统中的每个物种或组成部分都与其他物种或组成部分发生联系和作用。

〔3〕吕忠梅：《环境法新视野》，中国政法大学出版社 2000 年版，第 41 页。

〔4〕吕忠梅：《环境法新视野》，中国政法大学出版社 2000 年版，第 41 页。

的胜利，自然界都对我们进行报复。每一次胜利，起初确实取得了我们预期的结果，但是往后和再往后却发生完全不同的、出乎预料的影响，常常把最初的结果又消除了”。[1] 如果在法律上不对自然的系统性、共生性予以保护，单个环境要素保护不仅效果有限，还可能产生“合成谬误”。[2]

1992 年，联合国环境与发展大会以《里约环境与发展宣言》方式确立“可持续发展”的国际地位，强调“公平地满足今世后代在发展与环境方面的需要”，并要求以环境与发展综合决策的方法实现可持续发展。[3] 在联合国发起的由多国参与的“千年生态系统评估”（MA）项目（2001—2005 年）所建立的评估系统中，将生态系统通过生态功能产生的，可直接或间接为人类做贡献的服务或好处称为“生态系统服务”（ecosystem services），其中包括供给（provisioning）服务、调节（regulating）服务、（地球生物物理）支持（supporting）服务以及文化（cultural）服务四大类别，[4]涵盖了自然对人类的最重要价值。各国环境立法，基本上也是按照“生态系统服务”的基本内涵来确定本国法律中的“生态”概念。

至此，法律上的“自然”终于呈现出“一体三面”的完整面貌。在人类社会发展过程中，水、土、森林等自然要素与经济价值相联系而成为“资源”；随着资源利用带来的环境污染和资源枯竭日益严重，为人类社会提供的生存空间和外部条件被称为“环境”；在认识到环境污染和资源枯竭引发的自然界自身变化及其对人类的影响后，生物与生境之间的相互关系被定义为“生态”。可见，三者均为人类生存发展所必需的自然条件，但资源、环境、生态对人的生存和发展的作用各不相同：资源体

---

〔1〕［德］恩格斯：《自然辩证法》，中共中央马克思恩格斯列宁斯大林著作编译局编译，人民出版社 2018 年版，第 313 页。

〔2〕这里借用经济学家萨缪尔森提出的“合成谬误”一词，意指单个环境要素甚至单个物种保护的立法也许非常好，但由于轻视甚至忽视了生态系统的整体性、共生性，也可能导致生态平衡被破坏的结果。

〔3〕参见《里约环境与发展宣言》，载《环境保护》1992 年第 8 期。

〔4〕参见赵士洞、张永民：《生态系统与人类福祉——千年生态系统评估的成就、贡献和展望》，载《地球科学进展》2006 年第 9 期。

现为自然对人类的“经济功能”,环境体现为自然对人类的“受纳功能”,生态体现为人与自然之间的“有机联系”和“协同进化”功能。三者各有侧重但统一于自然整体,密切联系且在一定条件下可以相互转化。[1]

在我国的现行立法中,自然的三个面向在不同的法律中有所体现,但比较分散。相对而言,民法和自然资源立法对自然的“资源”面向关注更多,近年来逐渐向“环境资源”靠近;环境立法对自然的“环境”面向高度集中,也有扩大至“生态”的趋势。在立法语言中,使用较多的是“资源”“环境”“生态环境”三个词汇,但只有《环境保护法》对“环境”作出了“概括+列举”的定义,学术界对“资源”“生态环境”的概念都还存在许多争议。如何将自然的“一体三面”以法律概念的方式加以界定,是环境法典编纂必须解决的一个核心问题。

第三节 环境法典中的法律关系

对于环境法的哲学思考,为环境法典编纂提供了世界观和方法论基础,是避免将环境法典编纂变成简单条文汇编的必由之路。“法律关系”作为法学的基本范畴,是法律规范审视社会现实并对其予以格式化的结果,也是理解法律、形成法律知识的最重要理论工具。法律关系是由特定法律规范对一定社会关系进行调整的结果,社会关系的属性与特征决定着法律关系的属性与特征。从纷繁复杂的社会关系和环境法现象中抽象出环境法律关系并指导立法、执法、司法活动,是环境法典编纂最重要的知识基础。以“人与自然和谐共生”的哲学观构建环境法律关系理论,必须在反思传统法律关系所秉持的“主客二分”模式基础上,矫正将“自然”作为单纯客体的思维,在一定程度上承认“自然”的主体性,构建符合“人—人”“人—自然”双重和谐需求的新型法律关系。

---

〔1〕 参见黎祖交:《关于资源、环境、生态关系的探讨——基于十八大报告的相关表述》,载《林业经济》2013 年第 2 期。

一、从“人—人”关系到“人—自然—人”关系

“人因自然而生，人与自然是一种共生关系，对自然的伤害最终会伤及人类自身。只有尊重自然规律，才能有效防止在开发利用自然上走弯路。这个道理要铭记于心、落实于行。”[1]对于环境法典编纂研究而言，最重要的就是要将这个道理转化成为能够发挥调节社会关系作用、促进人与自然和谐共生的环境法律关系。

人们在社会经济生活中因与环境有关的行为而形成的社会关系广泛而复杂，并不是所有的社会关系均需要也都可以纳入环境法的调整范围，只有那些频繁出现、比较重要、可能影响主体环境权益进而影响到生态系统功能和作用的社会关系，经由环境法调整后才形成环境法律关系。如果仔细观察，我们不难发现：较之于传统法律关系，环境法律关系具有一些不同于“人—人”关系的明显特征，体现了“人—自然—人”关系的互动性。

（一）主体的间接互动性

与传统法律调整主体间的直接互动关系不同，在环境法上，人与人之间可能不存在直接互动关系，而是形成以环境为媒介的“人—自然—人”的间接关系模式。在传统法律中，法律关系主体间要么有直接的意思表示，要么有明确的互动行为，一旦发生纠纷，原、被告是谁，因何而起争议，较为清晰。但在环境法上，则是一方主体针对自然的行为，经过生态系统或者自然环境的迁移转化才对他人产生影响，进而形成主体间以自然为媒介的间接联系。环境法规范的是这种间接社会关系，由此而形成的环境法律关系必然呈现“人—自然—人”的间接关系模式。

以大气污染为例，企业排放大气污染物的行为并不直接针对人或者某个人，但是生活在该企业附近的人因为呼吸了被污染的空气，身体健康受到影响。很多情况下，健康状况较好的人呼吸了被污染的空气不会立即出现疾病症状，而健康状况不好的人则可能病情加重甚至加速死亡。这表明只有“排污行为”与“污染物在环境中扩散”相互作用，才能

---

〔1〕 习近平：《深入理解新发展理念》，载《求是》2019 年第 10 期。

构成对他人生命健康的影响,这与传统的“民事法律关系”“行政法律关系”“刑事法律关系”具有明显不同。

正是因为环境法律关系的间接性,严重的环境问题造成大规模生命健康损害甚至发生公害病后,受害者却无法按照传统法律主张权利而不得不自己行动[1]或诉诸社会运动;[2]司法机关也遇到了被告人难以确定、因果关系难以判断、损害后果难以确定、损失难以计算等诸多难题。[3] 实际上,不正视环境法律关系的“人—自然—人”关系特征,环境法无从产生。

(二)社会关系的二次调整性

环境社会关系一直广泛地存在于社会生活的各个方面,只是因为传统法律不考虑人的自然属性且将人与自然关系绝对化为主客体关系而被忽视。环境污染和生态破坏成为人类生存和发展的严重威胁,极大冲击着已有法律秩序,迫切需要有新的法律关注人的自然属性并以创设“人与自然和谐共生”规则为使命担当,建立和维护新的法律秩序。由于“自然”对于人类生存和发展所具有的资源、环境、生态等不同功能且可相互转化,环境法律关系是对既有法律规范已经调整的社会关系以

---

〔1〕 1969年1月28日,美国加州南部海域的石油钻井平台爆炸,导致圣巴巴拉海滩严重污染,生物遭到灭顶之灾。漏油事件发生后,当地许多居民自发参与清除油污、保护海鸟的行动,并成立了一个名为“滚开石油”(Get Oil Out)的民间环保组织,其发起的一份禁止海上勘探石油的请愿书,征集到10万人签名。加州大学圣巴巴拉分校一位年轻的历史教师罗德里克·拉什(Roderick Nash)于次年发表了著名的《圣巴巴拉环境权利宣言》,明确提出:“人人享有可养育生命并促进幸福的环境的权利。如果经年累月的行为损害了这一权利,今日活着的人享有为将来福祉而匡正过去的进一步权利……环境正在向我们发起反扑;有鉴于此,我们倡导一场针对环境的行为革命。当然,由来已久的观念和制度难以轻易改变,而今天是我们在这颗星球上度过余生的第一天。我们将重新开始。”参见梅雪芹等:《直面危机:社会发展与环境保护》,中国科学技术出版社2014年版,“代序”第1~4页。

〔2〕 20世纪六七十年代,世界范围内多个国家爆发了环境保护运动。参见岳世平:《当代西方环境运动述评》,载《河南大学学报(社会科学版)》2006年第6期。

〔3〕 日本的水俣病、痛痛病等因环境污染而导致的公害疾病诉讼,都经历了漫长的过程。其中,水俣病案件从起诉到最终判决,时间长达18年。参见梅泠、付黎旭:《日本环境法的新发展——〈环境法的新展开〉译评》,载翰德培主编:《环境资源法论丛》第2卷,法律出版社2002年版,第215~220页。

“人与自然和谐共生”为目标而进行的再次调整，具有明显的二次调整性。[1]

环境法所调整的社会经济活动，基本上已经有法律规范加以调整，但这些法律未考虑人的行为可能通过自然环境对他人或公共利益产生不利影响，导致了“环境权”的产生，[2]并需要围绕这一新型权利及其保护界定新的法律关系。换言之，环境法所调整的社会关系是在传统法律关系基础上向人与自然关系的延伸。例如一棵树，在民法关系中，它是所有权人的财产，未经所有权人同意砍树构成侵权；但在环境法视野中，这棵树不仅是所有人的财产，也是环境要素，具有不可替代的环境功能，即便所有权人砍树，带来的环境影响可能波及生态系统，因此，必须在法律上对所有权人设立环境保护义务，由此形成新的环境法律关系。

实践中，专门环境立法通过建立生态环境监管体制、监管制度所实施的“督政”“督企”，我国《民法典》规定绿色原则，在物权编、合同编、侵权责任编中规定绿色条款，都是环境法律关系二次调整性的鲜明体现。环境法律关系是以促进可持续发展、维护生态环境公共利益为旨趣，通过以公权限制公权、公权限制私权方式，对与生态环境有关的社会经济活动进行法律关系再界定。

（三）法律规范的多元性

人们的经济、政治、社会、文化活动都可能对环境产生影响，这些活动形成不同性质的社会关系，其中大部分活动已经由不同法律加以规范，构成民事、行政、刑事等法律关系。二次调整特性使环境法律规范既要对传统法律关系进行人与自然关系的延伸，也需要借助传统法律调整方法形成自己的独立体系，于是环境法律规范与传统法律规范的关系始终“剪不断”。仍以一棵树为例，环境法设立了许可证制度，若所有权人自己砍树，须取得环境行政许可，由此形成行政法律关系；若他人未经所有权人同意砍树，则可能既构成民事侵权，又构成违反环境行政许可。在此，民事法律关系、行政法律关系、环境法律关系相互联系，对同一客

---

〔1〕 参见吕忠梅：《环境法学》（第2版），法律出版社2008年版，第32～38页。

〔2〕 参见吕忠梅：《环境法新视野》，中国政法大学出版社2000年版，第104～109页。

体的侵犯，可能导致不同的法律后果，形成法律责任竞合。[1] 如果相关法律规范间存在不一致，则极易导致法律冲突。

我国的环境法律规范体系中，既有国家设定美丽中国目标和承担生态环境保护任务的环境宪法规范，又有为环境监管而规定的环境行政法规范，还有与所有权行使与保护密切联系的环境民法规范，也有为惩治环境资源犯罪而规定的环境刑事规范，以及专门处理环境纠纷的程序法规范。当然，这些被冠以“环境”之名的民事规范、行政规范、刑事规范、程序法规范，因其所秉持的“人与自然和谐共生”理念，具有了不同于传统法理关系的特质，形成环境民事法律关系、环境行政法律关系、环境刑事法律关系。

二、从“主客二分”到“人与自然和谐共生”

环境法律关系的形式特征背后蕴含着“人与自然生命共同体”哲学的人类观与自然观。本质上，环境法律关系是在反思“主客二分”哲学基础上对主客体关系的重构。

（一）承认法律关系客体具有一定的主体性[2]

建立在“主客二分”哲学基础上的法律关系客体理论，从哲学意义角度界定其法律属性。在法律发展史上，法律关系客体的范围随着生产力发展和社会历史条件变化呈现不断扩大的趋势，许多原来不属于法律关系客体的社会财富变为客体，如从有体物到无体物，再到数据、信息等，但强调客体必须为人控制和由人支配的本质没有变，“主客二分”的哲学基础没有变。

建立在“人与自然是生命共同体”哲学观基础上的环境法，在将人的自然属性纳入考量后，承认自然具有以自身为目的的工具性价值，是不以人的认知和评价为转移的客观存在。这种价值体现为人作为自然

---

〔1〕 参见吕忠梅：《论环境侵权纠纷的复合性》，载《人民法院报》2014 年 11 月 12 日，第 8 版。

〔2〕 最早使用主体范畴的亚里士多德认为，任何实体都可以作为主体而存在，近代历史和哲学中开始把人和主体统一起来，出现了专用于表达人的能动创造性的主体性范畴。现代环境哲学重新认识人与自然的关系，不同程度上承认自然具有自主、主动、能动、自由、有目的活动的地位和特性，我们正是在这个意义上使用“主体性”。

的组成部分,在生存和发展过程中必须与自然形成“共生共荣”的伙伴关系,而不是主导和支配关系。自然对于人类,不仅是经济有用性,而且是生命有用性;不仅是对当代人的有用性;而且是对子孙后代的有用性。[1] 这些都对人类生存和发展具有可持续价值并呈现多样性,如生命支撑值、经济价值、科学价值、审美价值、历史价值、文化象征价值、塑造性格价值、生命价值等。这种哲学理念下的生态环境法律关系理论,当然具有了不同于传统法理的本质特征。

值得注意的是,环境法在强调尊重自然、顺应自然的同时,并未走到“自然主体论”[2]的极端。这既因为环境法是对近现代法律不断“驱逐”人的自然属性所造成的人性标准缺失的矫正,从未脱离作为人类行为规范的法律本质属性,也因为环境法的“可持续发展”目的价值所坚守的“以人为本”宗旨。环境法在将自然作为人的认识对象和实现人类发展手段的同时,赋予主体和客体一定意义上的平等性,要求法律关系主体尊重自然规律,在自然承载能力范围内谨慎合理地开发和利用自然。环境法律关系的“人—自然—人”的间接性、二次调整性、规范多元性是环境法赋予自然一定主体性的外在表现。

环境法律关系对主客体关系的重构,体现在环境立法的各个环节。在立法宗旨上,明确可持续发展目的价值,将生态承载能力的可持续作为人的权益实现与保障的必要限度;在法律原则上,高度重视自然环境条件对环境社会关系的发生、变更与消灭的约束,确立保护优先、风险预防、综合治理等原则;在法律责任上,既规定对人的责任,也规定对环境

〔1〕 参见[美]霍尔姆斯·罗尔斯顿:《环境伦理学:大自然的价值以及人对大自然的义务》,杨通进译,中国社会科学出版社 2000 年版,第 254 页。

〔2〕 20 世纪 70 年代,在对“人类中心主义”进行反思的过程中形成了“生态中心主义”的伦理观,在提出大自然具有内在价值的基础上,主张将权利主体和道德共同体的范围从人类扩展到动植物等生命体,乃至包括大地、河流在内的整个生态系统。而后在环境伦理学的影响下,主体范围扩张的思潮从道德权利延伸至法律权利,在法学理论上引发了关于“动物主体论”的争论。参见曹明德:《从人类中心主义到生态中心主义伦理观的转变——兼论道德共同体范围的扩展》,载《中国人民大学学报》2002 年第 3 期;杨立新、朱呈义:《动物法律人格之否定——兼论动物之法律“物格”》,载《法学研究》2004 年第 5 期。

的责任;[1]等等。

(二)界定环境法律关系客体的范围

长期以来,法理学上的法律关系客体包括物、非物质财富和行为(或行为结果)。在环境法上,行为和非物质财富与传统法理并无本质差别,最主要的问题在于作为传统法律关系客体的"物"无法承载环境法上的自然所蕴含的"资源、环境、生态""一体三面"及其功能属性。因此,界定环境法律关系客体的核心在于明确"自然"与"物"的区别与联系。

1. 环境法律关系中的"自然"不能等同于传统法律上的"物"

传统法律关系理论中的"物",首先具备特定化和可支配性。"物"的可支配性不仅是必要条件,而且具有绝对性。但环境法上的"自然"不能也不该具备绝对的可支配性。一方面,不具备将"自然"完全特定化的前提,地球生态系统是一个整体且经由物质循环、能量流动、信息传递形成的系统性平衡不可分割,即便部分环境要素可以特定化为"资源"为个人所支配,也只能是相对的;[2]另一方面,"自然"承载着公共利益,对其特定化部分的支配,必须受到生态规律的限制,不应该绝对化。

2. 重视生态系统的多重功能

"自然"也不完全具有实体物质形态或其价值不直接体现于其物质实体。虽然现代法学理论已不再视"有体"为唯一,但"有体物"仍最为典型。而"自然"并没有实体物质形态,即便有实体物质形态,其价值也不直接体现为物质利益。例如存活的林木和枯死的林木,在物质形态上没有本质区别,只是用途或收益程度不同;但从生态功能看,两者却有天壤之别,枯死的林木已经丧失了净化空气、涵养水源、阻挡风沙等生态功能。一定意义上可以说,"资源、环境、生态"的实体物质形态在环境法律关系中不具有决定意义,更重要的是其在各种物质形态的联系与转化中形成的生态系统功能与作用。

---

〔1〕 参见吕忠梅:《环境法典视角下的生态环境法律责任》,载《环球法律评论》2022年第6期。

〔2〕 参见刘长兴:《公平的环境法:以环境资源配置为中心》,法律出版社2009年版,第50~51页。

3. 科学界定“生态环境”的概念

客观地看，人类对自然认知的不断丰富和发展所形成的“资源、环境、生态”三个面向或三重属性为我们从法律上认识法律关系客体提供了理性基础，但其“剪不断，理还乱”的纠缠关系也给我们带来了类型化困扰。我国法学理论与法律实践中，“资源”在传统法律上有明确定义并已形成“自然资源权”等规范体系，[1]而“环境”“生态环境”的概念在立法中虽被广泛使用但尚需明确界定其法律内涵。[2] 因此，在环境法学上可以通过对《宪法》规定的“生态环境”进行概念界定，[3]将狭义的“资源、环境、生态”概括成为“生态环境”，作为环境法律关系的客体，既体现环境法的可持续发展价值目标，也涵盖“资源、环境、生态”的面向与属性，还区别于其他法律。“生态环境”概念的界定及其类型化，也可以为确定环境法的调整范围、构建环境法体系奠定坚实的理论基础。

三、从环境法律关系理论到环境法典编纂

环境法典编纂，实际上是回溯与环境、资源、生态有关的生活“场景”，并将其从纷繁复杂的社会关系中选取出来，打上环境法律关系的特定“标识”。环境法律关系理论为打上这种“标识”提供了理论支撑。环境法的本质是将自然条件纳入国家治理框架，强调自然、市场、社会、政府相互嵌入，形成新的自然、市场、社会、政府四维合作治理体系。在环境法典编纂中，需要将这种四维合作治理体系以法律形式加以固化。

---

[1] 《宪法》第9条和《民法典》第247、328、329条等构成了自然资源宪法上国家所有权、自然资源民法上国家所有权、民法中的自然资源用益物权以及自然资源产品所有权等的规范基础。参见单平基：《自然资源之上权利的层次性》，载《中国法学》2021年第4期。

[2] 我国立法中，“环境”的概念自1979年《试行法》开始使用至今，但采用“概括＋列举”方式加以界定，难以适应时代发展。1982年《宪法》采用了“生态环境”的概念，但未予界定。近十年来，“生态环境”一词在环境立法中广泛使用但含义不明。据学者统计，截至2020年4月已有38部法律的77个条文使用“生态环境”一词共83次。参见梁亚、刘光辉：《生态环境之法律内涵探究——以检察公益诉讼为视角》，载《青海师范大学学报（社会科学版）》2021年第1期。

[3] 参见巩固：《“生态环境”宪法概念解析》，载《吉首大学学报（社会科学版）》2019年第5期。

（一）呈现主客体辩证统一关系

法学上的主客体关系是哲学主客体关系在其特定领域和场合下的具体表现。[1] 基于人类中心主义的“主客二分”哲学，传统法律关系的客体是独立于人的意识之外并能为人的意识所感知和人的行为所支配的客观世界中的各种现象，作为能够满足权利人利益的各种物质的和非物质的财富而得到法律规范的确认和保护。[2] 这种理论从追求工具价值角度强调客体对人的有用性，将为人类服务作为客体获得法律地位的全部理由；从人与自然对立的角度强调人的支配地位，以实现对客体的控制和利用为目的。这恰是造成环境污染、生态破坏问题的理论根源。环境法基于“人与自然和谐共生”哲学观，重新定义主客体关系。认为自然环境具有以自身为目的的非工具理性价值，这是独立于人而存在的价值，是不以人的认知和评价为转移的客观存在。自然的价值不仅是对当代的人的经济价值，而且是对整个人类生存和发展具有深远意义的价值。以这种哲学为基础的环境法典，必然呈现环境法律关系的两个鲜明特征：

第一，在坚守法律“以人为本”的根本宗旨、将生态环境作为人的认识对象和实现人类发展手段的同时，重视生态环境的自身价值，建立“人—自然—人”的双重和谐关系。此时，环境法律关系的客体不再是主体任意支配的对象，主体也不能为了实现自己的价值，对自然为所欲为，而应当谨慎合理地利用自然，尊重生态环境的内在价值和自然状态。具体到环境法典编纂中，可以借鉴“动物不是物”的立法方式，[3] 形式上仍将自然与作为法律关系客体的“物”并置于基本同等的地位，确定主体的管理权和使用权。同时，为保证其主体性得到适当体现，而将对生态环境的道德权利在法律上反映为对人的环境利用权限制和环境义务

---

〔1〕 参见文正邦：《论主客体统一——法律实践的一个中心问题》，载《华东政法学院学报》2000年第2期。

〔2〕 参见孙国华主编：《法理学教程》，中国人民大学出版社1994年版，第485～486页。

〔3〕 自《奥地利民法典》开始，有多个国家的民法典修改了动物客体地位条款。例如，《德国民法典》于1990年修订时在第90a条中规定，“动物不是物。它们由特别法加以保护。除另有其他规定外，对动物准用有关物的规定”。

承担,要求人所享有的利用生态环境的权利必须受到生态环境保护原则的限制并承担相应的义务,对污染和破坏环境的行为承担法律责任。换言之,通过对环境管理权和使用权的限制,将对生态环境的开发利用控制在生态系统承载能力之内,以尊重自然、顺应自然的方式,体现生态环境的主体性。[1]

第二,在环境法律关系客体上,通过对生态环境的特定化、类型化,将人与自然的关系纳入法律关系的框架,为实现人与自然的和谐、代内及代际公平提供法律途径。具体到环境法典编纂中,首先,确定环境法律关系客体的双重功能:一方面,将生态环境作为人类开发利用的对象,承认主体对作为客体的自然享有开发利用的权益,但需受环境保护规则的限制;另一方面,将生态环境作为保护对象,规定主体有对自然实施保护和保留的责任,承担为子孙后代保护生态环境的义务。这样的生态环境虽然还是法律关系的客体,但已经不再是完全被动、任人奴役的对象,具有独立地位和存在价值。其次,明确环境法律关系客体的三重面向。环境法律关系的客体要体现生态环境对人的生存和发展价值,具体包括可为人类利用的单一环境要素——资源,为人类生存提供物质与能量的各环境要素及生态服务功能——环境,各环境要素共同构成的环境整体或生态系统——生态。因此,作为环境法律关系客体的“生态环境”,不同于传统法律关系中的“物”,人对其不可能也不应该具备绝对的可支配性,甚至其实体物质形态也不具有决定意义,环境法需要保护的是体现于生态环境的资源、环境、生态三个面向之间联系与转化中的系统功能与作用。

(二)重构多元主体互动关系

相对于传统法律关系,环境法律关系最鲜明的特色在于经由环境介质的联系才能形成主体间关系。某一主体针对生态环境的行为,经过自然环境的迁移转化后才对其他主体产生作用,呈现出“人—自然—人”的间接关系模式。这一方面使环境法律关系并不是一目了然的,增加了

---

〔1〕 参见刘长兴:《公平的环境法:以环境资源配置为中心》,法律出版社 2009 年版,第 49 页。

在因果关系、致害机理和受损程度等方面判断的复杂性，[1]另一方面使得环境法律关系主体间的行为模式、联系方式更为复杂。

主客体关系的理性调适为环境法律关系的内容构造提供了立体生长可能。环境法本质上是由国家意志与个体意志混合支配的领域，"权力"与"权利"交织也由此成为必然。权力主体与权利主体以主导、参与、监督、保障等方式形成互动、合作关系，实现环境治理的"四维合作"格局。这就需要重构以"权利—义务"为内容的传统线性法律关系，形成环境法律关系"权利—义务"与"权力—责任"的立体结构。[2] 具体到环境法典编纂中，首先，要梳理现行环境立法中的行政、民事、刑事等不同性质的法律规范，按照"四维合作"逻辑提出合理的配置原则和方案；其次，按照环境法典履职国家责任、实现国家目标的根本属性，建立以生态环境行政规制规范为主体的制度体系，赋予生态环境行政主体以与实现美丽中国建设目标相适应的职责权限，建立政府不同部门间的权力运行及协调、协同机制；最后，按照"企业主责""公众参与"要求，建立企业、个人参与生态环境保护的制度体系，明确市场主体和个人的环境权利与保护义务，特别是通过完善政府信息公开、公众参与制度，激励社会公众参与生态环境治理。

---

〔1〕 参见胡学军：《环境侵权中的因果关系及其证明问题评析》，载《中国法学》2013 年第 5 期。

〔2〕 参见陈锐：《法律关系内容的重构：从线性结构到立体模型》，载《法制与社会发展》2020 年第 2 期。

第六章 中国环境法典的属性

2021 年全国人大常委会立法工作计划提出“研究启动环境法典、教育法典、行政基本法典等条件成熟的行政立法领域的法典编纂工作”,[1]将环境法典归于“行政立法领域的法典”,明确了环境法典不同于民法典的私法属性,同时也带来了新的问题:一方面,理论上的环境法具有跨学科、跨部门特征,是典型的“第三法域”,[2]无法完全归属于传统的部门法。另一方面,在《中国特色社会主义法律体系》白皮书中,与环境保护相关的立法主要存在于行政法、经济法两个法律部门中。尤其是在同时研究启动环境法典、行政基本法典编纂时,厘清两者之间的关系或者缓解两者之间的张力,成为更加迫切的理论问题。这使得如何理解环境法典的“行政立法领域”属性,成为环境法典编纂的“破题”之问。从理论上深刻认识和准确把握环境法典中的“国家”与“行政”,进而明确环境法典的本质属性,是关乎环境法典编纂成败的关键之问。

第一节 环境立法变迁与国家目的演进

在环境法学理论研究和立法实践中,编纂环境法典并不是新话题,

---

〔1〕《全国人大常委会 2021 年度立法工作计划》,载中国人大网,http://www. npc. gov. cn/npc/c2/c30834/202104/t20210421_311111. html。

〔2〕参见董保华、郑少华:《社会法——对第三法域的探索》,载《华东政法学院学报》1999 年第 1 期。

但对与环境法典编纂直接相关的环境法属性认知，始终未能取得共识，迫切需要实现从事理到法理的转变，通过深入观察环境立法发展与中国特色社会主义国家目的、国家目标、国家任务不断发展和国家治理体系相互促进的过程，理性认识环境立法在中国环境法律体系中的定位、准确把握环境法中的“国家”，进而厘清环境法与行政法的关系，明确环境立法的本质以及环境法典的属性。

一、环境立法在中国法律体系中的定位

中国自1978年在《宪法》中载入环境保护条款，以宪法为依据的环境保护立法始终走在快车道上。40多年的环境法治实践中，环境立法随着宪法中的国家目的定位而不断发展，尤其是党的十八大以来，生态文明入宪，为环境立法新定位提供了坚实的基础。

（一）中国特色社会主义法律体系中的环境立法

早在20世纪70年代，中国环境立法起步之初，立法机关就提出了先制定环境保护基本法，然后制定单行法的体系化构想。[1] 但当时对环境保护的认识主要限于“防治污染和其他公害”，[2]进而将新设立的环境保护行政部门职责定位于此。[3] 虽然国家进行了几轮机构改革，环境保护部门的地位不断提升，[4]但这并未改变环保部门与资源部门分设且分工的格局。因此，环境保护行政部门提出的相关法律草案主要集中于污染防治，而自然资源管理行政部门提出的相关法律草案主

〔1〕 参见李超伯：《关于〈中华人民共和国环境保护法（试行草案）〉的说明》（1979年9月11日）。转引自汪劲：《从环境基本法的立法特征论我国〈环境保护法〉的修改定位》，载《中外法学》2004年第4期。

〔2〕 1989年《环境保护法》正式颁布时，将1979年《试行法》第2条立法任务中的“防治环境污染和生态破坏”，调整为“防治污染和其他公害”作为环境保护法的立法目的。

〔3〕 参见国务院办公厅《关于印发国家环境保护局职能配置、内设机构和人员编制方案的通知》（国办发〔1994〕30号）；国务院办公厅《关于印发国家环境保护总局职能配置内设机构和人员编制规定的通知》（国办发〔1998〕80号）。

〔4〕 参见王玉庆：《中国环境保护政策的历史变迁——4月27日在生态环境部环境与经济政策研究中心第五期“中国环境战略与政策大讲堂”上的演讲》，载《环境与可持续发展》2018年第4期。

要内容是资源确权及开发利用管理，最初很少涉及甚至没有资源保护的内容，[1]逐渐走上了污染防治与资源开发利用和保护分别立法的道路。

2011 年，吴邦国委员长在第十一届全国人大第四次会议上宣布："以宪法为统帅，以宪法相关法、民法商法等多个法律部门的法律为主干，由法律、行政法规、地方性法规等多个层次的法律规范构成的中国特色社会主义法律体系已经形成。"[2]《中国特色社会主义法律体系》白皮书载明，截至 2011 年 8 月底，我国现行有效法律 240 件，与环境保护有关的法律，分别归于行政法、经济法两个部门。[3] 大致上看，《环境保护法》及污染防治类立法放在行政法部门，这类立法以"保护环境"为单一目标；资源利用和保护类立法则放在经济法部门，这类立法以"确定资源权属和促进开发利用"为主、以"资源保护"为辅，典型如《野生动物保护法》只保护"三有"动物。[4] 2012 年《环境保护法》新一轮修订之际，有学者从加强生态文明建设、提升国家法律衔接性的高度提出按照环境法典总则思路修改《环境保护法》的建议。[5] 虽然这一建议未得到完全采纳，但新修订的《环境保护法》专门增加了生态环境保护内容以体现生态文明理念，规定生态红线、生态补偿等基于环境承载能力的绿色发展制度，更明确了《环境保护法》的环境保护领域综合法地位，[6]标志着中国对环境法属性"从污染防治到可持续发展"的认识飞跃。但在理论上，环境法学与资源法学有不同旨趣，[7]环境法学内部也存在部门法、

---

[1] 例如《水法》，1988 年《水法》虽在目的条款中写入"合理开发利用和保护水资源"，但只规定了对水工程的保护（第 3 章），没有规定对水资源的保护。

[2] 吴邦国：《全国人民代表大会常务委员会工作报告——2011 年 3 月 10 日在第十一届全国人民代表大会第四次会议上》，载《中国人大》2011 年第 6 期。

[3] 参见国务院新闻办公室：《中国特色社会主义法律体系》，载中国政府网，https://www.gov.cn/zhengce/2011-10/27/content_2615783.htm? wecha_id=0。

[4] 《野生动物保护法》第 2 条第 2 款规定："本法规定保护的野生动物，是指珍贵、濒危的陆生、水生野生动物和有重要生态、科学、社会价值的陆生野生动物。"

[5] 参见汪劲：《论有限修改〈环境保护法〉的有效性课题》，载《清华法治论衡》2012 年第 2 期。

[6] 参见吕忠梅：《〈环境保护法〉的前世今生》，载《政法论丛》2014 年第 5 期。

[7] 参见邓海峰：《环境法与自然资源法关系新探》，载《清华法学》2018 年第 5 期。

领域法的性质分歧。[1]

(二)生态文明"入宪"提出环境法治建设新课题

党的十八大以来，以习近平同志为核心的党中央把生态文明建设摆在党和国家工作的突出位置，推动"我国生态环境保护发生历史性、转折性、全局性变化"。[2] 2018年通过的《宪法修正案》，对《宪法》序言第7自然段进行了修改，增写"贯彻新发展理念"，增加"生态文明""美丽"的表述，调整充实了中国特色社会主义事业总体布局和第二个百年奋斗目标的内容，提出"推动物质文明、政治文明、精神文明、社会文明、生态文明协调发展，把我国建设成为富强民主文明和谐美丽的社会主义现代化强国，实现中华民族伟大复兴"。[3] 同时，该修正案还将《宪法》第89条"国务院行使下列职权"中第6项修改为"领导和管理经济工作和城乡建设、生态文明建设"，[4]明确了国务院领导和管理生态文明建设的职责。这些修改与《宪法》第9条第2款、第22条第2款、第26条共同形成了由国家目标、国家任务、国家职责共同构成的环境宪法条款。

生态文明入宪，将"五位一体"总体布局明确为"物质文明、政治文明、精神文明、社会文明、生态文明建设协调发展"，彰显了中国特色社会主义总体布局的文明指向，使富强民主文明和谐美丽的社会主义现代化强国建设具有了可靠的法治根基。在"五位一体"总体布局中，五大建设互为条件、相互促进，形成了内在的互动关系。作为一个有机整体，经济建设是根本，政治建设是保障，文化建设是灵魂，社会建设是条件，生态文明建设是基础。[5] 习近平总书记强调，"要从系统工程和全局角度寻求新的治理之道，不能再是头痛医头、脚痛医脚，各管一摊、相互掣肘，

---

〔1〕 参见吴凯、汪劲：《论作为领域法的环境法：问题辨识与规范建构》，载《辽宁大学学报（哲学社会科学版）》2019年第1期；陈伟：《历史哲学视角下环境法独立性之阐释》，载《中州学刊》2021年第3期。

〔2〕《中共中央关于党的百年奋斗重大成就和历史经验的决议》。

〔3〕《宪法修正案》(2018年3月11日第十三届全国人民代表大会第一次会议通过)第32条。

〔4〕《宪法修正案》(2018年3月11日第十三届全国人民代表大会第一次会议通过)第46条。

〔5〕 参见杨明伟：《中国特色社会主义是全面发展的社会主义》，载《人民日报》2022年4月12日，第9版。

而必须统筹兼顾、整体施策、多措并举,全方位、全地域、全过程开展生态文明建设”,[1]明确提出了新时代生态文明建设必须要有系统性思维、协调性方法、整体性举措的要求。适应生态文明治理系统性、整体性、协调性需求的环境法典,既不是已经宣告建成的法律体系中的法律部门,也不是行政法学意义上的部门法,而是一个全新命题。

党的十九大提出到2035年基本实现社会主义现代化,生态环境根本好转,美丽中国目标基本实现;到本世纪中叶,把我国建成富强民主文明和谐美丽的社会主义现代化强国。我国生态环境保护中存在的突出问题多与“体制不健全、制度不严格、法治不严密、执行不到位、惩处不得力”[2]等问题有关。2020年3月,中共中央办公厅、国务院办公厅印发《关于构建现代环境治理体系的指导意见》,明确要求到2025年“形成导向清晰、决策科学、执行有力、激励有效、多元参与、良性互动的环境治理体系”。[3] 这表明现代环境治理体系是由多元主体、多种行为、多个环节、多类举措共同构成的复杂系统,必然涉及不同利益关系调整、不同法律手段运用、不同法律规范配置,传统的部门法理论对于建构这样的新型治理体系难免力有不逮。

党的二十大报告将“人与自然和谐共生的现代化”纳入“中国式现代化”深刻内涵,强化与升华了生态文明建设在实现中华民族伟大复兴历史愿景中的战略地位与重大使命。在继续表达“人与自然是生命共同体,人类必须尊重自然、顺应自然、保护自然”理念的基础上,根据十年来生态文明建设新进展和生态环境面临的新挑战,立足于“广泛形成绿色生产生活方式,碳排放达峰后稳中有降,生态环境根本好转,美丽中国目标基本实现”的2035年总体目标,围绕“推动绿色发展,促进人与自然和谐共生”,提出了“加快发展方式绿色转型,深入推进环境污染防治,提升生态系统多样性、稳定性、持续性、积极稳妥推进碳中和”等未来五年

[1] 习近平:《推动我国生态文明建设迈上新台阶》,载《求是》2019年第3期。

[2] 习近平:《加强生态文明建设必须坚持的原则》(2018年5月18日),载《习近平谈治国理政》(第3卷),外文出版社2020年版,第363页。

[3] 《中共中央办公厅　国务院办公厅印发〈关于构建现代环境治理体系的指导意见〉》,载《中华人民共和国国务院公报》2020年第8号。

工作新要求。

从《宪法》确定的"推动物质文明、政治文明、精神文明、社会文明、生态文明协调发展，把我国建设成为富强民主文明和谐美丽的社会主义现代化强国，实现中华民族伟大复兴"[1]的国家目标看，"人与自然和谐共生的现代化"对应着《宪法》规定的"生态文明"和"美丽"，环境法治肩负实现宪法规定的国家目标、落实国家任务的责任担当。这也意味着生态文明体制改革还将继续向纵深推进，环境法治也必须按照促进"人与自然和谐共生"的现代化新要求，统筹协调经济社会发展与生态环境保护的关系，构筑全面保护生态环境要素、空间、功能、服务等所构成的生态系统的法治体系。但无论是将生态环境立法分列于行政法、经济法的划分方法，还是将环境法归于部门行政法的思维，都难以为各种环境要素、空间、功能、服务交织所形成的静态秩序与动态关系提供治理规则，也缺乏根据不同自然区域的社会属性及特点制定的相应规范，这对传统部门法理论提出了新挑战。只有创新法学理论，才能为构建适应现代环境治理体系需要的环境法典提供理论支撑。

二、生态安全成为现代国家目的

国家目的作为国家存在的最根本理由，是证明国家存在以及管理国家的公权力存在的合法性基础。[2] 人类文明迄今为止的历史表明，现代国家莫不以实现人的价值为最终关怀，以维护安全和秩序、增进公共利益、保障人民基本权利、落实公平正义、维护文化传统和生态环境为目的。[3] 我国宪法虽然没有对国家目的予以直接表述，但自现行《宪法》实施以来，中国宪法内涵不断丰富，私人财产权、市场经济、法治国家、人权保障、生态文明等不断被纳入宪法之中，[4]体现了中国特色社会主义

---

[1] 《宪法》序言第7自然段。

[2] 参见陈玉山：《论国家根本任务的宪法地位》，载《清华法学》2012年第5期。

[3] 参见杨登峰：《国家任务社会化背景下的行政法主题》，载《法学研究》2012年第4期。

[4] 自1982年颁布《宪法》之后，经历了5次修宪。1988年确认了个人财产权的宪法地位；1993年确立了市场经济的宪法地位；1999年将"依法治国，建设社会主义法治国家"写入宪法；2004年将"国家尊重和保障人权"写入宪法；2018年修宪把"生态文明"写进宪法。

"以人民为中心"的根本立场[1]和维护国家安全、尊重和保障人权、增进公共福祉、实现社会公平正义、弘扬传统文化、保护生态环境的国家目的。

（一）生态安全目的的产生

相比而言，将维护生态环境或生态安全作为国家目的，是20世纪70年代以后的事情。在传统国家理念中，自然资源取之不尽、用之不竭，法律需要保护的是人们通过开发利用自然资源而获得的财产权利，自然本身并不在法律的视阈之内。人类进入20世纪，工业革命在促进物质文明飞速发展的同时，也带来了"寂静的春天"，[2]世界范围内爆发了大规模的反污染、反公害的社会运动，要求承认人民在良好环境中生存的权利、要求政府承担相应职责、要求对环境污染受害者给予充分救济，不仅威胁到政权的稳定，也对法律秩序提出了极大挑战，各国开始将应对环境问题纳入国家治理议程，制定专门的环境保护法律，联合国也号召各国讨论公民在良好环境中生存的权利的法理基础。1972年联合国人类环境会议明确提出了"环境保护"的概念，强调"保护和改善人类环境是关系到全世界各国人民的幸福和经济发展的重要问题，也是全世界各国人民的迫切希望和各国政府的责任"。[3] 1992年联合国环境与发展大会提出了"可持续发展"战略，并通过制订行动计划推进世界各国实现可持续发展转型。[4] 环境问题关乎国家安全和秩序、人民权利保障、公共利益增进、公平正义实现等根本问题，是当代国家存在的重要理由，应成为国家目的。

中国以宪法修正案方式确立国家生态环境目标、国家生态环境保护职责，明确环境保护的基本国策地位，完善国务院管理生态文明建设职

---

[1] 参见习近平：《坚持走中国特色社会主义法治道路 更好推进中国特色社会主义法治体系建设》，载《求是》2022年第4期。

[2] 参见[美]蕾切尔·卡森：《寂静的春天》，吕瑞兰、李长生译，上海译文出版社2008年版，第1～3页。

[3] 《人类环境宣言》，载万以诚、万岍选编：《新文明的路标——人类绿色运动史上的经典文献》，吉林人民出版社2000年版，第1页。

[4] 参见徐再荣：《1992年联合国环境与发展大会评析》，载《史学月刊》2006年第6期。

能。从价值上看，国家目标是为实现国家目的而确定的更为具体的目标，两者之间是目的与手段的关系。[1] 习近平总书记强调："生态文明建设是关系中华民族永续发展的根本大计。""生态兴则文明兴，生态衰则文明衰。生态环境是人类生存和发展的根基，生态环境变化直接影响文明兴衰演替。"[2]这充分体现了生态文明建设对国家的根本意义。

（二）中国的总体国家安全观

2014 年 4 月，习近平总书记在中央国家安全委员会第一次会议上提出系统的"总体国家安全观"，强调"要准确把握国家安全形势变化新特点新趋势，坚持总体国家安全观，走出一条中国特色国家安全道路"。[3] 2015 年，全国人大常委会通过《国家安全法》，确立了包括国民安全、领土安全、主权安全、政治安全、军事安全、经济安全、文化安全、科技安全、生态安全、信息安全在内的完整的国家安全体系。[4] 2020 年，党的十九届五中全会决议明确提出："坚持绿水青山就是金山银山理念，坚持尊重自然、顺应自然、保护自然，坚持节约优先、保护优先、自然恢复为主，守住自然生态安全边界。"[5]这标志着生态安全对国家未来发展的基础性作用。

国家安全是国家生存的基础，宪法上的国家目标、国家政策、国家基本制度与国家机构的规定是为国家生存服务的。[6] 《国家安全法》第 2 条规定："国家安全指国家政权、主权、统一和领土完整、人民福祉、经济社会可持续发展和国家其他重大利益相对处于没有危险和不受内外威胁的状态，以及保障持续安全状态的能力。"生态安全是人类在生活、健康、安乐、基本权利、生活保障来源、必要资源、社会秩序和人类适应环境变化的能力等方面不受威胁的状态，尤其是指生态系统完整性和健康的

---

〔1〕 参见陈玉山：《论国家根本任务的宪法地位》，载《清华法学》2012 年第 5 期。

〔2〕 习近平：《推动我国生态文明建设迈上新台阶》，载《求是》2019 年第 3 期。

〔3〕 习近平：《坚持总体国家安全观 走中国特色国家安全道路》，载《人民日报》2014 年 4 月 16 日，第 1 版。

〔4〕 参见韩大元：《论中国宪法上的国家安全与人权的关系》，载《人权》2019 年第 5 期。

〔5〕 《中共中央关于制定国民经济和社会发展第十四个五年规划和二〇三五年远景目标的建议》。

〔6〕 参见韩大元：《论中国宪法上的国家安全与人权的关系》，载《人权》2019 年第 5 期。

整体水平反映,[1]可以概括为海洋生态系统、森林生态系统、草地生态系统、农田生态系统等四大生命系统和大气、水、其他资源等三大环境系统的安全性,是支持地球生命、支持人类生存和社会经济发展的七大生态要素。[2]这些要素关乎中华民族的生存与发展、关乎人民福祉,也关乎国家政权,在一定意义上可以说是其他各项安全的前提,是现代国家治理体系不可或缺的组成部分。

为了维护生态安全,宪法在确立美丽中国建设目标、明确国家生态环境保护任务的同时,赋予国务院及其各级人民政府以领导和管理生态文明建设的公权力,以为人民提供良好生态环境,保障人民在清洁健康的环境中生活的权利,从而拓展了国家形态与功能,为理解环境法典"行政立法领域"属性提供宪法基础。

第二节　"环境行政"与"环境立法"

全国人大常委会立法计划虽然明确了将环境法典纳入"行政立法领域法典编纂",并将其与行政基本法典并列,却未明确"行政立法领域"的含义。而从中国生态文明建设的法治要求看,无论是学科意义上的部门法还是立法体系意义上的法律部门,都难以解释环境法典的"行政领域立法"属性,必须从法律概念的历史变迁和内涵丰富过程中来把握"环境行政"与"环境立法"的内核。

一、环境保护国家任务赋予环境行政特殊内涵

恩格斯指出:"在事物及其互相关系不是被看作固定的东西,而是被看作可变的东西的时候,它们在思想上的反映,概念,会同样发生变化和

---

〔1〕 参见肖笃宁、陈文波、郭福良:《论生态安全的基本概念和研究内容》,载《应用生态学报》2002 年第 3 期。

〔2〕 参见余谋昌:《论生态安全的概念及其主要特点》,载《清华大学学报(哲学社会科学版)》2004 年第 2 期。

变形;它们不能被限定在僵硬的定义中,而是要在它们的历史的或逻辑的形成过程中来加以阐明。"[1]这为我们认识现代法治国家原则与行政权的内涵发展提供了方法论基础。

(一)行政权对环境保护介入的限度

人类进入21世纪,西方国家经过从形式法治到实质法治的发展,[2]形成了现代法治国家原则。在此基础上,行政权的内涵与行使方式已经与19世纪、20世纪大不相同,人与自然的紧张关系如何通过国家治理体系现代化加以缓解,成为现代国家必须解决的重大课题。一方面,现代国家由原来的消极形态和功能向积极形态和功能转变,国家对社会生活介入的范围日益扩展,行政权不再是对社会生活进行管理控制这一单一目的,逐渐呈现出为社会生活提供服务和满足社会多样性需求的多元目的,出现了"服务行政""给付行政"等新的行政方式,提供良好生态环境成为这种新行政方式的重要内容。另一方面,行政权对社会生活的全面介入,打破了原有的政府与市场之间的平衡,日益膨胀的行政权出现"失灵"的可能性增加,迫切需要形成新的控权方式;生态环境问题的特殊性还对如何处理行政权与自然规律的关系提出了新课题。由此产生了许多新的法治行政理论,环境行政是新法治行政理论的重要组成部分。但是,一些国家在法治行政理论发展过程中,尤其是在行政法典制定或编纂过程中,对于如何处理行政法典与环境法典的关系也面临困惑。在德国,担心编纂环境法典会使行政程序法失去部门特定的影响和优势地位,导致建立第四个行政程序法的支柱,进一步造成法的分裂和不确定性,[3]成为否定环境法典的一个重要理由。[4]

---

[1] 中共中央马克思恩格斯列宁斯大林著作编译局编译:《马克思恩格斯全集》(第46卷),人民出版社2003年版,第17页。

[2] 参见姜明安:《新世纪行政法发展的走向》,载《中国法学》2002年第1期。

[3] 参见[德]沃尔夫冈·卡尔:《法典化理念与特别法发展之间的行政程序法》,马立群译,载《南大法学》2021年第2期。

[4] 参见沈百鑫:《德国环境法法典化的核心问题和受挫原因及对我国的启示》,载吕忠梅主编:《环境资源法论丛》第11卷,法律出版社2019年版,第140~151页;[德]沃尔夫冈·卡尔:《法典化理念与特别法发展之间的行政程序法》,马立群译,载《南大法学》2021年第2期。

中国虽然选择了一条不同于西方国家的现代化道路，但也同样面临着妥善解决行政权介入生态环境保护领域的范围与程度等基本法律问题。西方国家关于环境法典属性的论争，提示我们在启动环境法典与行政基本法典编纂时，必须从理论上进行充分论证，找到妥善解决问题的方案。实际上，国家立法机关在启动法典编纂研究的重要关头，将环境法典、行政基本法典均定性为“行政立法领域”，为我们深刻理解现代国家形态与功能，重新认识学科意义上的环境法与行政法的关系，促进环境法学者与宪法行政法学者达成共识，共同推进中国特色社会主义法律体系的完善提供了良好机遇。

（二）宪法解释学上的“环境行政”

从解释学角度看，我国宪法文本中的“国家”有不同的表现形式与功能。[1] 维护生态安全作为国家目的，是当代和后代中国人赖以生存和发展的基本物质条件。为维护生态安全，宪法以确立“美丽中国”目标、明确保护和改善生态环境和生活环境国家任务、授予国务院领导和管理生态文明建设国家职责等予以落实，体现了生态文明时代的国家表现形式与功能。建设美丽中国的国家目标，必然要求国家公权力介入生态环境领域，以环境行政方式为人民提供良好生态环境这样一种专门公共服务、保障人民在清洁健康环境中生活的权利。在这个意义上，生态环境保护的国家任务必然赋予环境行政不同于其他行政行为的内涵。

1. 环境行政对象是社会系统与生态系统的融合

生态环境问题的表现形式是人与自然关系的高度紧张，根本原因在于代表人类文明的国家、社会建立在将自然排除在治理系统之外上，国家治理体系无须考虑生态规律的制约。当我们将生态安全作为国家目的、生态环境保护作为国家目标和任务时，必然产生在国家治理体系中如何安放自然的问题。以“人与自然生命共同体”理念来观察世界，就不难发现“人”具有自然与社会双重属性、生活在两种世界中。作为地

---

〔1〕 参见韩大元：《论中国宪法上的国家安全与人权的关系》，载《人权》2019 年第 5 期。

球生态系统中一个生物种群的人,我们生活在自然世界,依靠自然提供的物质、能量和服务才能生存;同时,作为人类文明世界的人,我们会发明创造、积累财富、追求高品质生活。一定意义上可以说,人的身体属于生态系统,思维属于社会系统。[1] 因此,现代国家治理体系必然要求在重新认识人的自然属性与社会属性基础上,将生态系统与社会治理系统进行整合,形成全新的"人—自然—社会"复合生态系统。[2] 国家公权力的作用对象也不再仅仅是单纯的社会系统,环境行政是国家治理介入"人—自然—社会"复合生态系统的主要形式。

2. 环境行政范围是经济、政治、社会、文化、科技领域的聚合

生态环境问题是自然与社会中的经济、政治、社会、文化、科技等因素交织作用的结果,生态环境保护只有落实到经济、政治、社会、文化、科技等国家治理体系的全过程和各环节,才能真正得到解决。虽然现代国家治理结构决定了环境治理必须采取委托适当的国家机关对生态环境进行规划、管理或监督,以为人民提供良好生态环境、维护生态安全,催生环境行政,但"人—自然—社会"复合生态系统所呈现的人与自然的共生性、社会关系的广泛复杂性决定了环境行政既不是"环境管理部门的行政",也不是传统"分工负责"意义上的行政。"如果种树的只管种树、治水的只管治水、护田的单纯护田,很容易顾此失彼,最终造成生态的系统性破坏。"[3] 因此,环境行政必须采取"山水林田湖草沙冰统筹治理"。

3. 环境行政方式是消极行政与积极行政的整合

在生态环境问题爆发之初,人们认识到"市场失灵"是主要原因,要求政府伸出"看得见的手",主动介入环境保护领域,承担环境管理职责,服务行政、给付行政迅速发展,但是,随着政府"头痛医头,脚痛医脚"式的介入,不仅环境问题未得到很好解决,反而出现了"以环境保护

[1] 参见吕忠梅:《环境法典编纂视阈中的人与自然》,载《中外法学》2022 年第 3 期。
[2] 参见黄承梁:《社会主义生态文明从思潮到社会形态的历史演进》,载《贵州社会科学》2015 年第 8 期。
[3] 习近平:《关于〈中共中央关于全面深化改革若干重大问题的决定〉的说明》,载《人民日报》2013 年 11 月 16 日,第 1 版。

对抗环境保护”的现象，[1]人们认识到“政府失灵”同样可以成为导致生态环境问题的根源。实际上，面对生态安全风险，政府具有双重责任：一方面，要促进经济社会发展，满足人民群众对美好生活的向往；另一方面，要守住自然生态安全底线，保证经济社会在自然生态承载能力范围内的发展。为此，国家实施可持续发展战略，强调“坚持统筹发展和安全”，[2]而“每个人都是生态环境的保护者、建设者、受益者，没有哪个人是旁观者、局外人、批评家，谁也不能只说不做、置身事外”。[3] 在这样的治理体系中，政府必须按照“环境与发展综合决策”[4]的方法推进环境行政主体、对象、范围、内容的重构，完成“既扩权又削权、放权。既限权、控权又参权、分权、还权的复杂演变”。[5]

可见，生态文明时代的环境行政内涵丰富，既体现了现代法治行政的发展趋势或者说是现代法治行政的重要“推手”，也因其所特有的人类观、自然观而对法治行政提出了新的挑战。

二、环境法治中“行政属性”的彰显与谦抑

环境法的产生缘于国家公权力介入环境保护领域的需要，无论在西方发达国家还是在发展中国家，都是不争的事实。中国的专门环境立法与世界同时起步，经过40多年的努力，基本形成了生态环境保护法律体系。在环境立法过程中，呈现出以行政机制为主到行政机制与市场机制逐渐融合的鲜明特征。

（一）以行政机制为主的“行政国家”立法

1973—1979年是中国环境立法的起步阶段。1972年中国派出恢复

---

〔1〕 参见吕忠梅：《消除“环境保护对抗环境保护”：重金属污染人体健康危害的法律监管目标》，载《世界环境》2012年第6期。

〔2〕《习近平在中央政治局第二十六次集体学习时强调 坚持系统思维构建大安全格局为建设社会主义现代化国家提供坚强保障》，载《人民日报》2020年12月13日，第1版。

〔3〕 习近平：《推动我国生态文明建设迈上新台阶》，载《求是》2019年第3期。

〔4〕 参见吕忠梅等：《环境与发展综合决策：可持续发展的法律调控机制》，法律出版社2009年版，第3页。

〔5〕 郭道晖：《法治行政与行政权的发展》，载《现代法学》1999年第1期。

联合国合法席位后的首个代表团出席斯德哥尔摩人类环境会议。1973年召开第一次全国环境保护会议，会议通过《保护和改善环境若干规定》，制定《关于加强全国环境监测工作意见》和《自然保护区暂行条例》，确定我国首个环境保护工作方针。[1] 同年，中国首次成立国家环境保护机构——国务院环境保护领导小组办公室，[2]先后发布有关工业"三废"排放、饮用水、渔业水质、农田灌溉水质等标准。

1978年修订的《宪法》第11条第3款规定，"国家保护环境和自然资源，防治污染和其他公害"，首次以国家根本法方式确认国家环境保护职责并明确环境保护领域。1979年颁布的《试行法》确立政府环境管理以"督企"为主、以"谁污染、谁治理"为原则的末端控制模式，还规定了环境影响评价、"三同时"、排污收费、限期治理等制度。[3] 随后制定的《大气污染防治法》《水污染防治法》等法律，主要是针对不同环境要素进行的规定。这一时期，"照搬"国外立法比较多，尤其是借鉴《美国国家环境政策法》和《日本公害对策基本法》。也因如此，环境立法一开始就"移植"了不同于传统行政法的理念及制度。比如，环境标准进入法律并成为执法依据，使环境法具有了"科学技术性"，[4]通过技术规范的法律化实现自然系统与社会系统的融合。环境影响评价、"三同时"、排污收费、限期治理等制度则为环境保护提供了不同规制"工具"，体现"行政国家"[5]的立法特征。

(二)以预防为主的"风险社会"立法

1979—2013年是中国环境立法蓬勃发展期。党的十一届三中全

---

〔1〕 参见雷洪德、叶文虎：《中国当代环境保护的发端》，载《当代中国史研究》2006年第3期。

〔2〕 参见王玉庆：《中国环境保护政策的历史变迁——4月27日在生态环境部环境与经济政策研究中心第五期"中国环境战略与政策大讲堂"上的演讲》，载《环境与可持续发展》2018年第4期。

〔3〕 参见陈茂云：《我国环境法制发展趋势管窥———纪念〈环境保护法（试行）〉颁行十周年》，载《环境科学动态》1989年第10期。

〔4〕 在很长时期内的法学研究中，将规范区分为社会规范与技术规范，法律规范属于社会规范。参见张志铭：《法律规范三论》，载《中国法学》1990年第6期。

〔5〕 参见颜昌武：《行政国家：一个基本概念的生成及其蕴涵》，载《公共行政评论》2018年第3期。

会以后，环境保护的“国策”地位得以确立。[1] 1982 年修订的《宪法》首次确认“生态环境”的概念，明确了“保障自然资源的合理利用，保护珍贵的动物和植物”与“保护和改善生活环境和生态环境”的国家任务。[2]

从 1979 年到 1989 年的十年间，国家先后制定《海洋环境保护法》《水污染防治法》《草原法》《野生动物保护法》等近 20 部环境保护单行法。1989 年《环境保护法》正式确立了我国环境保护法的基本原则、监督管理体制和基本制度，其后，环境立法沿着制定单行法弥补立法空白、修订单行法完善法律制度的路径前行，同时加快了制定相关配套法规、规章和环境标准的步伐。到 2013 年，中国初步形成了由环境保护综合类法律、污染防治类、自然资源与自然（生态）保护类法律、清洁生产与循环利用类法律构成的环境立法体系，在立法中，大多规定了综合运用行政、民事、刑事法律手段防治环境污染与环境破坏，体现了明显的跨越公法、私法样态。

与此同时，我国制定的民法、[3]刑法、[4]诉讼法[5]中也都规定了环境保护条款，进一步呈现以法律方式对国家治理体系多领域、多环节进行聚合，共同实现国家环境保护任务的特质，环境立法的中国特色日益鲜明。值得关注的是，1992 年联合国环境与发展大会提出推动可持续发展国家转型呼吁后，中国接受并开始实施可持续发展战略，在环境立法上注重污染防治从末端治理向全过程转变，[6]注重建立清洁生产、循环利用等具有预防理念的法律制度，很大程度上体现了逐步面向“风险

---

〔1〕 参见《环境保护是我国的一项基本国策——第二次全国环境保护会议在北京召开》，载《环境科学》1984 年第 1 期。

〔2〕 参见 1982 年《宪法》第 9 条第 2 款、第 26 条第 1 款。

〔3〕 如 1986 年制定的《民法通则》第 124 条规定：“违反国家保护环境防止污染的规定，污染环境造成他人损害的，应当依法承担民事责任。”

〔4〕 如 1979 年《刑法》将环境资源犯罪的内容纳入分则第三章“破坏社会主义经济秩序罪”加以规定。如盗伐、滥伐林木罪，非法捕捞水产品罪，非法狩猎罪，还有污染环境犯罪，动物资源犯罪，植物资源犯罪，矿产资源犯罪，土地资源犯罪五类 16 种罪名。

〔5〕 如 2012 年修订的《民事诉讼法》第 55 条规定：“对污染环境、侵害众多消费者合法权益等损害社会公共利益的行为，法律规定的机关和有关组织可以向人民法院提起诉讼。”

〔6〕 参见吕忠梅：《环境法新视野》，中国政法大学出版社 2000 年版，第 213 页。

社会”的立法特征。[1]

(三)以多元共治为主的“生态国家”立法

2013年至今是中国环境立法的成熟期。党的十八大以来,环境立法在保障统筹推进“五位一体”总体布局、协调推进“四个全面”战略布局新使命过程中趋于成熟定型。2014年修订的《环境保护法》,明确了其在生态环境立法中的基础性地位,[2]明确了“保护和改善环境,防治污染和其他公害,保障公众健康,推进生态文明建设,促进经济社会可持续发展”的立法目的和“人与自然和谐发展”“经济社会发展与环境保护相协调”的价值取向,构建政府主导、企业主责、公众参与的多元共治新格局。

2018年,“生态文明”入宪,“美丽中国”建设的国家目标和任务更加明确。全国人大常委会以增强立法系统性、整体性、协同性、时效性为己任,积极补短板、强弱项、填空白,制修定了《土壤污染防治法》《生物安全法》《噪声污染防治法》《长江保护法》《湿地保护法》《黄河保护法》《核安全法》《黑土地保护法》《青藏高原生态保护法》《大气污染防治法》《固体废物污染环境防治法》《环境影响评价法》等30多部生态环保法律。

与此同时,新中国第一部以“法典”命名的《民法典》确立“绿色原则”并在物权编、合同编、侵权责任编中均规定有“绿色条款”,[3]既为世界贡献了一部“绿色民法典”,也为民法规范和环境法规范的有机衔接预留了充分的空间。《刑法修正案(十一)》对污染环境,非法猎捕、杀害珍贵、濒危野生动物,非法收购、运输、出售珍贵、濒危野生动物、珍贵、濒危野生动物制品,非法狩猎等相关罪责进行了修订,还增加了有关破坏国家公园、非法引入外来物种等方面罪责。[4]《行政诉讼法》《民事诉讼

〔1〕参见于文轩:《生态文明语境下风险预防原则的变迁与适用》,载《吉林大学社会科学学报》2019年第5期。

〔2〕参见《全国人大常委会办公厅召开新闻发布会 环保法25年首次大修》,载共产党员网,https://news.12371.cn/2014/04/25/ARTI1398374602553756.shtml。

〔3〕参见吕忠梅:《〈民法典〉“绿色规则”的环境法透视》,载《法学杂志》2020年第10期。

〔4〕参见周光权:《刑事立法进展与司法展望——〈刑法修正案(十一)〉总置评》,载《法学》2021年第1期。

法》均为建立环境公益诉讼制度进行了修订。

经过40多年的努力,中国的环境立法完成了历史性飞跃,实现了立法价值取向从“工业三废控制”到可持续发展、立法范围从“污染防治”到生态安全、规制对象从“城市企业”到经济社会全方位全过程的根本性转变,体现了中国生态文明建设实践的法律需求以及“人类文明新形态”[1]的“生态国家”立法特征。

简要回顾中国环境法发展史,我们不难发现,环境立法不仅与国家环境保护责任的演变相伴随,而且自始就有着不同于行政法乃至传统法律的新内容。其旨趣在于建立“人与自然和谐共生”的“生命共同体”规则,所调整的是地球空间内的“人—自然—人”关系,[2]为实现可持续发展而追求代际公平、种际公平、区际公平等。[3]无论是学科意义上的部门法理论还是立法体系中的法律部门,都无法将其完全收入麾下。

第三节　环境法典与民法典

学习中国民法典编纂经验,是环境法典编纂的必做功课。但是,学习民法典编纂经验并非照抄照搬民法典体例与编纂方法。从理论上看,民法典编纂的重要经验就是在继受德国民法典潘德克顿体系的同时,进行重大的体系创新、制度创新、价值理念创新,充分彰显民法典的时代特征。[4]在这个意义上,在厘清民法典特征及其与环境法典的差异基础上确立环境法典基本属性,才能学到民法典编纂经验的“真谛”。

[1] 习近平:《在庆祝中国共产党成立100周年大会上的讲话》(2021年7月1日),载《人民日报》2021年7月2日,第2版。

[2] 参见吕忠梅:《环境法律关系特性探究》,载《环境法评论》2018年第1期。

[3] 参见蔡守秋:《环境公平与环境民主——三论环境资源法学的基本理念》,载《河海大学学报(哲学社会科学版)》2005年第3期。

[4] 参见王利明:《为民法典编纂和实施贡献智慧和力量》,载《人民日报》2021年4月16日,第15版。

一、民法典以“自由”为核心价值展开逻辑

人类追求法典化的历史告诉我们：法典的框架结构并非立法者的任性或随意，而是在特定时代背景和历史条件下进行价值判断与理性设计的产物。

（一）民法典的嬗变

古罗马时代，法学家在对市民社会进行充分观察的基础上，以人类社会早期的社会经济关系为调整对象，形成了以“自由”为核心价值的基本判断，创立了民法典最初的“人—物—诉讼”三分体系；法国民法典之所以继受罗马法体系，更多也是为了对抗中世纪的宗教与封建统治，高举“平等、自由、人权”大旗，促进资本主义生产关系的发展。近百年来，随着民法一般私权理论发展，特别是法律关系概念的创立，人法被分解为权利主体制度与家庭法，物法也依权利客体区分为物权法、债法与继承法，演变为德国民法典体系编排。[1] 中国民法典也是在继受德国民法典的基础上进行的体系创新。[2]

可见，“自由”始终是世界各国民法典所展现的核心价值。[3] 这一价值通过保障法典规则体系的内在统一与协调，使具体规范的演绎能够顺利推进：在主体维度，民法典假定了自由的人，这是被高度抽象而无个体差别的社会中的“平均人”。不问实际社会生活中的经济地位、资源禀赋等天然差异，他们在民法典上一律是“平等主体”；而在平等基础上因自由竞争引发的结果差异，民法典则保持中立，认可优胜劣汰规律。在行为维度，“自由”体现为民法典最大限度地保障个体的主观意愿。在总体上，以“意思自治”为原则，通过主观行动实现意愿；在具体规则中，则充分尊重和彰显所有权自由、合同自由、婚姻自由、遗嘱自由等。在后果维度，“自由”体现为责任自负。这是“自由人”的“自由行为”的必然要求，也是民事法律责任具有消极性、填平性的主

---

〔1〕 参见杨代雄：《古典私权一般理论及其对民法体系构造的影响》，北京大学出版社2009年版，第137页。

〔2〕 参见王利明：《体系创新：中国民法典的特色与贡献》，载《比较法研究》2020年第4期。

〔3〕 参见谢鸿飞：《中国民法典的生活世界、价值体系与立法表达》，载《清华法学》2014年第6期。

要原因。

民法的自由具有消极性,用于排除外来的不当干预,并不要求主体积极追求与实现自己的权利,不同于公法上要求公民积极参与各种共同体决策的积极自由。现代民法典的使命正在于,“在一个相互衔接的总体法律制度之中,追求民法本身的真正目标,那就是保障个人的自由,以及为合同自由和结社自由的行使、为保护所取得的权利以及为此种权利的行使、为财产自由和为人格发展领域的不可侵犯制定恰当的规则”。[1] 正是这种使命决定了民法典以“民事权利”为核心范畴,围绕权利的确认、权利的行使、权利的保障构建框架体系。

(二)中国民法典的“权利法”本质

中国民法典将“绿色发展”理念纳入其中,在总则中规定“绿色原则”并在物权编、合同编、侵权责任编中规定专门的“绿色规则”,为世界呈现了一部“绿色民法典”。[2] 但是,中国民法典依然没有也不可能脱离“权利法”的本质,没有也不可能偏离保障市场经济正常运行必须具有的“主体平等”“意思自治”“责任自负”价值,其对“绿色规则”的创建,不可能也不应该超出民法的“射程”。[3]

一方面,传统民法不受限制的自由已经带来了诸多极端的负面效果。基于自由,罔顾生态规律、漠视自然价值,经济至上以及狭隘的人本主义运动,不考虑自然资源配置中的环境成本,是造成当代环境问题的制度原因之一。横贯民法典的法律行为,使得民事主体在自由意志实施法律行为的外衣下,进行废弃物交易或资源使用权转让,造成污染和破坏生态环境的后果。个体“意思自治”的总和不仅可能严重危害公众生命健康、危及自身生存环境,而且可能导致一定区域的生态环境失衡、生存与发展的自然条件退化,加剧灾害风险和生态危机。鉴于包括生态环境保护在内的社会利益日益彰显,迫切需要改变民事

---

〔1〕［德］迪特尔·施瓦布:《民法导论》,郑冲译,法律出版社2006年版,第57页。

〔2〕参见吕忠梅:《〈民法典〉“绿色规则”的环境法透视》,载《法学杂志》2020年第10期。

〔3〕参见吕忠梅、窦海阳:《民法典“绿色化”与环境法典的调适》,载《中外法学》2018年第4期。

主体自由放任的状况,对其进行一定的约束与限制。实际上,现代民法典已不可能独尊“自由”价值,必须顺应社会法理的要求,对自由的内容进行修正,使其受到公序良俗的限制。[1] 我国民法典正是在生态文明建设已成为治国理政总体战略的历史背景下,将“绿色发展”纳入法典编纂,通过发挥民法典的激励作用,解决节约资源、保护环境的内生动力问题。

另一方面,民法典中纳入“绿色规则”以不破坏或者冲击民法的基本价值和制度体系为前提,为环境法典编纂带来了机遇和挑战。民法介入调整涉及环境的法律关系至少需要满足两个条件:环境资源的生态价值可以通过经济价值化而成为具体利益,环境资源的生态功能及其服务价值可以成为法定的人格利益。[2] 这使得民法典无论如何“绿色化”,也必须坚守其核心价值,不能跨越环境要素以及生态系统不是民法中的“物”、[3]环境侵权的原因二元性和后果双重性、[4]生态环境保护需要以“风险预防”为原则等界限,只能在一定程度上“通过种种渠道在规则和价值上与其他法律良好地沟通”。[5] 在民法典编纂时,选择“普通法—特别法”模式处理民法与环境法的关系,既让民法的归民法、环境法的归环境法,也让民法具有绿色理念和规则体系、环境法能够运用私法手段和激励机制。在此意义上,民法典的成功为环境法典编纂不仅提供了工作经验,而且在制度体系上留下了“接口”,需要环境法典处理好公共利益保护与私法机制运用之间的关系,这也是对环境法典编纂工作的现实挑战。[6]

---

〔1〕 参见梁慧星:《民法总论》(第4版),法律出版社2011年版,第32页。

〔2〕 参见吕忠梅、窦海阳:《民法典“绿色化”与环境法典的调适》,载《中外法学》2018年第4期。

〔3〕 参见吕忠梅课题组:《“绿色原则”在民法典中的贯彻论纲》,载《中国法学》2018年第1期。

〔4〕 参见吕忠梅:《环境侵权的遗传与变异——论环境侵害的制度演进》,载《吉林大学社会科学学报》2010年第1期。

〔5〕 茅少伟:《寻找新民法典:“三思”而后行 民法典的价值、格局与体系再思考》,载《中外法学》2013年第6期。

〔6〕 参见吕忠梅:《〈民法典〉“绿色规则”的环境法透视》,载《法学杂志》2020年第10期。

二、环境法典以国家战略目标作为价值统领

"法典是每个时期法律制度文明的缩影和主要表征",[1]法典编纂首先必须确定最能代表这个时代制度文明和主要表征的基础概念和核心价值。

(一)环境法典无法选择"权利"为逻辑主线

民法典作为市场经济时代社会经济生活的基本规则,选择以"民事权利"为基础概念,以保障现代市场经济条件下的适度"自由"为核心价值,围绕民事权利的确认、行使和保障展开逻辑构建。[2] 但是,环境法作为新型法律,其调整对象是经由自然环境作用而产生的"人—自然—人"的关系,具有特殊的法律关系构成和内容呈现明显的"跨界性"。从发生学上看,专门环境立法产生之初,以国家应承担环境保护职责、为人民提供优质的环境公共产品为基本共识点,建构了以行政监管制度为主的法律体系。经过40多年的发展,虽然环境保护法的范围和内容乃至法律原则都在不断拓展,但其立足于生态系统整体性、以公法调整为主的法律体系性质没有变,其注重经济社会发展与环境保护相协调和"山水林田湖草沙"综合治理、基于自然生态系统规律的跨部门和跨地区统筹协调、基于生态系统服务功能的独立监管没有变。生态环境保护涉及的权益范围广泛,意味着不可能用一个独立的"权利"作为法典编纂的逻辑主线;国家所承担的为人民提供良好生态环境和生活环境基本职能,也决定了必须以国家战略的价值目标作为法典编纂的核心价值。

(二)环境法典须以国家战略为核心价值

中国进入新时代,习近平生态文明思想直面人与自然发展不平衡、不能满足人民日益增长的生态环境需求的现实,提出要大力推进生态文明体制改革,以最严格的制度、最严密的法治保护生态环境。[3] 2018年修改的《宪法》将"推动物质文明、政治文明、精神文明、社会文明、生态

---

〔1〕 周旺生:《法典在制度文明中的位置》,载《法学论坛》2002年第4期。

〔2〕 参见王利明:《体系创新:中国民法典的特色与贡献》,载《比较法研究》2020年第4期。

〔3〕 参见《推动形成绿色发展方式和生活方式 为人民群众创造良好生产生活环境》,载《人民日报》2017年5月28日,第1版。

文明协调发展，把我国建设成为富强民主文明和谐美丽的社会主义现代化强国”写入序言并与其他国家目标相互协同；同时，修改第89条，增加国务院“领导和管理经济工作和城乡建设、生态文明建设”的职权，中国迈入了“环境宪法”时代。[1] 在国际环境治理体系中，中国也正在发挥着越来越重要的作用。这些都对环境法典编纂提出了更高要求，都要求确立一个可以作为环境法典编纂的统一的、根本的精神指引和原则性规范的基础概念，实现立法思维从分散化到系统整合的转变。这样一个概念既能很好地体现“人与自然和谐共生”的生态文明理念、保障美丽中国国家战略的实现，又能充分体现“共谋全球生态文明建设”的国际视野、为人类命运共同体贡献中国智慧和中国方案。综合考察国内、国际生态环境法治理论和实践，已经成为我国生态环境保护社会实践活动的法治基础和核心，且既为中国环境立法确定为立法目的和价值追求，[2] 也为国际社会提出并践行和多国环境法典作为立法价值目标的可持续发展，能够担当此任。

比较民法典与环境法典，民法作为典型的私法，法律属性明确，不仅有成熟的概念范畴体系，而且有数百年的法典编纂历史，有不断嬗变的法典编纂模式。反观环境法及其世界各国环境法典编纂实践，既无成熟的概念范畴体系，也无完全成熟的国外法典编纂经验，需要进行更多理论探索。环境法作为新兴的法律现象，是人类面对日益严重的环境问题挑战，在重新认识人与自然关系的基础上，反思传统法律基于“主客二分”立场，克服将人与自然相互对立、为追求一己一时之利而罔顾全面长期发展弊端，建立在人与自然和谐共生基本伦理之上的法律规范体系。这决定了环境法具有完全不同于传统法律独尊个体自由的价值观，强调必须以守住自然环境安全边界为圭臬，以限制污染和破坏环境的自由为方法，由国家承担保障民族整体利益、国家长远利益的责任，履行为国民提供良好生态环境的义务。

---

〔1〕 参见张翔：《环境宪法的新发展及其规范阐释》，载《法学家》2018年第3期。

〔2〕 参见柯坚：《当代环境问题的法律回应——从部门性反应、部门化应对到跨部门协同的演进》，载《中国地质大学学报（社会科学版）》2011年第5期。

第四节　环境立法的“归位”

全国人大常委会立法计划将环境法典作为与教育法典、行政基本法典相平行的“行政立法领域”法典，宣示了其不应当是《中国特色社会主义法律体系》白皮书所列举的宪法相关法、民法商法、行政法、经济法、社会法、刑法、诉讼与非诉讼程序法之七大类部门法的“部门型”法典的属性，为生态环境立法在中国特色社会主义法律体系中重新“定位”提供了契机，也为其他法律部门中的生态环境立法“归位”提供了途径。

一、完善法律体系分类方法

近年来，学者们对法律部门理论进行了深入研究并取得不少成果。比如，有学者在反思法律体系理论基础上，提出了“多次多维立体层面式”划分法律部门的观点。[1] 在环境法学研究中，有学者认为环境法是独立的法律部门，并非遵循调整对象说；[2] 也有学者提出，环境法是领域法而非部门法。[3] 观点虽有不同，但强调环境法具有不同于行政法的特殊性却是共识，只是对如何重新“定位”环境法有分歧。学者们还在纠结不已，中国的法治建设实践却远远地跑在了前面，为理论创新提出了新课题，也创造了新经验。

（一）“领域立法”在实践中被提出

2014 年，党的十八届四中全会确定全面推进依法治国的总目标，描绘了建设法治中国的总蓝图，《中共中央关于全面推进依法治国若干重大问题的决定》明确提出要完善以宪法为核心的中国特色社会主义法律

---

〔1〕 参见何文杰：《多次多维立体层面式的部门法划分方法及其运用》，载《云南大学学报（法学版）》2014 年第 3 期。

〔2〕 参见李艳芳：《论生态文明建设与环境法的独立部门法地位》，载《清华法学》2018 年第 5 期。

〔3〕 参见常纪文：《环境法是领域法而非独立部门法》，载《科学时报》2010 年 9 月 10 日，A03 版。

体系,加强对涉及公民权利、经济、政治、文化、社会、国家安全、生态文明等七个重点领域的立法。2019 年,党的十九届四中全会通过的《中共中央关于坚持和完善中国特色社会主义制度 推进国家治理体系和治理能力现代化若干重大问题的决定》再次提出,完善以宪法为核心的中国特色社会主义法律体系,加强重要领域立法,加快我国法域外适用的法律体系建设,以良法保障善治。2020 年,习近平总书记在中央全面依法治国工作会议上发表重要讲话,强调要积极推进国家安全、科技创新、公共卫生、生物安全、生态文明、防范风险、涉外法治等重要领域立法,健全国家治理急需的法律制度、满足人民日益增长的美好生活需要必备的法律制度,提出要总结民法典编纂经验,适时推动条件成熟领域的立法领域法典编纂。[1] 其深刻指出了新时代立法的目标任务和重点方向。2021 年,中共中央印发的《法治中国建设规划(2020—2025 年)》提出:“加强重点领域、新兴领域、涉外领域立法……统筹解决食品药品、生态环境、安全生产等领域法律法规存在的该硬不硬、该严不严、该重不重问题。”[2] 中共中央、国务院印发的《法治政府建设实施纲要(2021—2025 年)》提出:“积极推进国家安全、科技创新、公共卫生、文化教育、民族宗教、生物安全、生态文明、防范风险、反垄断、涉外法治等重要领域立法,健全国家治理急需的法律制度、满足人民日益增长的美好生活需要必备的法律制度。”[3]

事实上,十二届、十三届全国人大正是按照这些部署推进中国的立法进程。在迅速推进的立法实践中,我们看到了两个明显变化:一是完善以宪法为核心的中国特色社会主义法律体系,立法更加关注“重要领域”而非“法律部门”;二是在法治政府建设实施纲要中提出立法要求,这里的“政府”显然不是单指“行政机关”。尽管不同文件对于“重要领域”立法的表述有所不同,但“生态文明”立法始终稳居

---

〔1〕 参见习近平:《坚定不移走中国特色社会主义法治道路 为全面建设社会主义现代化国家提供有力法治保障》,载《求是》2021 年第 5 期。

〔2〕 《中共中央印发〈法治中国建设规划(2020—2025 年)〉》,载中国政府网,https://www.gov.cn/zhengce/2021-01/10/content_5578659.htm? eqid=ee0d87790000e6c4000000066476c136。

〔3〕 《法治政府建设实施纲要(2021—2025 年)》。

其中,从未变化。

(二)拓展部门法理论

中国的法治实践迫切需要创新部门法理论,重新认识"行政立法"。"领域性学科"及其"领域法学"的认知,可以为我们提供一个不同的视角。随着人类进入信息时代,知识经济发展促进知识生产方式的变革,传统的基础学科与应用性学科分野被打破,出现了一种"应用引起的基础研究"学科类型。美国科技政策专家司托克斯认为:基础研究与应用研究之间并非界限分明,而是呈现一种"非线性的交互模式",当今时代,新知识产生于应用情境已然成为科学发展的重要趋势。[1] 英国学者齐曼指出,科学正从"学院科学"走向"后学院科学"时代。"后学院科学"是基于"应用语境",以问题为导向的一种新的"知识生产形态"或者学科类型。[2] 与传统学术性学科不同,领域性学科是一种以问题领域为导向、以应用为目的、以协同创新为核心的跨学科知识生产方式。它"所包含的知识、理论与方法,很难简单地归结为某一个知识性学科,也不是以某一个学科为主而吸收其他学科而形成,而是以某一个现实领域为基础而形成的学科"。[3] 从本源上看,学术性学科与领域性学科都是一种知识生产分类方法,但两者有很大不同。学术性学科强调各特定学科形成内在统一,深度链接但相对封闭,具有树状相应;领域性学科强调不同知识集成汇聚,横向交叉并开放融合,具有网状效应。[4] 在世界范围内,生态环境学科都是领域性学科的发轫。

类似"学术性学科"与"领域性学科"的现象,在法学发展中已大量存在。中国进入新时代,社会结构正向更高现代性演变过程中,经济、政治、社会、文化诸问题的交叉性、整合性和动态性十分明显,需要有越来越多的综合、复杂和更具公共价值的新型法律创生,环境法是这种法律

---

〔1〕 参见[美]D. E. 司托克斯:《基础科学与技术创新:巴斯德象限》,周春彦、谷春立译,科学出版社 1999 年版,第 62 ~ 63 页。

〔2〕 参见[英]约翰·齐曼:《真科学》,曾国屏等译,上海科技教育出版社 2002 年版,第 85 页。

〔3〕 谢维和:《谈学科的道理》,载《中国大学教学》2012 年第 7 期。

〔4〕 参见刘欣:《地方大学领域性学科建设:内涵、路径与模式》,载《大学(学术版)》2014 年第 1 期。

的典型。这些法律通常由特定问题束集聚而成，内在理念与观察视角难以嵌入传统话语，不能也不宜将其截然纳入部门法的精密分类和既定框架中。当然，领域法的出现并非要取代部门法，而应共存于现代社会和法律系统中，以不同的价值和理路作用于不同的社会关系，分工协作又相互成就，共同推动法律体系的革新。[1]

在这个意义上，包括环境法在内的"重要领域"立法应该也可以成为我国立法体系中一种新的分类方法，在认真总结我国立法实践基础上，探索领域法的规律与特征，合理确定领域法下的"重要立法领域"，形成由《中国特色社会主义法律体系》白皮书确定的法律部门和"重要立法领域"的二层法律结构，完善以宪法为核心的中国特色社会主义法律体系。环境立法当然应成为"重要立法领域"中的独立一支，不再"寄生"于行政法、经济法部门之中。

二、确定环境法典"领域型法典"属性

传统法律部门如民法、刑法、行政法等遵循"主客二分"理念，以调整一定范围内的社会关系为圭臬，将自然作为单纯的客体，致使自然在被物化的过程中被过度利用和破坏，造成严重的环境问题，由此引发各部门法对环境问题的回应。但由于其价值理念、调整方式等不能应对人与自然关系的紧张所导致的环境问题，也由于不能将传统法律部门已建立的法律秩序彻底破坏，于是产生了专门环境立法。一方面，专门环境立法以生态学、环境科学等自然科学为基础，为缓解人与自然关系紧张将科技、政策引入法律，成为环境科学与法学的交叉学科；另一方面，专门环境立法与传统的法律部门有着渊源上的密切联系，其采取的行政、民事、刑事法律手段脱胎于传统法律，形成了环境法和传统法律部门间的交互作用。客观而言，环境法并非要排斥调整"人—人"关系的传统法律规范，而是要将"人—自然—人"关系纳入法律调整视阈。生态环境问题的多重性和复杂性决定了环境法的跨学科、跨法域属性，形成法

〔1〕 参见耿颖：《现代社会转型与领域法话语的展开》，载《武汉大学学报（哲学社会科学版）》2018 年第 6 期。

律与科学相互嵌套、法律与社会政策相互转化、不同法律手段相互融合的格局，具有明显的不同学科汇聚、横向交叉、开放包容的“领域性”学科特征。

(一)“领域型法典”不同于“部门型法典”

环境法典是将不同学科知识、不同法律手段因解决生态环境问题需要糅合而成的“领域型”法典，与民法典、刑法典、行政法典等“部门型”法典有着根本的不同。从20世纪末期开始出台的各国环境法典看，因为缺乏像“部门型”法典那样成熟的概念性思维、法典化技术，不同国家的环境法典的名称各异、体例结构完全不同、内容差别巨大，但在聚焦本国环境问题、推动国家可持续发展转型的理念上高度一致，在综合运用行政、经济、科技、教育等不同手段保障生态安全上高度一致，表明环境法典编纂与国情的密切联系，与本国国家发展战略的密切联系。[1] 法典编纂是“发现单个的法规范相互之间和规则体相互之间，以及它们与法秩序的主导原则之间的意义脉络”，[2] 实现同类法律规范体系化的过程，广泛运用于各国法典编纂的“提取公因式”方法，是民法典编纂的有益经验。但如前所述，与民法典以“权利”为主线、以追求形式正义为圭臬不同，环境法典是一种新型法治模式，要求以目的(或价值)作为法治评价标准，将实质正义与形式正义在一定制度之内予以统合。[3] 为此，“制度有必要由目的来引导……同时，如果真心实意地贯彻目的，那么目的也自然可以制约行政裁量，从而也可以缓和制度屈服(于社会压力)的危险”。[4] 这决定了环境法典必须以目的或价值为主线，形成不同于民法典的“意义脉络”。

世界范围内的行政法典编纂以行政程序法为主，鲜见实体性行政法

---

〔1〕 参见吕忠梅、田时雨：《环境法典编纂何以能——基于比较法的背景观察》，载《苏州大学学报(法学版)》2021年第4期。

〔2〕 [德]卡尔·拉伦茨：《法学方法论》，黄家镇译，商务印书馆2020年版，第548~549页。

〔3〕 参见高鸿钧：《现代西方法治的冲突与整合》，载高鸿钧主编：《清华法治论衡》第1辑，清华大学出版社2000年版，第1~59页。

〔4〕 [美]诺内特、[美]塞尔兹尼克：《转变中的法律与社会》，张志铭译，中国政法大学出版社1994年版，“代译序”第7页。

典。[1] 在中国，全国人大常委会提出编纂“行政基本法典”计划后，学者们对如何编纂行政法典还存在一些争议。[2] 从各国行政法典编纂形式和内容看，基本上是以“权力”为主线，以依法行政为核心价值，以行政行为及其运作为主要内容，也可归属于“部门法典”类型。环境行政作为当代国家权力介入环境问题的主要方式，具有传统行政法的基本特征，但其综合社会系统与生态系统融合的行政对象，聚合经济、政治、社会、文化、科技领域行政范围，整合消极行政与经济行政的行政方式，加之环境法律关系主体是所有当代人和后代人，客体是相关要素、空间、功能、服务等所构成的生态系统整体，这些都决定了“环境行政”的“领域性”含义。环境法典编纂必须在可持续发展价值指引下，立足生态系统整体性，采取公权与私权沟通与协调方式，[3] 建立基于自然生态规律的跨部门和跨地区统筹协调、基于生态系统服务功能的监管模式，促进经济社会绿色低碳发展。由此，“领域型”环境法典必然呈现与“部门型”行政法典的不同面貌，也可以将基于生态国家形态与功能的“环境行政”、为实现美丽中国建设目标与履行国家生态环境保护责任的“环境立法”纳入统一的环境法律规范体系。

（二）“部门型法典”与“领域型法典”相互协同

在环境法典编纂过程中，应从“部门法”与“领域法”分工协作与相互成就的角度，明确适度法典化的编纂模式，处理好环境法典内外部关系，其中，最重要的是环境法典与民法典、行政法典的关系。

在《民法典》已经建立了以“绿色原则”为核心的绿色民事法律条款体系的情况下，环境法典编纂应充分考虑与民法典的有机衔接。在环境法看来，《民法典》“绿色条款”体系在将生态环境保护理念纳入民法、建

---

〔1〕 参见叶必丰：《行政法的体系化：“行政程序法”》，载《东方法学》2021 年第 6 期。

〔2〕 参见杨建顺：《为什么行政法不能有统一的法典?》，载《检察日报》2020 年 6 月 3 日，第 7 版；姜明安：《关于编纂我国行政程序法典的构想》，载《广东社会科学》2021 年第 4 期；应松年、张航：《中国行政法法典化的正当性与编纂逻辑》，载《政法论坛》2022 年第 3 期；马怀德：《行政基本法典模式、内容与框架》，载《政法论坛》2022 年第 3 期；周佑勇：《中国行政基本法典的精神气质》，载《政法论坛》2022 年第 3 期。

〔3〕 参见吕忠梅：《论环境法的沟通与协调机制——以现代环境治理体系为视角》，载《法学论坛》2020 年第 1 期。

立民法与环境法双赢机制的基础上，建立了限制民事主体不利于环境保护行为的约束机制、激发民事主体自觉保护环境主动性的动力机制、对民事主体遭受的损害予以填补的保护机制、为公共利益保护建立可操作救济途径的诉讼机制。环境法典与《民法典》的衔接，应以实现对生态环境的"共治"为目标，针对民法典已经建立的绿色条款，按照普通法与特别法的关系，通过转介、引致等技术方法，设置与《民法典》总则编、物权编、合同编、侵权责任编相关条款相互衔接的法律规范，既提升《民法典》"绿色条款"的适用性，也有效发挥民法的社会动员机制，促进环境法典构建"多元共治"的现代治理体系。[1]

目前，在尚未见到详细的行政法典编纂方案情况下，考虑环境法典与未来可能出现的"行政基本法典"如何衔接问题，难以周全。可以预见的是，环境行政作为生态文明时代公权力行使的一种重要方式，按照法治政府建设的基本原则，[2]行政法典必然会对其进行实体和程序两个方面的规范。[3] 环境法典与行政法典的衔接亦应以实现对生态环境的"共治"为目标，从环境行政权力赋予和行使程序两个方面进行衔接。如《行政许可法》《行政处罚法》《行政强制法》《行政复议法》《行政诉讼法》规定的相关制度纳入行政法典后，在环境法典编纂中也需按照普通法与特别法的关系加以处理，通过设置相应的转介、引致条款，既增强环境行政的法治化程度，也充分发挥环境法体系性调整功能，有效保障生态安全、促进美丽中国建设国家目标的实现。

---

〔1〕 参见吕忠梅：《民法典绿色条款的类型化构造及与环境法典的衔接》，载《行政法学研究》2022 年第 2 期。

〔2〕 参见《法治政府建设实施纲要（2021—2025 年）》。

〔3〕 即便是编纂行政程序法典，一些必要的实体性规范也会存在。正如姜明安教授所言，"在行政程序法典中纳入那些兼具实体性和程序性的规则是完全可行且必要的，在行政程序法典中纳入这些规则并不会改变法典的程序法性质"。姜明安：《关于编纂我国行政程序法典的构想》，载《广东社会科学》2021 年第 4 期。

第七章　中国环境法典的编纂模式

多年来，法学界对中国环境立法体系化应采取基本法路径还是法典化路径进行了深入研究，在多数学者赞同法典化路径的基础上，国家立法机关将环境法典编纂纳入十四届全国人大常委会立法规划一类项目，明确了中国环境立法的法典化路径选择。目前，各方面就环境法典编纂应采取“适度化”模式也达成了基本共识。但对什么是适度法典化以及何谓“适度”还存在分歧，对于方法论意义上的适度法典化更缺少研究。如果这些问题不能得到解决，将会直接影响环境法典编纂的实质性开展。因此，环境法典编纂研究需要从认识论与方法论两个方面加以推进，为立法机关已经启动的环境法典编纂工作提供坚实的理论支撑和可操作的具体方案。

第一节　选择环境立法体系化路径

有立法最高形式之称的法典编纂，因其所具有的促进国家现代化的政治功能、提升国家治理体系与治理能力的法治功能、弘扬国家核心价值观的文化功能，在各种立法方式中具有不可替代的作用。对于新兴的环境法而言，是否采取法典方式或者采取何种法典化方式，不仅与一个国家的政治、社会、文化等因素密切相关，也与该国的立法路径选择直接关联；在一定程度上，立法路径又与政治、社会、文化因素相互作用。

一、环境立法体系化主要路径及其趋势

从世界范围看，环境法的体系化受到各国高度重视。1969 年美国颁布国家环境政策法开启环境基本法立法之先河，[1] 许多国家纷纷仿效，逐步形成了以环境基本法为龙头、以单行环境法为主干的环境立法体系，我们称之为“基本法 + 单行法”的体系化路径（又称基本法路径）。例如，美国在出台国家环境政策法之后，又先后修改和制定了清洁水法，清洁空气法，固体废物处置法，综合环境反应、赔偿与责任法等多部环境保护单行法，[2] 成为普通法系国家中环境立法皆成文的典范。一些国家的环境基本法还随着人与环境关系认识的不断加深，经历了修订、整合与升级。如日本 1967 年颁布《日本公害对策基本法》，1972 年颁布《日本自然环境保全法》，分别对污染防治和自然环境保护作出规定，被认为是公害防治与自然环境保护领域的基本法，但在 1992 年联合国环境与发展大会以后，日本将两部基本法加以合并，于 1993 年颁布了《日本环境基本法》，将环境保护立法的目的从“公害防治”“自然环境保全”提升为“可持续发展”。[3] 几乎同时，也有国家以制定法典的方式推进环境法体系化，我们称之为“法典化路径”，如 1974 年哥伦比亚制定了可再生自然资源和环境保护国家法典，1977 年菲律宾制定了环境法典；或在环境专门立法达到一定数量后，开始进行环境法典编纂，如 1998 年瑞典编纂完成的环境法典，2007 年哈萨克斯坦编纂完成的生态法典等。对于中国环境法典编纂而言，选择何种路径，既要比较基本法路径与法典化路径本身的优劣，也要考虑中国的国情与文化。

（一）基本法路径与法典化路径各有利弊

一般而言，基本法路径是制定一部统摄整个环境法领域的基本法，在这部法律中对主要理念、基本原则、基本制度、调整手段等一般性内容作出规定，基本法之外的环境单行法主要规定具体事宜，但各环境单行法应以环境基本法为共同遵循。法典化路径是将所有的或绝大部分环

---

〔1〕 参见吕忠梅主编：《环境法原理》（第 2 版），复旦大学出版社 2017 年版，第 115 页。

〔2〕 参见张辉：《美国环境法研究》，中国民主法制出版社 2015 年版，“引言”第 i – ii 页。

〔3〕 参见杜群：《日本环境基本法的发展及我国对其的借鉴》，载《比较法研究》2002 年第 4 期。

境法规范整合成一部结构完整、体系严谨的法典，不再保留环境单行法或者保留少量环境单行法。[1] 两种路径各有优劣。

"基本法 + 单行法"路径的优点是：不用考虑整体逻辑主线与篇章结构，只需保证各单行法不违背基本法的基本理念、基本原则和基本制度，并保持规则上的一致性。其明显的缺点是：尽管希望所有的环境法规范都能在基本法统摄下保持一致，但由于结构上处于分散状态，单项立法的时机、条件甚至具体立法目标、立法任务各不相同，老的单行法在不断修订过程中及新单行法的制定难以避免规则"逸出"，单行法逃离基本法约束现象经常发生。[2] 正如有学者所指出的，"无论是在理论上还是实践上，20 世纪的法律都越来越不被看作一个连贯一致的整体、一个体系和一个法令大全了，而越来越被视为一盘大杂烩，一大堆只是由共同的'技术'联结起来的支离破碎的特殊判决和彼此冲突的规则"。[3]

法典化路径的优缺点正好与"基本法 + 单行法"路径相反。优点在于既具有完善的逻辑体系，体现立法的民主性、科学性、全面性、可预测性和易操作性，可以便利社会生活，又具有政治象征意义，通过法典编纂实现法律制度的统一，加速国家战略转型，促进社会变革，还具有法文化意义，促进国家的现代化。具体到环境法典，当然也有实现环境立法更高程度体系化、强化社会政治改革、实现可持续发展和促进环境治理体系现代化的价值。[4] 法典化最大的困难在于需要有成熟的法学理论予以支撑，足以保证将现有的环境法律通过筛选、整合编

---

〔1〕 例如，法国环境法典虽将矿产及森林资源等相关内容排除在外，但总体上覆盖了自然环境、自然空间、动植物群落以及污染、风险和妨害预防等大量法律和行政法规。参见夏凌：《法国环境法的法典化及其对我国的启示》，载《江西社会科学》2008 年第 4 期。又如，瑞典环境法典与道路法、铁路建设法、森林保护法等单行法并存适用。参见竺效、田时雨：《瑞典环境法典化的特点及启示》，载《中国人大》2017 年第 15 期。

〔2〕 参见《法国环境法典》（第 1 至 3 卷），莫菲、刘彤、葛苏聃译，法律出版社 2018 年版，"译者序"第 1 ~ 2 页；《意大利环境法典》，李钧、李修琼、蔡洁译，法律出版社 2021 年版，"译者序"第3 ~ 4 页。

〔3〕 [美]伯尔曼：《法律与革命——西方法律传统的形成》，高鸿钧等译，中国大百科全书出版社 1993 年版，第 44 页。

〔4〕 参见《瑞典环境法典》，竺效等译，法律出版社 2018 年版，"译者序"第 6 ~ 7 页。

纂成一部具有逻辑性的规范体系。同时,这种“形式合理化”[1]的法典有可能导致法律体系的停滞、僵化,甚至使立法脱离社会生活和法律调整的实际需要。

(二)基本法路径与法典化路径日趋融合

随着环境法的发展,世界各国在完善环境法体系的过程中,也在不断探索创新。一个非常值得关注的现象是基本法路径与法典化路径的逐步融合,各国都在实践中寻找两种模式优势互补的方式。一方面,一些选择“基本法+单行法”模式的国家,通过加强基本法的统摄力弥补结构分散带来的弊端,尤其是确立环境法的可持续发展目的价值,建立分层次的价值体系,[2]维系环境法规范的理念统一、原则统一、制度统一。许多国家的环境基本法虽然没有使用法典的名称,但已具有了法典的外观、结构和实质内涵。[3] 另一方面,一些采取法典化的国家,也创造了“适度化”的法典编纂模式,以实用主义理性和对实质正义的追求改革“形式合理化”法典编纂模式,推动法典化理论与实践的转向。[4]典型的如《瑞典环境法典》,采取了“适度化”编纂方式。这部法典属于国家框架性实质编纂加授权立法的模式,放弃了传统法典绝对的严密性与确定性,以实现环境法典的相对开放性和可操作性;既解决已有立法分散不便实施的问题,又在一定程度上进行革新,实现环境立法现代化目标。同时,环境法典与道路法、铁路建设法、森林保护法等单行法平等适用,以更新特别法的方式侧面弱化了法典可能存在的僵化之弊端。[5]

---

[1] 参见苏国勋:《理性化及其限制——韦伯思想引论》,上海人民出版社1988年版,第219~222页。

[2] 参见李挚萍:《环境基本法立法目的探究》,载《中山大学学报(社会科学版)》2008年第6期。

[3] 例如,瑞士1983年环境保护法、墨西哥1988年生态平衡和环境保护法、加拿大1999年环境保护法等综合法形态的环境基本法,往往整合了原有部分立法,具有不同程度的法典编纂性质,可被视为“准环境法典”。参见李挚萍:《环境基本法比较研究》,中国政法大学出版社2013年版,第30页。

[4] 参见李艳芳、田时雨:《比较法视野中的我国环境法法典化》,载《中国人民大学学报》2019年第2期。

[5] 参见竺效、田时雨:《瑞典环境法典化的特点及启示》,载《中国人大》2017年第15期。

此外,有的国家的环境法典虽有“法典”之名,实际上起着基本法的作用。如菲律宾在环境法典之外,还有水法典、渔业法典、森林改革法典等多部法典,而环境法典在环境法体系中起着提纲挈领的作用。[1]

从总体上看,各国环境立法体系化虽然根据国情与法律传统,采用了不同的模式,但在本质上都体现了环境法将实质正义与形式正义相融合、促进国家治理现代化的特点,[2]建设可持续发展国家或者促进国家实现可持续发展转型,是两种模式的共同追求。[3]

二、中国选择法典化路径的必然性

不同的国家从环境立法的需要出发来选择本国环境立法体系化模式、范围和内容,这些选择并无优劣之分,关键在于是否契合本国环境法治的实际,能否有效推动环境法的发展,更重要的是能否实现通过环境立法体系化促进国家治理体系和治理能力现代化的目标。中国环境立法经过了40多年的发展,体系化也已成为推动环境治理现代化的迫切需求。合理选择体系化模式,同样需要从中国环境立法实际和法治发展目标等方面加以考察。

(一)中国环境基本法路径构想未能贯彻

如前所述,1979年,中国制定第一部环境保护法时,曾提出过“基本

---

〔1〕 参见《菲律宾环境保护法典》,岳小花译,法律出版社2020年版,“译者序”第9~11页。

〔2〕 各国环境法典编纂在提升环境法律体系性的同时,大多注重通过法典编纂推动国家战略转型。例如,柬埔寨在2012年决定启动环境治理改革,编纂环境法典也是这一改革进程中的一部分。See Matthew Baird & Brendon Thomas, *Developingan Environmental Codefor Cambodia*, 1 Chinese Journal of Environmental Law 99(2017).

〔3〕 例如,1993年通过的《越南环境保护法》在前言部分规定:“环境对于人类和其他生物的生存以及国家、民族和全人类的经济、文化和社会发展极为重要。为了提高国家环境管理的效力,加强各级政府、国家机构、经济及社会组织、人民武装部队和每一个人保护环境的责任,以保护人民的健康,确保人人都有权生活在健康的环境中,服务于国家的可持续发展目标,从而保护本国及全球环境,根据1992年《越南社会主义共和国宪法》第29条和第84条,特制定本法以保护环境。”参见李挚萍:《环境基本法立法目的探究》,载《中山大学学报(社会科学版)》2008年第6期。又如,1997年秋,瑞典政府内阁为致力于将瑞典转变成生态可持续国家,决定编纂环境法典。参见《瑞典环境法典》,竺效等译,法律出版社2018年版,“译者序”第9~11页。

法 + 单行法”的体系化思路。1979 年 9 月 11 日，李超伯在第五届全国人大常委会第十一次会议上作出《关于〈中华人民共和国环境保护法（试行草案）〉的说明》，提出在中国建立以“环境保护法”为基础、以单行法为骨干的环境保护立法体系的构想，并明确其立法路径是先制定环境保护基本法，然后陆续制定防治环境要素污染的单行法，体现了“基本法 + 单行法”的体系化模式。[1] 沿着这种思路，在 1979 年《试行法》颁布以后，我国陆续制定了《海洋环境保护法》《大气污染防治法》《水污染防治法》等法律，但因为《试行法》与这些法律均由全国人大常委会审议通过，具有同等效力，无法体现“基本法 + 单行法”的体系化模式。[2]

进入新时代，生态环境保护立法被列入重点领域、新兴领域、涉外领域立法的部分内容，补短板、强弱项步伐不断加快。到 2023 年 10 月，我国已制定生态环境保护相关法律 34 部、行政法规 100 多件和地方性法规 1000 余件，初步形成了以《环境保护法》为龙头的“1 + N + 4”生态环境保护法律体系，但是，《环境保护法》依然未取得基本法的地位，相关立法缺乏系统性、整体性、协同性、时效性问题日益凸显，与实现“人与自然和谐共生的现代化”新使命的要求距离明显。

在立法理念上，缺乏“站在人与自然和谐共生高度谋划发展”的整体性。新时代，我国制定了大量的以污染防治为主、以城市环境治理为主的“小环境”立法，也形成了生态安全立法、生态及生物多样性保护立法、自然资源保护立法的明显空白和短板。此外，由于立法时间跨度大，多部法律经历 5 次以上的修改，法律内部的系统性、整体性也出现了较多问题。

在法律框架设计上，缺乏“山水林田湖草沙一体化保护和系统治理”协同性。由于缺乏生态环境立法的体系性、协同性考量，部门主导立法现象明显，《环境保护法》并未发挥生态环境领域综合性法律的作用，

---

〔1〕 参见李超伯：《关于〈中华人民共和国环境保护法（试行草案）〉的说明》（1979 年 9 月 11 日）。转引自汪劲：《从环境基本法的立法特征论我国〈环境保护法〉的修改定位》，载《中外法学》2004 年第 4 期。

〔2〕 参见陈茂云：《我国环境法制发展趋势管窥——纪念〈环境保护法（试行）〉颁行十周年》，载《环境科学动态》1989 年第 10 期。

由生态环境部门主导的污染防治类立法，大气、水、土壤、环境噪声、固体废物等立法与《环境保护法》的重复率达 30% ~60%；而由自然资源管理部门主导的自然资源或能源类立法，土地、水、森林、草原、矿产资源、渔业、海洋、可再生能源等资源利益类立法与《环境保护法》的相关制度基本没有联系，甚至直接矛盾和冲突。

在法律制度供给上，缺乏“统筹产业结构调整、污染治理、生态保护、应对气候变化”的实效性。由于相关立法分别建立监管体制和执法体系，其不能为环境执法和司法提供统一的执行依据。生态文明体制改革前，与环保相关的执法部门，少的涉及 20 多个，多的涉及 50 多个，横向上多头执法、交叉执法，纵向上多层执法、重复执法现象十分普遍。正在推进的生态环境综合执法改革，仅整合 6 个部门的行政处罚权就涉及 15 部法律、22 部行政法规、33 部部门规章、248 项行政执法事项。在环境司法专门化过程中，涉及生态环境纠纷的案件，基本上依据《民法典》《刑法》《民事诉讼法》《行政诉讼法》《刑事诉讼法》处理，很少直接适用《环境保护法》及其相关法律。

在参与制定国际环境治理规则方面，缺乏“统筹国内法治与涉外法治”的自觉性。40 多年来，我国积极参与全球环境治理，加入了 30 多个国际公约，也签订了多个双边或多边条约，积极推进绿色“一带一路”建设，在应对气候变化、生物多样性保护等领域更是发挥着积极的引领作用。但是，目前各项公约、条约的实施机构分散在多个部门，国际公约的国内立法的转化适用既无统筹机制也无明确考虑，对与应对气候变化、生物多样性保护、全球性污染治理相关的国内立法域外适用缺乏相关研究。

种种问题表明，中国迫切需要提高环境立法的系统性、整体性，构筑全面保护生态环境要素、空间、功能、服务等所构成的生态系统的生态环境保护法律体系；迫切需要将“人与自然和谐共生”的绝大部分规则纳入一部法律之中，增强生态环境立法的体系性，为生态环境执法提供统一的法律依据。

(二)现行立法模式难以实现体系化目标

近年来,与环境立法数量不断增长、生态文明体制改革深度推进[1]形成强烈反差的是,环境法律制度对于社会关系的调整与新时代对生态文明法治建设的要求难以适应。一方面,采取环境与资源分别立法模式,导致与生态环境保护密切相关的两类立法分属不同法律部门,其立法宗旨、原则、制度之间的不协调、不衔接问题十分突出;另一方面,采取行政法规、部门规章和地方性立法相结合的分散立法方式,“头痛医头,脚痛医脚”,明显的危机应对型立法理念可能会在短时间内在事项规制上取得一定成效,但对渐次显现于不同阶段的复杂环境问题则难免力所不逮,导致立法将整体生态环境按照要素和区域进行分割,进而将生态环境保护的公共权力分割为部门权力,导致公共权力部门化、部门权力利益化、部门利益法制化的现象。同时,法律制定的时间不同,在立法资源有限性条件下,修法不可能同时进行,导致不同法律对同一问题的规定既叠床架屋、相互重复,又前后矛盾、相互冲突,法律执行和适用变得十分困难,以至于在执法、司法和守法的实践中难以把环境法当作行为依据和裁判依据。[2] 总之,在环境立法中缺乏统一的、根本的精神指引和原则性规范,存在将整体生态环境按照要素和区域进行分割的现象,也存在诸多缺漏。例如,自然生态保护立法依然存在不少空白,污染防

---

〔1〕 2015 年 4 月,中共中央、国务院发布《关于加快推进生态文明建设的意见》,提出建立“源头预防、过程控制、损害赔偿、责任追究的生态文明制度体系”,之后于同年 9 月印发《生态文明体制改革总体方案》,提出健全自然资源资产产权制度、建立国土空间开发保护制度、建立空间规划体系、完善资源总量管理和全面节约制度、健全资源有偿使用和生态补偿制度、建立健全环境治理体系、健全环境治理和生态保护市场体系、完善生态文明绩效评价考核和责任追究制度,进一步明确建设生态文明体制的“四梁八柱”;在党的十九大报告对党和国家机构改革的总体部署下,2018 年 3 月中共中央印发《深化党和国家机构改革方案》,组建自然资源部统一行使全民所有自然资源资产所有者职责、统一行使所有国土空间用途管制和生态保护修复职责,组建生态环境部整合分散的生态环境保护职责、统一行使生态和城乡各类污染排放监管与行政执法职责。

〔2〕 对中国环境司法现状的跟踪调查发现,司法实践中法官较少适用环境保护法律裁判案件,裁判依据偏好于几部法律并且说理性非常薄弱,其重要原因是环境立法对于环境司法的供给不足。参见吕忠梅等:《环境司法专门化:现状调查与制度重构》,法律出版社 2017 年版,第 71 页。

治立法缺失新污染物质控制以及大规模人群环境健康受害救济制度,环境管理立法离大环保格局和现代环境治理体系的要求还有很大距离,等等。

现实充分表明,虽然在学理上可以将我国环境立法归纳为已形成"以环境保护法为基本法,以环境污染防治法、自然资源保护法、生态保护法、资源循环利用法、节能减排法、防灾减灾法等多个门类的法律为主干……多层次、体系较为完整的环境法律体系",[1]但我国的立法实践并没有完全采纳基本法模式,现行的分散立法模式也难以真正承担起按照基本法模式完成体系化的任务。在环境与资源立法二分的情况下,污染防治立法速度快、覆盖面广;自然资源立法主要以资源开发利用为主要内容,自然保护分量很小,许多自然保护的法律还是空白。另外,还有一个必须考虑的因素是,20 世纪 70 年代提出的基本法体系化路径,立足的是局限于污染防治领域的"小环境法",与新时代的"大环保格局"有天壤之别。

因此,中国应选择环境立法体系化路径,除了理论上的论证,还应充分考虑立法基础这个现实。在目前的立法体制、立法方式下,即便回到基本法模式,也需要先将《环境保护法》修订为基本法,然后对各相关法律、法规、规章逐一修改,其工作量和难度不亚于编纂法典,且无法彰显法典编纂的促进国家治理体系现代化的特殊优势。因此,关于中国环境法体系化的方案,各方面一致的共识是选择法典编纂模式。2021 年全国人大常委会立法工作计划明确提出:"研究启动环境法典、教育法典、行政基本法典等条件成熟的行政立法领域的法典编纂工作。"[2]2023 年,环境法典编纂纳入十四届全国人大常委会立法规划一类项目,并启动了环境法典编纂筹备工作。[3] 这不仅表明国家立法机关对法典化模式的认可,而且已经正式开启环境法典编纂进程。关于中国环境立法体

---

〔1〕 黄锡生、史玉成:《中国环境法律体系的架构与完善》,载《当代法学》2014 年第 1 期。

〔2〕《全国人大常委会 2021 年度立法工作计划》,载中国人大网,http://www.npc.gov.cn/npc/c2/c30834/202104/t20210421_311111.html。

〔3〕 参见《十四届全国人大常委会立法规划》,载中国人大网,http://www.npc.gov.cn/npc/c2/c30834/202309/t20230908_431613.html。

系化路径,经由立法机关的决定不再有争论的价值。但是,也需要我们进一步论证如何合理借鉴基本法路径的优势,克服法典化路径存在的弊端,进一步提升环境法典的效能。

第二节　确定环境立法适度法典化模式

日本教授穗积陈重在《法典论》中对法典编纂类型进行了分类,也以法典编纂目的为标准,将法典编纂分为治安策略的法典编纂、守成策略的法典编纂、统一策略的法典编纂、整理策略的法典编纂与更新策略的法典编纂五类;同时也指出,法典编纂可选择其中一个目的,也可以兼顾其中几种目的,如为平息内乱而制定的《十二铜表法》是治安策略法典编纂的典型代表,而《拿破仑法典》则在守成策略之上兼顾了统一策略与更新策略。[1] 各国环境法典从编纂的目的看,以更新策略为主,也有兼顾统一策略与更新策略的情况。在立法技术上,法典编纂又有形式编纂与实质编纂之分。[2] 有学者指出,从环境法体系革新的需求出发,实质编纂似乎是理想图景,而从保守立场出发,汇编式法典化则可能成为环境立法的现实选择。[3] 目前,绝大多数学者认同中国环境法典编纂应借鉴国外有益经验,采取适度法典化方式,立足于环境法典编纂难以严格法典化的现实,完成环境法典的实质性编纂目标。

一、适度法典化模式适合中国

如前所述,随着现代法学理论的发展,逐渐出现了实质编纂与形式编纂的分化。二者各有优劣,但适度法典化更符合中国的现状。

---

〔1〕 参见[日]穗积陈重:《法典论》,李求轶译,商务印书馆2014年版,第26~27、31页。

〔2〕 See J. L. Bergel, *Principal Features and Methods of Codification*, 48(5) La. L. Rev. 1073-1097(1987).

〔3〕 参见党庶枫、郭武:《中国环境立法法典化的模式选择》,载《甘肃社会科学》2019年第1期。

(一)环境立法法典化的不同方案

环境法典的编纂既是中国环境立法体系化发展的内在要求,同时也受到法典化知识资源与中国国情的影响。比较各国环境法典的编纂模式,与实质编纂和形式编纂方式相适应,有严格法典化、准法典化、适度法典化三种方案。

1.严格法典化

该模式认为:环境法典编纂的目的在于实现环境法律规范的体系化,为此,应采取系统性结构、逻辑体系严谨的模式,即构筑满足形式理性、价值融贯以及效用理性要求的环境法律规范体系。[1] 严格法典化模式下的环境法典建立在潘德克顿法学体系基础之上,具有突出的抽象化和逻辑性。特别是总则部分,按照民法典"提取公因式"模式,抽象提炼环境法律规范的共同特征,规定环境法典的目的、原则和规则,统摄环境法典分则,提供统一的法律原理和运用方式。[2] 而其他较为具体一些的法律规范,则按照一定逻辑被整合为环境法典分则,由此所形成的总则与分则之间具有"统辖遵从关系":总则编在整个法典之中居于统率地位与核心地位,在立法思想、立法技术上对分则各编的具体规范和制度具有统辖的效力,分则各编的规定必须遵从总则编的规定,即便确有具体规则不能适用总则编规定,也需要以"但书"排除的方式进行明确规定。[3]

严格环境法典的典型代表是德国环境法典,其目标是制定出一部像德国民法典那样逻辑紧密、语言精练的"真正的法典",以保留已经建立并经过验证的环境法规则。[4] 为应对环境法的碎片化,实现法律的协调与改革,德国较早展开了针对环境法的法典编纂活动,多年探索中所

---

〔1〕 参见徐以祥:《论我国环境法律的体系化》,载《现代法学》2019年第3期。

〔2〕 参见吴凯杰:《论环境法典总则的体系功能与规范配置》,载《法制与社会发展》2021年第3期。

〔3〕 参见孙宪忠:《中国民法典总则与分则之间的统辖遵从关系》,载《法学研究》2020年第3期。

〔4〕 参见吕忠梅、窦海阳:《民法典"绿色化"与环境法典的调适》,载《中外法学》2018年第4期。

形成的法典草案充分反映出其宏伟的立法追求及高超的立法技术。最初的教授草案于1990年和1994年分别完成了环境法典的总则和分则，为德国环境法典编纂确立了法典总分结构。随后形成于1997年的专家委员会草案共计17章775条：一方面，沿袭法典总分结构，通过在总则部分新增多条一般规定、在分则部分尽可能创建统一结构等方式，使得篇章划分整体上体现了总则与分则之间的紧密衔接；另一方面，在调整范围上有所扩张，既包含自然保护、污染防治等传统意义上的环境法核心领域，同时也将基因技术、能源、交通等相关内容纳入规范对象。[1]

作为严格法典化代表的德国环境法典草案几经周折，十多年后遭遇了重大失败，现在可以断定，已无正式通过的可能。[2] 虽然德国环境法典无法通过，主要是政治方面的原因，但从法典化模式方面看，高度抽象的编纂方式使得环境法典失去了应对现实变化和政策变迁的灵活性，不能为现行环境法律提供立法收益也是重要原因。[3] 在中国，也有严格按照民法典逻辑框架，编纂一部体系完整、逻辑严谨的环境法典主张，[4]对此，我们应该从德国环境法典编纂的模式选择与难以出台的过程中吸取教训。

2. 准法典化

有学者认为，环境法典不过是对所有环境法律规范进行排列和分类集中的法典编纂模式。严格法典化主张对法律规范体系逻辑结构完善和内在价值融贯的追求，使其规范体系相对封闭，这与环境法的开放性存在矛盾。现代环境法的突出特征是其具有开放性，“根据科学技术以及科学推理的结论确立行为模式和法律后果”[5]是环境法律规范的典型特征，对科学技术的依赖以及在不同程度上对人与自然关系的调整和

---

〔1〕 参见德国联邦环境、自然保护和核安全部编：《德国环境法典（专家委员会草案）》，沈百鑫等译，法律出版社2021年版，“导论”第28～29页。

〔2〕 参见张璐璐：《德国环境法法典化失败原因探究》，载《学术交流》2016年第6期。

〔3〕 参见施理：《德国环境法法典化立法实践及启示》，载《德国研究》2020年第4期。

〔4〕 参见瞿郑龙：《新时代法典化的法理——“法典化时代的法理研究”学术研讨会暨“法理研究行动计划”第十五次例会述评》，载《法制与社会发展》2021年第2期。

〔5〕 汪劲：《环境法学》（第4版），北京大学出版社2018年版，第24页。

影响,使环境法在制度设计和运行机制等方面,与传统法律部门相比具有更加显著的开放性。这种开放性体现为环境法律规范的内容随科学技术的发展而发生变动,将先进的科学技术转化为环境法规范,可以成为衡量环境立法是否先进的标志。[1] 因此,环境法不可能进行严格的法典化,只能进行准法典化,即由一个适用于全部相关问题的程序性规定组成"一般规范"或总则,各分编以保留其原有单行文本的方式集成于一部典籍之中,形成具有统一外观同时保留单行环境法独立性的环境法典。[2]

准法典化的典型是法国环境法典。与追求严格意义上的实质性法典化模式相比,法国环境法典呈现明显的松散性,其特征是以"常法"方式进行编纂(codification à droit constant),将法国环境部行政管理权限范围内的全部环境立法予以梳理整合,形成"法律 + 行政法规"的汇编形式,对环境事务具有全面性、体系化规范。法国环境法典有一个篇幅简短、框架清晰、内容相对集中但在很大程度上仅具有宣示意义的总则,由于内容比较简约,主要规定了环境法领域中的基本概念、法律原则及一般程序,对环境立法分支的提炼和归纳相对不足。2000 年环境法典的法律部分通过后,法国环境部继续开展针对环境行政法规的汇编工作,2007 年法规部分审议通过成为环境法典的有效组成部分。[3]

在准法典化模式下,目前的法国环境法典体量十分庞大,由于总则对各单行立法的统率能力较弱,无法将环境法规范统摄到一致的法律精神、规则和方法之下。如果说在法典形成之初还具有一定的整体性编纂考虑,那么,随着生态环境保护领域的扩大和立法重点的变化,不断增加的单行立法也不可避免地出现"逃逸"现象。虽然近年来法国环境法典也进行了一些修订,但总体上看环境法典逻辑层次不清晰、受环境行政主管部门权限约束致使一些重点内容缺失、法典总则难以驾驭分则等问

---

〔1〕 参见党庶枫、郭武:《中国环境立法法典化的模式选择》,载《甘肃社会科学》2019 年第 1 期。

〔2〕 参见朱明哲:《法典化模式选择的法理辨析》,载《法制与社会发展》2021 年第 1 期。

〔3〕 参见《法国环境法典》(第 1 至 3 卷),莫菲等译,法律出版社 2018 年版,"译者序"第 2 ~ 6 页。

题也十分明显。

3. 适度法典化

该主张认为，环境法典既要从整体上体现“法典”的整体结构与逻辑体系，也要通过一定的立法技术保持法典的开放性。这意味着环境法典一方面要遵循形式理性对法典框架结构的形式化和逻辑性要求，另一方面要舍弃对法典内容过于全面而精细化的追求，更为侧重于实现法典内容的完整和周延，以及法典内外体系结构的稳定与和谐。[1] 在适度法典化模式下，环境法典并不会取代所有单行环境法律法规的存在，而是经过筛选和整合，将不需要或者暂时无法被纳入环境法典的法律法规继续以单行法的形式存在，并受到环境法典总则的统摄。这需要在法典编纂过程中认真考量授权立法条款的设置形式和内容，以保证环境法典的开放性和可预见性。

适度法典化的典型是《瑞典环境法典》，这部法典以实用主义理性阐释了法典化理论与实践的转向，其采用框架性编纂加授权立法的模式，属于适度化的实质编纂，以放弃绝对的严密性与确定性来实现相对的开放性和可操作性。[2] 20 世纪 90 年代，在初步形成环境法律体系基础上，为转变成为生态可持续国家，瑞典启动了环境法典编纂工作并于 1998 年顺利颁布。瑞典环境法典以可持续发展理念为核心形成了七编近 500 条的规范体系，主要涉及自然保护、环境危害活动和健康保护、案件审查、监督、处罚和赔偿等内容，既汇集整合了原先的 15 部环境单行法，又创新发展了环境标准、环境法庭等重要制度。[3] 相较于传统意义上的法典编纂，瑞典环境法典的适度化编纂路径在降低了编纂难度的同时，也在一定程度上实现了环境立法体系化：可持续发展价值引领下的环境法律规范遵循“总—分”的基本结构以及从预防到救济的整体逻辑，能够有效解决单行立法的冗杂与冲突等问题；而环境法典与道路法、

〔1〕 参见朱炳成：《形式理性关照下我国环境法典的结构设计》，载《甘肃社会科学》2020 年第 1 期。

〔2〕 参见竺效、田时雨：《瑞典环境法典化的特点及启示》，载《中国人大》2017 年第 15 期。

〔3〕 参见《瑞典环境法典》，竺效等译，法律出版社 2018 年版，“译者序”第 2 ~ 5 页。

森林保护法等单行法的共同适用，也使法典保持了一定的开放性。但与此同时，《瑞典环境法典》自颁布以来修订较为频繁，尽管满足了环境法更新之需求，但也在一定程度上有损于法典的安定性。

相对而言，适度法典化针对环境法调整对象特殊、技术性色彩浓厚、法律关系复杂等特征，既追求体系化又兼顾开放性，是能够较好适应中国国情的法典化方案。在我国环境法治仍然处于快速发展的背景下，一些单行环境立法暂时不能被纳入环境法典，未来的环境立法依然会变动频繁。这就要求现在的环境法典编纂在考虑立法目的、立法原则、治理体制等一般性规定和程序规范的同时，考虑为未来留下增补和变动的空间。适度法典化为了兼顾体系性与开放性，对编纂技术有较高要求，因此关键在于如何通过一定的创造性设计，使法典能够适应较长时间内情势变化，在保持法典整体稳定的同时，又克服法典对环境法发展的局限，以一定的开放性避免法典的僵化弊端。

（二）适度法典化的合理性

目前，在中国环境法典编纂的相关研究中，采取适度法典化模式已基本达成共识。这是在我国生态文明建设取得历史性跨越、环境立法蓬勃发展以及我国法治建设的重点迈向将各方面工作纳入法治化轨道的双重背景下提出的。环境法典编纂不仅要回应环境法律体系的内在特征及其现实困境，也需要充分考虑中国特色社会主义法治体系建设以及全面依法治国的大背景，以“人与自然和谐共生”的整体系统观，选择环境法典编纂的最优路径。

比较严格法典化、准法典化和适度法典化三种方案：严格法典化的环境法典编纂主张不能适应中国环境立法快速发展和环境法治实践不断创新的现实，并有限制环境法典灵活性、适应性的缺陷，不是适合中国国情的环境法典编纂方案。准法典化模式因追求开放性而几乎放弃法典的逻辑性与体系性，难以适应中国目前环境立法数量众多、部门分离、矛盾冲突与空白并存，迫切需要统一立法目的、立法原则、治理体制、基本制度、执法与司法标准的法典化诉求，也不是理想的法典化方案。相对而言，适度法典化具有较为突出的优势，是适合中国国情的法典化方案。

首先，适度法典化模式可以有效回应环境法律体系的内在特征及其现实困境，缓解环境法因调整对象、调整方式、调整范围特殊性而引发的法律复杂化[1]难题，更好实现环境法典对生态环境秩序的调整。目前，我国的环境立法无论是形式还是内容，都出现了显著的庞杂性、技术性、不统一和不确定问题，迫切需要通过适度法典化，形成统一的立法目的、立法原则、治理体制、基本制度和程序规范等能够有效统摄各类环境立法的法典总则，借助法典简约性化解环境法规范的庞杂性，借助法典的适用性因应环境法规范的技术化，依靠法典的逻辑性解决环境法律不统一，凭借法典的稳定性消解环境法律不确定性。[2]

其次，适度法典化模式以"人与自然和谐共生""绿水青山就是金山银山""山水林田湖草沙系统治理"等系统观、整体观为指引，在促进环境法律规范内部逻辑化、体系化，统一环境立法理念、原则、标准的同时，统筹推进环境立法、司法、执法、守法，既为环境法治的发展与优化留足弹性空间，也为环境法典与传统部门法和其他单行法的衔接提供桥梁和纽带，有效提升环境治理体系的现代化能力与水平，为形成适应未来发展需求的环境法典提供可行路径。

有学者提出，适度法典化也许不是环境法典编纂的终极目标，而是基于现阶段我国经济、社会和环境法发展的现实情况，以解决当前环境立法碎片化、分散化为主要任务而选择的阶段性目标。[3] 在此意义上，适度法典化更是中国环境法典编纂的必经之路。实际上，适度法典化是从实际出发，以务实性、适应性和灵活性相结合的态度所进行的法典编纂技术模式选择，是一种"法典法与单行法"并行的立法模式。具体而言，以编纂实质性"适度"环境法典实现立法内容的创新，保持环境法律

---

〔1〕 耶鲁大学 Peter H. Schuck 教授提出了"法律复杂化理论"(legal complexity theory)，其核心论点是：法律过于庞杂、技术化、不统一和不确定现象的出现，标志着法律复杂化问题的形成；法律复杂化提高了政府治理成本和合法性丧失成本，因而需要更为有效的法律措施加以应对。参见何江：《为什么环境法需要法典化——基于法律复杂化理论的证成》，载《法制与社会发展》2019 年第 5 期。

〔2〕 参见何江：《为什么环境法需要法典化——基于法律复杂化理论的证成》，载《法制与社会发展》2019 年第 5 期。

〔3〕 参见罗丽：《论我国环境法法典化中的若干问题》，载《清华法学》2023 年第 4 期。

体系的相对稳定性；同时，保留相关单行法，对于不完全属于环境保护的现行立法、正在制定或准备制定的单行法律及具有高度不确定性和安全风险大的复杂环境事务，以及时出台或更新单行法的方式进行适应性增删、修正，减少法典可能存在的僵化弊端。[1]

二、适度法典化的性质与特征

经过多年研究，大家对我国选择适度法典化模式已经达成共识，但对什么是"适度"以及如何实现"适度"还有不同认识。有学者提出，可借鉴穗积陈重提出的四项标准来确定"适度"的范围：排除需要屡屡变更的法律；排除具有实施期限的法律；排除需要特别细密规定的法律；排除在一个地方只对一个民族实施的特别法。以这四条标准为基础，结合我国生态环境管理的现实需要，确定适度化法典的应用范围。[2] 但这四条标准显然不能完全解决所有问题，因此，还需要进一步对适度法典化进行界定。

（一）适度法典化是动态开放的实质性法典编纂

目前，学者们对中国环境法典的促进国家战略转型、实现美丽中国建设的目标已达成共识，但对于形式编纂和实质编纂有不同认识，研究中两种方法也在并行。[3] 正如民法典编纂过程中，民法学者普遍认为："体系是民法典的生命，缺乏体系性与逻辑性的'民法典'只能称为'民事法律的汇编'，而不能称为民法典。"[4] 大多数环境法学者也认为，环境法典编纂应该体现既"编"又"纂"的本质。"编"就是将已有的环境保

---

〔1〕 参见吕忠梅、窦海阳：《民法典"绿色化"与环境法典的调适》，载《中外法学》2018 年第 4 期。

〔2〕 参见刘长兴：《论环境法法典化的边界》，载《甘肃社会科学》2020 年第 1 期。

〔3〕 2020 年年底，在"贯彻习近平法治思想　完善生态环境法律制度高层论坛"上，北京卓亚经济社会发展研究中心提出了共 7 编 1023 条的生态环境法典专家建议稿，由总则编、污染防治编、自然生态保护编、自然资源开发利用中的环境保护编、能源节约和资源综合利用编、循环经济与废弃物综合利用编、应对气候变化编构成，对我国现行环境法律进行了汇总。参见焦敏龙：《生态环境法典专家建议稿完成》，载《中国青年报》2020 年 12 月 18 日，第 7 版。

〔4〕 王利明：《体系创新：中国民法典的特色与贡献》，载《比较法研究》2020 年第 4 期。

护、污染防治、自然生态保护、资源能源等环境法律和制度加以整合，进行科学化、体系化整理。“纂”则需要结合我国生态文明建设实践中出现的各种新情况、新问题确立新制度，以实现建设美丽中国、保障中华民族永续发展的国家目标。因此，中国环境法典编纂应采取适度法典化方式：一方面，通过环境法典的实质性编纂，体现环境法的“二次调整法”特征，使法典化成为促进国家治理体系变革的主要方向；另一方面，通过环境法典的“适度”编纂，体现环境法对实质正义的追求，使环境法典能够克服僵化和机械的弊端。[1]

从总体上看，适度法典化是对当前已有环境法律进行一定程度的法典化，可以适当降低理想化法典的条件和逻辑要求，以缓解环境法理论支撑与实践需求之间的紧张关系。同时，适度法典化也应该是动态的法典化，可以根据环境法理论的成熟而不断提升法典化的程度甚至调整法典化形式，以增强环境法典的适应性和灵活性，这也意味着我国环境法典编纂可以借鉴法国经验，采取渐进式、开放式路径，不必一蹴而就。

客观而言，在目前条件下，环境法典编纂不一定必须面面俱到，包罗所有的环境法渊源，取代所有的环境单行法；更应该做的是，选择体现环境法本质和实现国家任务最为根本和精要的部分加以整合，对其基础性范畴、制度和内容进行全面规定，为促进环境治理体系现代化建立一个全面具体、有机协调的法律框架体系。这个考虑的理由有三：一是目前环境立法还存在一些薄弱环节甚至空白，如自然保护地、国家公园等单行法在区域生态系统及生物多样性保护领域仍有较大的作用空间。二是存在一些环境法典还不能完全取代单行法全部作用的领域，如长江流域、黄河流域保护的立法内容不可能完全被纳入环境法典。三是存在一些与环境法相关联但又属于其他领域的单行法，如生物安全法、核安全立法、防灾减灾法等，不可能纳入环境法典。因此，无论是为了充分发挥环境法典的实际功能，还是为了真正实现环境立法体系化目标，都需要在法典之外，保留一些单行法，以补充、完善和具体化环境法典的原则、制度和条款规定。在这个意义上，单行法存在并不断完善，也是适度法

---

〔1〕 参见李传轩：《中国环境立法发展的路径省思》，载《南京大学法律评论》2009年第2期。

典化的应有内涵。当然，在这个“法典 + 单行法”构成的体系中，环境法典的主要地位和最高效力毋庸置疑，单行法属于环境法典的配套部分，是对法典的有机补充和具体化。[1]

由此可见，适度法典化实际上是一种使现行环境法律从分离、分散变为内部协调一致的立法方案。通过法典编纂将历史起源不同、立法目的各异、立法技术和政策工具混合的各种相关立法加以梳理整合，运用整体性、系统性思维重构环境法逻辑体系和法律条文，提升环境立法对现代环境治理体系的驾驭能力，为环境法得到有效实施提供良法。在已有环境立法主要按照环境要素进行规制的现实条件下，环境法典编纂也不可能完全抛弃这种立法方法，但可以通过确定环境法的总目标和基本原则、建立基本制度和治理工具统一运用规则，有效地改变环境立法分离、分散现状，实现环境立法价值的体系化和层次化；通过建立统一的监管体制和决策程序、法律的执行以及司法适用规则，实现环境法实施手段的有机衔接，提升制度效率和效能；通过将大多数现行法律有机整合成一个法律文本，避免对同一行为由不同法律进行规制而产生的矛盾与冲突问题，提高环境法律规定的内在统一性，降低执法司法成本。

（二）适度法典化以理念变革、方法创新为基础

如果说适度法典化是环境法典编纂的一种方案，那么要实现这个方案，除了要对何谓“适度”达成基本共识，更重要的是在勘定“适度”的边界基础上对如何实现“适度”提出具体技术路径，这就需要有方法论上的高度自觉。目前，学者们虽然提出了体系化、开放性与阶段性层面上的适度，[2]调整范围与编纂程度上的适度，[3]动态进程上的适度，[4]以法典体系效益为基础的三个维度上的适度[5]等“适度化”方案，但基本

---

〔1〕 参见张梓太：《论我国环境法法典化的基本路径与模式》，载《现代法学》2008 年第 4 期。

〔2〕 参见张忠民、赵珂：《环境法典的制度体系逻辑与表达》，载《湖南师范大学社会科学学报》2020 年第 6 期。

〔3〕 参见何江：《为什么环境法需要法典化——基于法律复杂化理论的证成》，载《法制与社会发展》2019 年第 5 期。

〔4〕 参见张梓太、陶蕾、李传轩：《我国环境法典框架设计构想》，载《东方法学》2008 年第 2 期。

〔5〕 参见李艳芳、田时雨：《比较法视野中的我国环境法法典化》，载《中国人民大学学报》2019 年第 2 期。

上停留于认识论,尚未进入方法论层面,离真正解决环境法典编纂的"适度化"问题还有相当距离。从环境法学理论发展的脉络看,环境法因应严峻而迫切的环境问题而生,对策论色彩浓厚,方法论研究相对薄弱。虽然学者们高度认同实质性编纂,但现有环境法理论基础上的法典化进程天然趋向基于现有立法的形式汇编路径,如果不能很好解决法典编纂的方法论问题,很容易出现由纯粹问题导向支配法典编纂理性的情形,使得适度法典化难以超越"法律汇编"而真正迈向"法典编纂"。

法典是大陆法系国家法律体系化的"经典"模式,开启法典编纂之门的"钥匙"在于法教义学方法。世界各国环境法典也莫不采取"总则—分编"结构,具有潘德克顿体系的显著特征,也充分体现了法典编纂的理性主义本质。由于环境法的使命在于对民法的个人自由、形式公平、自己责任等理念的矫正,是追求实质正义的新型法律,环境法典编纂在借鉴潘德克顿体系和教义学方法的同时,还必须根据环境法的特点进行理念变革和方法创新,这也是适度法典化的题中应有之义。

尽管法教义学基于法律实证主义的立场而在其方法上主要呈现为"司法中心主义",但在"立法—司法—立法"的实践往复中,立法科学化的追求逐渐认可"法教义学能为立法作出贡献"的主张。〔1〕在阿列克西看来,法教义学"是至少三种活动的混合体",即描述现行法、研究法律的概念与体系、提出疑难案件的解决建议。〔2〕由此意味着法教义学在法典化缘起动因、编纂过程与规范适用的全过程中均可发挥重要功能。正如"法教义学的体系化思维使得民法的法典化成为可能",〔3〕环境法的编纂也需要通过概念与体系上的思维变革与方法重构,从而"发现单个的法规范相互之间和规则体相互之间,以及它们与法秩序的主导原则之间的意义脉络"。〔4〕在法教义学的体系化思维中,法典总则是从各类

---

〔1〕 参见雷磊:《法教义学能为立法贡献什么?》,载《现代法学》2018 年第 2 期。

〔2〕 参见[德]罗伯特·阿列克西:《法律论证理论——作为法律证立理论的理性论辩理论》,舒国滢译,中国法制出版社 2002 年版,第 311 页。

〔3〕 刘敏:《论法教义学的体系化功能——以民法为中心》,载《西南政法大学学报》2014 年第 1 期。

〔4〕 [德]卡尔·拉伦茨:《法学方法论》,黄家镇译,商务印书馆 2020 年版,第 548 ~ 549 页。

规范中“提取公因式”[1]的结果,汇集了法典“最基础、最通用、最抽象的部分”,也是“对民法典分则全部内容的抽象和概括”。[2] 由此可见,法典体系性主要取决于总则对分则的涵摄性以及分则之间的协调性,前者主要通过基础概念实现,而后者则交由基本逻辑展开,基础概念的内涵与外延关乎法典调整范围的完备性与法典结构的开放性,而围绕概念所展开的基本逻辑主线则是法典体系性的重要体现。将这个规律运用于环境法典编纂,表明了适度法典化的双重方法论含义,即在基础概念统领下实现法典调整范围适度和在基本逻辑指引下的体系严密适度,其本质是环境法典在概念与体系上所秉承的理性主义尺度。正如萨维尼所言,“体系方法的本质在于对内在关联或者亲和性进行认识和描述,通过这种内在关联或亲和性,具体的法概念和法规则连接成一个大的统一体”。[3]

环境法的产生源于对工业革命以来基于个人主义价值取向、还原主义方法论的法律制度的反思和重构。与传统法律尤其是民法更加强调形式理性不同,属于“发展的终极目的(价值)”问题探寻的实质法治。[4] 这种法治要求以目的(或价值)作为评价标准,超越还原主义和整体主义方法,将实质正义纳入法律规范并统合于一定制度之内,形成国家治理体系的自我评价、自我约束、自我反省、自我规范机制。在这种法治模式下,必须建立“由目的引导制度”的新型法律。[5] 因此,各国在环境法典编纂过程中,莫不以“可持续发展”这个当代人类发展的最大共识作为目的价值,体现法律的实质正义。同时,以法律规范与生俱来的公平、正义、秩序等作为工具价值,体现形式正义,为实现目的价值提供手段与

---

〔1〕[德]茨威格特、[德]克茨:《比较法总论》(上),潘汉典等译,中国法制出版社 2017 年版,第 273 页。

〔2〕王利明:《民法总则:民法的“公因式”》,载《北京日报》2017 年 8 月 28 日,第 16 版。

〔3〕[德]萨维尼:《当代罗马法体系Ⅰ》,朱虎译,中国法制出版社 2010 年版,“前言”第 14 ~ 15 页。

〔4〕参见高鸿钧:《现代西方法治的冲突与整合》,载高鸿钧主编:《清华法治论衡》第 1 辑,清华大学出版社 2000 年版,第 1 ~ 59 页。

〔5〕参见[美]诺内特、[美]塞尔兹尼克:《转变中的法律与社会》,张志铭译,中国政法大学出版社 1994 年版,“代译序”第 7 页。

方式。由此可见,可持续发展在各国环境法典中作为价值目标的过程,不仅完成了可持续发展自身的法律渊源化,而且实现了现代环境法价值体系的重构。这充分体现了环境立法的双重理性:可持续发展是居于主导地位的目的价值,是环境法典所追求的目的与理想,体现的是价值理性;而生态安全、环境公平、公益保障是环境法为实现可持续发展目标的工具性价值,是环境法典应有的基本法律属性或共性价值,体现的是工具理性。目的性价值决定并统合现代环境法的动态运作,但实现其目的性价值离不开工具性价值的支持与具体实施。

将法教义学方法运用于环境法典编纂,必须体现环境法的实质法特性,[1]构建以目的价值为核心、以工具价值为技术方法的基础概念与基本逻辑体系。在这个意义上,适度法典化应包括两个方面的含义:在认识论上体现为调整范围适度、体系严密适度,以实现可持续发展为目标,既促进立法内容创新,也保持现有环境法律体系相对稳定。在方法论上体现为对概念法学的扬弃,既突破概念法学过于强调法典是概念演绎下逻辑产物的窠臼,将法典理解为纯粹以基础概念为主线的规则体系,又借鉴概念法学的基础概念核心地位和基本逻辑思维方式,将法典理解为以一定立法技术建构的类型化、逻辑化规则体系。这是一种"环境法典概念与逻辑"与"环境法典编纂的概念与逻辑"的有机结合:前者以"可持续发展"为核心展开,围绕可持续发展价值目标,以可持续发展的基本内涵——可持续经济、可持续生态环境、可持续社会构架环境法典的分编体系,充分体现可持续发展以生态可持续为基础、经济可持续为条件的环境与发展综合决策理念方法,强调人类在发展中系统考虑经济效率、关注生态和谐和追求社会公平的系统性、整体性思维方法,以促进人的全面发展为最高目标,明确环境法典的"价值半径";后者以"生态环境"为基石概念,以法律关系为基本逻辑,将可持续发展确定的"价值半径"具体化为环境法典的调整范围、调整对象及主客体关系,在立法技术上实现适度法典化目标。

---

〔1〕 参见吕忠梅:《环境法回归路在何方?——关于环境法与传统部门法关系的再思考》,载《清华法学》2018 年第 5 期。

第三节　适度法典化模式下的环境法典构想

如前所述，适度法典化是在基础概念统领下实现法典调整范围适度，以及在基本逻辑指引下的体系严密适度，本质是环境法典在概念与体系上所秉承的理性主义尺度。为体现环境法的实质法治特点，需要构建以目的价值为核心、以工具价值为技术方法的基础概念与基本逻辑体系。在适度法典化模式下，环境法典的体例可借鉴我国民法典编纂的路径和方式，采取“总—分”结构。总则以现行《环境保护法》为基础“提取公因式”，设定对整部法典具有统领性和全局性意义的立法宗旨、基本原则、管理体制，规定生态环境保护领域具有普遍适用性和引领性的制度，分则主要是以不同主题的形式，整合部分现行的污染防治、自然资源和能源单行法，对法典调整的事项加以详细规定，使总则的内容具体化。

一、环境法典的形式与内容建构

基于“适度化”法典模式，环境法典在形式上采取“总—分”框架，在实质上以可持续发展为核心价值和逻辑主线，展开总则与分则结构。具体而言，“总—分”框架以在规范内容上既具有抽象性也具有可行性为目标，实现环境法典对生态环境立法内容的系统性、规范性表达。可持续发展逻辑主线以保障环境法规范的目的价值和工具价值为体系性指引，既具备调整在开发、利用和改善环境活动中所产生的各类社会关系的功能，又不局限于解决特殊事项和具体问题，为未来环境法治提供足够的解释空间，实现法典的稳定性、可预见性和一定程度的开放性。

（一）环境法典的“总—分”框架

潘德克顿体系下的法典“总—分”结构，基本形式特征在于总则部分以“提取公因式”方式规定抽象的普适性条款，分则部分规定具体的特殊性条款。具体到环境法典，其“总—分”结构整体上应满足两个基本要求:一是在总则与分则之间形成逻辑关联,并在总则和分则内部实现条文的直接衔接;二是妥当处理总则与分则之间的抽象与具体、一般与特殊的关系。这就要求在总则部分建立能够统辖分则各编的法律规范,分则各编充分考虑与总则的协调一致,避免出现总则与分则之间的矛盾或冲突。

环境法典总则部分,应该是基于一定的环境法知识体系,对环境法治实践中的法律概念进行系统梳理,运用"提取公因式"的方法,从现行环境法律法规和法治实践中抽象出具有普适性和一般性的理念、原则和制度,至少包括立法目的、立法依据、适用范围、概念定义、基本原则、治理体系、基本制度、法律责任等内容,同时也应涉及环境法律关系所特有的内容,形成总则的具体条文。纳入环境法典总则的内容不仅具有涵盖分则各编的效力,而且可以指导各编中的具体规定;其基本原则应具有法律基本原则的多重功能。[1]

环境法典分则部分,重点在于通过对现行立法及法治实践的系统性梳理,在总则指导下,建立有针对性、统一性的规范体系,精简环境法规范内容。分则各编的内容取决于对我国环境法典调整范围的界定和环境法律规范的类型化标准。具体来看,分则部分主要包括环境实体和程序两部分内容。实体部分是对生态保护法、污染防治法、自然资源法和特殊领域的规定。总体来说,需要在对我国现行环境立法所包括的污染防治类立法、自然资源和生态保护类立法、资源与能源节约利用综合利用类立法进行综合梳理的基础上,按照一定的标准进行分类,各自独立成编。同时,分则可借鉴民法典分编方法,将生态环境责任独立成编,以强化环境法律责任的实体性规范和体现保护生态环境公共利益的特殊程序要求,为环境司法提供必要的裁判性规范。

值得注意的是,总则与分则在内容上可根据实际情况采取更为灵活的措施。第一,总则与分则根据需要,均可规定实体性规范与程序性规

---

〔1〕 基本原则作为"法理"中最为确定的一种形态,具有补充性法源的地位,通过辅助裁判服务于法律运行特别是法律续造过程;同时其承载法规范体系的内在价值,具有重要的"安全阀"功能。参见曹炜:《环境法典基本原则条款构建研究》,载《中国法学》2022 年第 6 期。

范,体现环境法的实体法与程序法融合、公法手段与私法手段并用的特点;第二,在总则进行高度凝练和抽象后,分则也可以根据污染防治、自然生态保护、绿色低碳发展等主题规定一般性内容,对于目前尚不可能被总则容纳的必备规范也可作为分则的一般规定,待日后条件成熟时再提升到总则之中;第三,对于内容或领域相近的法律规范进行一定程度的融合,在不破坏法典结构体系化的前提下,将不易区分或混合更优的内容编排在同一编内。

(二)环境法典的逻辑主线

环境法典的"领域法"属性,决定其既要借鉴潘德克顿体系,又不能以"权利"为逻辑主线展开。为满足环境法典的实质正义追求,应以可持续发展为价值目标,以"生态环境"为基石概念,以法律关系为体系化工具,构建环境逻辑体系。

"目的是全部法律的创造者。"[1]环境法典编纂以可持续发展为目的价值,统辖整个法典,其效力主要源自法典目的对可持续发展规范内涵之诠释。与此同时,通过确定"生态环境"概念和环境法律关系,确保环境法典的内容完备与结构均衡,形成由"总则、污染控制编、自然生态保护编、绿色低碳发展编、生态环境责任编"构成的框架,全面呈现可持续发展综合决策、时空延拓、多元治理的方法论内涵,促进社会理性、生态理性与经济理性在法典中的有机融合。

环境法典总则根据宪法确定的国家战略,以 2014 年修订的《环境保护法》为基础,整合相关综合性立法,总结生态文明体制改革新成果,结合时代、人民需求,抽象环境法体系中的共通性内容,确立环境法典的价值体系、调整范围、基本原则、管理体制和治理体系、基本制度,形成总则与分则各编之间的统辖遵从关系。[2]

在对法律规范"提取公因式"形成总则的基础上,根据可持续发展的可持续经济、可持续环境、可持续社会"三大支柱",按照"保障人群健

[1] [美]E. 博登海默:《法理学——法律哲学与法律方法》,邓正来译,中国政法大学出版社 2017 年版,第 115 页。

[2] 参见孙宪忠:《中国民法典总则与分则之间的统辖遵从关系》,载《法学研究》2020 年第 3 期。

康”“维持生态平衡”“实现绿色低碳发展”的顺序，体现“生态环境”所具有的生态系统平衡、自然资源的生态要素属性、环境的资源属性三重含义，形成面向社会可持续发展的污染控制编、确保生态可持续发展的自然生态保护编、实现经济可持续发展的绿色低碳发展编。

最后是全过程保障可持续发展的生态环境责任编。按照“风险预防—过程控制—损害救济”[1]的规制逻辑，建立环境法特有的责任体系。创设必要的衔接规则以实现行政救济责任与民事救济责任的无缝对接，同时对公益诉讼、生态环境损害赔偿诉讼等新型诉讼类型予以整合，对环境领域的责任承担方式、司法救济程序等作出专门规定，体现环境法典实体法与程序法相衔接、行为法与裁判法相融合、保护法与促进法相统一的可持续发展法特性。

二、环境法典的名称与基石概念

名称与基石概念表征着环境法典的价值取向与目标追求，并不简单。在适度法典化模式下，环境法典名称以及基石概念既要涵摄环境法典内容本身，也要覆盖依然存在的单项环境立法，还要便于与传统部门法的区分与协同。

（一）以“生态环境法典”命名，采取“双法源”模式

在比较法上，我们发现，与民法典的名称具有普遍共识不同，各国环境法典的名称差异很大，如《哥伦比亚可再生自然资源和环境保护法典》《瑞典环境法典》《法国环境法典》《柬埔寨环境与自然资源法典（草案）》。名称的背后既是对环境法典价值取向的明确，也是对环境法典调整范围和环境法律关系的基本界定，[2]需要高度重视。

---

〔1〕 吕忠梅、窦海阳：《民法典“绿色化”与环境法典的调适》，载《中外法学》2018 年第 4 期。

〔2〕 例如，《哥伦比亚可再生自然资源和环境保护法典》将立法重心放在自然资源保护上，在对之前面向资源利用的法律进行修改的同时对自然资源之间的相互依存关系给予全面考虑。参见格·吉·卡诺：《拉丁美洲开展自然资源立法的进展》，王正立译，载《矿产保护与利用》1986 年第 1 期。又如，《独联体生态示范法典》开篇表明其用以调整自然资源使用领域、环境保护和生态安全保障领域的生态法律关系。参见刘洪岩、马鑫：《独联体是怎样为生态立法的?》，载《中国人大》2017 年第 23 期。

中国进入生态文明时代，环境保护的内涵与外延已经有了新的拓展，“人与自然生命共同体”理念以及“人与自然和谐共生的现代化”目标重新定义了“发展与保护”的关系，对国家治理体系和治理能力现代化也提出了全新的法治需求。随着“大环保”格局逐渐形成以及与之相适应的生态文明体制改革和机制转型持续推进，我们也需要有更能契合时代需求的法典名称。在这样的历史条件下，将环境保护立法以污染防治法为主的立法模式“平移”至法典编纂，显然不合适，环境立法领域的法典编纂更不能成为以某个部门职责为中心的法律汇编。

必须考虑的现实情况是，环境保护有关的法律在我国现行立法体系中分属行政法、经济法两个部门。其中，污染防治立法的内容相对集中于环境监管制度，大部分内容可纳入法典编纂。而自然资源和能源立法则涉及权属确定、开发利用以及交易等广泛内容，有的自然资源和能源立法中，有关生态保护与节约利用的内容仅占其中很小部分，[1]但这部分内容对以可持续发展为价值目标的法典编纂不可或缺。这也从立法技术上提出了需要一个能够统摄污染防治、自然生态保护、绿色低碳发展相关立法的法典名称。以“生态环境法典”命名，有宪法依据，既能彰显生态文明时代特色，又能契合可持续发展目标价值，还能标识本质的基石概念，是最佳选择。

值得注意的是，当前我国的生态文明体制改革还正在进行中，一些“补短板、强弱项”的生态环境立法还在研究制定过程中。这在客观上要求环境法典编纂在注重确保体系稳定的同时，必须保持对改革实践的开放性。如前所述，环境法典编纂的任务主要在于将新时代国家战略和宪法确定的“美丽中国”建设目标法律化，整合提升现行环境法律规范的基本价值、共性原则，改变分散立法、分别立法所带来的法律冲突和重叠等问题，形成具有基础涵盖力与综合协调力的框架体系型环境法典。

---

[1] 例如，在共计53条的《矿产资源法》中仅有个别条款涉及环境保护，主要包括设立矿山企业时审批机关对其环境措施等进行审查（第15条）、关闭矿山时提出有关土地复垦和环境保护的资料并报请审查批准（第21条）、开采矿产资源必须遵守有关环境保护的法律规定防止污染环境（第32条）。

同时,我们也需要适当保留部分环境单行法,以规范处于复杂、变动状态的局部领域,补充、完善和细化环境法典,并利用单行法进行适应性增删或修正的简便性,减少法典封闭、僵化等弊端。采取这种方式也有利于妥善处理环境法典与民法典、刑法、诉讼法、生态环境政策、国际条约之间的关系。

(二)界定"生态环境"基石概念,厘清环境法律关系

在方法论意义上,确定的概念可以为法典制定与解释提供工具,运用好这个工具,对于环境法典编纂的意义重大。正如学者所指出的,"环境法学基础理论构建中的最大问题在于没有设计出一个能够包含环境法价值与目的并贯穿环境法学始终的根本性概念"。[1] 环境法是以环境社会关系为研究对象的法学领域,如何界定"环境",当然具有根本性。目前,学者们频繁使用了"环境""生态环境""环境资源""资源环境"等多种概念,但少有论证。[2] 现行《环境保护法》以"概括 + 列举"的方式对"环境"进行了界定,[3]但其大体上仍然停留在法律概念形成的事实类型化阶段,[4]难以为法典体系建构提供指引。在某种意义上说,环境法典编纂如果不能以确定的基础概念统领编纂思路,仅对现有环境法律进行环境污染防治、自然资源保护等简单的类型化处理,实质上是在重复"要素问题—立法应对"的碎片化立法思路,根本无法满足法典的周延性与协调性。因此,界定"环境"的概念是实现法典调整范围适度的前提条件。同时,方法论上确定的"环境"概念也必须与认识

[1] 焦艳鹏、戚道孟:《论法益学说对环境法学研究的价值》,载《生态文明与林业法治—2010全国环境资源法学研讨会(年会)论文集》(下册),第 814 页。

[2] 参见巩固:《"生态环境"宪法概念解析》,载《吉首大学学报(社会科学版)》2019 年第 5 期;郭晓虹:《"生态"与"环境"的概念与性质》,载《社会科学家》2019 年第 2 期。

[3] 《环境保护法》第 2 条规定,本法所称环境,是指影响人类生存和发展的各种天然的和经过人工改造的自然因素的总体,包括大气、水、海洋、土地、矿藏、森林、草原、湿地、野生生物、自然遗迹、人文遗迹、自然保护区、风景名胜区、城市和乡村等。

[4] 法律概念的形成以事实类型化为预备阶段,同时还需要实质性的评价观点以及形式性的概念范畴方能得以展开,前者决定从何种价值角度对事实进行归类,后者使类型化及概念形成能以法律要求的形式进行。参见毋国平:《法律概念的形成思维》,载《北方法学》2017 年第 5 期。

论上的“可持续发展”能够高度契合。

我国《宪法》第26条规定的“生态环境”,是实现“人与自然和谐共生”的现代化目标,最能体现将生态文明建设贯穿于经济建设、政治建设、文化建设、社会建设全过程的治国理念,契合通过法典编纂“推动形成具有中国特色的生态文明建设新模式”[1]的体制革新需求。应对“生态环境”的概念进行充分论证,在确定其法律内涵与外延的基础上,作为环境法典的基石概念,为适度法典化提供概念工具,以确定环境法典的调整范围。

基于“生态环境”而产生的各种社会关系,在为法律规范所调整后,即形成以权利义务为内容的法律关系。“法律关系”作为法学知识中的“最大公约数”,也是环境法典编纂体系化工具。一方面,环境法律关系作为“逻辑中项”[2]有助于促进环境法典体系融贯,如环境行政行为可以被理解为由国家意志而引发法律关系变动之原因,而生态利益也被视为环境法律关系之客体。[3] 环境法律关系由此具备了协调法典内部公法与私法关系的潜质,进而使环境法典进入与民法典、行政法典进行协调沟通的话语体系。另一方面,环境法律关系的多元性与现代环境治理体系的发展方向相契合,对促进“形成导向清晰、决策科学、执行有力、激励有效、多元参与、良性互动的环境治理体系”[4]具有重要作用。环境法律关系通过“在一个连续统一的生活关系中提取出一部分,进行法律观察”。[5] 重新定位政府、企业与公众的角色,建立环境法多元主体之间的立体关系,有助于协调其所涉及的复杂利益冲突。

环境法律关系与可持续发展实际上本源相通:法律关系自始是对社会关系之法理抽象,而可持续发展也缘起于“自然的、社会的、生态的、经

---

〔1〕《中共中央办公厅 国务院办公厅印发〈关于建立健全生态产品价值实现机制的意见〉》,载《中华人民共和国国务院公报》2021年第14号。

〔2〕雷磊:《法的一般理论及其在中国的发展》,载《中国法学》2020年第1期。

〔3〕参见王刚:《环境法律关系客体新论》,载《中国海洋大学学报(社会科学版)》2010年第6期。

〔4〕《中共中央办公厅 国务院办公厅印发〈关于构建现代环境治理体系的指导意见〉》,载《中华人民共和国国务院公报》2020年第8号。

〔5〕[德]迪特尔·梅迪库斯:《德国民法总论》,邵建东译,法律出版社2000年版,第51页。

济的以及利用自然资源过程中的基本关系”。[1] 一方面,环境法律关系需要在可持续发展价值统领下完成自身重构。基于其“人—自然—人”的间接性社会关系、承认自然的主体性价值、具有广泛复杂性和时空延拓性等特征,可持续发展成为环境法律关系得以凝聚并显著区别于民事法律关系、行政法律关系、经济法律关系等传统法律关系的精神内核。另一方面,可持续发展也需要通过环境法律关系实现其治理维度。可持续发展强调的经济、社会、环境三个支柱的协调发展,必须在治理维度上指向主体之间的关系及其行为准则。否则,“只是发展层面的思考,如果没有治理层面的保障,可持续发展其实是不可能实现的”。[2] 可持续发展在法典语境下即是通过环境法律关系进行治理,而环境法律关系亦是可持续发展法治化的形式载体。因此,可以通过不同的标准,对环境法律关系进行污染防治关系与自然生态保护关系、平权型环境法律关系与隶属型环境法律关系、绝对环境法律关系与相对环境法律关系、抽象环境法律关系与具体环境法律关系等类型化论证,从立法技术上保证环境立法的适度法典化。

---

〔1〕 早在 1980 年 3 月 5 日,联合国大会就曾向全世界发出呼吁,研究这些基本关系,确保全球持续发展。参见刘东辉:《从“增长的极限”到“持续发展”》,载北京大学中国持续发展研究中心编:《可持续发展之路》,北京大学出版社 1995 年版,第 34 页。

〔2〕 诸大建、刘强:《在可持续发展与绿色经济的前沿探索——诸大建教授访谈》,载《学术月刊》2013 年第 10 期。

第八章　中国环境法典的逻辑展开

法典编纂的本质是通过“发现单个的法规范相互之间和规则体相互之间,以及它们与法秩序的主导原则之间的意义脉络”,[1]实现同类法律规范的体系化。这一过程被学者们形象地描述为“提取公因式”,[2]并在各国法典编纂中得到广泛应用,也是我国民法典成功编纂的一条重要经验。[3] 各国环境法典编纂的实践经验也告诉我们,法典的体系性表现为统一价值理念指引下的总则对分编的涵摄以及各分编之间的协调性,前者主要通过基础概念实现,后者则由基本逻辑完成。在中国环境法典编纂的适度法典化模式下,基础概念决定着环境法典的内容取舍,是适度法典化的内在价值标准;逻辑主线决定着环境法典的基本结构,是适度法典化的外在形式。“可持续发展”内涵丰富,具有鲜明的“神形兼备”“知行合一”特性,作为生态环境保护社会实践活动的法治基础和核心,其既被多部中国环境立法确定为立法目的,也被国际公约和多国环境法典作为价值理念,是中国环境法典的最佳价值目标和逻辑主线。

---

〔1〕［德］卡尔·拉伦茨:《法学方法论》,黄家镇译,商务印书馆2020年版,第548~549页。

〔2〕［德］茨威格特、［德］克茨:《比较法总论》(上),潘汉典等译,中国法制出版社2017年版,第273页。

〔3〕参见王利明:《民法总则:民法的“公因式”》,载《北京日报》2017年8月28日,第16版。

第一节　确定可持续发展价值目标

环境法典的领域法属性及其实质法治追求,决定了其不同于民法典和行政法典,不可能以“权利”或“权力”作为逻辑主线进行编纂。但是,环境法典作为环境法律规范体系化的立法方式,又必须具有一定的逻辑建构。在比较法上,一方面,各国环境法典编纂沿袭大陆法系国家法典化基本传统,基本上采取“总—分”结构;另一方面,各国环境法典对基础概念和逻辑主线的选择又明显不同于民法典,而是根据国家环境保护目标、以宪法为基础的整体法秩序、环境法自身的综合性、科学技术性等特征,形成了以价值体系为指引、以概念体系为方法的编纂理路。如何确定中国的环境法典的逻辑主线,是环境法典编纂研究必须解决的核心课题。

一、可持续发展的法律渊源化

各国环境法典的形式与内容差异巨大。客观而言,各国环境法典的编纂模式以及编纂范围和内容选择,并无优劣之分,关键是看能否契合国家发展战略以及环境立法的实际需要,是否能够有效推动国家法治体系的发展。但在研究中我们也发现了两个共同点:一是各国启动环境法典编纂的理由高度一致,皆是为了推动新型国家战略同时提升环境法律规范的体系性;二是各国环境法典中,“可持续发展”是一个共同的概念,是法典最重要的“关键词”。世界各国环境法典为何会共同选择“可持续发展”作为价值目标,值得追问。中国环境法典是否也应选择“可持续发展”作为核心价值,必须回答。

(一)各国环境法典的“不约而同”

纵观法律发展史,环境法典尚未成为世界上的普遍立法现象。但自1972 年联合国人类环境会议以来,有少量国家开始制定或编纂环境法典。1992 年联合国环境与发展大会之后,环境法典编纂形成一个小的高潮。正是在这次会议上,可持续发展作为人类未来的共同目标得到全球广泛认可。世界各国的环境法典莫不将可持续发展奉为圭臬,如瑞典、法国、德国、爱沙尼亚、柬埔寨等多国均将可持续发展作为环境法典的立法目的或作为法典编纂逻辑主线,[1]更有一些国家虽无法典之名但有法典之实的环境立法也把可持续发展作为价值目标。[2]

《法国环境法典》法律部分的七卷呈现"总—分"结构,作为总则编的第一卷"共同规定"主要规定了环境法的基本概念、基本程序和基本制度,其中明确了可持续发展目标以及为实现可持续发展目标而确立的九项法律原则;[3]分编则以环境要素为主导展开,这种结构使经济、社会、环境的可持续发展理念在法典中得到全面展现。德国环境法典数个草案版本的调整范围不尽一致,但其编纂经验表明可持续发展成为环境法典编纂的一项重要指导理念。在《德国环境法典(专家委员会草案)》第1条立法目的中,第(1)项规定"本法典旨在保护环境和人类,以及人类的健康和福祉",第(2)项规定"环境保护应致力于预防和永久保障自然的生活基础,特别是1.包含生物多样性在内的生态系统的功能特征,2.自然资源的可利用特征"。[4]《独联体生态示范法典》开篇明意其用以调整自然资源使用领域、环境保护领域和生态安全保障领域的生态法律关系,同时在总则编第五章第20条规定"应当根据国家社会经济生态安全可持续发展的预测,计划和制定生态领域的措施"。[5] 在此背景下,独联体成员国哈萨克斯坦所颁布的生态法典也明确了可持续发

[1] 参见吕忠梅、田时雨:《环境法典编纂何以能——基于比较法的背景观察》,载《苏州大学学报(法学版)》2021年第4期。

[2] 例如,1999年《加拿大环境保护法》序言中写道:"鉴于加拿大政府力求在生态高效利用自然、社会和经济资源的基础上实现可持续发展,并认识到政府和私人部门在所有决策过程中综合纳入环境、经济和社会因素的必要性。"

[3] 参见《法国环境法典》(第1至3卷),莫菲等译,法律出版社2018年版,"译者序"第3页。

[4] 德国联邦环境自然保护和核安全部编:《德国环境法典(专家委员会草案)》,沈百鑫等译,法律出版社2021年版,第41页。

[5] 《独联体生态示范法典·爱沙尼亚环境法典(总则)》,刘洪岩、马鑫、张忠利译,法律出版社2022年版,第15、39页。

展目的。[1]

(二)可持续发展催生环境法典

世界各国环境法典为何会共同选择以“可持续发展”为价值目标,其奥秘在于可持续发展是推动法律变革的重要动力,也是环境法典的“催化剂”。

可持续发展形成于人们对人与自然关系认识的转变过程,经历了从概念到目标再到议程的长期探索和努力实践。1987 年,世界环境与发展委员会发表《我们共同的未来》报告,提出了“可持续发展”的概念——既满足当代人的需要,又不对后代人满足其需要的能力构成危害。[2] 1992 年,《里约环境与发展宣言》正式确立了“可持续发展”的国际地位。经过多年努力,2015 年 9 月,联合国可持续发展峰会通过《改变我们的世界——2030 年可持续发展议程》,旨在提出一套以平衡环境保护、社会发展和经济发展(可持续发展三大支柱)之间关系为目的的具体的可实施方案。[3] 在国际治理体系中,可持续发展已经成为当代人类最大的“发展共识”。[4]

从理论上看,可持续发展是一个综合性和交叉性都非常强的研究领域,涉及多个学科的研究内容,不同学科又有不同的关注重点。[5] 但是,各种研究都没有也不能脱离可持续发展的本质,其基本共识是:可持续发展缘起于环境保护但又大大超越了单纯的环境保护,作为指导人类走向 21 世纪的发展理论,将环境问题与发展问题有机地结合起来,是一

---

〔1〕《哈萨克斯坦共和国生态法典》第 4 条明确规定了十一项“哈萨克斯坦共和国可持续发展的生态基础”。参见《哈萨克斯坦共和国生态法典》,刘洪岩、马鑫译/校,法律出版社 2022 年版,第 33 页。

〔2〕参见世界环境与发展委员会:《我们共同的未来》,王之佳等译,吉林人民出版社 1997 年版,第 52 页。

〔3〕参见董亮、张海滨:《2030 年可持续发展议程对全球及中国环境治理的影响》,载《中国人口·资源与环境》2016 年第 1 期。

〔4〕参见郇庆治:《重聚可持续发展的全球共识——纪念里约峰会 20 周年》,载《鄱阳湖学刊》2012 年第 3 期。

〔5〕例如,哲学家、生态学家、经济学家、社会学家、自然科学家都在从不同角度研究可持续发展,出现了可持续发展伦理学、可持续发展生态学、可持续发展经济学、可持续发展社会学等学科分类,有不少大学设立可持续发展专业。

个有关社会经济发展的全面思考,回答的是人类走向何方的战略性问题。可持续发展是一个系统,它强调可持续经济、可持续生态和可持续社会三方面的协调统一,其中生态可持续是基础,经济可持续是条件,社会可持续是目的,要求人类在发展中讲究经济效率、关注生态和谐和追求社会公平,最终达到人的全面发展。

可持续发展体现了一种新的发展观、道德观和文明观,也对建立在不可持续发展观、道德观和文明观上的传统法律及其所支撑的社会治理体系提出了巨大的挑战,因此,法律变革是实现可持续发展的题中之义。联合国《21 世纪议程》明确提出了法律变革的主张,要求法律必须根据周全的社会、生态、经济和科学原则制定。[1] 正是可持续发展对法律的新要求,促进了包括环境法在内的现代法律和法学理论迅速发展。在实践层面,掀起了世界第二次环境立法高潮:许多国家以制定新的环境保护综合法或者修改已有环境法律的方式,将可持续发展纳入立法;一些国家开始启动环境法典编纂,以可持续发展为标准审查现行法律,重新制定适应可持续发展需要的更高质量、更好实施的法律。一定程度上可以说,是可持续发展推动环境法学理论的重大创新,进而催生了环境法典。

(三)可持续发展引领环境法典编纂

从发生学上看,环境法的产生源于控制工业污染危害人群健康的社会需求,随着人们对人与自然关系的认识不断加深和可持续发展战略的提出,环境法的范围逐步扩大到污染控制和生态保护,进而扩大到以环境可持续为主、涉及经济可持续和社会可持续的相关领域。[2]

工业革命以来的法律基于个人主义价值取向、还原主义方法论,为西方工业文明只有动力机制而缺乏自我约束、自我评价机制的发展模式提供治理规则。法律分工渐趋精细、法律规则更加精美、形式理性日益完善,却对环境污染、生态破坏造成的人群健康受害、经济秩序紊乱等问

---

〔1〕 参见联合国官网(https://www.un.org/zh/documents/treaty/21stcentury)发布的《21 世纪议程》。

〔2〕 参见杜群:《日本环境基本法的发展及我国对其的借鉴》,载《比较法研究》2002 年第 4 期。

题束手无策，环境问题带来的法律危机日趋严峻。在反思形式主义法治的基础上，西方法学家开展了实质法治的探索，明确提出以目的（或价值）作为法治评价标准，通过将实质正义纳入法律规范的方式，将实质正义与形式正义在一定制度之内予以统合，以建立经济社会发展的自我评价、自我约束、自我反省、自我规范机制。在这种法治模式下，"制度有必要由目的来引导"。[1] 由此，环境问题带来的社会变革既对传统法律提出了变革诉求，也为可持续发展法律渊源化开辟了道路。

随着专门环境立法的兴起而不断发展的环境法学理论，是在社会变革过程中出现的以追求实质正义为目标的新兴法律领域。可持续发展作为当代人类发展的最大共识，所蕴含的以保护自然生态环境为基础、以与自然承载力相协调的经济发展为条件、以改善和提高人类生活质量为目标的人类健康生存与永续发展，是发展的终极目的，也是现代环境法所应该追求的目的价值，体现法律的实质正义。与此同时，传统法律所追求的平等、自由、秩序等价值，具有工具理性，体现形式正义，也可以为实现目的价值提供手段与方式。由此，可持续发展实现了现代环境法价值的体系性"升级"。[2] 在这个体系中，可持续发展作为目的性价值，居于主导地位，反映人类发展所追求的目的与理想；生态安全、环境公平、公益保障等工具性价值，是环境法为实现其目的所应具有的基本属性或共性价值。目的性价值决定并统合现代环境法的动态运作，并对传统法律进行审查，要求改进其弱点；同时，现代环境法要实现其目的性价值，也必须依靠工具性价值的支持与具体实施。

这一理论构造既赋予可持续发展法律上的正当性并将其法律渊源化，使可持续发展从战略理念变为具有现实性与生命力的法律概念，又妥善处理可持续发展与传统法律价值之间的关系。确立可持续发展的目的性价值地位，可以使环境法对传统法律中的个人意志自由和绝对权

---

〔1〕［美］诺内特、［美］塞尔兹尼克：《转变中的法律与社会：迈向回应型法》，张志铭译，中国政法大学出版社 1994 年版，"代译序"第 7 页。

〔2〕See Klaus Bosselmann, *Losing the Forest for the Trees: Environmental Reductionism in the Law*, 2 Sustainability 2424 (2010).

利进行限制，确认新的以可持续发展为目标的环境法律体系的正当性；通过确立工具性价值，可以更好处理环境法与各种已有法律的关系，维护已经建立的基本经济社会秩序，确认以实现生态安全、环境公平和公益保障为功能的环境法体系的合理性。在此意义上，现代环境法蕴含着目的性价值与工具性价值的统一，实现了实质正义与形式正义的整合。环境法价值以主体的需要为基准，而主体的需要又只有通过法律客观存在的功能才可得到满足，这正是各国环境法典将可持续发展作为价值目标或逻辑主线的“秘密”所在。

以可持续发展引领环境法典编纂，在基础层面将可持续发展作为国家战略和法律价值观以立法形式加以确认，促进形成充分体现可持续发展精神的法律体系。以可持续发展为价值判断标准，对现行法律法规进行重新评价和审视，从可持续经济、可持续环境和可持续社会相统一的角度考虑污染防治、自然生态保护问题，既能将经济发展控制在生态环境承载的能力范围之内，也能将可持续发展的要求转化为执法、司法的根本价值取向，大大推进环境保护法律的现代化。因此，环境法典可以将不同历史起源、缺乏统一立法理念、采用不同立法技术和不同措施工具以及不同标准水平管制的分散性规范，按照可持续发展的整体性思维进行整合，使环境治理从各自为政走向协调一致。通过总则“提取公因式”，建立符合可持续发展要求的基本法律规范和环境治理工具的统一运用规则；通过分编将社会可持续、环境可持续、经济可持续的要求有机整合，既统一管制和决策程序、法律执行和生态环境损害赔偿等方面的内容，也有效避免对同一开发利用环境的行为由不同法律加以规制而需要相互参照的问题，改善环境法的适用，提高环境法的内在统一性。

二、可持续发展价值主线是最佳选择

可持续发展的法律渊源化，成为各国环境法典编纂的理论工具，中国是否借鉴以及在何种程度上运用，仍需在把握中国生态文明法治建设现状的基础上，站在统筹国内国际两个大局的高度，慎重选择。

（一）生态文明与可持续发展理论同源

中国关于生态文明的各种理论研究成果中，均认为生态文明源于马克思主义世界观和方法论、西方生态学与社会学研究成果以及中华民族优秀传统文化。1978 年,德国伊林·费切尔为批判工业文明和技术进步主义而使用了"生态文明"一词。[1] 20 世纪八九十年代,不少中外学者基于不同的文化语境,同时但又独立地使用"生态文明"一词,用以解释对人与自然关系的重新认识。例如,1984 年苏联学者发表《在成熟社会主义条件下培养个人生态文明的途径》,文中提出培养生态文明是共产主义教育的内容和结果之一。[2] 1987 年,我国生态学家提出,生态文明是既获利于自然又还利于自然,既改造自然又保护自然,人与自然之间保持着和谐统一的关系。[3] 同年,刘思华教授也提出,社会主义现代文明是物质文明、精神文明、生态文明的内在统一与协调发展。[4] 1995 年,美国作家罗伊·莫里森(Roy Morrison)认为,只有通过人们的自觉努力,工业文明才可能向生态文明转变。[5] 2007 年 5 月,我国人类学学者将生态文明定性为世界伦理社会化的文明形态,以"全生态世界观"为基点,提出中国需要"中华民族生态文明发展模式",世界需要"生态文明进程"。[6]

生态文明概念提出的时间并不长,但一个有意思的现象是,被认为是代表可持续发展理论的一些重要著作和国际文件,如《寂静的春天》《沙乡年鉴》《增长的极限》《人类环境宣言》《我们共同的未来》《21 世纪议程》等也都被认为是生态文明的思想来源。同时,许多中国学者都对

---

〔1〕 参见[德]I. 费切尔:《论人类生存的环境——兼论进步的辩证法》,孟庆时摘译,载《哲学译丛》1982 年第 5 期。

〔2〕 参见徐春:《生态文明在人类文明中的地位》,载《中国人民大学学报》2010 年第 2 期。

〔3〕 参见徐春:《对生态文明概念的理论阐释》,载《北京大学学报(哲学社会科学版)》2010 年第 1 期。

〔4〕 参见刘思华:《对建设社会主义生态文明论的若干回忆——兼述我的"马克思主义生态文明观"》,载《中国地质大学学报(社会科学版)》2008 年第 4 期。

〔5〕 参见[美]罗伊·莫里森:《生态民主》,刘仁胜、张甲秀、李艳君译,中国环境出版社 2016 年版,第 6 ~ 8 页。

〔6〕 参见田昊:《生态民主:生态文明建设的制度保障》,载《山东青年政治学院学报》2015 年第 2 期;邵红、李爱芳:《可持续发展视域下的生态文明建设研究》,载《世纪桥》2013 年第 15 期。

生态文明与可持续发展的关系进行了论述，[1]比较有代表性的观点有：可持续发展跟生态文明在提出背景与目标理念上具有内在一致性，都是对工业革命以来生态环境遭受大肆破坏的深刻反思，也都是对人与自然和谐理念的阐释。[2] 生态文明建设有利于可持续发展目标的实现，可持续的生产方式和消费模式必将会带来生态文明的结果，两者互为因果，相辅相成、相互促进。[3] 由此可见，生态文明与可持续发展不仅具有理论同源性，而且内容也具有交融性。

有学者对生态文明与可持续发展的关系进行了“两种思路”的理论归纳：一种是沿着“原始文明—农业文明—工业文明—生态文明”的思路展开，把生态文明看作是人类应该和能够达到的最高级别的发展形态，是对未来的理想追求，在这个意义上，生态文明是一种价值理性；另一种是沿着“物质文明—精神文明—政治文明—生态文明”的思路展开，构成一个比较完整的治国理念体系，生态文明是一个可用的治国手段，在这个意义上，生态文明是一种工具理性。[4] 这两种思路代表了我国多数学者的共同认识。可见在中国，生态文明理论更多关注实践性、现实性问题，将其与国家任务、国家战略紧密相连，缘由在于中国生态文明建设实践将可持续发展作为价值目标予以大力推进。

（二）中国生态文明建设是对可持续发展的巨大贡献

在中国的生态文明建设实践中，“可持续发展”[5]和“生态文明”在各种正式文件和法律中出现的时间有先后，但当两者同时出现时，可以

---

〔1〕 一些学术论著不仅书名将两者并列，而且内容大量涉及对两者关系的阐述。参见刘宗超：《生态文明观与中国可持续发展走向》，中国科学技术出版社 1997 年版；徐春：《可持续发展与生态文明》，北京出版社 2001 年版；全国干部培训教材编审指导委员会组织编写：《生态文明建设与可持续发展》，人民出版社、党建读物出版社 2011 年版。

〔2〕 参见孙新章等：《以全球视野推进生态文明建设》，载《中国人口·资源与环境》2013 年第 7 期。

〔3〕 参见谢永明、余立风：《生态文明与可持续发展关系探讨》，载《环境与可持续发展》2012 年第 4 期。

〔4〕 参见夏光：《生态文明与制度创新》，载《理论视野》2013 年第 1 期。

〔5〕 在党和国家的正式文件中，对英文“sustainable development”有两种中文表达：“可持续发展”和“永续发展”。一般来看，“可持续发展”的使用更为宽泛；“永续发展”的使用较为固定，主要用于“中华民族永续发展”。本文在同等意义上使用这两个概念。

明显地看到生态文明建设作为治国理政方略、可持续发展作为价值目标的实践逻辑。

从时间上看,“可持续发展”先出现在中国的相关文件中,这是中国现代环境保护事业深受国际环境保护运动影响及与世界同步发展的结果。中国以参加1972年联合国人类环境会议为起点,通过国内制定可持续发展政策和法律,推动国际可持续发展共识和行动等多种形式,积极参与联合国可持续发展战略的实施。中国发布了世界上第一个发展中国家的“21世纪议程”,明确了可持续发展国家战略。1995年9月,党的十四届五中全会正式将可持续发展战略写入《中共中央关于制定国民经济和社会发展“九五”计划和2010年远景目标的建议》,在党的文件中首次提出“必须把社会全面发展放在重要战略地位,实现经济与社会相互协调和可持续发展”。[1] “九五”计划到“十一五”规划都明确了可持续发展战略,主要是替其作为社会建设的内容进行安排。

2005年《国务院关于落实科学发展观加强环境保护的决定》提出“倡导生态文明,强化环境法治,完善监管体制,建立长效机制,建设资源节约型和环境友好型社会”,[2]在国家文件中首次出现“生态文明”的表述。党的十七大报告将“建设生态文明”纳入小康社会建设的总体目标并阐明生态文明与可持续发展的关系。党的十八大报告将生态文明建设纳入“五位一体”的治国理政整体布局,“十三五”规划纲要将联合国2030年可持续发展议程与中国国家中长期发展规划有机结合,提出要“积极落实2030年可持续发展议程”。[3] 2016年以来,中国多次发布落实2030年可持续发展议程的国别报告。[4] 党的十九大报告、二十大报告进一步明确生态文明建设在实现“两个一百年”奋斗目标中的重要地

[1] 《中共中央关于制定国民经济和社会发展“九五”计划和2010年远景目标的建议》,载《求实》1995年第11期。

[2] 《国务院关于落实科学发展观加强环境保护的决定》,载《中华人民共和国国务院公报》2006年第3号。

[3] 《中华人民共和国国民经济和社会发展第十三个五年规划纲要》,载《人民日报》2016年3月18日,第1版。

[4] 参见杨晓华等:《落实2030年可持续发展议程进展综述与思考》,载《环境与可持续发展》2018年第1期。

位,将“人与自然和谐共生”作为中国式现代化的本质特征之一。“十四五”规划和2035年远景目标纲要将中国构建新发展格局的整体部署与联合国2030年可持续发展议程有机结合,提出“生态环境根本好转,美丽中国建设目标基本实现”[1]的综合性目标体系。这充分体现了中国政府在落实联合国可持续发展目标方面的决心与行动。

中华民族永续发展是中国生态文明建设的终极追求,也是可持续发展“既满足当代人的需要,又不对后代人满足其需要的能力构成危害”的核心价值体现。按照“物质文明—精神文明—政治文明—生态文明”的思路,中国形成了“四个全面”战略布局和“五位一体”总体布局,其构成了完整的治国理念体系。这表明加强生态文明建设是为了解决中国的不可持续发展问题。[2] 将生态文明建设纳入经济建设、政治建设、文化建设、社会建设全过程,本质上是为了实现可持续经济、可持续生态和可持续社会三方面的协调统一,为实现中华民族伟大复兴夯实生态环境基础。

中国的生态文明建设实践是对可持续发展在中国实现方式的积极探索,在这个过程中,秉持共建人类命运共同体理念,推动落实联合国2030年可持续发展议程,推动和引导建立公平合理、合作共赢的全球环境治理体系。“如果说工业文明是西方社会对人类发展的革命性创新,那么,中国的生态文明建设则是东方智慧对全球可持续发展的根本性贡献。”[3]

(三)中国环境立法已完成持续发展法律渊源化

中国在生态文明建设实践中,高度重视法治体系的建设和完善,建立了以宪法为依据,以专门生态环境立法为主干,相关法律、法规相衔接的生态环境法律体系。在法律体系建设过程中,不仅由宪法确立了建设“美丽中国”的国家任务,[4]而且在专门生态环境立法中,大多已将可持

---

〔1〕《中华人民共和国国民经济和社会发展第十四个五年规划和2035年远景目标纲要》,载中国政府网,http://www.gov.cn/xinwen/2021-03/13/content_5592681.htm。

〔2〕参见卢风:《绿色发展与生态文明建设的关键和根本》,载《中国地质大学学报(社会科学版)》2017年第1期。

〔3〕潘家华:《新时代生态文明建设的战略认知、发展范式和战略举措》,载《东岳论丛》2018年第3期。

〔4〕参见闫海:《美丽中国:中国版环境国家的宪法规范体系》,载《社会科学研究》2020年第2期。

续发展确立为立法宗旨,完成了可持续发展法律渊源化。2018 年《宪法修正案》提出,“推动物质文明、政治文明、精神文明、社会文明、生态文明协调发展,把我国建设成为富强民主文明和谐美丽的社会主义现代化强国,实现中华民族伟大复兴”;并赋予国务院行使“领导和管理经济工作和城乡建设、生态文明建设”的职权。[1] 1992 年以来制定和修订的环境与资源法律大多确立了“可持续发展”价值目标,如 2014 年修订的《环境保护法》,将“可持续发展”纳入立法宗旨,《大气污染防治法》《水污染防治法》《土壤污染防治法》《森林法》《草原法》等法律也明确了促进经济社会可持续发展的立法宗旨。《长江保护法》《生物安全法》《黄河保护法》《湿地保护法》《青藏高原生态保护法》则在确立可持续发展价值目标的同时,体现了绿色发展、生态安全等可持续发展的新要求,为环境法典编纂提供了价值理念工具。

由此可见,中国环境法典以可持续发展作为基础概念和逻辑主线,并不是盲目地照搬外国环境法典编纂的经验,而是中国生态文明建设的内在需求和必然结果。可持续发展作为中国环境法典的基础概念和逻辑主线,可以为环境法典编纂提供统一的、根本的精神指引和原则性规范,实现环境领域立法的体系化。可持续发展既能体现“人与自然和谐共生”的生态文明理念,保障实现美丽中国国家战略,又能展示“共谋全球生态文明建设”的博大胸怀,为共建人类命运共同体贡献中国智慧和方案。将可持续发展这把“破解当前全球性问题的‘金钥匙’”[2]作为中国环境法典的基础概念和逻辑主线,采用国际通行的法律语言,[3]不仅

[1] 参见《宪法修正案》(2018 年)第 32、46 条。

[2] 习近平:《坚持可持续发展 共创繁荣美好世界——在第二十三届圣彼得堡国际经济论坛全会上的致辞》(2019 年 6 月 7 日,圣彼得堡),载《人民日报》2019 年 6 月 8 日,第 2 版。

[3] 由于生态文明概念提出的时间不长并且仅在中国进入了国家治理体系,国际上对于这个概念还不熟悉,远没有可持续发展那样被广泛接受。例如,中国生物多样性保护与绿色发展基金会作为世界自然保护同盟(International Union for Conservation of Nature, IUCN)的会员单位,2019 年 8 月向 IUCN 提交了关于《传统医药应符合生态文明思想》的提案,在 2019 年 12 月 11 日至 2020 年 3 月 11 日提案线上讨论期间,不少会员代表对该提案题目提出质疑,认为“生态文明”是中国概念,在中国以外地区尚未得到广泛认可,因此要求删除。经过两轮讨论后,该提案题目被修改为《传统医药需符合社会和环境可持续理念》。参见卢风:《论基于自然的解决方案(NbS)与生态文明》,载《福建师范大学学报(哲学社会科学版)》2020 年第 5 期。

可以使环境法典成为中国对世界的贡献，在联合国《世界环境公约》谈判中更好展示中国立场、体现中国方案，在国际人权领域扩大与世界的沟通与交流，而且可以使环境法典作为共谋全球生态文明建设的标志性成果，形成可以为他国所向往、可模仿、可借鉴的立法经验，引领世界生态文明法治建设。

第二节　界定环境法典基础概念

现行环境法以环境行政管理规范为主体，其法律关系客体主要是与生态环境保护有关的行为和生态环境。实际上，决定环境法律关系运行的基础是"生态环境"这个被保护的对象。如果从一般意义上运用潘德克顿体系，环境法典编纂应该以"生态环境"类型化为基础构建法律规范体系。但环境法具有追求生态安全、代际公平、环境正义等实质法学的特征，这决定了环境法典编纂必须采取"价值体系 + 法律关系"的双重建构模式。可持续发展价值自身具有经济可持续、生态可持续、社会可持续的内在逻辑，这使得方法论意义上的环境法典编纂，必须寻找与可持续发展价值相契合的保护对象，既为实现可持续发展价值目标提供客观基石，也为确定环境法典调整范围建立基础概念。

一、走出概念困境

立法中的概念选择实际上是一个价值判断过程，环境法所关注的价值正影响着各国对于"环境"组成部分的重新选择。[1] 在我国相关立法中，环境保护的对象有"环境"和"生态环境"两种表达，目前都处于尴尬境地，环境法典编纂必须找到出路。

（一）"环境"概念"名难符实"

1978 年《宪法》第 11 条第 3 款规定，"国家保护环境和自然资源，防

---

〔1〕 参见李挚萍：《环境法基本法中"环境"定义的考究》，载《政法论丛》2014 年第 3 期。

治污染和其他公害”;1979年《试行法》在第3条对“环境”作出列举式界定,采用包括防治环境污染和自然资源保护两大部分的“大环境”概念,同时体现出环境立法体系化设想。[1] 但彼时,环境立法重点在于控制以工业“三废”为代表的环境污染,专门环保机构的职能也主要定位于“防治环境污染”,形成了环境保护立法以污染防治为主、自然资源立法以开发利用为主的“二分”格局。立法中的“环境”概念与自然资源保护立法“渐行渐远”。1989年《环境保护法》第2条通过增加要素列举、进行抽象概括等方式完善了“环境”概念界定,但基本制度依然侧重于污染治理,“环境”概念依然“有名无实”。

1992年联合国环境与发展大会后,我国发布《中国21世纪议程》,提出“逐步建立国家可持续发展的政策体系、法律体系”,[2]并在多部环境立法中将“促进可持续发展”作为立法目的。尤其是在党的十八大将“生态文明建设”纳入治国理政总体战略后,中国对环境保护的认识上升到“人与自然生命共同体”高度。2014年修订的《环境保护法》在“环境”定义的列举要素中虽仅增加“湿地”一项,但在立法内容中体现“环境保护综合法”特征,为使“环境”概念“名符其实”作出了积极努力。但在新时代生态文明法治观下,环境法保护对象不仅要从“污染治理”扩展到“生态环境保护”,而且要从“保护环境”拓展到“保障中华民族永续发展”。“环境”的概念再次陷入“名难符实”:一方面,新时代环境保护要求环境法的保护对象满足立体化、多维度和系统性需求,“环境”概念难以涵摄;另一方面,现行立法中“环境”概念所采取的“简单概括+列举”方式,与类型化相差甚远,无法形成对环境立法分支和制度的指导,在一定程度上成为我国环境立法“不成体系”的历史根源。[3]

---

〔1〕 参见李超伯:《关于〈中华人民共和国环境保护法(试行草案)〉的说明》(1979年9月11日)。转引自汪劲:《从环境基本法的立法特征论我国〈环境保护法〉的修改定位》,载《中外法学》2004年第4期。

〔2〕《中国21世纪议程:中国21世纪人口、环境与发展白皮书》,中国环境科学出版社1994年版,第7页。

〔3〕 参见徐祥民:《从立法目的看我国环境法的进一步完善》,载《晋阳学刊》2014年第6期。

(二)“生态环境”概念陷入两难

在我国现行立法中,还有一个指称环境保护对象的概念——生态环境。《宪法》第26条第1款规定:“国家保护和改善生活环境和生态环境,防治污染和其他公害。”这是1982年《宪法》作出规定后一直沿用至今的概念。但是,“生态环境”作为一个宪法概念的诞生和发展,却使其陷入“两难”境地。

1982年宪法草案使用了“保护生态平衡”表述,提请审议时,时任全国人大常委会委员黄秉维认为:平衡是动态的,自然界总是不断打破旧的平衡,建立新的平衡,所以用保护生态平衡不妥,应以保护生态环境替代保护生态平衡,意在“保护生态系统和环境”。立法予以采纳并形成了1982年《宪法》第26条的表述,“生态环境”正式成为一个宪法概念。[1] 随后制定的诸多法律,如《水土保持法》《水污染防治法》《水法》中也都出现了“生态环境”的表述。1989年通过的《环境保护法》第1条将“为保护和改善生活环境与生态环境”作为立法目的,但吊诡的是,该法第2条对“环境”概念作出规定,却未界定“生态环境”。

从现有资料看,“生态环境”概念自产生以来一直争议不断,在世纪之交争议更是达到顶峰。2002年7月召开生态学名词审定委员会,涉及“生态环境”有关问题但没有进行实质性讨论;[2]2005年,钱正英、沈国舫、刘昌明三位院士联名上书中央,建议逐步修正“生态环境建设”的提法。随后,国务院要求全国科学技术名词审定委员会对“生态环境”概念组织专题讨论,2005年5月召开的研讨会上争论十分激烈,但并未作出修改决定。[3] 黄秉维院士在提出“生态环境”概念后又查阅大量文献,发现国外学术界很少使用这一名词,于是反思认为生态环境“是个语

---

〔1〕 参见黎祖交:《作为词组的生态环境 是偏正还是联合?》,载《中国生态文明》2017年第2期。

〔2〕 参见王孟本:《“生态环境”概念的起源与内涵》,载《生态学报》2003年第9期。

〔3〕 彼时形成了五类主要意见,即立即纠正、逐步改正、分别使用、继续使用、继续审定研讨等五种意见。参见侯甬坚:《“生态环境”用语产生的特殊时代背景》,载《中国历史地理论丛》2007年第1期。

意不够明确的词,没有定义……当时十分仓促,并没有多考虑”。[1]

宪法及相关法律均未对“生态环境”进行过明确界定,使得这个概念陷入两难:一方面,科学意义上的“生态环境”概念争论不休,使法律界定缺乏科学共识;另一方面,相关立法、政策文件对于“生态环境”概念在不同情况、不同层次上频繁使用,使这个概念的内涵与外延愈加复杂,法律界定更加困难。故此,“生态环境”一词在立法中虽有出现,但始终没有获得环境立法中“保护对象”的含义。

(三)明确“生态环境”新含义

认真审视“环境”“生态环境”两个概念的现实状况,我们可以发现:在方法论意义上,“环境”概念因对保护对象涵摄不足及其列举界定方式而难以满足环境法治实践发展的需要,难以通过解释方法予以更新。而“生态环境”概念虽然面临诸多争议,但因其并未真正进行过法律界定,其具有了重新定义并赋予其时代内涵的可能性。客观而言,“生态环境”的概念之争始终是能否成为确定的科学概念之争,“环境”概念的不确定性、表达模糊性也同样存在争议。[2] 可见,问题的本质在于如何结合实践明确适宜的法律界定,而不是单单纠结于词汇选择。

在法学研究领域,“生态环境”概念相关研究取得了有价值的成果。代表性观点提出,“生态环境”的概念不仅可以成立,而且在表达上独具优势,在实践中也有积极意义。[3] 从宪法释义学来看,“生态环境”写入宪法且历经数次修宪而只字未改即获得了新的生命力,其与随后入宪的“生态文明”等内容共同构成具有法律约束力的环境宪法规范体系。因此,“生态环境”入宪对法律政策实践产生的革命性影响,不仅作为一个

[1] 黎祖交:《作为词组的生态环境 是偏正还是联合?》,载《中国生态文明》2017 年第 2 期。

[2] 如环境要素是以自然因素为主体还是纳入非自然因素,环境定义是否以人类为中心,环境所具有的生态、经济等多方面价值和功能如何协调,在定义中反映环境有形的外部存在还是强调其相互作用性和整体性等内在特质。参见李挚萍:《环境法基本法中“环境”定义的考究》,载《政法论丛》2014 年第 3 期。

[3] 参见巩固:《“生态环境”宪法概念解析》,载《吉首大学学报(社会科学版)》2019 年第 5 期。

实证法概念成为既定事实,[1]而且可以为进一步厘清其内涵与外延提供基础与空间。应高度重视"生态环境"这个宪法规范,在消极层面构成立法的"框架秩序"发挥着"边界控制"功能,在积极层面作为"宪法委托"和"国家目标"发挥着"内容形成"功能。可见,"生态环境"的概念可以为环境法典编纂提供具有宪法规范意义的基础概念。

在具备宪法基础优势的同时,"生态环境"概念与生态文明法治实践的契合性,也使之成为环境法典编纂的最佳选择。党的十八大以来,中国以建设"人与自然和谐共生的现代化"为目标,形成"源头严控、过程严管、后果严惩"的全过程控制体制,要求构建"产权清晰、多元参与、激励约束并重、系统完整的生态文明制度体系";[2]"积极推进国家安全、科技创新、公共卫生、生物安全、生态文明、防范风险、涉外法治等重要领域立法"。[3] 对环境法典编纂在保护对象概念选择上提出了与生态文明建设国家目标相适应的实践要求。实际上,随着我国环境立法中的"生态环境""环境风险""生态服务功能"及"生态环境损害""生态修复"等词汇的使用,"生态环境"概念的内涵在实践中不断丰富。自2014年修订《环境保护法》以来,我国加快了生态环境领域立法"补短板"进程。污染防治立法增加防止人群健康风险和生态风险相关内容,自然保护立法理念从资源利用转向生态保护及绿色发展,核安全、生物安全等新兴环境立法更加突出生态安全和绿色发展主题,环境立法从污染防治"一家独大"转变为污染防治、资源合理利用与生态保护"三分天下",使"生态环境"的概念与中国生态文明法治实践日益契合。

在今天看来,作为联合词组的"生态环境"愈加合理,作为偏正词组的"生态环境"也趋于科学,用"生态"修饰"环境"可以更好诠释"有利于

---

〔1〕 据统计,截至2020年4月已有38部法律的77个法律条文提及作为法律规范保护对象出现的"生态环境"一词共83次。参见梁亚、刘光辉:《生态环境之法律内涵探究——以检察公益诉讼为视角》,载《青海师范大学学报(社会科学版)》2021年第1期。

〔2〕 《中共中央　国务院印发〈生态文明体制改革总体方案〉》,载《中华人民共和国国务院公报》2015年第28号。

〔3〕 习近平:《坚定不移走中国特色社会主义法治道路 为全面建设社会主义现代化国家提供有力法治保障》,载《求是》2021年第5期。

可持续发展、系统性与整体性”[1]的含义。法典所称“生态环境”也因此应当是在科学基础上承载价值判断，从而揭示人与自然互动共生的一个关系性概念，其内涵是指影响人类生存和发展的自然、社会、经济因素及其之间相互作用的总体。

二、以可持续发展激活生态环境概念

生态环境概念经过可持续发展战略的实践洗礼，其基本范畴与大致边界已经变得有迹可循。需要完成类型化构造并发现其与可持续发展价值的契合，从而使“生态环境”这个宪法概念成为环境法典的基石性概念。质言之，经由类型化的生态环境概念，成为运用环境法律关系展开环境法典逻辑构造的基础，为环境法典的适度法典化提供“适度”边界。

（一）确定生态环境的“一体三面”

生态环境概念的生成、内涵演变及其立法表达，交织着自然科学对自然界运行客观规律的发现以及社会科学对人类社会中环境问题的建构，从而在人与自然关系发展中展现出环境、资源、生态三分及其融合。人类早期对自然的依赖源自“天时地利”所带来的物质财富，山林薮泽等自然要素在与经济价值相联系后成为“资源”，[2]体现“人类—利用”关系结构。随着资源利用程度和范围不断扩大带来的环境污染和资源枯竭问题日益严重，人们开始关注资源利用给人类社会带来的不利影响及其资源利用关系以外的新问题，将自然为人类社会提供的生存空间和外部条件统称为“环境”，呈现为“人类—环境”的关系结构。与此同时，环境污染和资源枯竭引发的自然界自身变化及其对于作为生物种群的人类的影响引起重视，将以生物为中心指涉生物与生物之间、生物与环境之间的相互关系定义为“生态”，更多体现“生物—生态”的关系结构。[3] 可见，三者均为人类生存发展所必需的自然要素，但资源、环境、

[1] 张林波、舒俭民、王维、安达：《“生态环境”一词的合理性与科学性辨析》，载《生态学杂志》2006年第10期。

[2] 参见王利华：《“资源”作为一个历史的概念》，载《中国历史地理论丛》2018年第4期。

[3] 参见杨朝霞：《环境公益诉讼制度的诉因检视：从解释论到立法论——以“生态”与“环境”的辨析为中心》，载《中国政法大学学报》2021年第5期。

生态在人与自然的关系中扮演着不同角色：资源体现为自然对人类的“经济功能”，环境体现为自然的“受纳功能”，生态体现为人与自然之间的“有机联系”和“协同进化”，形态有别但统一于自然整体，彼此间一荣俱荣、一损俱损，且在一定条件下可以相互转化。[1]

生态环境在客观上存在的资源、环境、生态不同面向，也体现在我国立法实践与相关政策文件中，并且随着中国环境保护国策的确立和生态文明建设的进程，三个面向在立法中逐渐从“各管一摊”发展为“一体交融”，生态环境的“一体三面”日渐清晰。土地、森林、草原、水域、矿藏等“资源”作为有用要素，自新中国成立之初就进入宪法成为国家所有权客体并在相关民事立法中成为财产权客体的自然物；改革开放后的相关资源单独立法中，确定资源权属、利用方式和保护方法，一直是这类立法的最重要内容。随着中国环境保护专门立法起步，《试行法》对“环境”进行定义，使之脱离原有立法中的“环境卫生”含义，成为与世界环境保护同步的一个独立法律概念；[2]虽然此后环境保护立法中污染防治的内容日益偏重，但其中不乏保护资源和生态系统相关内容。[3] 1992 年联合国环境与发展大会以后，中国开始实施可持续发展战略，各种政策文件中开始出现独立的“生态”概念，并将其与资源、环境同时使用，如“九五”计划要求“加强环境、生态、资源保护”，[4]党的十六届五中全会提出加快建设资源节约型、环境友好型社会，[5]随后制修订的立法中开始出现三者的融合，如 2002 年修订的《水法》，建立“水质水量统一管理、水资源水生态一体保护”的融合理念，节约资源、防治污染、保护生态的内容在一部法律中同时出现。党的十八大以后，环境立法中的资源、

---

〔1〕 参见黎祖交：《关于资源、环境、生态关系的探讨——基于十八大报告的相关表述》，载《林业经济》2013 年第 2 期。

〔2〕 参见李挚萍：《环境法基本法中“环境”定义的考究》，载《政法论丛》2014 年第 3 期。

〔3〕 不仅有如《海洋环境保护法》（1982 年）的综合性环境保护法律在立法目的中强调“保护海洋环境及资源，防止污染损害，保护生态平衡”，同时有如《森林法》（1984 年）、《草原法》（1985 年）、《野生动物保护法》（1988 年）等涉及资源保护的相关立法陆续出台。

〔4〕《中共中央关于制定国民经济和社会发展“九五”计划和 2010 年远景目标的建议》，载《求实》1995 年第 11 期。

〔5〕 参见简新华、叶林：《论中国的“两型社会”建设》，载《学术月刊》2009 年第 3 期。

环境、生态融合趋势更加明显。例如，2017 年修正《水污染防治法》在目的条款中明确写入“保护水生态”；2019 年修订《森林法》确立“保障森林生态安全”“实现人与自然和谐共生”的立法目的；2020 年制定《长江保护法》以专章分别规定资源保护、水污染防治、生态环境修复、绿色发展，形成流域资源、污染防治、生态系统保护三方面逻辑贯通、规范融合的制度体系。可见，现行环境立法实际上已经包括了“资源、环境、生态”三个面向，与作为治国理政方略的“生态文明建设”所针对的“资源约束趋紧、环境污染严重、生态系统退化”三个问题直接对应，成为中国环境法典编纂以何种方法加以统筹并形成体系化法律规范回应生态文明时代需求的重要课题。

理论上，有必要和可能将“生态环境”定义为“影响人类生产、生活、生存及与自然共生的各种天然的和经过人工改造的自然因素，包括但不限于相关要素、空间、功能、服务等所构成的生态系统整体”，明确其所包含的“资源、环境、生态”三种面向及其内容，既为生态环境概念本身赋予确定的法律内涵与外延，也为环境法典编纂确定调整对象范围，更重要的是以明确的法律概念回应生态文明建设国家任务、为环境法典建立时代坐标。

（二）生态环境概念的可持续发展价值展开

从“环境”到“生态环境”的变迁离不开可持续发展的理念感召，而可持续发展内涵的丰富性也为生态环境各个层面赋予了更为深远的价值追求与意旨关联。从 1992 年联合国环境与发展大会正式确立到联合国 2030 年可持续发展议程，可持续发展内涵在多重视角审视下得到深化，逐渐形成了追求“生态—经济—社会”复合系统的高度整合、整体优化、良性运行与协调发展的系统整体发展观。[1] 这个复合系统与生态文明建设所要求的“贯穿于经济、政治、社会和文化建设全过程”的内涵更加契合，也更能体现“绿色发展”理念下的“大环保”格局。生态环境概念“一体三面”在实施可持续发展战略过程中形成，两者基于“保护对

---

〔1〕 参见刘思华：《对建设社会主义生态文明论的再回忆——兼论中国特色社会主义道路“五位一体”总体目标》，载《中国地质大学学报（社会科学版）》2013 年第 5 期。

象—规制目标”呈现结构性耦合：生态环境的三个类型与可持续发展三大目标间的内在一致性，可以为环境法典编纂中通过基本范畴贯彻可持续发展核心价值提供方法路径。

首先，生态环境概念中的“环境”面向，以其“人类—环境”结构指向社会可持续发展。法律规制意义上表征“在不超出支持它的生态系统的承载能力的情况下改善人类生活质量”，[1]针对大气、水、土壤、海洋、噪声、固体废物、放射性物质以及新型污染对于公众健康以及生态系统平衡所造成的巨大威胁，通过控制环境污染改善生活环境、提升生活品质。在环境法典中，可以将“环境”理解为“对人类生存和发展有影响的自然因子的综合”，用以“强调人与自然相互联系、相互依赖和相互作用的整体性，主张人与自然和谐相处，从而实现人类社会的可持续发展”，[2]凸显可持续发展的“以人为本”立场。

其次，生态环境概念中的“生态”面向，以其“生物—生态”结构指向生态可持续发展。在法律规制意义上，表征生态可持续发展是指一种不超越生态系统再生能力的发展，强调保护和加强生态系统的生产和更新能力。[3] 在环境法典中，“生态”涵盖自然要素、生物网络、空间格局、生态过程等因子，可以理解为“人类及万物生灵得以生存、发展、繁衍、进化的必要条件”，[4]用以强调保护自然资源及环境要素所具有的生态服务功能，体现可持续发展的“自然生命共同体”价值取向。

最后，生态环境概念中的“资源”面向，以其“人类—利用”结构指向经济可持续发展。在法律规制意义上，表征“当发展能够保证当代人的福利增加时，也不会使后代人的福利减少”。[5] 在环境法典中，既为“资源”赋予一定的经济意义，使其成为一种可以为人类所利用的自

---

〔1〕 世界自然保护同盟、联合国环境规划署、世界野生生物基金会合编：《保护地球——可持续生存战略》，国家环境保护局外事办公室译，中国环境科学出版社 1992 年版，第 3 页。

〔2〕 王孟本：《“生态环境”概念的起源与内涵》，载《生态学报》2003 年第 9 期。

〔3〕 参见罗慧、霍有光、胡彦华、庞文保：《可持续发展理论综述》，载《西北农林科技大学学报(社会科学版)》2004 年第 1 期。

〔4〕 王如松：《生态环境内涵的回顾与思考》，载《科技术语研究》2005 年第 2 期。

〔5〕 [英]皮尔斯、[英]沃福德：《世界无末日：经济学、环境与可持续发展》，张世秋等译，中国财政经济出版社 1996 年版，第 59 页。

然资产，[1]又通过立法加以保护性限制，推动实现环境资源与生产力之间的相互促进、彼此转化以及协调发展，[2]以体现可持续发展的“人与自然和谐相处”价值目标。

生态环境概念的“一体三面”与可持续发展价值的“社会可持续”“生态可持续”“经济可持续”三个支柱相互融合，使环境法典明确了可持续发展价值目标下的调整范围，为环境法典编纂提供了运用法律关系构建体系化规范的基石。在社会、生态、经济可持续的目标指引下，环境法典编纂需针对环境污染、生态服务功能丧失、资源枯竭三方面的问题，建立污染控制、自然生态保护、绿色低碳发展的系统性法律规范，实现生态环境保护法律制度的体系化。与此同时，在可持续发展核心价值统领下，生态环境不再仅仅是一个涉及环境、资源、生态等事实层面的自然要素集合，而是立法保护对象彼此交互影响、整体关联、共同发展的法律规范目标集合。基于可持续发展的“生态持续是基础，经济持续是条件，社会持续是目的”[3]的内在逻辑，进一步要求法典编纂在保护对象的不同表征之间建立意旨关联，作出“社会持续目的—生态持续基础—经济持续条件”的顺序选择，从而依次展开生态环境的类型，并形成污染控制编、自然生态保护编以及绿色低碳发展编的框架结构顺序。

建设美丽中国、实现中华民族永续发展的新时代国家战略，要求环境法典编纂以更高站位全面反思环境与经济、政治、文化、社会之间的关系，以可持续发展价值激活宪法上的生态环境概念，使之成为“包括人类在内的所有生物的环境”[4]以及人类合理利用和保护自然的环境。生态环境的三个面向与可持续发展三个支柱的契合，一方面具备表征新时代“大环保”格局的“宽泛指代优势”，[5]另一方面具备诠释人与自然关

---

〔1〕参见高吉喜、范小杉：《生态资产概念、特点与研究趋向》，载《环境科学研究》2007年第5期。

〔2〕参见段蕾、康沛竹：《走向社会主义生态文明新时代——论习近平生态文明思想的背景、内涵与意义》，载《科学社会主义》2016年第2期。

〔3〕王全兴、樊启荣：《可持续发展立法初探》，载《法商研究（中南政法学院学报）》1998年第3期。

〔4〕郭晓虹：《“生态”与“环境”的概念与性质》，载《社会科学家》2019年第2期。

〔5〕巩固：《“生态环境”宪法概念解析》，载《吉首大学学报（社会科学版）》2019年第5期。

系“一体三面”的“适度划界优势”，实现从概念融贯到价值融贯的升级，提供了能够满足环境法典编纂以目的价值为统领、以法律关系为体系化工具的方法论。

第三节 理顺环境法典逻辑

在方法论上，民法典编纂通过对“权利客体”的类型化建构法律关系并形成“总—分”逻辑。环境法典编纂既要借用潘德克顿体系，又不能以“权利”为逻辑主线，意味着法律关系理论的“知识公约数”作用发挥，必须与环境法典的价值目标相结合。因此，在界定“生态环境”基石概念的同时，还需进一步运用法律关系理论具体构造法律规范体系，将可持续发展确定的“价值半径”转化为环境法典的调整范围与体系构造，在立法技术上实现适度法典化。也只有通过法律关系理论，将可持续发展的环境与发展综合决策方法加以落实，才能真正实现环境法典的概念融贯、价值融贯、体系融贯。

一、可持续发展方法论指引环境法律关系构造

法学理论上，法律关系并不是全部社会关系，而是根据一定需求撷取部分连续统一的现实生活关系所进行的法律观察。[1] 在环境法典编纂过程中，需要对这些社会关系进行甄别，以可持续发展为判断标准，将那些可能对社会主体环境权益产生影响且频繁出现、比较重要的社会关系纳入调整范围，构造环境法律关系。在这个意义上，法律关系是确定环境法典“适度调整范围”与“适度规范体系”，实现中国环境法典标准适度法典化的最重要工具。作为法学的“知识公约数”，法律关系是近现代法典编纂的重要理论工具，也是民法典潘德克顿体系安排最为重要的技术支持。但环境法典编纂并非“以权利为主线”的法典编纂，而是

〔1〕 参见［德］迪特尔·梅迪库斯：《德国民法总论》，邵建东译，法律出版社2000年版，第51页。

以“可持续发展”核心价值为主线，融贯生态安全、代际公平、公共利益保护等工具性价值的法典编纂。可持续发展本身具有价值理性与工具理性融合的“神形兼备”特征，这意味着在完成生态环境三个面向定位后，还需要对可持续发展本身所蕴含的方法论进行分析，进而发现以环境法律关系实现可持续发展价值预设转化的技术方法。

1992 年联合国环境与发展大会通过《21 世纪议程》，在确立可持续发展理念的同时，就提出了以“环境与发展综合决策”作为实现可持续发展的重要方法。[1] 2000 年发布的《联合国千年宣言》、2015 年第 70 届联合国大会通过的《改变我们的世界——2030 年可持续发展议程》都十分强调运用环境与发展综合决策方法实现相关目标。1994 年发布的《中国 21 世纪议程》明确提出“逐步建立国家可持续发展的政策体系、法律体系，建立促进可持续发展的综合决策机制和协调管理机制”。[2] 2014 年修订的《环境保护法》建立了环境与发展协调机制、统一监管机制、公众参与机制、决策实施机制、责任追究机制，在环境与发展综合决策的立法实现方面取得实质性进展，[3] 为环境法典编纂奠定了立法基础。需要进一步研究的是，如何从方法路径上将环境与发展综合决策方法以法律关系的权利义务构造转化成为制度安排。

1989 年联合国决定召开环境与发展大会，第 44 届联合国大会第 85 次会议通过的《关于召开环境与发展大会的决议》特别指出，实现可持续发展的“办法是在所有国家制定和施行促进持久和无害环境的发展政策，特别强调将环境的问题纳入经济和社会发展的进程，以及制定和施行各个部门的政策”。[4] 其从方法论角度提出了可持续发展的实现路

---

〔1〕 对于联合国《21 世纪议程》中的英文原文“Integration of Environment and Developmentin Decision - making”，可直译为“在决策中把环境与发展综合起来”，但根据中文表达习惯译为“环境与发展综合决策”更能准确表达其含义。参见吕忠梅等：《环境与发展综合决策：可持续发展的法律调控机制》，法律出版社 2009 年版，第 3 页。

〔2〕 《中国 21 世纪议程：中国 21 世纪人口、环境与发展白皮书》，中国环境科学出版社 1994 年版，第 7 页。

〔3〕 参见吕忠梅：《论生态文明建设的综合决策法律机制》，载《中国法学》2014 年第 3 期。

〔4〕 万以诚、万岍选编：《新文明的路标——人类绿色运动史上的经典文献》，吉林人民出版社 2000 年版，第 13 页。

径,也提出了以可持续发展价值目标重构社会关系的要求,需要新的法律关系理论予以回应。

首先,环境与发展综合决策要求制定统筹考虑环境与发展关系的政策,必然带来利益关系的重新调整,需要以法律方式建立新的利益调整规则。人具有自然与社会的双重属性,对于人的生存和发展而言,保护生态环境是利益,发展经济也是利益,社会进步更是利益。任何一种利益的增进都可能影响利益的总和,当某一利益增进而不损害其他利益时,增加总体利益;当某一利益增进引起其他利益损失时,总体利益不一定增加,甚至还可能减少。是否发生利益的增进,必须考虑受损的利益补偿问题。能够得到一定补偿的利益增进是值得的,否则就是不值得的。环境与发展综合决策,在很大程度上就是要进行各种利益的综合平衡与协调。传统法律已分别建立不同利益的单独调整机制,但由于缺乏环境与发展综合决策的考虑,不仅不能用来实现各种利益的综合平衡与协调,而且可能成为利益冲突的制度“之源”。因此,迫切需要建立以系统性、整体性、协调性为特征的新的利益调整规则。

其次,环境与发展综合决策要求统筹环境与发展的多重利益,涉及多个利益主体的不同利益关系,需要以妥当方式将不同主体的利益纳入同一法律调整。人类的总体利益在抽象意义上或理论上完全成立,但在现实生活中,各种利益只能由不同的人群所代表或者享有,不同的利益主体及其结构将直接决定环境与发展综合决策的需求。不同主体会对生态环境优先、社会发展优先还是经济增长优先的问题作出不同回答。换言之,主体多元引发了综合决策的需求,只有将各种不同主体的利益进行统筹协调、综合平衡,才不至于因为剧烈的利益冲突而导致社会动荡,这是环境问题对法律制度的新要求。由于环境与发展利益既涉及眼前利益也涉及长远利益,既涉及个人利益也涉及公共利益,不同主体所代表或享有的利益在传统法律上分属于不同法律部门,难以将不同利益主体的不同利益调整置于同一法律之内,这种状况只有通过构建新的法律关系才能加以改变。

最后,环境与发展综合决策要求以和谐的方式处理经济发展、环境保护、社会进步之间的冲突,需要建立协调与沟通各种利益关系的法律机制。环境与发展综合决策涉及的范围十分广泛,大到对人类未来发展模式的选择,小至对环境友好产品的挑选,本质上是政府或权力机关运用公共权力进行的选择,同时也是综合考虑经济、环境、社会三个子系统不同规模和多目标的选择。但是,经济、环境、社会三个子系统既有和谐的一面,又有冲突的一面。其中经济子系统对环境与社会发展具有巨大的甚至是决定性的影响,利益冲突、社会冲突主要也源于人类经济活动对环境和社会的负面作用。如果冲突不能得到及时消除或缓解,必将对社会稳定运行和发展带来阻碍。在这个意义上,环境与发展综合决策是以和平方法和较小代价缓解冲突的途径。传统法律主要是解决人与人之间因利益关系而产生的某一方面冲突,很少或者不涉及经济、环境、社会三个子系统的多重复杂利益冲突。因此,亟需有能够处理复杂社会关系、解决多重利益冲突的新法律。

环境与发展综合决策作为可持续发展的方法论,无论是制定统筹环境与发展关系的政策,还是统筹环境与发展的多重利益以及以和谐的方式处理三个子系统之间的冲突,都意味着必将产生新的社会关系、形成新的利益格局,必将对传统法律带来冲击和挑战。通过环境法典编纂,对分散的、片段的甚至是矛盾冲突的各种相关法律进行梳理,以可持续发展为价值目标,将环境与发展综合决策过程中涉及的社会关系纳入一部法律进行调整,通过重塑主客体辩证关系、建构多元主体互动关系来形成新的法律关系,是将环境与发展综合决策方法转化为"法言法语"的必由之路。

二、"价值 + 法律关系"的逻辑呈现

人们在社会经济活动中形成的环境社会关系经环境法调整后形成环境法律关系。在这个意义上,环境法律关系与环境法律规范实际上是"一体两面",体现的是将法律规范用于调整社会关系的类型化思路:在外部,通过界定现实社会生活中的环境法律关系属性,决定是否必须适用环境法律规范;在内部,具体的环境法律关系进一步决定必须直接适用的环境法律规范。环境法典编纂,通过"价值 + 法律关系"的方法,具体呈现这种思路:一方面,以总则方式界定社会生活中的环境法律关系

的基本属性，为行为主体是否应该适用环境法律提供依据；另一方面，按照保护对象的不同类型，以分编方式界定环境、生态、资源三个不同面向的法律关系，为行为主体直接适用具体的环境法律规范建立准则。

（一）展开可持续发展价值

环境法典编纂的一个重要方法，是通过法律关系构造将可持续发展目的价值与生态安全、环境公平、公益保障等工具价值以权利义务配置方式予以体现，确立可持续发展立法宗旨，体现环境法律关系的特殊性，落实保障生态安全、环境公平、公共利益的权利义务和职责权限，形成适应“人与自然和谐共生”关系的法律规范体系。

可持续发展为法律关系赋予新的时空观，拓宽了主体间权义责关系的价值取向与规范配置的时空维度，在时间上体现当前利益与未来利益的统一、在空间上体现整体利益与局部利益的统一。[1] 如公平价值从一种即时性价值转变为一种历时性价值，要求环境法律关系在权利义务配置上体现代际之间的公平合理配置；秩序从人与人之间的社会秩序扩张至人与自然的环境秩序，要求环境法律关系侧重于通过公权力的授予及限制来更好保障环境公益；生态安全的提出使安全从传统法律价值体系中的底线性价值成为一种关乎国家长治久安的全方位战略观，要求环境法律关系重视环境风险给人类生存和发展带来巨大威胁，建立健全生态安全风险防范体系。

这些价值必须落实到保持生态平衡、保存自然资源、保护生物多样性等活动中，形成维持人类生存和发展的自然基础的法律规范，要求政府和企业、个人的行为符合可持续发展价值目标。在环境法典编纂中，则应充分体现环境法律关系中主客体的特殊性、重新认识权利义务的对应性，构建适应环境法律关系中主客体关系变化而形成的复杂性权利义务关系，在一定程度上体现人对自然的义务：一是尊重自然规律和生态环境承载能力，合理确定资源利用规模与方式，明确将可持续性作为权益实现与保障的必要限度；二是规定法律关系的发生、变更与消灭必须

---

〔1〕 参见殷庆威、钟新海：《解析可持续发展观的哲学新思维》，载《东方论坛·青岛大学学报》2001 年第 2 期。

受到生态环境条件约束，确立保护优先、风险预防、综合治理、损害担责、公众参与等法律原则，以生态环境属性与规律作为人类行为的前提；三是将法律责任扩展至对生态环境的损害，既规定法律关系主体间的损害责任，也规定对生态环境损害应承担的责任，保护新型法律关系等。

（二）构建现代环境治理体系

在环境法典编纂中，按照环境与发展综合决策要求，合理构造隶属型环境法律关系与平权型法律关系，[1]体现环境法律关系由国家意志与个体意志混合支配的本质，形成“权力—责任”“权利—义务”的立体结构，建立“权力—权利”的沟通协调机制，推动实现环境治理体系和治理能力现代化。

环境与发展综合决策本质上是公共决策，需要由国家权力机关、执行机关采取积极行动。但生态环境保护仅仅依靠政府“大权独揽”不可能成功，必须有全社会的广泛参与。在环境法典编纂中，应充分体现环境社会关系的主体广泛性、主体间关系互动性特征，明确党政、企业、公众等主体的职责权限及权利义务，综合运用行政监管、市场激励、公众参与等法律措施，为构建“党委领导、政府主导、企业主体、社会组织和公众共同参与的现代环境治理体系”[2]提供法律依据。

从法律关系主体的角度，建立以合作治理为核心的现代环境治理体系，须进一步厘清环境法律关系中各类主体的角色定位及多元参与、良性互动的合作关系，健全生态环境监管体制，明确谁来管、管什么、怎么管等问题，同时围绕党政、企业、公众完善相关主体的权利义务规范。[3] 从环境法律关系的内容看，应准确把握权利与权力在环境治理中的深层次法理联结，以权力行使是为了更好促进权利实现、权利限制与权力制约离不开相应义务与责任的配置逻辑，实现公法规范与私法规范的有序协调。一方面，明确各级政府的生态环境管理职责，将生

〔1〕 参见宋方青主编：《法理学》，厦门大学出版社2007年版，第99～100页。

〔2〕 《中共中央办公厅　国务院办公厅印发〈关于构建现代环境治理体系的指导意见〉》，载《中华人民共和国国务院公报》2020年第8号。

〔3〕 参见陈海嵩：《生态环境治理体系的规范构造与法典化表达》，载《苏州大学学报（法学版）》2021年第4期。

态环境保护纳入社会经济发展相关决策，不断完善公众参与、信息公开等制度设计，确保公众在环境治理中享有知情、参与及表达、监督等合法权益。另一方面，强化环境共治主体的义务与责任：对政府，完善有权必有责、有责必担当、失责必追究的权责一体化制约机制；对企业，综合运用行政规制与市场规制手段促使企业严格履行生态环境保护义务；对公民，通过环境教育、文化宣传等方式引导公民在日常生活中自觉遵守一般环保义务。同时，也要重视利用私法规范，明确个人、集体环境权益，建立激励机制，动员全社会在行使民事权利时保护生态环境；进一步完善权利救济机制，整合生态环境责任制度体系，确保行政及司法救济顺畅。

（三）界定具体环境法律关系

在环境法典编纂中，将可持续发展确立的价值体系通过多元主体间的权利义务构造转化为法律规范，最终呈现为以一定逻辑结构为外观的具体环境法律关系。这就需要立足于环境法律关系客体的类型，借鉴潘德克顿体系，按照“总则—分编”结构，构建具体的环境法律关系。总则采取“提取公因式”方式规定环境法典的一般规则，重点在于宣示立法目的、调整范围、基本原则，规定有关主体间职权、权利与义务配置及其组织方式形成生态环境治理体系，对生态环境监管体制以及党委政府、企业、公众等治理主体的职权、权利、义务作出一般性规定，既为环境法律关系主体行为提供基本依据，也为各分编具体细化并落实权利义务规范提供基本指引。分则部分根据生态环境的环境、生态、资源三重内涵，将环境法律关系类型化为污染控制、自然生态保护和绿色低碳发展三类具体规范，提升环境法典的统一性、体系性、可适用性，妥善解决现行环境立法的矛盾冲突及交叉重复问题。

污染控制法律关系力求在生态系统承载力的范围内改善人类生活质量，实现社会可持续发展，坚持“人民中心”立场，以保障公众健康为规范重心，对现行污染防治相关立法进行系统性整合。一是以一般规定确立“保障公众健康”价值取向，规定污染控制原则、基本制度、监管体制及控制标准。二是结合污染性质及其对人类健康的影响，合理区分环境污染类型并建立相应控制标准；同时高度关注新型污染物质控制。三是重点构建风险预防制度体系，完善行政法律责任，保障环境质量满足人民群众对美好生活环境的新向往、新需求。

自然生态保护法律关系以实现生态可持续发展为旨趣，围绕资源及环境所具有的生态属性，构建以空间保护为核心的权利义务规范体系，为经济社会的可持续发展守住自然生态安全边界。一是通过原则、权属条款等一般规定确认生态环境的内在价值，明确“山水林田湖草沙”统筹治理、综合保护目标，规定自然生态保护监管体制与监管职责；二是建立生态要素和生态区域的管理、利用、保护及修复等方面相关制度；三是重点构建以生态空间管理、生态区域保护、生物多样性保护为核心的制度体系，明确主体职责权限、权利义务，完善执法机制，保障生态安全满足中华民族永续发展需求。

绿色低碳发展法律关系旨在面向生态环境的资源属性，通过提高社会经济活动中资源、能源开发利用的效率与公平，确保国家能源安全，推动实现经济可持续发展，以“绿水青山就是金山银山”为指引，促进资源开发利用与生态承载力相协调，实现以低碳发展、减污降碳为目标的职责权限、权利义务规范配置。具体而言，一是以一般条款确立节约资源能源、绿色低碳发展、循环利用原则，建立相应监管体制机制；二是倡导性、激励性规范与强制性、约束性规范相结合，促进生产方式与生活方式的绿色转变；三是确认“碳达峰、碳中和”措施，建立气候变化应对及国际合作等领域的基本制度，转化和衔接国际法上的国家义务，为共建地球生命共同体贡献中国智慧、中国力量。

第九章　中国环境法典编纂的类型化方法

环境法典编纂的旨趣在于,通过对环境法规范的识别和提取、解释和补充,形成一部符合法治要求的体系化法律文本。环境法典编纂的方法论研究需要多个角度和多种工具,类型化思维为环境法典编纂将视线转向法律规范提供了一种新的方法。从环境法典编纂研究角度看,重点是确立从现行立法和执法司法案例中提取出具有约束力和支配力的有效规范的判断标准及其解释和体系化的方法,澄清概念范畴、弥补法律漏洞并消除规范之间的矛盾和冲突,设计出能够被法律共同体理解和掌握的统一法律体系方案,从而使环境法典编纂研究的视角转向"规范"。与传统法律不同,环境法具有明显的跨部门、法律政策化与政策法律化交织、技术法律化与法律技术化交融等特征,规范形式更加多元和复杂,如何将公私法结合、政策措施和科技标准嵌套的各种规范,通过类型化构造形成有机统一的体系,增强环境法的可实施性,在形式上将法体系与其他社会治理体系相互区分,减少或缓和纷繁复杂、层出不穷的生态环境保护问题对实定法秩序的冲击,也是环境法典编纂的难点所在。

第一节　环境法典编纂需要方法论

习近平总书记指出:"民法典为其他领域立法法典化提供了很好的范例,要总结编纂民法典的经验,适时推动条件成熟的立法领域法典编纂工作。”[1]纵观民法典编纂过程,其中一条重要的经验是以制定一部“体例科学、结构严谨、规范合理、内容协调一致的法典”[2]为追求,这当然也是环境法典编纂的重要目标。实现环境法律规范体系化的前提是对现行环境法律规范的现状有充分的认识。这种认识关涉理论与实践两个方面:从理论层面看,需要检视既有法律规范理论和环境法学者的类型化研究能否为环境法典编纂提供足够的理论支持;从实践层面看,需要检视环境立法实践中的法律规范类型化程度与法典化需求的距离。

一、反思环境法研究

经过40多年的努力,环境法学理论研究取得了丰硕的成果,为推进环境法治建设贡献了智慧和力量。但认真检视现有研究成果,环境法方法论一直是明显短板。一方面是环境法实践强烈的问题对策型需求,导致研究者更多关注现实而紧迫的环境污染、生态破坏等问题,注重提出应对性方案,较少从方法论角度认识问题并展开研究,缺乏方法论自觉;另一方面是环境法的跨学科属性,法律问题与科学问题聚合、社会矛盾与自然变化交织,导致难以运用某一学科方法论或者单一方法进行所有研究,环境法学方法论研究本身的难度更大。补齐方法论研究的短板,不可能一蹴而就。面对环境法典编纂的实际需求,可以从环境法律规范类型化入手,渐次解决法典编纂的技术方法问题。

(一)环境法律规范的溢出效应

首先,在法学理论上,法律规范是社会规范的一种,不同于技术规范。其次,作为社会规范的一种,法律规范是一般行为规则,具有普遍适用、反复适用、强制适用的特性。按照不同标准,可以将法律规范划分为不同类型:从法律体系角度,根据法律规范的不同属性,分为公法规范、

---

[1] 习近平:《坚定不移走中国特色社会主义法治道路 为全面建设社会主义现代化国家提供有力法治保障》,载《求是》2021年第5期。

[2] 李建国:《关于〈中华人民共和国民法总则(草案)〉的说明——2017年3月8日在第十二届全国人民代表大会第五次会议上》,载《中华人民共和国全国人民代表大会常务委员会公报》2017年第2号。

私法规范;根据法律部门划分标准,分为刑法规范、民法规范、行政法规范、诉讼法规范等。[1] 从法律制定和解释角度,可以按照法律规范的行为调整模式,分为授权性规范、义务性规范和禁止性规范;按照法律规范强制性的程度,可以分为强制性规范和任意性规范;按照法律规范内容的确定性程度,可以分为确定性规范、委任性规范和准用性规范;按照法律规范所调整的行为是否可能发生在该规则之前,可以分为调整性规范和构成性规范;等等。[2]

但是,当我们把这些理论运用于环境法时,却因环境法明显的跨领域、跨法域、跨部门特性,产生了巨大的"溢出"效应。

第一,在基本属性上,法律规范理论对社会规范与技术规范的区分及其定位,滞后于环境法实践发展。最初,法律上认为技术规范不具有法律规范的属性。[3] 在当今科学技术迅猛发展,人类进入风险社会的时代背景下,技术规范在人类社会生活中发挥着越来越重要的作用,法律上将遵守技术规范确定为法律义务,从而使其进入法律规范的行列,承认了技术规范与法律规范既有区别又密切联系的关系。[4] 但在环境法上,技术规范不仅仅是具体的义务内容,而且可能成为权利的具体内容,如环境法规定的人们享有健康、美好环境权利或权益,"健康、美好"显然需要技术规范加以明确。环境法作为典型的"技术法律化和法律技术化"法学领域,对法律上的技术规范及其功能定位提出了挑战。

第二,在法律体系上,以"公法—私法"二元结构以及部门法理论为基础的法律规范类型,难以概括环境立法发展实践。过去,以"国家—市民社会"二元结构为基础,划分公法与私法,并按照调整对象和调整方法将法律规范区分为刑法、民法、行政法、诉讼法等不同部门法律规范。随着法律社会化进程,开始出现公私法律规范混合和跨部门法律规范趋

---

〔1〕 参见吕忠梅主编:《环境法原理》(第2版),复旦大学出版社2017年版,第124~125页。
〔2〕 参见张文显:《对法律规范的再认识》,载《吉林大学社会科学学报》1987年第6期。
〔3〕 在早期法学认知中,规范分为社会规范与技术规范,而法律规范则属于社会规范。参见张志铭:《法律规范三论》,载《中国法学》1990年第6期。
〔4〕 参见文松山:《再论技术法规与强制性标准》,载《中国标准化》1996年第4期。

势，一些传统法律部门也开始变得不再“纯粹”。[1] 环境法为应对环境问题而采取了综合立法模式和多种调整方法，跨越“公私二分”、超越部门分隔，呈现出法律规范无法归属于任何一种法律规范类型，甚至难以纳入法律体系的状况。最典型的莫过于在中国现行法律体系中，环境立法分属于行政法、经济法两个子体系，划分标准十分模糊，一些法律的归类也令人困惑。例如，将《野生动物保护法》归于经济法类，是因为国家将野生动物作为自然资源对待，从而制定了一部以“保护”为名的野生动物开发利用法。[2] 环境法作为“领域性”法律，对法律规范的体系属性及其划分标准提出了挑战。

第三，在环境立法体系内部，现有的分类规范，不能为准确识别和提取、解释和补充形成以体系化为目标的法典编纂提供充足的理论支撑。客观而言，法理学上的法律规范分类标准及其类型，对于完善环境立法技术尤其是法律规范语言，具有重要意义。但也因为环境法所具有的“政策法”“促进法”“二次调整法”[3]等不同于传统法律的特性，环境法律规范的不确定性大大增强，且与传统部门法规范相互嵌套且经常出现“转介”“引致”情况。例如，环境法上的“环境”“生态”“流域”等范畴难以按照法律概念的定义方法予以确定，[4]《清洁生产促进法》《循环经济促进法》等法律与相关政策关系密切；又如，《民法典》中的系列绿色条款，与环境法之间“剪不断，理还乱”。[5] 环境法作为典型的具有“政策

---

〔1〕 例如，公私法融合背景下出现了所谓的“公法性民事规范”。参见郭明瑞、于宏伟：《论公法与私法的划分及其对我国民法的启示》，载《环球法律评论》2006 年第 4 期。

〔2〕 2020 年 2 月 24 日，全国人大常委会审议通过《关于全面禁止非法野生动物交易、革除滥食野生动物陋习、切实保障人民群众生命健康安全的决定》，相较于现行《野生动物保护法》中“有重要生态、科学、社会价值”的“三有”动物而言，扩大了“野生动物”的保护范围。参见吕忠梅、陈真亮：《〈野生动物保护法〉再修订：背景、争点与建议》，载《生物多样性》2020 年第 5 期。

〔3〕 参见吕忠梅：《环境法回归路在何方？——关于环境法与传统部门法关系的再思考》，载《清华法学》2018 年第 5 期。

〔4〕 参见巩固：《“生态环境”宪法概念解析》，载《吉首大学学报（社会科学版）》2019 年第 5 期；吕忠梅：《关于制定〈长江保护法〉的法理思考》，载《东方法学》2020 年第 2 期。

〔5〕 参见吕忠梅：《民法典绿色条款的类型化构造及与环境法典的衔接》，载《行政法学研究》2022 年第 2 期。

法律化和法律政策化"法律领域，对一般意义上的规范分类方法及标准提出了挑战。

种种问题表明，法理学以概念化思维为主的法律规范及其一般分类理论，难以为以体系化为目标的环境法典编纂提供必要的方法工具，迫切需要引进新的思维方法，实现理论创新。

（二）环境法研究的类型化思维短缺

类型化思维作为一种弥补抽象概念式思维的新方法，由韦伯首先引入社会学，随后耶利内克将其引入一般国家学。拉德布鲁赫将类型化方法引入法学，创造了一种不同于概念法学的研究方法。这种方法经由恩吉施、考夫曼、拉伦茨等学者的发展，在法学基础理论与部门法研究中都得到了运用。[1] 拉伦茨认为概念与类型的区别在于，概念可以被定义，而类型不能进行定义，只能进行描述。[2] 换言之，概念可以通过定义被确定，但对定义的严格要素要求不适用于类型，类型并非视其是否包含该类型通常具备的全部因素，而是看这些典型因素在数量及强度上的结合程度。因此，"类型"作为一种更为开放、更具有包容性的思维和界定事务的方法，[3]适用于法律解释和立法领域。对于前者，主要是运用类型化思维方法，将法学中不能用"概念"加以定义和表征的社会事实和规范内容，用类型加以描述和概括，使得法律规范解释更加具有包容性和开放性，提升法律规范的适用效能。对于后者，主要是将类型化思维与法学分类方法相结合，通过建立一定的价值判断标准，对社会事实或规范内容进行分类，用于设计类型化的规则，以增强法律规范的有效性和针对性。这种对法律规范进行类型化研究的方法，对于立法中的规范配置具有重要的体系建构意义。

类型化思维作为规范法学的重要研究方法，自 20 世纪 90 年代开始在中国被接受，学者们将其运用到法学基础理论与部门法研究中，从不

---

〔1〕 参见罗猛：《对我国刑法"类型化"不足之思考》，载《国家检察官学院学报》2010 年第 6 期。

〔2〕 参见［德］卡尔·拉伦茨：《法学方法论》，陈爱娥译，商务印书馆 2003 年版，第 100 页。

〔3〕 参见马荣春：《刑法类型化思维的概念与边界》，载《政治与法律》2014 年第 1 期。

同角度对既有法学理论开始反思与重构,并取得了不少成果。[1] 从民法典编纂过程中,我们也可以看到类型与体系化的密切关系,甚至可以说,类型是法典编纂的基础,[2]其意义可见一斑。

以此反观环境法学研究,运用类型化方法的成果很少。有学者从一般法理分类角度,对环境法律规范进行分类,如根据环境法律规范的表现形式,分为宪法规范、行政法规范、民法规范、刑法规范、诉讼法规范、技术规范;根据权利义务产生的原因,分为强行性规范与任意性规范。[3] 还有学者的研究涉及环境倡导性规范或政策性规范。[4] 这些研究至多可谓有类型化意识,但并未真正使用类型化思维方法,更未对环境法律规范进行以系统化为目的的类型化研究。

二、增强环境法典编纂方法论自觉

现状表明:一方面,环境立法迅速发展对传统概念法学的法律规范分类方法提出巨大挑战,迫切需要理论创新;另一方面,环境法学研究缺乏方法论自觉,对可能为环境法提供理论创新的方法论"视而不见",暴露出"对策型"环境法学基础理论研究不足的明显短板。从某种程度上讲,环境立法实践中存在的体系性不强、协调性不足、实效性不彰等问题,与环境法学理论研究供给不能满足社会生活对环境法律规范的需求有一定关系。因此,欲通过环境法典编纂实现环境立法体系化目标,切实增强环境法律的可实施性,首先必须解决环境法律规范的类型问题。我们必须清醒地看到:环境法典所追求的体系化,应当由体现规范秩序的外部体系与践行价值理念的内部体系共同构成。而无论是作为构建外部体系的规则还是体现内部体系的原则,最终都需要以规范的形式加

---

〔1〕 参见吴晓:《论类型化方法对宪法学研究的意义》,载《政法学刊》2006 年第 1 期;刘士国:《类型化与民法解释》,载《法学研究》2006 年第 6 期;张守文:《经济法中的法理及其类型化》,载《法制与社会发展》2020 年第 3 期;杜宇:《刑法规范的形成机理——以"类型"建构为视角》,载《法商研究》2010 年第 1 期;王铁:《法律规范类型区分理论的比较与评析》,载《比较法研究》2017 年第 5 期。

〔2〕 参见王铁:《民法典的规范类型及其配置关系》,载《清华法学》2014 年第 6 期。

〔3〕 参见吕忠梅主编:《环境法原理》(第 2 版),复旦大学出版社 2017 年版,第 125 页。

〔4〕 参见李艳芳:《"促进型立法"研究》,载《法学评论》2005 年第 3 期。

以呈现，才可能付诸实践。因此，环境法典编纂的主要内容是环境法规范的有机集合，具体表现为不同属性的环境法律规范基于一定的环境立法内在价值而形成逻辑自洽的规则秩序。在这个意义上，只有解决了环境法律规范的类型化问题，才可能真正建立环境法典的逻辑体系和规范体系，类型化由此成为环境法典编纂不可或缺的方法论。

在环境法典编纂过程中引入类型化思维方法，并不能立即提出完整的环境法律规范类型化方案，只是为了推动环境法典编纂研究从“应该编纂”的意义论证走向“如何编纂”的方法论证。在这个意义上，环境法典编纂方法论研究不应仅限于类型化思维，还需在更大范围内回答“如何获得法律所体现的价值共识”以及“如何将价值预设转化为法律形式”等立法方法论的全部问题。[1] 中国民法典编纂的成功经验之一，是在继承潘德克顿体系的基础上结合中国国情进行理念创新、制度创新，构建以权利为逻辑主线、以法律关系为“知识公约数”的民事法律规范体系，实现了价值共识与法律形式的有机结合。在方法论上，民法典编纂通过对“权利客体”的类型化区分不同属性的法律关系并展开逻辑建构。环境法典的“领域性”性质定位决定了其不可能是纯粹的“权利法”。这意味着“总结编纂民法典的经验，适时推动条件成熟的立法领域法典编纂工作”，[2] 并非简单照抄照搬民法典编纂方法，而是需要深入研究民法典编纂方法论，发现可供环境法典借鉴的编纂规律。这就需要我们不断增强方法论自觉，为环境法典编纂开辟新路径。“工欲善其事，必先利其器。”环境法典编纂是一项前无古人的创新性工作，没有科学的方法论支撑，创新则如“水中望月”。在研究方法上下功夫，增强理论创新方法论自觉，是中国环境法典编纂过程中补短板、强弱项的重中之重。只有建立科学的环境法典编纂方法论，才可能找到环境法典编纂过程中的真问题、准确判断和分析这些问题并提出解决问题的有效方

---

〔1〕 参见朱志昊：《从价值预设到法律形式：立法方法论基础初探》，载《河南大学学报（社会科学版）》2011 年第 4 期。

〔2〕 习近平：《坚定不移走中国特色社会主义法治道路 为全面建设社会主义现代化国家提供有力法治保障》，载《求是》2021 年第 5 期。

案,实现环境法典编纂目标。

第二节　类型化思维的方法论意义

环境法典编纂面对的是30多部专门环境立法、100多部行政法规、1000多部地方性法规及其众多的生态文明体制改革政策;与此同时,还要面对我国民法典、刑法、民事诉讼法、行政诉讼法等法律中的绿色民法条款、绿色刑法条款、绿色诉讼法条款。在环境法典编纂研究中,学者们提出了“先平移,后剔除”的工作思路[1]并进行了大量的工作,形成了《生态环境法典专家建议稿(草案)》。但在环境法典条文起草过程中,大家深切地感受到了“平移”好做,“剔除”困难。如前所述,与传统概念式思维的归纳式、抽象化不同,类型化思维是对具有法律意义的个别现象进行归纳、提炼,即共性抽象,从而作出一定归类,进而又将此归类在共性范围内予以个别解释或运用的认识思维。[2] 这种思维具有明显的双向性、开放性、结构性等特征,将其引入环境法典编纂研究中,可以从方法论上较好地解决环境法典编纂中所面临的概念化思维难以解决的问题。

一、实现环境法典既“编”又“纂”目标

类型化思维具有明显的“双向性”,在环境法典编纂中引入类型化方法,可以较好解决环境法典继承与创新的关系,实现既“编”又“纂”的目标。

---

〔1〕 针对中国环境法体系广义性和法源广泛性,有学者提出“从广义环境保护理念和分类规制特征提取公因规则和有所为有所不为的方法”,对构成我国环境法体系范畴内的法律作出取舍。参见汪劲:《论中国环境法典框架体系的构建和创新——以中国民法典框架体系为鉴》,载《当代法学》2021年第6期。

〔2〕 参见马荣春:《刑法类型化思维:一种“基本的”刑法方法论》,载《法治研究》2013年第12期。

（一）类型化思维的"双向性"

类型与概念在思维方式上具有明显不同。概念式思维是一种将所欲描述的对象特征予以穷尽提炼和罗列的思考方式，具有以"归纳"和"周延"为特征的"抽象性"。[1] 在法学研究中，概念化是我们努力达成的目标，但很难成功，原因在于"抽象"概念的过程也是社会现象的丰富性、变动性不断被抽离而丢失的过程，会导致概念产生后因张力缺乏而不能把握事务过渡之处的纷繁，因封闭而无法适应时代变迁而不断增加新的社会生活内容的开放性需求。在这种情况下，学者们引入了以弥补概念式思维不足的类型化思维，作为新的方法论。学者们认识到，概念式思维与类型化思维的区别是明显的：概念式思维呈现断裂性，类型化思维体现结构性；概念式思维具有择一性，类型化思维彰显层级性；概念式思维强调形式性，类型化思维凸显意义性；概念式思维意味封闭性，类型化思维蕴含开放性；概念式思维表征抽象性，类型化思维标志具象性；概念式思维要求精确性，类型化思维回应模糊性。[2]

但是，类型化思维并非排斥概念，而是为概念与类型建立一种相互补充、相互支持的关系。考夫曼指出，概念还是类型并不能以牺牲二者之一的方式来决定，概念没有类型是空洞的，类型没有概念是盲目的。[3] 在法学研究中，概念与类型并不能够完全相互取代：一方面，概念离不开类型，概念一旦脱离类型，就会陷入抽象与空洞，甚至得出荒唐的结论；另一方面，类型也离不开概念，类型如果失去概念统领，就会失去目的与方向，甚至成为"一麻袋土豆"[4]。这意味着类型化是一个双向的、开放性思维过程，需要我们把握其在概念与类型之间的循环运动，[5]运用好两者之间的功能互补、作用协同优势，更准确地把握社会

---

〔1〕 参见[日]好川哲人：《概念式思考》，张小苑译，东方出版社 2018 年版，第 53 ~ 67 页。

〔2〕 参见杜宇：《"类型"作为刑法上之独立思维形式——兼及概念思维的反思与定位》，载《刑事法评论》2010 年第 1 期。

〔3〕 参见[德] 亚图·考夫曼：《类推与"事物本质"——兼论类型理论》，吴从周译，台北，学林文化事业有限公司 1999 年版，第 119 页。

〔4〕 孙宪忠：《论民法典贯彻体系性科学逻辑的几个要点》，载《东方法学》2020 年第 4 期。

〔5〕 参见杜宇：《"类型"作为刑法上之独立思维形式——兼及概念思维的反思与定位》，载《刑事法评论》2010 年第 1 期。

生活现象并将其纳入法律规范。

(二)环境法典编纂中概念与规范的双向互动

一般意义上,概念与类型的关系可以在法律从制定到实施的过程中完整地呈现。对立法者而言,立法者只有以社会生活中形成的经验类型为蓝本,通过对类型的描述并提炼成为规范,才能实现以立法调整和规制社会生活的目的;但类型本身具有不确定性、模糊性,难以满足法律规范的准确性、清晰性进而实现可预测性的要求,因此,立法在逻辑结构与外在表现上,都必须借助概念的明确性与封闭性加以完成。正如考夫曼所言,在制定法的建构上,抽象概念具有较大的重要性,因为它给予制定法建构之形式,并且担保了法律之安定性。[1] 换言之,立法是一种不断"从类型迈向概念"的过程,在这里,类型具有概念的先导性作用。一旦法律制定完成,实现了类型的概念化之后,法律实施过程中则呈现出"反其道而行之"的过程,面对千变万化、千奇百怪的个案,概念的抽象、封闭会常常不敷使用,需要通过执法者、司法者透过概念,不断地去探求隐藏在概念背后的法律规范类型,进而回溯至社会生活本身,这实际上是通过概念开放为类型而不断"从概念迈向类型"的过程。在这里,我们可以清楚地看到概念与类型的区别与联系及其辩证关系。从类型迈向概念、再从概念迈向类型,是"一个永无止境的过程"[2]。

环境法典编纂作为一种特殊的立法形式,既要对已有立法进行梳理识别,又要根据社会生活的变迁进行补充完善。因此,将类型化思维的双向性运用到环境法典编纂上,需要完成"从概念到类型""从类型到概念"的双重任务:一方面是对作为法典编纂基础的已有法律进行解释,通过探寻法律条文含义的方式将已有法律概念逆向回溯至生活类型,经由"法律概念—规范类型—生活类型"的过程,将符合一定要求的由生活事实提炼的法律规范纳入,将不符合要求的法律规范剔除,完成"先平

---

〔1〕 参见[德]亚图·考夫曼:《类推与"事物本质"——兼论类型理论》,吴从周译,台北,学林文化事业有限公司1999年版,第117页。

〔2〕 [德]亚图·考夫曼:《类推与"事物本质"——兼论类型理论》,吴从周译,台北,学林文化事业有限公司1999年版,第121页。

移、后剔除”。另一方面,需要根据社会经济生活的发展变化,发现因生态环境保护新发展、新要求产生的新生活事实与生活类型,在提炼共性特征、要素的基础上加工形成相应的规范类型,然后尽可能地对规范类型进行抽象与封闭,进而形成法律概念,经由“生活类型—规范类型—法律概念”的方式,在环境法典中加以固定,实现既“编”又“纂”的目标。

二、缓解环境法规范的不确定性难题

类型化思维具有鲜明的开放性,在环境法典编纂中引入类型化思维,可以较好解决环境法强烈的科学技术性以及风险社会所带来的不确定性难题,为在环境法典中“安放”自然提供方法路径。

(一)类型化思维的开放性

与概念式思维强调“非此即彼”的“分类”思维不同,类型化思维较为具体,且呈现出开放性、流动性和极大的弹性,是一种“或多或少”的“归类”思维。在概念式思维中,构成概念的各种特征不可或缺并具有同等重要性,而类型化思维注重特征构成的整体形象,不仅各特征的重要性是相对的,而且相互之间的关系并不要求同等。或者说,类型并无固定的特征,而是在各种不同特征组合之中呈现出“弹性的标记结构”,只要可以体现同一意义,就可归于一个类型。[1] 这种思维对于在环境法典编纂中处理不确定问题具有重要价值。

虽然类型与概念一样,都是要素的集合体,但概念要求所有的要素都具备完全相同的特征,是一种“集合填充式”的思维方式,注重要素的简单相加,而不关注要素之间的整体性联系。而在对类型的判断中,重要的不是个别特征的逐一吻合。在不同的情形下,个别事物在某一要素上特征性体现不足甚至是完全欠缺,都不至于影响将其归于某一类型;但是,类型是一种“要素间相互协作”的思维方式,强调要素之间的弹性组合关系,在不同的情形下,部分要素减弱或者欠缺的同时,其他要素可能不断加强,由此演化出要素间的不同组合方式,形成要素与要素之间

---

〔1〕 参见闫军:《概念与类型法律思维之比较》,载《广西政法管理干部学院学报》2009 年第 2 期。

紧密结合的整体。[1]

从逻辑涵摄关系上看，概念式思维强调"非此即彼"，而类型化思维则关注"或多或少"。在概念式思维下，对象与概念的关系只有两种可能性：要么是对象完全彻底地满足所有特征而可以将其涵摄于特定概念之下，要么是对象的任何一个特征无法满足便完全彻底地被排除在该概念之外。质言之，在概念的词典中没有"类似性"，这是一种典型的"单值逻辑"。这种"非黑即白"的传统逻辑思维，试图在事物之间划出明确界限，却忽略了社会生活存在的"从黑到白"的中间地带或者流动性，并不能准确完整地把握事实经验。与之相反，类型化思维强调不同强度的层级性，有助于弥补概念式思维的不足，帮助我们认识社会生活的流动性所呈现的复杂状态。在层级性视野下，对象不仅有具备或者不具备某种要素的可能，而且有不同要素以"多或少"的程度归于某一对象的可能；同时，根据不同要素所呈现的强弱程度，还可进一步发现对象之间形成的某种次序性状态。由此，类型化思维呈现一种"或多或少"的逻辑涵摄模式，是一种比较意义上的判断，需要考察的是某一对象在何种程度上具备某特定要素，能在何种程度上归入某一类型，它承认在"黑"与"白"之外还存在程度不同的大片灰色空间。[2]

（二）环境法典编纂中对不确定性的减缓

类型化这种注重要素之间的意义关联及其层级性的开放式思维方法对于环境法典编纂至关重要。环境法作为人类进入风险社会后产生的新型法律，较之于传统法律，最大的挑战在于形成满足概念式思维所要求的法律概念。这种现象的背后是环境法调整对象涉及"人类社会—生态环境"构成的巨大复杂系统，社会关系呈现"人—自然—人"的特殊性，不仅人类社会生活的方方面面都与生态环境直接相关，而且生态系统的运行也会对人类社会生活产生巨大的影响。当今世界上发生的洪

---

〔1〕 参见杜宇：《"类型"作为刑法上之独立思维形式——兼及概念思维的反思与定位》，载《刑事法评论》2010 年第 1 期。

〔2〕 参见杜宇：《"类型"作为刑法上之独立思维形式——兼及概念思维的反思与定位》，载《刑事法评论》2010 年第 1 期。

水、虫灾等，很难说是纯粹的“天灾”；而人群中出现的公害病、人畜共患传染病，也不能完全归因于“人祸”。这既是人作为自然的组成部分，在不断地与环境进行物质交换、能量流动、信息传递的结果，也是人作为社会性生物，在以自然作为劳动对象创造文明的过程中，在不断拓展对生态环境的影响规模和程度的同时又被生态环境不断反作用的结果。人类远远没有实现“认识你自己”的目标，对于生于斯长于斯的自然也同样还有太多“未解之谜”。诸多的不确定性导致环境法虽然竭尽全力也无法形成完全满足概念式思维的“要素集合体”式概念，反而出现了如“环境”“生态”“流域”等开放式词汇以及法律与科学相互嵌套的定义方法，法律政策化和政策法律化、法律技术化与技术法律化等中间地带。环境法典编纂必须正视这些现象，运用类型化思维弥补难以完全概念化的不足，对于能够满足概念要求的社会生活事实，尽可能完成“从类型到概念”的构造；而对于尚处于不确定状态的社会生活事实，则容许人们在有限的认知水平下，充满信心而又审慎地探索无限丰富而且变化万千的“人与自然和谐共生”之道，以类型化方式纳入法律调整，不至于使大量的关涉生态环境的社会生活事实被排斥在法律规制之外。

三、完成环境法规范的体系化设计

类型化思维具有显著的价值归依性，在环境法典编纂中引入类型化思维，可以借助其以价值取向决定类型建构与思维方式的特性，展开以可持续发展为核心价值的逻辑主线。

（一）类型化思维的价值归依性

类型化思维在“类似”意义上理解对象与类型、对象与对象之间的关系，这不同于概念式思维的只有“完全相同”与“完全不同”两种可能。一个对象是否能够被归入类型，需要考察其与类型是否具有“整体形象”上的类似性，如果偏离“整体形象”太远，则不被归入类型。如前所述，类型不可被定义且没有明确的边界，但这并不意味着类型的形成没有判断标准。人们在观察社会生活并形成规范时，总是在一定的评价观点指导下归纳反复出现的事物的共同特征，因此，各种类型的背后总隐含着一定的价值取向,这种客观化的价值就是类型的核心,也是类型化思维的归类依据。因此,与概念式思维不同,类型化思维以价值为归类依据的价值导向型思考方式,是“在事物中,以灵智的慧眼穿过外表之相而把握到‘事物本然之理’”[1]的事物本质性思维。

因为类型并非要素的固定组合,在事物能否归属于类型的问题上,必须解决两个问题:一是维系不同要素的类型弹性组合状态的关键是什么,或者说是什么使得不同的要素组合形态能够在观念上归于“同一类型”。二是什么是决定类型归属的终局性标准?特别是现象之间呈现流动、过渡状态无法提供区分固定界限时,什么使得“对象是否归属于类型”的判断仍然得以可能。实际上,这是一枚硬币的两面。对此,拉伦茨认为:“具体案件事实是否属此类型,并非仅视其是否包含该类型通常具备之全部因素。毋宁取决于:这些‘典型’的因素在数量及强度上的结合程度,是否足以使该案件事实‘整体看来’符合类型的形象表现……类型不仅是个别要素的积累,毋宁是个别特征结合所构成的‘整体形象’。”但是,“整体形象”并不能完全解决“类似性”的根基问题。拉伦茨进一步指出:“立法者在型构类型时,必须考虑拟赋予的法律效果以及由此而给出的价值判断。”[2]因此,在事物存在多重意义的前提下,评价观点在类型建构中有着关键性的作用。这种评价观点实际上是一种价值取向,正是在一定的价值取向指引下,不同的对象才能超越其形式上的差异而形成为统一的整体并谋求某种层次上的连接。实际上,讨论构成“整体形象”的终局标准,必须回溯至“主导类型构建的价值观点”[3]这一本源;或者说是价值观点决定了一个类型的类似性。

(二)环境法典编纂的逻辑展开

值得注意的是,概念建构的过程同样是在一定价值目标下进行的要素抽象和提炼。但是,概念一旦形成,对概念的适用一般不再考虑

[1] 林立:《法学方法论与德沃金》,中国政法大学出版社2002版,第137~138页。

[2] [德]卡尔·拉伦茨:《法学方法论》,陈爱娥译,商务印书馆2003年版,第100页。

[3] 杜宇:《基于类型思维的刑法解释的实践功能》,载《中外法学》2016年第5期。

价值观点,而是考察概念的要素是否完全具备。正因如此,概念式思维可能出现的机械、僵化饱受诟病。[1] 而在类型化思维中,无论是类型的构建还是类型的运用,价值取向始终居于主导地位。因为在类型化思维下,对象能否归属于特定类型并不取决于要素是否具备,而是对象是否符合类型的"整体形象",价值取向作为主导类型构建的关键,是"整体形象"得以维持的基础。由此,在类型的适用中,要素作为评价观点形式的、暂时的固化,更重要的是判断对象是否能够保持价值的一致性。在价值取向面前,要素、要素的语义都不构成有约束力的标准。[2]

这种以价值取向决定类型构建及其适用的思维方式,对于环境法典编纂具有至关重要的方法论意义。我们知道,环境法是应对环境问题爆发带来的各种社会问题而产生的综合性法律,其所基于的社会生活图景是"污染和破坏环境"的各种情形。其中,因生产行为而污染和破坏环境构成最主要的情形,人们日常生活、一般消费行为也可能造成污染和破坏环境;同时,公共决策行为、政府管理行为同样可能造成污染和破坏环境;这些不同的行为可能造成对他人财产权、人身权的侵害,也可能造成对他人环境权益的损害,还可能造成对公共利益的损害、对后代人利益的损害。因此,环境法典编纂难以找到某种单独的、完全能够代表客观评价的概念式特征,只能通过"可持续发展"这个价值理念构建类型和逻辑。此时,尽管不同主体及其行为在形式上呈现纷繁复杂的差异性,但可以将这些形式上的差别置于次要地位,将重点放在获得一个关于保护范围的一致性并形成层次性次序,使所有的对象能够在"可持续发展"这一价值取向上得以连接。

---

〔1〕 参见[德] 汉斯 - 彼得 · 哈佛坎普:《概念法学》,纪海龙译,载《比较法研究》2012 年第 5 期。

〔2〕 参见杜宇:《"类型"作为刑法上之独立思维形式——兼及概念思维的反思与定位》,载《刑事法评论》2010 年第 1 期。

第三节　环境法典规范的体系性建构

如前所述,在环境法典编纂中引入类型化思维,旨在运用类型化思维的双向性、开放性、价值归依性等优势,作为概念式思维的补充,共同解决环境法典编纂面临的困难和问题。从环境法典编纂的需求出发,类型化思维能够为环境法典规范的实质体系与形式体系建构提供技术方法,促进环境法典编纂实现从价值预设到法律形式的转化。

一、环境法典规范的实质体系建构

在前期,我们通过对外国环境法典的比较研究和对中国民法典编纂经验的分析,总结出环境法典不可能采用民法典以形式理性为追求、以概念为主要工具的编纂理念,应以追求实质理性为目标、以价值为逻辑主线完成环境法律规范的体系化。以价值为核心编纂的环境法典可以较好地克服以概念为工具的僵化和封闭、切断规范背后的价值判断和意义联系等缺点,彰显出历史性与开放性、体系层次性、整体性等优势,而单纯的价值判断及其体现的原则难以提供具体的可操作规则,因此还必须回到概念,以界定基石概念的方式展开法律关系。但是,这依然没有解决价值与概念如何具体连接的问题,在价值的原则性与概念的事实描述性之间,需要架设桥梁予以疏通。正是在这个意义上,类型化思维以其把握社会生活事实、彰显具体事实与价值联系的优势,[1]可以作为环境法律规范体系化的重要工具,发挥在价值与概念之间的桥梁纽带作用,通过构建类型体系,实现环境法典规范的实质体系化目标。

(一)确立可持续发展价值统领环境法典规范体系

环境法律规范具有不同于传统法律的明显特性:首先,环境法律规范以应对环境问题造成的人类生存和发展危机、构建"人与自然和谐共

---

〔1〕 参见杜宇:《刑法体系构建的三种思路——兼论"类型"的体系形成功能》,载《浙江社会科学》2009年第7期。

生”的治理体系为使命,以保护环境公共利益为主要目的,调整广泛复杂的人类利益关系,[1]衡平时代间利益,保护人类的“环境权”与生态世界的“自然的权利”。[2] 其次,环境法律规范“需要利用科学和技术以预测和调整人类环境利用行为所导致人与人、人与自然之间的不良后果,并直接依据自然规律确立行为模式和法律后果模式”,[3]技术性规范是环境法律规范不可或缺的重要组成部分。最后,环境法律规范以解决和应对生态环境问题为目标,综合运用传统部门法的法律手段和其他手段,是一种跨传统部门法的、综合性的规范形态。

面对如此纷繁复杂的环境法律规范,环境法典编纂首要的工作是建立一定的识别标准并予以归类,通过价值引领建构规范类型体系。目前,学术界已达成以可持续发展作为环境法典核心价值的共识,进一步的工作是以类型化思维具体展开可持续发展价值,以发挥其深入具体事物并形成体系,使环境法律规范形散而神聚的功能。

自 1992 年可持续发展正式确立以来,联合国和多个国际组织为人类和地球建设一个具有包容性、可持续性和韧性的未来作出了积极努力。2015 年,联合国所有成员一致通过了包括无贫穷、零饥饿、良好健康与福祉、优质教育、性别平等、清洁饮水与卫生设施、经济适用的清洁能源、体面工作和经济增长、产业创新和基础设施、减少不平等、可持续城市和社区、可持续消费和生产、气候行动、海洋资源保护和可持续利用、陆地生态系统和生物多样性保护、和平正义与强大机构、促进目标实现的全球伙伴关系等 17 项可持续发展目标,并同意将其作为 2030 年可持续发展议程的组成部分。[4]

应该看到,这 17 项指标是针对世界各国的不平衡状况,本着“一个都不能少”的原则所提出的重点行动方案,并非可持续发展的完整内容。

---

〔1〕 参见李启家:《环境法领域利益冲突的识别与衡平》,载《法学评论》2015 年第 6 期。

〔2〕 参见汪劲:《环境法律的理念与价值追求:环境立法目的论》,法律出版社 2000 年版,第 237 页。

〔3〕 汪劲:《环境法学》(第 4 版),北京大学出版社 2018 年版,第 23 页。

〔4〕 参见联合国官网(https://sdgs.un.org/zh/2030agenda)发布的《改变我们的世界——2030 年可持续发展议程》。

作为环境法典核心价值的可持续发展，并不具体指向这17项指标。环境法典确认的可持续发展是一种推动人类社会走向未来的全新发展理念，从推动自然资源和生态系统的综合和可持续管理、促进人类健康生存和发展的角度，指导环境法典塑造"人—自然—人"之间的新型法律关系，构建政府、企业、社会、公民等多元共治体制机制，促进经济社会发展模式的绿色变革，追求自然承载能力范围内的社会经济繁荣，实现"人与自然和谐共生"的现代化国家目标。

这一核心价值不仅是环境法典的目的性价值，对生态安全、环境公平、公益保护等工具性价值具有基础作用，而且对于可持续发展在环境法典中围绕可持续发展的三大核心要素——经济增长、社会包容和环境保护构建法律规范类型体系，形成以控制环境污染保障社会可持续、以自然生态保护促进环境可持续、以绿色低碳发展实现经济可持续的具体法律规范具有统领作用。申言之，可持续发展核心价值只有具体展开为保障公众健康、保护生态环境、促进绿色转型等价值，才能实现环境法典的类型体系构建。

（二）明确生态环境概念支撑环境法典规范体系

以环境立法体系化为目标的环境法典编纂，其主要内容应当涵盖现行以及未来的环境法律规范。除宪法中有关环境保护的规范以外，现行的环境法律规范存在于四类法律文本中：一是综合性环境保护法律，如《环境保护法》《环境影响评价法》等；二是生态环境保护的专门性法律，如《水污染防治法》《大气污染防治法》等；三是自然资源、能源专门立法，如《森林法》《可再生能源法》等；四是各传统部门法，如《民法典》中的绿色条款、《刑法》中有关环境资源犯罪的规定等。一般认为，各种法律中的环境法律条款，都应作为环境法律规范的内容，纳入环境法典。但这种设想会遇到两个实际问题：一是除专门的环境保护立法之外，广泛存在于资源能源立法以及部门法中的环境法律规范，内容上是否与环境立法目的相一致，需要重新鉴别和解释，并非所有与环境保护有关的规范都当然应该纳入环境法典；二是已经在形式上隶属于其他立法体系的环境法律规范，简单纳入环境法典可能既不利于整个法律体系的融贯性，也不利于环境法律规范发挥应有作用。

出现环境法律规范存在于不同法律之中的重要原因,既有法律社会化运动带来的法律体系内部公私融合趋势,也有环境法自身因应对环境问题而生的历史背景。[1] 人类活动导致环境问题出现,但很难分清这种活动是民事行为还是行政行为,很多时候也无法区分是一人多次行为还是多人一次行为,以这种情况复杂、性质模糊的社会生活场景为素材形成的法律规范必然多样。此外,环境问题可能出现在人类活动的所有领域和过程中,在不同法律领域中增加环境保护规制也是预防和控制环境问题之必需。因此,将所有的环境法律规范统统纳入环境法典既没有可能,也没有必要。这也是目前学术界对环境法典编纂达成适度法典化共识的主要原因。[2]

达成适度法典化共识,还需进一步明确何谓"适度"。一个可行的方法是,通过明确法律规范的调整范围来为"适度"勘定边界,进而在一定价值统领下构建适度的环境法律关系。我们知道,环境法的调整范围取决于法律关系客体或者保护对象。因为作为环境法保护对象的"环境","指代相对于中心事物而言的外部要素集合",界定这个概念,可以让我们围绕人类生存展开对"环境问题"的识别与应对,[3] 构建相应的环境法律规范。

目前,在我国相关立法中,环境保护的对象有宪法上的"生态环境"和环境保护法上的"环境"[4] 两种不同表达。在方法论意义上,"环境"因其"简单概括 + 列举"方式而难以满足环境法治实践发展的需要,而"生态环境"经过法律界定,可以使其在具备宪法基础优势的同时,成为与生态文明时代环境治理体系现代化要求相契合的法律概念,体现环境、资源、生态"三位一体"的内涵与外延,为法典编纂进行类型化构造

---

〔1〕 参见[美]理查德·拉撒路斯:《环境法的形成》,庄汉译,中国社会科学出版社 2017 年版,第 2 页。

〔2〕 参见张梓太:《论我国环境法法典化的基本路径与模式》,载《现代法学》2008 年第 4 期;吕忠梅:《中国环境立法法典化模式选择及其展开》,载《东方法学》2021 年第 6 期。

〔3〕 参见巩固:《"生态环境"宪法概念解析》,载《吉首大学学报(社会科学版)》2019 年第 5 期。

〔4〕 《环境保护法》第 2 条规定,本法所称环境,是指影响人类生存和发展的各种天然的和经过人工改造的自然因素的总体,包括大气、水、海洋、土地、矿藏、森林、草原、湿地、野生生物、自然遗迹、人文遗迹、自然保护区、风景名胜区、城市和乡村等。

提供思路与方法。

（三）沟通价值与概念展开环境法典类型体系

自然环境是人类生存和发展的基本条件，人类一切活动都离不开环境，也都可能成为与环境有关的社会生活场景，因此，无法单纯以是否与环境保护有关来判断某一素材能否被纳入环境法律规范。实际上，人们在社会经济活动中因从事与环境有关的活动而形成的环境社会关系广泛而复杂，并不是所有的环境社会关系都需要也可以纳入环境法律规范的范围。[1] 在这个意义上，有必要在确立可持续发展价值目标以及界定生态环境概念的基础上，继续以类型化思维在价值与概念间建立沟通管道，为建构环境法典类型体系形成具体环境法律规范。

在确立可持续发展核心价值和界定生态环境概念的过程中，我们可以发现，可持续发展的经济增长、社会包容和环境保护三大核心支柱与生态环境概念的环境、资源、生态“三位一体”具有很高的契合性，不仅能够为环境法典总则规范提供非常好的价值指引、概念表达、原则归纳、体制构建基础，而且能够为环境法典分编的展开提供类型化思路。从法律规范类型的角度，可将其展开为污染控制类规范、自然生态保护类规范、绿色低碳发展类规范，分别对应可持续发展价值的社会可持续、环境可持续、经济可持续，以及对应生态环境概念的环境、生态、资源三个核心要素。

污染控制类规范以保障公众健康为具体价值取向，体现可持续发展的终极追求是为了促进人的全面自由发展，贯彻风险预防原则，表征环境法典以人民为中心的法治立场，因此置于法典类型体系之首。鉴于我国污染防治类立法不仅数量较多，而且各环境要素都有立法覆盖，但规范重复率高、矛盾冲突较多、与打赢污染攻坚战的要求不相适应的现状，法典编纂的重点在于根据可持续发展价值和环境的概念在对现行污染防治规范进行识别的基础上，按照环境污染行为对公众健康的影响和环境损害程度进行规范重新归类；与此同时，对尚不能纳入污染概念的新

---

〔1〕 参见吕忠梅：《环境法回归 路在何方？——关于环境法与传统部门法关系的再思考》，载《清华法学》2018 年第 5 期。

型污染物质或者具有多重属性的与污染相关行为建立"整体形象"，提出是否能够纳入污染控制规范具体方案。

自然生态保护类规范以保护生态系统平衡为具体价值取向，体现可持续发展的基本条件是环境与资源的可持续供给，贯彻环境法典保护优先、生态恢复优先的原则。鉴于目前我国自然生态环境类立法情况相对复杂，既有在自然资源立法中的相关规范，也有区域流域立法中的相关规范，还有一些立法短板尚待补齐，且价值目标、规制方式、规范重心存在较大差异，法典编纂的重点在于根据可持续发展价值目标和生态的概念在对散在的规范进行识别的基础上，做出重新解释，按照自然资源开发利用行为对生态系统的影响和需要对自然提供特别保护的程度进行规范重新归类；与此同时，对与污染或应对气候变化有关的行为建立"整体形象"，提出妥善处理的具体方案。

绿色低碳发展类规范以促进自然承载能力之内的经济发展为具体价值取向，体现可持续发展的基础是经济的高质量发展，贯彻环境法典协调发展、综合治理原则。鉴于目前我国能源及应对气候变化的相关立法不多，已有立法大多不以保护生态环境为直接目的，且涉及国际应对气候变化谈判等复杂因素，法典编纂的重点在于根据可持续发展价值目标审视现有法律规范并进行归类，按照生产及消费活动可能带来的不利环境影响建立"整体形象"，为重新界定"资源""能源"等概念提供基础素材。

二、环境法典规范的形式体系建构

法律体系化包括内在的价值体系和外在的规则体系，拉伦茨将抽象的"概念"作为外部规则体系的主要基石，将"类型"作为补充。如果借鉴民法典"形式的一致性、内在的一致性、逻辑上的自足性和内容上的全面性"[1]的编纂经验，我们提出以价值目标为统领的实质体系建构方案，只是解决了内在一致性和逻辑自足性的部分问题；接下来，还必须继

---

〔1〕 王利明：《民法典体系研究》(第2版)，中国人民大学出版社2012年版，第11页。

续运用类型化的思考方法，探讨环境法律规范的形式理性特征，提出满足《立法法》基本要求的法律规范配置方案，实现环境法典的形式体系化目标。

（一）描述环境法律规范的“整体形象”

环境法律规范因应对和解决生态环境问题而产生，随着生态环境问题的演变过程和人们对环境问题的认知不断深化而逐渐形成，对于这种具有明显的问题导向特征并且可能经常变化的法律规范，在建立价值判断标准的同时，还需要通过描述环境法规范的“整体形象”，为法典编纂提供形式识别标准。

首先，环境法律规范以宪法为依据，体现“人与自然生命共同体”理念，以保护生态系统整体性为归宿。2018 年通过的《宪法修正案》，形成了由《宪法》序言的生态文明条款与第 26、89 条等核心内容共同构成的宪法环境条款，这个“部门法的宪法化”[1]成果，应当成为识别环境法律规范的宪法依据。党的十九大报告指出，“建设生态文明是中华民族永续发展的千年大计”。生态文明与可持续发展实际上构成了国家治理手段与价值目标的关系。在这个意义上，生态文明是对环境法价值的手段性表述，我们可以通过分析具体的法律条款来发现其内涵，从而识别其是否属于环境法律规范。从环境立法现状看，多个单行立法对宪法环境条款有所遵循但也包括其他内容，需要具体把握。例如，《森林法》第 1 条[2]规定的立法目的中涉及“保障森林生态安全”目的，并且在具体制度设计中，安排了保护森林生态系统的制度内容。这些相关法律规范能否纳入以及如何纳入环境法典编纂视野中的环境法律规范，值得深入研究。

其次，环境法律规范以满足生态环境治理体系和治理能力现代化需求为方向，能够为生态环境执法、司法、守法提供行为规则。环境法在历

---

〔1〕 张翔：《环境宪法的新发展及其规范阐释》，载《法学家》2018 年第 3 期。

〔2〕 《森林法》第 1 条规定，为了践行绿水青山就是金山银山理念，保护、培育和合理利用森林资源，加快国土绿化，保障森林生态安全，建设生态文明，实现人与自然和谐共生，制定本法。

史发展过程中，调整对象不断丰富拓展、调整方法不断改进更新，并且新的调整方法和手段往往先由政策确立然后为单行法或综合法所吸纳，具有明显的政策法律化痕迹。但无论立法的调整范围如何扩大、调整方法和手段如何更新，其始终围绕提升环境治理体系和治理能力现代化，构建“党委领导、政府主导、企业主体、社会组织和公众共同参与”[1]的环境治理多元化体系展开。为此，现行环境立法和生态文明体制改革措施都在努力为生态环境执法、司法、守法提供不同程度的准则，但由于缺乏体系性设计，带来了诸多问题。因此，需要根据对生态环境治理体系和治理能力现代化的需求，对相关法律规范和生态文明体制改革、环境资源司法专门化实践进行全面梳理，通过类型化建构，使得环境法律规范能够促进“人与自然和谐共生”发展，充分保护人民环境权益、提升全社会生态环境文化素质，呈现环境法典科学化的客观良法特性。[2] 比如，对于生态文明体制改革中十分有效的生态环境督察、党政同责制度，环境司法实践中的生态环境损害惩罚性赔偿判决，在环境法典编纂过程中，需要认真对待。

最后，环境法律规范以可实施性、可操作性为归依，在追求对执法、司法和守法活动有明确指引的同时，保留执法和司法的裁量空间，具有一定的开放性。任何法律都以确定性为基本追求，环境法典也必须将法律规范的可预测性置于重要考量，以降低守法、执法和司法成本，有利于形成自觉守法氛围，减少法律实施偏离立法目的风险，从根本上提升环境法律规范的可实施性。但是，环境法与人类对自然的认知程度密切相关，对因人类科学理性有限而带来的环境风险必须保持高度的警惕与审慎，允许环境法律规范保持一定的灵活性，预留模糊地带同样是为了环境法律规范的更好实施、更好操作。因此，在追求确定性的同时，适度保留原则性规范、倡导性规范、例外规范，同时适度扩大技术性规范法律化范围、提升规划的实施效能，有利于环境法典

---

〔1〕《中共中央办公厅　国务院办公厅印发〈关于构建现代环境治理体系的指导意见〉》，载《中华人民共和国国务院公报》2020年第8号。

〔2〕参见余向阳：《论法律的科学性和法治》，载《求索》2015年第8期。

更好适用于不同的社会生活场景，增强环境法律规范对风险时代社会现实的适应性，从而在社会治理整体效能层次上提升环境法的可实施性。这就需要认真分析保持灵活性才能取得更理想实施效果的领域，将相关法律规范纳入环境法典视野。比如，国土空间规划、生物多样性指标、新型污染物质控制标准等，在环境法典编纂视野下，必须理性识别。

(二)环境法律规范的重新归类

从形式上看，法律规范大都以群体的方式存在，纵览古今中外的法律，只有单一法律而无单一法律规范。因为一部法律、一个法律规范之所以能够发挥约束人们行为的作用，是因为存在不同的法律规范群的组合。一旦一个法律规范或一部法律不属于任何一个法律体系，它的存在就有问题。或者这个法律规范可以存在，但效力也会大打折扣。因此，法律规范的存在是一种“群体性存在”。[1] 实际上，环境法律规范也是如此，这种群体性的存在使得我们可以对其根据不同标准进行形式性归类，并与传统法理学上的分类进行一定衔接。

第一，根据环境法律规范所服务的法典编纂目的，可以将环境法律规范归为管理性规范、裁判性规范。根据全国人大常委会立法计划，环境法典编纂研究被定位于“行政立法领域的法典编纂工作”，[2] 实际上是在一定程度上确认了环境法典的行政部门法属性，虽然这个定位在理论上有待商榷，但其所表达的环境立法主要是以行政规制方法履行国家环境保护职责、实现国家目标的本质属性没有问题。各国生态环境保护立法以及环境法典编纂的现状也呈现出鲜明的行政规制特色。因此，环境法典中的法律规范大多可归于以行政授权规范、行政程序规范形式表现出来的管理性规范。但是，环境法典也必须为环境司法提供相应的规则，尤其是针对大量的环境行政行为亦应建立相应救济措施，为此，环境法典中也有不少以强制性规范、任意性规范、诉讼程序规范形式表现出

[1] 吴玉章：《论法律体系》，载《中外法学》2017 年第 5 期。

[2] 《全国人大常委会 2021 年度立法工作计划》，载中国人大网 2021 年 4 月 21 日，http://www.npc.gov.cn/npc/c30834/202104/1968af4c85c246069ef3e8ab36f58d0c.shtml。

来的裁判性规范。

第二,根据环境法律规范所保护的利益,可以将环境法典中的法律规范归为保护人利益的法律规范、保护自然的法律规范和兼具保护人的利益和自然的法律规范。[1] 环境法典作为“人与自然生命共同体”规则体系,既要调整人与人之间在环境资源利用中的利益关系,也要赋予自然一定的主体性,[2]并保护动物、保护生态系统的服务功能及其空间、要素等。据此,环境法典中的法律规范可以在“生态环境”的概念下,大部分为保护人的利益(包括个人利益与公共利益、当代人利益与后代人利益)的法律规范,如公民环境权保护规范;也有一些专门保护自然环境(包括保护环境要素、动物、生态服务功能、生态空间)的法律规范,如流域保护规范、野生动物保护规范、荒野保护规范等;还有一些兼具保护人的利益和自然的法律规范,如生物安全保护规范、核安全管理规范等。

第三,根据环境法律规范的构成内容,可以将环境法典中的法律规范归为纯粹法律规范和法律化的技术规范。[3] 环境法典首先是“法律家族”成员,其法律属性决定了主要规范内容为概念法学意义上的法律规范;但是,环境法典中也有不少不属于概念法学意义上的非法律规范。环境法典的“人与自然生命共同体”规则以调整“人—自然—人”的关系为基础,其对人的自然属性认知和对自然规律的认知对于法律规则的建立及其实施具有至关重要的作用。环境法虽然只能调整人与人之间的社会关系,但目的在于通过促进人与人的和谐相处达至人与自然和谐共生,各种科学指标、技术标准、评价方法等成为环境法识别和管控环境风险、控制污染和破坏、改善环境质量、维护生态平衡的科学基础甚至为判断标准。因此,环境法典中必然包括大量的经由法律认可的技术规范。

第四,根据环境法律规范与传统部门法的关系,可以将环境法典中的法律规范归为普通环境法律规范与特别环境法律规范。环境法具有跨法域、跨部门的二次调整法属性,与传统法律部门有着千丝万缕的联

---

[1] 参见刘长兴主编:《环境法体系化研究》,法律出版社 2021 年版,第 218 页。

[2] 参见吕忠梅:《环境法律关系特性探究》,载《环境法评论》2018 年第 1 期。

[3] 参见刘长兴主编:《环境法体系化研究》,法律出版社 2021 年版,第 218 页。

系，一些环境法律规范脱胎于传统法律规范，一些环境法律规范是对传统法律规范的延拓。同时，环境立法的适度法典化模式，也决定了将有一些环境法律规范被留在法典之外。因此，可以对环境法典中的法律规范做进一步分类。其中，普通环境法律规范指归于环境法典内的专门环境法律规范，包括体现为调整平等主体关系、行政管理关系、刑事处罚关系的环境民事、行政、刑事法律规范；特别环境法律规范指环境法典之外的法律规范，包括未纳入环境法典的生态环境专门立法、民法典、行政法、刑法、诉讼法中的环境法律规范。

（三）环境法律规范类型的立法配置

运用类型化思维对环境法律规范重新归类，很大程度上是为了提出新的环境法律规范配置方案，解决当前环境立法存在的“共时碎片化”与“历时碎片化”问题，并且缓解两者之间的张力，实现环境立法的体系融贯。

首先，根据环境法典编纂定位，解决管理性规范、裁判性规范的立法配置是环境法律规范形式体系化的首要问题。我国目前的生态环境立法虽然以行政规制为主的特色十分鲜明，但部门主导立法的现实是导致环境法律规范矛盾冲突与断裂空白并存的直接原因。这种状况一方面使得环境法律规范大量依靠行政手段加以实施，多元共治的环境治理体系和治理能力现代化提升困难，另一方面在极大加重国家治理成本的同时导致社会治理机制瘫痪。因此，必须在重视行政规制手段的同时，建立更加高效的社会动员机制。其表现在环境法律规范上，就是改善管理性规范和裁判性规范的配置：一方面，增加兼具管理及裁判规范，适当减少纯粹授权性规范，尽可能在授权的同时细化义务并针对违反义务行为设置相应的法律责任；另一方面，尽可能明确纯粹行为规范的程序性规则和行政救济措施。〔1〕

其次，根据保护利益的不同，合理配置保护人的利益、保护自然和兼具保护人的利益和自然的法律规范，也是环境法典编纂必须解决的重大

〔1〕 参见刘长兴主编：《环境法体系化研究》，法律出版社 2021 年版，第 223 页。

问题。从现行环境立法情况看，污染防治类立法相对完整但缺乏“以保护公众健康为核心”的价值理念，自然资源类立法大多尚未真正贯彻“生态保护优先”原则，绿色低碳发展类立法基本处于倡导性的促进法阶段，其中生物多样性保护、生态功能区保护、生态系统服务功能保护、应对气候变化等立法存在明显短板。因此，环境法典编纂要在完成环境法律规范的价值体系重塑的基础上，加强以保障环境健康为目的的风险预防类污染控制规范、体现生态保护优先原则的自然保护规范、绿色低碳发展的实体性规范供给。同时，应在环境法典中建立环境权规则体系，对实体性环境权、程序性环境权作出明确规定，为保护公共利益、后代人利益、保护自然提供系统性法律依据。

再次，根据环境法律规范的构成内容，妥善处理纯粹法律规范和法律化的技术规范的关系，也是环境法典编纂必须认真对待的关键问题。法律化的技术规范对于环境法实施的重要性毋庸置疑，目前环境立法中技术规范量大面广也是不争的事实；但是，纯粹环境法律规范与法律化的技术规范配置的合理性令人担忧。法律化的技术规范法律效力如何、何种技术规范应该法律化以及法律化到什么程度、环境技术规范与传统标准化意义上的技术规范有何区别与联系、法律化的技术规范与纯粹的法律规范以及纯粹的技术规范之间如何衔接……一系列问题有待在环境法典编纂过程中加以解决。因此，环境法典编纂应对这些问题作出回应，明确规定法律化技术规范的环境法属性、法律化技术规范的效力体系、技术规范法律化的判断标准、法律化技术规范对纯粹法律规范实施的功能定位、法律化技术规范与纯粹技术规范在法律适用中的衔接方式等，为管理性规范、裁判性规范的落实提供有效技术支持。

最后，根据环境法律规范与传统部门法的关系，重新定位普通环境法律规范与特别环境法律规范，理顺环境法典与单项环境立法、传统部门法之间的关系，实现法律体系的整体融贯，是环境法典编纂不可回避的“大格局”问题。随着生态文明建设的推进，我国传统法律部门的“绿色化”步伐加快，传统部门法中出现“绿色规范”已经成为常态；与此同时，经过 40 多年的发展，环境立法在“嫁接”传统法律规范的过程中，也在不断的理论创新过程中完善专门“绿色规范”，使得这些新规范呈现更加鲜明的环境法特征。因此,在环境法典编纂过程中,应重新认识生态文明时代环境法与传统部门法的关系,一方面,加大专门环境法律规范从立法实践类型走向"概念"的研究,尽可能对专门法律规范予以明确界定;与此同时,处理好环境法典与单项环境立法的关系。另一方面,正视环境法典与传统部门法互为"特别规范"的现实,运用合理的立法技术,实现环境法典与传统部门法的有机衔接。比如,《民法典》中的绿色规则体系基本上为不完全规范,包括了融合性条款、限制性条款、激励性条款、救济性条款、扩展性条款等多种类型,需要以实现生态环境"共治"为目标建立衔接机制,在环境法典中设置相关规则完成与民法典整体的沟通与协调。[1]

---

〔1〕 参见吕忠梅:《民法典绿色条款的类型化构造及与环境法典的衔接》,载《行政法学研究》2022 年第 2 期。

结语：中国环境法典编纂建议

党的二十大报告在“坚持全面依法治国，推进法治中国建设”部分，明确提出了“统筹立改废释纂，增强立法系统性、整体性、协同性、时效性”的重要要求。继2021年及2022年，全国人大常委会在立法工作计划和常委会工作报告中对启动环境法典编纂研究工作和推进法典编纂工作进行部署之后，2023年，环境法典编纂不仅被纳入十四届全国人大常委会立法规划一类项目，而且我国正式启动了环境法典编纂工作。[1]这充分表明，当代中国，有习近平生态文明思想和习近平法治思想奠定坚实政治基础，有“建设人与自然和谐共生的现代化”的时代呼唤，有优化完善现行生态环保法律体系的内在动力，有长期的环境法学理论研究成果的积累与支撑，环境法典的编纂条件已经成熟。在中国法学会环境资源法学研究会“环境法典编纂研究课题组”前期研究的基础上，本书就中国环境法典编纂的逻辑架构、主要内容和重点问题等提出构想。[2]

第一节 环境法典编纂的理论基础

法典是由政治家决策、由法学家论证的产物，体现了政治生态、民意

〔1〕 参见《十四届全国人大常委会立法规划》，载中国人大网，http://www.npc.gov.cn/npc/c2/c30834/202309/t20230908_431613.html。

〔2〕 感谢课题组成员北京大学法学院汪劲教授、华侨大学法学院刘超教授、北京大学法学院巩固研究员、中南财经政法大学法学院张忠民教授、中国人民大学法学院竺效教授对中国环境法典编纂构想的研究贡献。

基础、法治实践、法学理论的有机结合。当今中国,如何通过编纂环境法典,促进和保障建设美丽中国目标的实现,既是政治之问,也是时代之问,还是实践之问,更是理论之问。对这些问题的回答,是环境法学者的历史使命与责任担当,也是启动环境法典编纂的前提。

一、“人与自然和谐共生”法哲学基础

环境法典编纂作为环境立法的最高形式,本质是在一定哲学观念指引下的环境法规范体系化。环境法以解决环境问题对人类生存和发展的严峻挑战为使命,建立在超越“主客二分”传统法哲学的基础之上。中国的环境法典应秉持何种人类观、自然观并设定与之相适应的人性标准,是法典编纂的法哲学基础。

(一)环境法典中的“人”

以环境法的视角观察,“人”既是地球生态系统中的一个生物种群,也是社会生活中的个体,我们的身体属于自然世界、思维属于文明世界,具有自然与社会属性。人类文明发展过程中产生的法律,体现人类控制自身的自然属性的本质,形成了与黄色文明相适应的“道德人”〔1〕与黑色文明相适应的“经济人”〔2〕假设。近代以来的法律以“经济人”为人性标准,将人抽象为社会平均人,未将人对环境的影响纳入利益考量,鼓励不可持续的生存与发展方式。面对日益严重的环境问题,20世纪中叶,世界范围内在对工业文明时代人性假设进行反思的基础上,将生态理性纳入“经济人”内涵,形成新的“生态理性经济人”,既将良好生态环境和生活环境等纳入“经济人”的利益目标,也对“经济人”的行为进行生态理性约束。这也是环境法典的人性标准假定。

(二)环境法典中的“自然”

传统法律从对人的经济有用性角度,将“资源”或“有用要素”作为

---

〔1〕 参见[美]乔治·萨拜因:《政治学说史·民族国家》(上),[美]托马斯·索尔森修订,邓正来译,上海人民出版社2015年版,第353~355页。

〔2〕 参见[德]古斯塔夫·拉德布鲁赫:《法律上的人》(1927年),载[德]古斯塔夫·拉德布鲁赫:《法律智慧警句集》,舒国滢译,中国法制出版社2001年版,第145页。

权利客体加以保护，那些无法直接产生经济效用的自然并不在法律视野之内，这是“经济人”思维的必然结果。在“生态理性经济人”看来，水、土、森林等自然要素与经济价值相联系的是“资源”；为人类提供生存空间和外部条件的是“环境”；生物与生境之间的相互关系是“生态”。三者均为人类生存发展所必需的自然条件，资源体现“经济功能”，环境体现“受纳功能”，生态体现自然之间的“有机联系”和“协同进化”，三者密切联系且在一定条件下可以相互转化，[1]并非传统法律意义上的客体。

（三）环境法典中的“人与自然关系”

传统法律基于西方哲学中区分肉体与灵魂而形成的精神、物质二元论，以人作为万物的尺度，形成人与自然“主客二分”的法律理念及其法律制度。环境问题在西方爆发后，人们意识到必须重新认识人与自然的关系，寻找人与自然的不同相处方式，产生了“与人类生存与发展的自然环境攸关的世界观和方法论”——环境哲学，[2]提出了寻求人与自然和谐共处的“可持续发展观”。[3]

中国进入生态文明时代，习近平总书记运用马克思主义世界观和方法论，汲取中华民族“天人合一”“道法自然”的优秀生态文化基因，提出“人与自然是生命共同体”“良好生态环境是最普惠的民生福祉”“绿水青山就是金山银山”等重要论断，强调通过恢复自然活力、肯定自然价值，真正地实现人的价值，为“可持续发展观”贡献了东方智慧。[4] 这种对人与自然关系在新高度上的辩证统一认识，是环境法典构建法律关系的人类观、自然观、文明观基础。

---

〔1〕 参见黎祖交：《关于资源、环境、生态关系的探讨——基于十八大报告的相关表述》，载《林业经济》2013 年第 2 期。

〔2〕 参见王正平：《环境哲学：环境伦理的跨学科研究》（第 2 版），上海教育出版社 2014 年版，第 20 页。

〔3〕 参见世界环境与发展委员会：《我们共同的未来》，王之佳等译，吉林人民出版社 1997 年版，第 5 页。

〔4〕 潘家华：《新时代生态文明建设的战略认知、发展范式和战略举措》，载《东岳论丛》2018 年第 3 期。

二、环境法典是“领域型”法典

2021 年,全国人大常委会立法工作计划将环境法典归于“行政立法领域”的法典编纂,为生态环境立法的重新“定位”提供了契机,也为将现存于行政法、经济法等法律部门中的生态环境立法“归位”提供了途径。

目前,生态环境立法在中国特色社会主义法律体系中无独立地位,主要“寄生”于行政法、经济法等部门。但在近十年来法治实践中,领导人重要讲话和法治建设相关文件中明确提出要加强包括“生态文明”在内的“重点领域”立法。立法机关也正是按照加强“重点领域”立法的要求,制定了生态环境领域的立法规划并快速推进。

事实上,这是人类文明进步过程中,随着经济、政治、社会、文化、生态等问题出现交叉性、整合性和动态性,运用“领域性学科”思维,对综合、复杂和更具公共价值的新型法律需求进行具体回应,形成了不同于“部门型立法”的新分类。环境法作为典型的“领域型立法”,由生态环境问题束集聚而成,其超越“主客二分”哲学的“生命共同体”理念和“人与自然和谐共生”视角难以嵌入传统法律话语,不应将其纳入已有部门法分类和既定框架,也不能再“寄生”于行政法、经济法等部门法之中。

环境法是在各部门法无力完全应对现代生态环境问题的情况下产生的新兴法律,为实现“人与自然和谐共生”目的,将“自然”纳入法律的调整视阈,呈现出明显的“跨界性”。一方面,生态环境立法将科学技术引入法律,成为法学与环境科学的交叉;另一方面,生态环境立法采取行政、民事、刑事等法律手段,形成公法与私法的交叉。可以说,生态环境问题的多重性和复杂性,决定了生态环境立法的法律与科学嵌套、法律与政策转化、不同法律手段融合格局,具有学科汇聚、横向交叉、开放包容的“领域型”特征。世界各国的环境法典呈现出与民法典、刑法典、行政法典等“部门型”法典的不同样貌,提供了可资研究的对象,使我们可以从生态国家转型的角度深刻理解“环境行政”的含义,以宪法为依据,将环境法典编纂作为实现美丽中国建设目标与履行国家生态环境保护任务的重要方式。

三、环境法典宜采取实质性适度化模式

世界各国对环境法典编纂模式根据国情进行了不同选择，大致可分为两类。一类是以法国、德国等传统民法典国家为代表的全面编纂，在具体路径上还有实质编纂与形式编纂之分，前者典型如法国，后者如德国。另一类是进行适度化法典编纂，典型如瑞典，采用“框架性编纂 + 授权立法”的实质编纂方式。这种模式以实用主义理性成功实现了法典化理论与实践的转变。

在我国，学者们也提出了对环境法典进行形式编纂与实质编纂的不同思路。我们赞成借鉴瑞典的经验，采取适度法典化编纂模式，〔1〕通过“实质”编纂，体现环境法的领域法特征，使法典化成为促进国家治理体系变革的主要方向；与此同时，通过“适度”编纂，可以适当降低法典化的条件和逻辑要求，实现动态的法典化，增强环境法典的适应性和灵活性。

从中国生态环境立法还存在空白与弱项以及相关法律无法完全纳入一部法律的现实看，环境法典编纂也做不到包罗所有的环境法渊源，只能是选择体现环境法本质的重要部分加以整合，对其基础性范畴、制度和内容进行全面规定，为促进环境治理体系现代化建立一个全面具体、有机协调的法律框架体系。通过法典编纂将不同历史阶段、不同立法目的、不同立法技术混合的相关立法进行梳理整合，通过确定法典的核心价值和基本原则、建立体制机制和制度统一运用规则，有效减少法律之间的矛盾与冲突，将现行生态环境立法从分离、分散变为内部协调一致，为实现美丽中国目标提供“良法”。

四、以可持续发展为核心价值展开环境法典逻辑

世界范围内的环境法典编纂，并无成熟经验，但经研究发现，各国环境法典编纂在沿袭大陆法系国家法典化传统的同时，综合考虑环境法典编纂目的和环境法特性，形成了以价值体系为指引、以概念体系为方法

---

〔1〕 参见张梓太：《中国环境立法应适度法典化》，载《南京大学法律评论》2009 年第 1 期。

的法典逻辑。实际上是将“可持续发展”这个当代人类最大的发展共识作为国家目标,通过法律渊源化确定为法律价值观,对现行法律、法规进行重新评价和审视,促进实现执法、司法、守法的可持续发展价值取向转化,提升国家环境治理的现代化水平。

在中国,“可持续发展”与“生态文明建设”是法治实践中经常同时出现的概念。20 世纪 90 年代初,中国与世界同步制定可持续发展政策和法律。21 世纪初,中国确定“生态文明建设”战略,党的十八大将生态文明建设纳入“五位一体”总体布局。习近平总书记反复强调“建设生态文明是中华民族永续发展的千年大计”,中国的未来发展规划中充分考虑与联合国 2030 年可持续发展议程的有机结合。这表明加强生态文明建设,目的是解决不可持续发展问题;将生态文明建设纳入“五位一体”总体布局,本质上是实现可持续经济、可持续生态和可持续社会的协调统一,为实现中华民族伟大复兴夯实生态环境基础。

中国在多年来的环境法律体系建设过程中,不仅由宪法确立了建设美丽中国的国家目标,而且大多数的生态环境立法已将可持续发展确立为立法宗旨,完成了可持续发展法律渊源化。可见,中国环境法典选择以可持续发展作为基础概念和逻辑主线是中国生态文明建设的内在需求和必然结果;既体现“人与自然和谐共生”的生态文明理念、保障实现美丽中国国家目标,又采用国际通行法律语言,为共建人类命运共同体贡献中国智慧和方案。

在理论上,可持续发展具有“神形兼备”特征,是认识论与方法论的统一体;在实践中,可持续发展具有“知行合一”禀性,是价值理性与工具理性的集合。以可持续发展为核心价值和理性工具,使环境法典按照可持续社会、可持续生态环境、可持续经济的规范体系逻辑展开,形成“总则—污染控制编—自然生态保护编—绿色低碳发展编—生态环境责任编”的逻辑结构。

第二节　环境法典整体结构与主要内容

环境法典借鉴潘德克顿体系，按照“总—分”模式展开逻辑建构，其中，总则编具有统率功能，污染控制编、自然生态保护编、绿色低碳发展编根据各自主题形成规范体系，生态环境责任编具有“小总则”意义，是对总则及三个分编法律后果的集中性规定。

一、总则编定位与体系结构

总则编处于环境法典的开篇，须明确环境法典的核心范畴体系，以统领各分编并指导处于变动创新中的环境单行立法。借鉴潘德克顿体系“把被提取和抽象的一般性内容汇总在一起”[1]的立法技术，环境法典总则编须提炼和归纳生态环境领域普遍适用的基本概念、基本原则和基本制度。本编由基本规定、生态环境治理体系、基本制度等章节构成，主要内容是在可持续发展目的价值的指引下，完成制度传承与理论创新的结合，构建适合生态文明时代需求的环境法基本范畴体系、法律制度体系。

（一）凝练环境法典核心范畴

在社会生活中，人们围绕对生态环境的保护和利用所形成的各种社会关系涉及环境、社会和经济三大系统，所形成的法律关系纷繁复杂。本编的重点是通过理论创新完成环境法律关系的系统构建，为整个法典提供价值判断标准，确定环境法典的核心范畴。

1. 确立可持续发展的目的价值

可持续发展作为当代最大的发展共识，内涵十分丰富。作为环境法典核心价值的可持续发展，体现了“人与自然和谐共生”哲学理念所蕴含的全新人类观、自然观、文明观，为构建环境法律关系提供了价值判断

---

〔1〕［德］迪特尔·梅迪库斯：《德国民法总论》，邵建东译，法律出版社2000年版，第24页。

标准。

在目前相关生态环境立法大都已将可持续发展规定为立法目的的基础上，环境法典更应首先确立“可持续发展”的目的价值，明确环境法典不同于传统部门法的独立价值取向，为环境法律关系从当代人到后代人、从资源到生态环境、从“主客二分”到“天人合一”的独特构造建立价值判断标准，提升环境法典的正当性；同时，以可持续发展观对传统法律公平、正义、自由、安全等价值进行生态性拓展，协调环境法律体系与相关法律的关系，增强环境法典的合理性。

2. 界定“生态环境”概念

作为实现建设美丽中国国家目标的重要方式，环境法典必须体现中国生态文明建设贯穿于政治、经济、社会、文化建设全过程和各环节的“大环保”格局。在可持续发展价值理念下确定环境法典调整的社会关系领域，必须确立和界定能够体现“资源”“环境”“生态”三大面向的基石概念。

我国《宪法》创造并使用了“生态环境”的概念表达，而在很长时间内，环境与资源相关立法分别使用了“环境”和“资源”的概念。党的十八大以后制定或修改的相关法律，均使用“生态环境”概念替换“环境”，并加大了生态保护性立法的力度。因此，应在环境法典中采用《宪法》规定的“生态环境”概念并注入新的内涵，使它兼具狭义的“环境”“资源”“生态”三大面向，[1]体现可持续发展内部“环境持续是基础，经济持续是条件，社会持续是目的”的结构层次和逻辑关系，既为环境法典确定调整范围，也为法典编纂按照解决环境污染、生态功能丧失、自然资源枯竭三大问题的逻辑展开提供类型化的概念基础。

3. 构建环境法律关系

环境法典以“人与自然和谐共生”理念为基础，要求改变对法律关系的僵化理解，重新定位人的主体性，承认自然的独立价值，形成“人—自然—人”的新型关系；重新认识权利义务的对应性，在一定程度上体现

[1] 参见巩固：《环境法典基石概念探究 从资源、环境、生态概念的变迁切入》，载《中外法学》2022 年第 6 期。

人对自然的义务，从“人与自然互为立法”[1]的视角重新分配权利义务。

面对已有的30多部生态环境保护立法，适度法典化模式应以可持续发展为价值判断标准，发挥法律关系的“逻辑中项”功能，确定生态环境保护主体、客体及法律关系的内容。在明确生态环境保护行政管理机关及其职责权限的同时，明确市场经济主体、公民个人的相关权利义务，构建公法手段与私法手段结合、“权力”与“权利”沟通、个人利益与生态利益协调的法律规范体系。

（二）建立现代环境治理体系与基本制度

现行环境立法与资源立法分属不同法律部门且时间跨度大、修改次数多、涉及领域广，需要在认真梳理的基础上实现体系化。本编以“提取公因式”为主要方法，归纳提炼中国生态环境保护的共通性规则，主要表现为基本原则、治理体系与基本制度。

1. 确立环境法基本原则

环境法基本原则既要作为国家构筑生态环境多元共治体系的法律基础，为平衡环境、社会和经济三大利益订立基本规则和基准，又要作为构建污染控制、自然生态保护、绿色低碳发展等制度体系的规则指引和适用准则。

根据对现行《环境保护法》及其相关立法规定的基本原则的梳理分析，结合党的十八大以来生态文明体制改革的新要求和美丽中国建设的国家目标，按照党的二十大报告作出的战略部署和重要要求，环境法典应确立如下基本原则：一是保护优先、自然恢复，即发展利益权衡原则；二是风险预防、综合治理，即治理价值选择原则；三是政府主导、公众参与，即协同决策合作原则；四是受益补偿、损害担责，即环境责任分配原则。

2. 构建多方共治的环境治理体系

根据环境法律关系的“公法—私法”融合、“保护性关系—调整性关系”复合、“法律—科技”聚合等特征，本编应以主体及其权力（权利）职

---

[1] 胡敏中：《重思“主客二分”——基于主客体关系》，载《学术研究》2021年第1期。

责（义务）类型化为方法构建环境治理体系，将《宪法》规定的生态环境保护国家任务、公民环境保护权利义务、企业环境保护责任以法定方式加以落实。

同时，基于现行《环境保护法》已建立的生态环境统一监管体制，根据构建现代环境治理体系的要求，明晰政府、企业、公众等各类主体权责关系和保障运行机制，构建多方共治的体制机制，形成全社会共同推进环境治理的良好格局。具体而言，包括：

首先，根据《宪法》赋予国务院领导和管理生态文明建设的职责，对相关部门职责进行系统化分析，按照生态文明体制改革要求，贯通污染防治、生态保护和"双碳"目标实现，建立生态环境保护统一监管体制。在中央层面，赋予生态环境部门统一政策规划标准制定、统一监测评估、统一监督执法、统一督察问责的职权；同时，明确相关部门"管发展的管环保""管生产的管环保""管行业的管环保"职责。在中央与地方关系层面，建立"中央统筹、省负总责、市县抓落实"[1]的环境治理体制机制，明确实行地方政府生态环境保护责任制。其次，明确保障公民环境权益，规定公民、社会组织、新闻媒体等的环境知情权、表达权、参与权、监督权以及节约资源、保护环境、绿色低碳消费的义务。最后，规定企业事业单位的绿色发展权利和生态环境保护主体责任，明确企业、行业的环境治理参与权。[2]

3. 提炼环境法基本制度

本编在环境法典价值理念指引下，以"生态环境"概念的"一体三面"为调整范围，在全面梳理现行立法、生态文明体制改革实践、执法司法经验的基础上，总结归纳能够涵盖各分编的基本制度。其具体包括：提炼"继受完善型"基本制度，即在实践中已经实现法制化并满足前述标准要求的基本制度，如生态环境标准制度、生态环境规划制度、环境影

---

〔1〕《中共中央办公厅　国务院办公厅印发〈关于构建现代环境治理体系的指导意见〉》，载《中华人民共和国国务院公报》2020年第8号。

〔2〕参见陈海嵩：《生态环境治理体系的规范构造与法典化表达》，载《苏州大学学报（法学版）》2021年第4期。

响评价制度、生态环境许可制度、生态环境监测制度以及环境应急管理制度等；提炼“改革确认型”基本制度，即在改革实践中已经形成共识的资源环境承载能力监测预警制度、“三线一单”生态环境风险管控与修复制度、经济激励与市场交易制度等。

二、污染控制编基本构想

污染控制编以现行污染防治立法为基础进行编纂。在我国，虽然污染防治立法是专门环境保护法的“主体”，几乎占据“半壁江山”，但也存在各单行法之间以及单行法与《环境保护法》之间交叉重叠多、立法空白多的现象，亟待通过法典编纂加以体系化。基于“以人民为中心”的法治立场，立足对现行污染防治立法的梳理和对打赢“污染防治攻坚战”的实践经验总结，本编以“环境污染”为基础性概念，体现“生态环境”的“环境”面向，按照“总—分”体例展开，形成“基本规定 + 环境要素与污染物控制专章 + 行政法律后果”的框架，目标是在法典编纂完成后基本废止现行污染防治单行法。

（一）确定污染控制编的调整范围与价值取向

本编以在生态系统承载能力范围内改善人类生活质量、实现社会可持续发展为具体价值取向，通过界定“环境污染”概念明确本编调整范围、选择“污染控制”制度路径明确逻辑结构、坚持“以人民为中心”的立场确定“保障公众健康”核心价值。

1. 界定“环境污染”的法律概念

在现行立法中，《宪法》对“防治污染和其他公害”作了原则性规定，《民法典》从侵权行为角度使用“环境污染”概念。《环境保护法》将“防治污染和其他公害”作为一章内容，但未对“环境污染”作明确界定。现行污染防治单行法分别规定了水污染、海洋污染、大气污染、土壤污染、噪声污染、固体废物污染等概念，它们既有共通性，也有内涵、性质、后果上的差异性。

“环境污染”可界定为：“在生产和生活中向自然环境排放物质或能量，引起自然环境和自然空间的化学、物理、生物等方面特性的改变，危害公众健康或者破坏生态环境、造成环境质量恶化的现象。"由此,本编的调整范围为:对环境介质污染的控制——包括对水、海洋、大气和土壤污染的控制,污染物质/能量控制——包括固体废物污染、噪声污染、放射性污染控制,以及有毒有害化学物质与新污染物控制。

2. 明确"保障公众健康"的价值取向

专门环境立法之所以从防治污染开始,是因为世界范围内多起严重的环境污染事件导致成千上万人付出生命健康惨痛代价。环境污染控制的根本目的在于保障公众的生命健康权,确保中华民族的永续发展。

现行《环境保护法》第 1 条已将"保障公众健康"作为立法目的,并在第 39 条概括性地规定了环境健康制度。但《环境保护法》的环境健康制度并未得到有效落实,大多数污染防治立法呈现"见物不见人"的状况,如我国并未建立以保障公众健康为核心的环境标准体系,导致出现许多"达标排放"却造成大规模人群健康受害的后果。现行立法存在的这一"弱项"应在环境法典编纂中得到"补强"。

可持续发展的终极追求是人类的永续发展,"以人民为中心"是中国特色社会主义法治道路的根本立场。以"保障公众健康"为本编的价值取向,既是对环境法典可持续发展目的价值的具体贯彻,也是控制环境污染、满足人民群众对美好生活环境新向往的内在要求。

3. 以"污染控制"的理念展开制度逻辑

现行相关立法均以"污染防治法"为名,体现侧重于阻止和矫正确定性损害、预防可预知危险的理念,[1]所建立的以"防治措施"为主的制度体系,大体能够应对环境污染导致的损害与危险,却难以应对诸如新污染物致害不确定、传统污染物大尺度空间扩散传输可能导致的后果不确定等具有巨大不确定性且可能导致生态系统崩溃或人类毁灭的环境风险。

鉴于此,应以"污染控制"的理念来构建相应制度,贯彻落实"风险预防"原则,促进我国环境治理体系从"环境质量管理"到"风险预防"的

〔1〕 参见张宝:《预防理念的更新与环境法典污染控制编的制度实现》,载《法学论坛》2022 年第 2 期。

转型升级。“污染控制”理念下的制度体系，以风险预防为基本原则，兼顾污染防治与环境质量维持的规范目的，以管理型规范为主体，赋予环境行政机关直接规制权，依法采取禁止、限制、许可、命令等行政措施，促使开发利用行为满足法律和标准规定的要求。

（二）既“编”又“纂”形成规范体系

本编最重要的任务是将既有的分散制定的多部单行法编纂为一个契合特定价值目标的规则体系，这提出了在形式上实现外部体系一致性、在实质上实现立法价值统一性的要求。因此，本编应以融贯理论为方法指引，通过“编”实现法律规范的逻辑一致性，通过“纂”彰显污染控制编的理念创新、体例创新和制度创新，将“公民环境权”中的“健康环境权”进行具体展开。

1. 以“编”的方式统合污染防治单行法

现行污染防治单行法数量众多，基本涵盖了污染控制的各个领域。其主要问题是结构趋同与内容重复，以及环境介质与主要污染物分别立法导致的协调性不足、缺漏与抵牾并存等。在法典编纂中，为妥善解决这些问题，应以“编”作为统合污染防治单行法的主要方式。

首先，提炼现行立法中污染控制的共性规范，形成“基本规定”，作为污染控制规范体系的范畴基础和规则效力基础。其次，在统一价值理念、统一基本原则、统一执法尺度的基础上，分别针对环境介质污染控制（包括水、海洋、大气和土壤污染）、污染物质/能量控制（包括固体废物污染、噪声污染、放射性污染）、有毒有害和新污染物控制展开制度设计，其中既包括对现行污染防治立法的体系化，也包括对现行立法尚未规定但对保障公众健康至关重要的有毒有害化学物质与新型污染物质的管控。最后，具体规定违反污染控制义务的法律后果，根据污染违法的特征设置专门的行政制裁方式。

2. 以“纂”的方式补充完善现行制度

党的十八大以来，国家以前所未有的决心和力度推进打赢“污染防治攻坚战”，出台了“源头严防—过程严控—过后严惩”的系列政策，大力推进综合执法改革、排污许可制度改革等生态文明体制改革措施，积累了丰富的执法与司法实践经验。本编必须在认真梳理总结这些政策措施与实践经验的基础上,以“纂”的方式回应生态文明建设中的新情况、新问题,对现行制度进行补充与完善。

在体例结构上,本编应专门增加“有毒有害化学物质与新污染物的环境风险管控”相关内容,填补现行立法空白。在制度设计上,本编应认真梳理生态环境执法与司法新政策、新实践、新经验。一是对已经完成的改革进行认真研究,提出新的制度设计方案,如生态环境综合执法制度;二是按照“保障公众健康”的价值目标,对现行制度进行评估后补充完善,如对现行环境标准制度,按照风险预防原则,进行以保障公众健康为核心的补充与完善;三是对生态文明体制改革中的一些实践经验进行总结,将之上升为法律制度,如行政强制措施、行刑衔接方式等。

三、自然生态保护编基本构想

自然生态保护编以现行自然资源立法、生态及生物多样性保护立法、特殊地理区域保护立法为基础进行编纂。由于现行相关立法以自然资源的开发、利用为主,保护只是其中的部分内容,需要按照“山水林田湖草沙”统筹治理和一体化保护的目标进行选择,对现行立法中的相关内容进行精简合并、扩展补充、调整重组和完善提升,打造契合生态完整性保护、适应现代“大环保”格局的制度体系和体制机制。本编以“自然生态”为基础性概念,体现“生态环境”的“生态”面向,基于促进生态优先的价值取向,按照“总—分”体例展开,形成“基本规定 + 生态要素与生态区域保护专章 + 行政法律后果”的框架。本编内容不涉及现行资源法中的权属制度、开发利用和管理制度,环境法典编纂完成后,自然资源开发利用和管理的相关立法不应废止,但需作相应修改。

(一)确定自然生态保护编的调整范围和价值取向

自然生态保护编旨在建立对生态环境的系统性、整体性保护制度,促进生态环境可持续发展,首要任务是确立本编普遍适用的基础概念、价值立场和治理理念,为构建契合生态整体保护的制度体系奠定基础,明确范围和方向。

1. 界定“自然生态”的概念

传统“环境”概念指代影响人类健康生存的外部空间，主要通过污染控制加以保护。而传统“资源”概念特指自然事物中具有直接经济价值的部分、“生态”概念特指影响非人物种的自然因素，由此形成的“自然资源法”实为“经济资源法”、“生态保护法”实为“特殊区域保护法”。它们均不能完整指代值得法律保护的自然范围，也不能全面反映人与自然之间的价值关系。

以“自然生态”为基石概念，本编可以把自然界中客观存在的各种具有自然属性、参与生态过程、发挥生态功能、需要法律保护的物质、空间和系统都作为保护对象，纳入调整范围。借鉴环境科学的相关定义，可将自然生态界定为“由各成员借助能量流动和物质循环，形成的有组织的功能复合体”。[1] 从法律调整的角度，自然生态可分为生态要素和生态区域两大类型。前者指在自然界中相对独立存在、作为生态系统的组成部分、具有自然属性、参与生态过程、能够发挥生态功能的单一物质或空间；后者指由多种要素组合而成的，在结构、功能、服务、过程等方面具有系统性和完整性，因其重要价值或脆弱性需要对相关生态要素进行一体考虑、整体保护的地理单元。“自然生态”的法律概念凸显整体保护需要但不排除社会价值，弥补了传统生态学“假装人类并不在场”的缺憾。[2]

从法典编纂角度看，“自然生态”的概念及其内涵既可使本编条文大致对应现行自然资源和生态保护相关立法，并在已有基础上适度扩展，又可使之更加科学、合理地依法典逻辑进行排列组合，在统一制度体系框架下，按照生态系统的结构特点和保护要求进行层次化安排。

2. 明确“生态优先”的价值取向

可持续发展揭示了“经济社会发展的物理规模受到地球约束”这一

〔1〕《中国大百科全书》总编委会编：《中国大百科全书》（第2版·第19卷），中国大百科全书出版社2009年版，第566~567页。

〔2〕参见［美］约翰·R.麦克尼尔：《太阳底下的新鲜事：20世纪人与环境的全球互动》，李芬芳译，中信出版集团股份有限公司2017年版，第313页。

朴素真理,追求"自然资本约束边界内的社会经济繁荣"。[1] 这要求相关法律的价值立场由鼓励开发利用转变为"推进生态优先"。在本编中确立"生态优先"价值取向,是对总则编"保护优先原则"的具体化。从立法确认和制度保障角度看,该价值取向主要包括三个方面:一是落实保护优先,根据自然生态保护的特点和需要对总则确立的保护优先、风险预防等原则作出细化规定,实现制度转化;二是秉持自然优先,把生态环境的自然状态确立为不得轻易改变、损害应当担责的公共财产,高度尊重、充分利用自然规律,秉持"自然恢复为主"的方针设计救济制度,落实"基于自然的解决方案";三是实现系统优先,强化区域保护,着眼整体、长远,把对个体要素、单一物种、局部环境的保护置于对生态系统的整体考量之下,追求总体效果,形成保护合力。

3. 树立统筹治理的治理理念

系统性是自然生态的基本特征,自然生态保护必须"坚持山水林田湖草沙一体化保护和系统治理"。本编在统筹治理理念下,确立"生态系统综合管理"体制机制,为实现以生态系统为基础的"环境与发展综合决策"奠定基础。为此,应对管理体制作集中、统一规定,建立行政区域管理与生态区域管理相结合、分要素单项管理与分区域综合管理相结合的一般规则,通过协同性治理机制协调各部门统一行动,通过社会参与机制调动社会力量积极参与、共建共享。

(二)构建契合生态整体保护的规范和制度体系

现行资源、生态相关立法立足局部、各自为战,制定时间不同,目标、理念不一,不无重叠、重复甚至冲突。自然生态保护编不能局限于对现行法的汇编,而须以生态整体保护为核心进行提炼、扩展、优化,实现体系化整合。

1. 整合现行相关法律、政策中的保护性规定

本编以现行自然资源法和生态保护法中的保护性规定为主要"加工"对象,同时结合《生态文明体制改革总体方案》等重要政策文件相关

---

〔1〕 参见诸大建:《用国际可持续发展研究的新成果和通用语言解读生态文明》,载《中国环境管理》2019 年第 3 期。

规定，梳理生态文明体制改革经验，将实践探索中的先进理念和制度构想上升为法律制度。

具体而言，对立法时间较长、制度基本齐备的自然资源法，如《森林法》《草原法》《水法》等，以合并同类规范、消除矛盾冲突、统一具体规则为主；对立法时间较短、尚存大量空白的生态保护法，主要任务是将改革文件和实践创新中的重要理念和制度设想转化为法律规范，建立制度框架。

2. 根据调整范围构建不同类型的制度体系

本编以要素和区域为基本分野把法律规范划分为“生态要素保护”和“生态区域保护”两种类型的规范。前者着眼于要素保护，整合水、土、林、草、野生动物等传统自然资源法中的保护性规范；后者致力于区域整体考量，整合区域、流域、保护地、国家公园等相关立法中的基础性规范。

在现行法中，要素保护规范和区域保护规范交织混杂，导致诸多问题。本编遵循类型化思维逻辑，对二者严格区分，在要素保护章节只规定直接针对要素本身的一般性内容，把具有整体指向的制度举措集中于区域保护相关章节。如此处理，不仅把保护对象清楚分开，符合体系逻辑，避免重叠重复，而且两类规范形成一般与特殊的关系，适用更加方便，充分体现和发挥法典的体系化优势。

鉴于生物多样性保护兼具要素和区域两部分内容，其价值目标和制度举措具有独特性，应设专章作出系统规定。该章与对生物多样性保护起到间接作用的其他各章也构成一般与特殊的关系，适用方便，功能互补。

3. 建立顺应时代要求的制度框架和体制机制

切实贯彻《生态文明体制改革总体方案》提出的“统筹考虑自然生态各要素、山上山下、地上地下、陆地海洋以及流域上下游，进行整体保护、系统修复、综合治理”[1]新要求，须打破单行法区隔，以生态整体保

---

〔1〕《中共中央　国务院印发〈生态文明体制改革总体方案〉》，载中国政府网 2015 年 10 月 10 日，http://www.gov.cn/gongbao/content/2015/ content_ 2941157. htm。

护为指向统一目标、任务,合理分权、明确分工,建立目标统一、衔接互补的制度体系和实施机制。

本编“一般规定”应明确规定自然生态保护的管理目标、国家义务、政府责任、基本原则等,并专设“管理体制”一节,对不同要素、区域、多样性保护的监管主体和部门职责作出具体规定,实现协调统一;对于“规划”“区划”“信息”“利用管控”“退化防治和修复”等各单行法均有规定的制度,应分别设专章进行集中、统一规定,既确立普遍适用的共通规则,又明确不同领域的特殊规则;应在区域、流域、海岸带等方面建立跨行政区域的综合性统筹协调机制,把《长江保护法》《黄河保护法》的流域立法经验普遍化;应授权国家公园管理机构集中统一行使公园范围内的资源管理权和环境执法权。

四、绿色低碳发展编基本构想

绿色低碳发展编以现行循环经济、清洁生产、节约能源、综合利用相关法律为基础进行编纂。将“绿色低碳发展”纳入环境法典,既借鉴了外国环境法典在推动国家可持续发展转型过程中对经济结构升级、综合利用资源和节约能源的高度重视,也结合中国的“新发展”理念和“双碳”目标,将之独立成编,构成环境法典最具前瞻性和创新性的部分。本编以“绿色低碳发展”为基础性概念,体现“生态环境”的“资源”面向,按照“总—分”体例展开,形成“基本规定+资源能源综合利用+气候治理+行政法律后果”的框架。本编内容不涉及现行能源立法中的权属制度、开发利用和管理制度,环境法典编纂完成后,能源开发利用和管理的相关法律不会废止,但循环经济、清洁生产、节约能源的相关法律可以不再适用。

(一)确定绿色低碳发展编的调整范围与价值取向

本编以在生态系统承载能力范围内进行生产生活活动、实现经济可持续发展为具体价值取向。当前,涉及这方面的立法较少且比较分散和原则,还存在一些空白。因此,须通过界定“绿色低碳发展”的概念明确本编调整范围、确定“绿色发展”价值和“循环利用”原则、明确贯穿经济全流程的逻辑结构。

1. 界定“绿色低碳发展”的概念

一般意义上,绿色发展是指一种节约资源的发展形态,低碳发展是指一种降耗减排的发展模式,二者强调不同阶段的发展形态,其中绿色发展包含了低碳发展、循环发展等发展模式,是发展的终极目标和高级阶段。[1] 但从法典编纂的目的价值看,仅强调绿色发展不能明确国家未来发展的战略支撑点,仅注重低碳发展不能体现绿色发展的大局走向,二者独立使用均无法准确描述“结构性可控”“动态性发展”的经济社会关系。“绿色低碳发展”既高位度承载发展的“绿色”特质,又宽范围涵摄物质资源综合利用等多种行为。在内涵方面,“绿色低碳发展”既包括直接涉及绿色发展、低碳发展等发展形态的行为活动,也包括那些间接有助于绿色低碳发展的主客观要素。在结构方面,“绿色低碳发展”统筹经济、社会、生态等交叉领域的重心和边界。因此,本编采用“绿色低碳发展”的概念,将在经济社会中存在的具有生态属性、发挥生态功能、达至生态目标的行为和系统等纳入调整范围。以发展为目标、绿色为基础、低碳为抓手,“绿色低碳发展”可有效整合现有涉及资源能源综合利用以及应对气候变化等方面的法律规范,从而与现有自然资源法相区分,与污染防治法相观照,构筑起系统性的规范框架。

2. 明确绿色发展的价值取向

经济可持续是“生态理性经济人”在“人与自然和谐共生”理念下追求经济利益的必然选择。本编以促进经济绿色发展为价值取向,体现可持续发展的“经济可持续”面向。首先,确立绿色低碳发展目标,以人与自然、人与人之间的“双重和谐”作为生态文明时代的生产方式与生活方式。其次,肯定经济发展与环境保护相协调的经济发展模式,明确“绿水青山就是金山银山”的价值实现方式。最后,通过建立节约资源与能源、低碳发展、绿色消费等制度,促进社会经济活动中资源、能源开发利用的效率与公平的平衡,确保国家能源安全、经济安全。

---

[1] 参见杨健燕等:《低碳发展下环境治理体系理论创新及法律制度建构研究》,立信会计出版社 2019 年版,第 20 ~ 21 页。

3. 树立资源循环利用理念

本编应以“减量化、再利用、再循环”为核心的循环经济作为支撑，从国际与国内统筹、历史与时代交融的角度，重构相关法律制度体系，回应经济发展的新链条、新业态和新格局对绿色低碳发展的挑战，以解决资源能源高效利用这个可持续发展的基础性问题：首先，明确循环利用原则，将总则编的预防原则具体化为从源头减少资源浪费的标准和规范安排；其次，按照“源头严防、过程严控、后果严惩”的大格局，遵循“资源—产品—再生资源—再生产品”的经济循环流动过程，设置循环经济法律制度体系，妥善处理产业链上下游关系，为实现高质量发展奠定环境资源基础。

（二）实现绿色低碳法律规范的系统安排

1. 以绿色低碳发展标准体系“串连”全编

基于绿色低碳发展法律规范所具有的较强的科技性和政策性，结合党的二十大报告关于绿色低碳发展的战略部署和“十四五”规划明确的指标任务，本编以标准体系化“串联”市场经济活动各环节、各领域的绿色低碳发展法律制度体系，推动经济社会绿色转型目标的实现。本编要明确绿色低碳发展标准的法律地位、主要功能、体系架构，认真梳理现行相关标准，在充分论证的基础上，制定与完善清洁生产、绿色流通、碳排放等国家标准、行业标准，建立健全绿色低碳发展标准体系；要分解绿色低碳发展标准的要素结构，具体围绕绿色低碳发展标准规定形成网状制度支撑，具体设置温室气体排放标准、温室气体排放总量控制制度、绿色低碳产品认证目录、流通产品减耗标准、节能标准、规划标准等，明确标准的法律规范属性，增强规范“硬度”。

2. 以“降碳”为制度边界

以“降碳”为重点，建立动态、开放的制度体系，促进减碳目标的实现，既是实现绿色低碳发展的题中之义，也是厘清本编与污染防治制度、自然生态保护制度“边界”的基点。因此，应将“降碳”作为贯穿本编的“辅线”，围绕“降碳”目标构建制度体系。首先，妥善处理“减污”与“降碳”、“碳源”和“碳汇”在制度需求层面的差异性，本编着重于以能源结构优化作为控制碳排放数量和强度的制度构建，以碳捕获等技术创新作为生态系统对碳的吸收与固定的规范方向。其次,突破"产生端"与"消解端"的二分思想,以"碳流"为中轴对"碳源"与"碳汇"进行时间和空间两个维度的联结,形成"碳源"和"碳汇"的互嵌模式,进而设置清洁能源消纳监管、碳排放监管等制度规则,从而将碳排放约束义务规范渗透到经济活动全流程之中,实现促进经济可持续发展的价值目标。

3. 形成"经济全流程"控制体系

认真梳理现行的清洁生产促进法、循环经济促进法、节约能源法、可再生能源法以及与综合利用相关的法律法规,结合实施新发展理念、构建新发展格局的新要求,从以绿色低碳发展支撑高质量发展的高度,为促进"经济全流程"绿色低碳转型提供体系化制度保障。首先,通过设立清洁生产监测、清洁生产审核、清洁生产指南、产品和包装物设计等制度,完善清洁生产法律制度,控制或减少污染物的产生,实现对污染的源头控制。其次,制定强制回收、绿色仓储、能耗考核等制度,完善循环经济法律制度,促使经济系统运行过程不产生或少产生废弃物。最后,引导绿色消费活动,建立健全绿色采购、一次性消费品限制、碳普惠等制度。

五、生态环境责任编基本构想

生态环境责任编作为环境法典的"收官"部分,是对违反总则编、污染控制编、自然生态保护编、绿色低碳发展编规定义务的后果的规定。现行生态环境立法绝大多数设有法律责任条款,涉及行政责任、民事责任和刑事责任。自2014年《环境保护法》修订以来,新制定或修订的环境法律往往还规定了环境公益诉讼等程序性制度。党的十八大以来,在生态文明体制改革和环境执法司法实践中,也形成了许多体现生态环境保护特点的法律责任承担方式,需要通过理论提炼,形成法律制度安排。目前的设想是:按照"独立为主,分散补充"的方式,形成"基本规定+环境行政责任+环境民事责任+生态环境损害责任+生态环境纠纷解决"的框架,建立系统性的生态环境法律责任制度。[1]

---

〔1〕 参见吕忠梅:《环境法典视角下的生态环境法律责任》,载《环球法律评论》2022年第6期。

（一）创新生态环境责任理论基础与基本概念

法律责任对于法律规范逻辑构造的意义自不待言。对环境法典编纂而言，核心在于面对执法和司法实践中不断创新的环境法律责任承担方式，从理论上解决生态环境法律责任的概念、类型、责任形式之间的关系等问题，构建生态环境法律责任编的知识体系。

1. 环境违法行为侵害不同权益

在现行环境立法中，环境法律责任规范呈“公法责任”与“私法责任”融合样态，体现为行政责任、民事责任和刑事责任三类责任形式。从表面看来，环境法上的法律责任形式与传统部门法责任并无区别。但透过表象我们不难发现，环境立法与执法、司法实践中的许多责任承担方式，如行政责任中的按日计罚、民事责任中的生态修复、刑事责任中的绿色刑罚相比，呈现出不同于传统法律责任的特质。环境法是以“生态理性经济人”为假定、调整“人—自然—人”之间关系的法律规范，将生态规律纳入法律的评价机制、作为评价标准，已不再以“满足人的需求”为唯一标准，必然导致生态环境法律责任从形式到内容都发生巨大变化。当违法者污染或破坏环境的行为仅造成人身或财产损害时，应承担传统部门法上的行政、民事、刑事责任，因其是侵害人身或财产权益的后果，可称之为“对人的责任”。当违法者污染或破坏环境的行为造成生态破坏后果，可能对当代人甚至后代人的生命健康或财产带来严重影响，因其损害的是生态平衡及其服务功能，而不是传统的人身与财产权利，可称之为“对环境的责任”。

2. 构建以“生态恢复论”为基础的“对环境的责任”制度

在立法实践中，“对人的责任”既体现在相关刑事、民事、行政立法中，也体现在专门环境立法中，并且各种责任类型都采取了大体相同的责任承担方式。从本质上看，这些法律责任规范虽然在功能上有从惩罚、救济向预防拓展的趋势，但并未改变以“差额说”为理论基础的传统法律责任的本质属性，没有超出既有理论边界。但是，“损害论”却无力解释“对环境的责任”。人类今天面临的环境危机是过去数千年开发利用自然的结果，地球生态系统的崩溃必然导致人类社会系统的消亡，其后果绝非传统法律意义上的个体性人身或财产损害。以“损害论”为基础来构建责任制度，会因主体缺失、因果关系混乱、损害后果无法确定、赔偿难以计算等无从着手。因此，应以恢复生态平衡和生态功能为标准，以“生态恢复论”为基础构建生态法律责任制度。

3. 界定生态环境法律责任的概念

生态环境法律责任实际存在于传统部门法与专门环境立法中，并呈现“和而不同”的样态。就环境法典编纂而言，生态环境法律责任在形式上要与已经规定的各类生态环境保护义务构成逻辑关系，在实质上要成为实现环境法典价值取向和立法目的强制性手段。在此意义上，可以将环境法典上的生态环境法律责任定义为：“因侵犯环境法规定的权利或违反环境法规定的义务而引起的、由国家机关认定并归于有责主体的直接强制性义务，包括专门环境法义务和相关法律义务。”该定义以第二性义务为基础，在强调违反环境法规定的权利义务的同时，兼顾环境法律责任与传统部门法责任之间的衔接。同时，在中国环境法典编纂选择适度法典化的模式下，该定义既考虑了法典自身逻辑的周延，也能统筹环境法典与环境特别法的关系。

（二）构建“二阶型”生态环境法律责任体系

1. 生态环境法律责任的类型化

按照部门法理论，将环境法律责任从形式上分为行政责任、民事责任、刑事责任并无错误，但对于环境法典编纂意义不大。环境法典编纂需要在可持续发展价值理念指引下，以环境正义、代际公平、公益保护为标准，认真总结立法、执法、司法实践经验，合理借鉴世界各国相关立法例，完成生态环境法律责任的类型化。

面对现行立法中的生态环境法律责任已经形成传统部门法与环境法均有规定的现实，应根据不同标准进行如下分类：一是以“损害论”与“生态恢复论”为标准，将生态环境法律责任分为“环境法律责任”与“相关法律责任”，本编以规定环境法律责任为主，但需注意与相关法律责任的衔接。二是以“对人的责任”与“对环境的责任”为标准，将“环境法律责任”再细分为“特别责任”与“专门责任”，本编主要规定专门责任，特别责任主要用于实现与传统部门法责任的“沟通与协调”。三是以“用责任制约权力”和“以责任保障权利”为标准，将生态环境责任救济机制分为“私益救济”和“公益救济”。本编中的私益救济是与特别责任相对应的保障机制,公益救济是与专门责任相对应的保障机制。

生态环境责任编的核心内容在于根据实质性标准,重点规定“对环境的责任”及其救济机制,同时从协调环境法律责任与相关法律责任关系的角度,规定“特别责任”。“对环境的责任”表现为以生态恢复为目的的各种专门责任承担方式,“特别责任”体现为环境行政责任、环境民事责任、环境刑事责任等形式。

2. 实现生态环境法律责任独立成编

本编采用“整合”、“融贯”与“补充”等方式,实现对生态环境责任的集中编纂。一是以“整合”方式,将分散在相关法律中的“对环境的责任”、体制改革措施和执法司法实践中探索的“对环境的责任”,在认真梳理、充分论证的基础上,形成价值理念统一、判断标准统一、责任形式统一的生态环境法律责任制度,并以专章形式加以明确规定。二是采取“融贯”方式,以保护“生态环境权益”为标准,建立各部门法中的相关法律责任与环境法律责任的有机衔接,综合运用完整条款、转介或引致条款,以环境行政责任、环境民事责任、环境刑事责任等方式,建立相对集中的“对人的责任”制度体系,同时实现生态环境法律责任与传统部门法责任的“沟通与协调”。三是运用“补充”方式,集中规定生态环境责任实现的具体规则,认真梳理现行法中有关生态环境纠纷解决的法律规定、改革政策和司法解释,充分论证生态环境法律责任对救济机制的需求,紧密结合生态环境责任的特点,弥补现行诉讼法及多元解纷机制缺乏“对环境的责任”的追究程序的不足。为此,一方面,应完善公益诉讼、生态环境损害赔偿诉讼等程序性规则;另一方面,应建立诉讼与非诉讼并存的纠纷解决机制框架,规定以“生态恢复论”为基础的生态环境责任实现机制。

第三节　环境法典编纂需着重研究的问题

经过5年多的努力,我们在对中国环境法典编纂中的理论与实践问题进行研究的基础上,提出了《生态环境法典专家建议稿(草案)》并对其中一些重点问题进行了论证。但我们也十分清楚地知道,目前提出的方案和已进行的论证都还是初步的,随着环境法典编纂工作正式启动,还有更多的理论与实践问题有待于通过研究予以回答。为此,中国法学会环境资源法学研究会于2023年5月开始了"环境法典编纂研究"项目的第二阶段工作,意在以第一阶段成果为基础,扎实推进环境法典编纂理论研究,为立法机关提供更为坚实的理论支撑与法典编纂方案。根据前期工作情况,我们也梳理了环境法典各编需要深入研究和妥善处理的重点难点问题,期待有更多学者关心支持并参与相关研究。

一、总则编需处理的重点难点问题

(一)实现环境权"入典"

保障公民环境权益,是"以人民为中心"的法治根本立场在环境法典中的体现。我国从2009年开始将环境权利纳入"国家人权行动计划",特别是在《国家人权行动计划(2021—2025年)》中,正式将环境权利独立出来作为与"经济、社会和文化权利""公民权利和政治权利"等并列的人权类型之一,并列举其6项权能,[1]表明我国已经在政策上承认环境权的人权属性。2022年7月,联合国大会通过决议,宣布"享有清洁、健康和可持续的环境是一项普遍人权",[2]体现了环境权以人的全面发展为目的的可持续发展价值取向。

我国学者对环境权的研究从未停止,也取得了丰富的成果。在表征经济、社会利益的生存权、发展权已经作为人权广为法律与政策所确认的时代背景下,环境权的法律确认可以为环境与经济、社会利益的"平衡"、"权衡"乃至"抗衡"提供基本权利依据。此外,环境权的法律确认既可以为环境法典提供"以人为本"的可持续发展价值贯通,也可以通

---

〔1〕 参见国务院新闻办公室:《国家人权行动计划(2021—2025年)》,载《人民日报海外版》2021年9月10日,第3版。

〔2〕《联合国大会宣布获得清洁健康的环境是一项普遍人权》,载联合国官网,https://news.un.org/zh/story/2022/07/1106802。

过环境权所体现的集体理性为生态安全、环境正义、代际公平、公益保护等工具价值提供具体的权利形式,沟通环境法典编纂的制度逻辑。

因此,应在全面梳理现有理论研究和实践成果的基础上,结合环境法典的编纂目的,在总则编中明确规定公民环境权。具体方法可采用在总则编确立"一般环境权",在污染防治编和自然生态保护编中具体化为"健康环境权"和"自然享有权"的"一体两翼"方式。[1]

(二)妥善处理与《环境保护法》及其他相关立法的关系

现行《环境保护法》虽然被赋予了生态环境领域基本法的地位,但由于我国环境与资源二分的立法现状,现行污染防治类法律基本上按照《环境保护法》的理念与制度体系制定,条文重复度高;自然资源和能源法律基本按照"经济法部门"的思路制定,以资源能源的开发利用为主要立法追求,节约与保护只是其中的很小部分且与《环境保护法》存在一定冲突。

环境法典编纂应根据《宪法》和党的二十大报告擘画的美丽中国建设蓝图,妥善处理30多部现行立法之间的关系,以适度法典化为原则,由总则编确立生态环境法律体系的基本规则,各分编根据自身特点和法典编纂逻辑需求进行取舍,尽可能在现行有效立法的基础上进行编纂,降低立法难度。

二、污染控制编需处理的重点难点问题

(一)建立以排污许可为核心的固定污染源控制制度

2016年,国务院办公厅印发《控制污染物排放许可制实施方案》;2021年,国务院公布《排污许可管理条例》,大力推进排污许可改革。这一改革实际上整合了《环境保护法》及相关法律规定中的环境影响评价、总量控制、环境保护标准等制度,通过排污许可一证式管理,建立了对"固定污染源全覆盖、管理过程全监管"的综合许可制度。同时,针对"无证排放、超标排放"等问题,这一改革也加强了许可证执法。由此,

[1] 参见吴卫星:《环境权在我国环境法典中的证成与展开》,载《现代法学》2022年第4期。

"三线一单"、规划环评、项目环评、排污许可以及执法、检查督查等相关制度"六位一体"的闭环管理模式初步形成。污染控制编应对改革实践中已经形成的以排污许可制为核心的固定污染源监管制度体系加以梳理,提炼形成法律规范,并妥善处理排污许可改革涉及的多项制度的关系,为生态文明体制改革奠定合法性、合理性基础。

(二)强化环境物质迁移致害的法律规制

目前,对环境物质在不同介质间迁移扩散导致的综合致害,缺乏有效的法律规制。本编针对这一问题,从系统性、整体性角度提出相关制度设计方案,具体包括:在"环境污染"的概念界定中,充分考虑空间和时间因素,为创设环境物质迁移扩散的控制制度提供概念基础;建立综合性环境标准制度,通过技术性规范控制环境物质迁移可能造成的公众健康风险和生态风险;创设专门的环境污染控制空间法律制度,包括专项型的环境污染控制空间法律制度和全域型的环境污染控制空间法律制度。

(三)填补新污染物治理空白

加强新污染物治理是党的二十大报告对未来5年生态环境保护工作的明确要求,也是我国"十四五"规划确定的生态环境保护工作重点。由于新污染物治理尚存许多科学技术难题,立法只能根据目前的认知进行规制。为此,本编在确定控制新污染物的一般原则的基础上,对具体制度保持一定的开放性。初步设想是:在"基本规定"中规定严重污染环境的工艺、设备和产品淘汰制度,为实现新污染物治理、强化风险防控、严守生态环境底线提供法律依据和解释空间。根据《新污染物治理行动方案》的相关要求,[1]创设"有毒有害化学物质与新污染物的环境风险管控"专章,为控制新污染物提供依据,其中规定新污染物环境风险管控的监管制度、新污染物的管控措施、含有特定新污染物的废物的管控制度等。

---

〔1〕 参见《国务院办公厅关于印发新污染物治理行动方案的通知》(国办发〔2022〕15号),载中国政府网,https://www.gov.cn/zhengce/content/2022-05/24/content_5692059.htm?trs=1。

三、自然生态保护编需处理的重点难点问题

(一)统筹考虑本编与相关法律的制度衔接

现行自然资源立法中既有利用类规范也有保护类规范,利用类规范的价值目标、内容和功能都与环境法典迥异,不应纳入法典编纂范围。生态保护立法情况更加复杂,虽然其价值目标及保护对象都与环境法典高度契合,但生态保护事务高度复杂和专业,一部法典无法承担所有的制度供给任务。按照适度法典化思路,法典之外仍会保留一定单行立法。这就需要充分考虑法典编纂对单行法可能产生的冲击,在制度设计时应设定衔接条款,待法典通过后对相关单行法进行相应修改。

另外,本编与民法典物权编也不无交集。一方面,物权编中对资源利用施加环境保护约束的限制性条款需要环境法典中的管理规范提供"准据"。譬如,《民法典》第 346 条有关设立建设用地使用权应符合生态环保要求的规定需要结合本编相关规定才能准确适用。另一方面,《民法典》中的许多条款也为本编"借用"和改造民法规则进行制度创新提供依据。譬如,对国家公园等自然保护地建设至关重要的"保护地地役权",其实施须"参照适用"《民法典》中的一般地役权条款。因此,本编也需要综合考虑,设计衔接性规定。

(二)确认自然公产并构建相关制度体系

传统财产法以私人财产为预设,以确认和保障私人对特定物的独占利益和排他支配权利为内容,对公众之于自然生态的以多人共享、集体利用为特征的公共财产权利缺乏规定和保障,这是本编必须着力解决的问题。

良好生态环境是最普惠的民生福祉,优美自然生态是全民共享的自然财富。自然生态保护的本质是把适合人类生存发展的自然状态拟制为全民共有的特殊财产,从保障公众利用、实现共益共享的角度设定规则,其制度安排兼具管制法与财产法属性,迫切需要理论创新、制度创新。为此,本编应制定专门条款,规定自然生态作为全民所有共同财产的法律地位,落实公民环境权中的"自然享有权",确认公众合理利用、公平分享、知情参与、社会监督的合法权利,并通过国家投入和保障、生

态保护补偿、经济收益全民分享、生态效益社会服务、保护地自然教育、生物多样性惠益分享以及原住民倾斜保护等规定建立具体制度，让现代化建设成果更多更公平惠及全体人民。

四、绿色低碳发展编需处理的重点难点问题

（一）统筹国内国际气候治理

面对新型的气候变化治理生态，塑造国内规则与国际规则相互配合、相互支持的协同秩序是绿色低碳发展编乃至环境法典必须承担的一项重要任务。认真落实习近平主席发出的全球气候治理倡议，履行中国政府对国际气候治理的重大承诺，既需要我们以坚定的中国立场维护国家利益，也需要以丰富的制度实践作出中国贡献。本编以统筹国内国际法治为出发点，通过设置碳排放权交易、新能源开发利用、受控消耗臭氧层物质管理、国际能源合作等基本制度，围绕能源开发、基础设施、科技创新、教育培训等维度增强国际互动，体现气候变化治理国际合作的差异性与针对性；同时，通过转致条款，为国际合作情势变化所产生的新变量预留充足的制度空间，促进形成“双碳”国内与国际合作的实质态势。

（二）妥善处理气候变化减缓与适应的关系

应对气候变化是实现绿色低碳发展的重要措施，减缓与适应是应对气候变化的主要实施路径，两者具有内在一致性，共同构成应对气候变化的系统运行机制。在环境法典编纂中，需要考虑污染控制、自然生态保护、绿色低碳发展各编之间的有机衔接。从原理上看，减缓是指采取相应措施减少温室气体排放，缓和变化速度；适应是对气候变化作出的应激性回应。相对而言，减缓是根本性举措，因为温室气体一般以“碳”排放量为衡量指标，法律上对气候变化的应对主要体现为对“碳”的规制。本编以“降碳”为重要目的，旨在保障经济全流程的绿色发展，是减缓气候变化的主要制度载体和适应气候变化的重要部分。污染防治编、自然生态保护编则侧重于对自然生态系统领域的气候变化应对措施，是适应气候变化的主体场域，对减缓气候变化也具有补充性作用。从总体上看，应对气候变化既须采取技术性措施降碳，也须增强碳汇储藏能力，

实现加减并用。绿色低碳发展编以“碳”为规制对象,将“碳”视为非污染物,形成不同于污染控制编的制度安排,分别设置碳和污染物的标准体系、总量控制等制度;将“碳汇”视为自然资源,侧重于资源的经济属性面向而非生态属性面向,也与自然生态保护编强调资源的生态属性有所不同。具体到制度安排上,可在本编从碳汇交易端设计碳排放权交易、碳排放行为监测等制度;在自然生态保护编,从碳汇生产端设计保护森林、湿地、草原等提升生态碳汇能力的制度;在污染控制编,从“减污减碳”协同控制的角度,考虑绿色低碳发展与排放标准、总量控制、排污许可等制度的衔接。

（三）以原则性规范构造为主

绿色低碳发展涉及生产生活的全过程和各环节,利益关系极其复杂,关联法律众多,本编仅从标准规制、义务承担的“监督管理”和鼓励绿色低碳发展的“激励措施”角度予以规范,具体生产消费等行为应由其他法律规定。因此,本编的规范构造以原则性规定为主,重点在于建立与相关法律的衔接机制和激励各方面参与绿色低碳发展的积极性。总体而言,在一般规定中设置绿色低碳发展义务的总体规定,在各分章分别对政府推动、企业实施、公民活动等行为设置义务性规定,规定配套责任条款,突出企业主体义务。与此同时,应建立合作性监管、协商式治理新机制,采取资源能源合同管理、行政指导等“柔性”手段,促进实现“在保护中发展,在发展中保护”的双赢目标,建立国家财政税收政策、绿色金融手段、用能权排放权市场交易、奖励综合利用等多元化激励机制,促进企业和社会公众主动参与绿色低碳发展。

五、生态环境责任编需处理的重点难点问题

（一）与《民法典》侵权责任编“无缝衔接”

“绿色”是《民法典》的一大亮点。《民法典》从总则编到物权编、合同编、侵权责任编都规定了包括基本原则在内的诸多“绿色条款”,环境法典需要考虑如何与这些条款妥善衔接。从整体上看,《民法典》绿色条款大多为不完整规范,环境法典须按“补充型特别民法”、“政策型特

别民法”与“行政型特别民法”的不同需求，进行不同形式的衔接。[1]

本编主要与《民法典》侵权责任编第7章“环境污染和生态破坏责任”的相关规定衔接，属于“政策型特别民法”。具体设想有三：一是在本编设置一般条款，对《民法典》规定的绿色物权义务、绿色合同义务及环境人格利益保护等条款明确相应的请求权责任承担方式，规定精神损害赔偿的适用。二是与《民法典》侵权责任编“对人的损害”责任相关规定相衔接，进一步明确归责原则、责任构成要件、数人环境侵权责任分担、第三方治理机构及中介机构的责任承担、不承担责任和减轻责任的事由、过失相抵、惩罚性赔偿额等责任承担细则。三是细化《民法典》侵权责任编“对环境的损害”责任的相关规定，设立“生态环境损害责任”专章对接《民法典》第1234、1235条，建立以“生态恢复论”为基础的生态环境损害责任规则，建立“对人的损害”与“对环境的损害”责任的衔接规则，建立不同性质生态环境损害责任承担方式的衔接机制。

（二）建立生态环境纠纷解决机制

立足于生态环境法律责任的特殊性、专门性，生态环境责任编应设专章规定生态环境纠纷解决制度。在对现有生态环境法律规定、司法解释和执法司法实践经验进行分析的基础上，建立多元纠纷解决机制。一是确立诉讼解决机制，以环境司法专门化、专业化为核心，完善司法机构设置专门化、案件管辖专门化、诉讼程序专门化、裁判规则和执行机制专门化等规则。二是健全非诉解决机制，立足于生态环境纠纷非诉解决制度的专业化、法治化、预防化，确立生态环境纠纷行政处理、生态环境损害赔偿磋商、生态环境仲裁等程序规则。

---

〔1〕 参见谢鸿飞：《民法典与特别民法关系的建构》，载《中国社会科学》2013年第2期。